Bananen Bier & Babyöl

Bananen Bier & Babyöl

1715 clevere Anwendungen für herkömmliche Dinge

Reader's Digest
Deutschland · Schweiz · Österreich

Titel der amerikanischen Originalausgabe *Baking Soda, banana peels, baby oil and beyond*

Deutsche Ausgabe
Übersetzung: Wiebke Krabbe, Damlos; Susanne Schmidt-Wussow, Berlin;
Scriptorium GbR Brigitte Rüßmann & Wolfgang Beuchelt, Köln;
Producing: Marion Höß und Christiane Manz für bookwise medienproduktion GmbH, München

Reader's Digest
Redaktion: Joachim Zeller
Grafik: Cornelia Hammer
Bildredaktion: Christina Horut
Prepress: Andreas Engländer

Redaktionsdirektorin: Suzanne Koranyi-Esser
Redaktionsleiterin: Dr. Renate Mangold
Art Director: Susanne Hauser

Leitung Produktion Buch: Norbert Baier

Produktion
arvato print management: Thomas Kurz

Reproduktion
Meyle+Müller GmbH+Co. KG, Pforzheim

Druck und Binden
Mohn media, Gütersloh

Die in diesem Buch enthaltenen medizinischen Informationen sind kein Ersatz für eine ärztliche Diagnose und Behandlung. Der Verlag empfiehlt allen Patienten mit Krankheits- bzw. Schmerzsymptomen, sich an einen Arzt zu wenden. Das vorliegende Buch ist sorgfältig erarbeitet worden. Dennoch erfolgen alle Angaben ohne Gewähr. Weder Autoren noch Verlag übernehmen eine Haftung für eventuelle Nachteile oder Schäden, die aus den im Buch enthaltenen praktischen Hinweisen resultieren.

US 4972/IC

Printed in Germany

ISBN 978-3-89915-640-9

Besuchen Sie uns im Internet
www.readersdigest.de | www.readersdigest.ch | www.readersdigest.at

Willkommen in der Welt der

pfiffigen Ideen ...

in der gewöhnliche Dinge wie Backpulver und Strumpfhosen viel Zeit und Geld sparen!

Mehr als 1700 Tipps und Tricks für alle Fälle

Ketchup bringt Messing auf Hochglanz

Messingleuchter in eine Pfanne legen, mit Ketchup bedecken und aufkochen. Danach können Sie sich darin spiegeln.

Kaffee gegen Kopfschmerzen

Koffein zieht die Blutgefäße zusammen und wirkt lindernd bei Kopfschmerzen.

Unkraut mit Salz und Essig bekämpfen

Stoppen Sie den unerwünschten Wuchs auf Terrasse und Eingangsweg auf einfache Art. Mit Essig und Salz vergeht auch Unkraut.

Lippenstift mit Brot entfernen

Kneten Sie ein Stück weiches Toastbrot zu einer Kugel und tupfen Sie damit Lippenstiftflecken vor dem Waschen von Ihrer Kleidung.

Schraubenmuttern mit Cola lösen

Geben Sie ein paar Tropfen kohlensäurehaltiges Cola auf eine festsitzende Schraubenmutter. Das löst den Rost und den Schmutz.

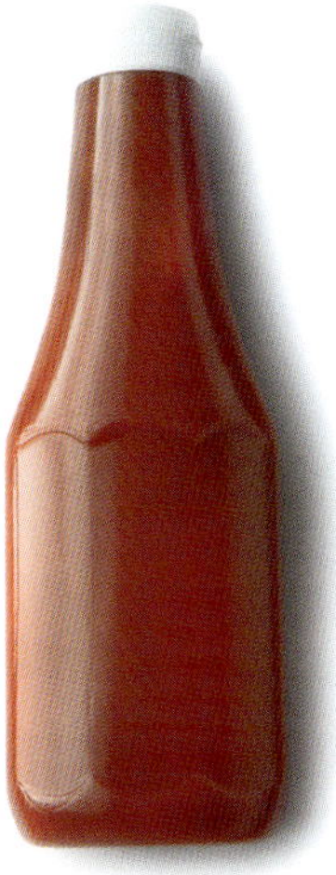

Einfach!

Clever!

Kreativ!

Genial!

Inhalt

Praktisch!
Günstig!
Raffiniert!
Schnell!

Tipps, die nicht aus der Mode kommen

CD-Hüllen aus Plastik geben gute Fotorahmen ab!

Fett-Fänger

Schöpfen Sie das Fett von köchelnden Suppen und Schmorgerichten mit einem Löffel ab? Hier sind drei Tipps, wie Sie Fett leichter und schneller entfernen können.

1

Beim Kochen 1 großes Salatblatt auf der Oberfläche schwimmen lassen: Es zieht das Fett an. Entfernen und bei Bedarf mit weiteren Blättern wiederholen.

2

In die Kochflüssigkeit 2 oder 3 Eiswürfel geben: Die Fetttröpfchen setzen sich daran ab. Die Eiswürfel herausnehmen, bevor sie geschmolzen sind, und das Gericht weiterkochen.

3

1 rohes Eiweiß in die Kochflüssigkeit (z. B. Suppe, Schmorgericht oder Sauce) geben: Nach einigen Minuten stockt es und bindet dabei das Fett. Das fest gewordene Ei mit einem Schaumlöffel herausnehmen.

Geflügel-Geheimnisse

✱ Einfach häuten
Sie möchten Geflügel ohne viel Mühe häuten? Das Fleisch anfrieren (ca. 1½–2 Stunden) oder einige Stunden im Kühlschrank lagern. Danach lässt sich die Haut leicht abziehen.

✱ Spar-Hähnchen
Kaufen Sie keine teuren Geflügelteile, sondern ganze Hähnchen und zerlegen Sie sie mit einer Geflügelschere. Die einzelnen Stücke portionsweise einfrieren.

✱ Alles in Butter(-milch)
Hähnchenbrustfilets werden zart und aromatisch, wenn man sie vor der Zubereitung in Buttermilch (je nach Geschmack mit 1 Teelöffel Zitronensaft oder Essig) einlegt und abgedeckt für 2–3 Stunden in den Kühlschrank stellt.

✱ Füllung an Ort und Stelle
Zum Füllen von Geflügel geben Sie die Masse hinein und verschließen die Öffnung mit einer Kartoffel. So kann die Füllung nicht auslaufen.

✱ Tee zur Pute
So bleibt Fleisch von Hähnchen und Pute beim Braten schön saftig und erhält zusätzlich einen leicht rauchigen Geschmack: 2 kräftige Tassen Ihres Lieblingsschwarztees kochen, etwas abkühlen lassen und Gewürze nach Wahl zugeben (z. B. schwarzen Pfeffer, Salz, Paprika und Knoblauch). In einen großen Gefrierbeutel füllen, das Fleisch zugeben und verschließen. Alles in eine flache Schüssel legen und im Kühlschrank mindestens 2 Stunden marinieren.

✱ Gemüse-Grillrost
Vergessen Sie den Grillrost aus Metall – er lässt sich schwer reinigen. Legen Sie stattdessen ganze Möhren und Selleriestangen kreuzweise auf den Boden Ihres Bräters. Darauf setzen Sie das Hähnchen oder die Pute. Der Braten klebt nicht am Boden fest, und das Gemüse gibt dem Bratensaft ein würziges Aroma.

✱ Mehlschwitze griffbereit
Überschüssiges Fett aus dem Bräter mit Weizenmehl zu einer formbaren Masse mischen. Daraus haselnussgroße Kugeln rollen, auf ein Blech legen, mit Küchenpapier abdecken und einfrieren. Die Kugeln in einen Gefrierbeutel umfüllen und wieder einfrieren. Für die Sauce eine Kugel im Topf schmelzen und Zutaten zugeben. Ist die Sauce zu dünn, eine weitere Kugel zugeben, kräftig umrühren, nach Belieben abschmecken und servieren.

Tipp WERMUT-GLASUR

15 Minuten, bevor das Hähnchen aus dem Ofen genommen wird, können Sie die Haut mit **weißem Wermut** einpinseln. Der Zucker in dem hochprozentigen Weinaperitif sorgt für eine schöne goldbraune Farbe und ein intensives Aroma.

Doppelter Nutzen

Manche gewöhnlichen Küchenutensilien lassen sich großartig zweckentfremden. So macht sich ihr Preis in doppelter Hinsicht bezahlt.

Sparschäler

Schneiden Sie mit dem Sparschäler von einem Stück Käse oder einer Tafel Schokolade Späne ab. Diese können Sie praktisch zum Garnieren verwenden.

Küchensieb

In einem hitzebeständigen Küchensieb kann man dämpfen. Wasser 5–7 cm hoch in einen Topf füllen, aufkochen und das Sieb mit dem Gemüse einhängen. Zugedeckt weich garen.

Knoblauchpresse

Kein Streuzucker im Haus? Einfach Zuckerwürfel in der Knoblauchpresse zusammendrücken. 1 Würfel entspricht 1 Teelöffel Zucker.

Melonenausstecher

Kleine Ausstecher eignen sich, um das Kerngehäuse aus Obst zu entfernen oder Plätzchenteig auf ein Blech zu setzen. Mit größeren kann man Eiskugeln formen.

Eisportionierer

Den Eisportionierer mit einem in Öl getränkten Küchentuch einfetten. Damit gleichmäßige Portionen Teig in Muffinformen oder auf ein Backblech geben. Der bewegliche Schaber sorgt dafür, dass keine Teigreste am Portionierer zurückbleiben.

Pizzarad

Mit dem scharfen Schneiderad lassen sich auch viele andere Lebensmittel leicht schneiden. Man kann damit Waffelherzen trennen oder belegte Brote in schmale Streifen schneiden.

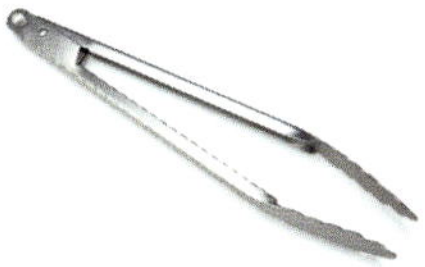

Zange

Eine stabile Metallzange von ca. 40 cm Länge ist wie eine hitzebeständige Reservehand. Praktisch zum Wenden von Fleisch in der Pfanne, zum Mischen von Salat, zum Vermengen von Nudeln und Sauce und zum Drehen von Backformen im Ofen.

Leere Weinflaschen

Weintrinker brauchen weder Nudelholz noch Fleischhammer. Teig lässt sich hervorragend mit einer leeren Weinflasche ausrollen (vorher mit etwas Mehl bestäuben). Schnitzel mit der Flasche flach drücken, damit sie gleichmäßig garen.

Fisch & Co. ganz frisch

✱ Geruchsneutrale Hände

Bevor Sie Fisch zubereiten, die Hände mit der Schnittfläche einer halbierten Zitrone abreiben, damit sie keinen Fischgeruch annehmen. Nach dem Braten von Fisch die Pfanne waschen, 1 cm hoch Weißweinessig einfüllen und aufkochen. Das vertreibt den Geruch. Vorsicht: Die Säure kann die Beschichtung von Pfannen angreifen.

✱ Mit Essig leichter schuppen

Fisch lässt sich leichter schuppen, wenn man ihn kurz in kochendes Wasser taucht. Damit sich die Schuppen nicht über die Küche verteilen, den Fisch in einen Gefrierbeutel stecken. Mit einer Hand am Schwanz festhalten, mit der anderen schuppen. Oder Spülbecken mit Wasser füllen und den Fisch „unter Wasser“ schuppen.

✱ So bleibt pochierter Fisch fest

Fisch gart gleichmäßiger und zerfällt weniger leicht, wenn man frischen Zitronensaft in die Garflüssigkeit gibt. Rechnen Sie pro 500 g Fisch den Saft von einer ½ Zitrone.

✱ Folie gegen Austrocknen im Ofen

Fettarmer Fisch wie Barsch, Scholle oder Heilbutt kann beim Garen im Ofen trocken werden. Um das zu verhindern, jedes Fischstück vorher in Alufolie wickeln.

✱ Fangfrisch eingefroren

Wenn Sie vom Angelausflug mehr Fische mitbringen, als Sie verbrauchen können, frieren Sie sie ein – und zwar mit dieser wirkungsvollen Methode. Einen Gefrierbeutel in der passenden Größe nehmen, den Fisch hineinlegen und mit Wasser auffüllen. Den Beutel fest verschließen und in den Gefrierschrank legen. Beim Auftauen müssen Sie so keine Eiskristalle abkratzen, und die Haut bleibt nicht am Beutel hängen.

✱ „Coole“ Garnelen

Damit Garnelen bissfest bleiben, legen Sie sie vor dem Garen für 10–15 Minuten in den Gefrierschrank. Die Garzeit brauchen Sie trotzdem nicht zu verlängern, sonst werden die Garnelen nur trocken.

✱ Austern leichter knacken

Legt man Austern 5–10 Minuten in kohlensäurereiches Mineralwasser, lassen sich die Schalen leichter öffnen. Sortieren Sie jedoch zuvor unbedingt tote Austern aus. Die erkennen Sie daran, dass sie bereits geöffnet sind. Austern sind zwar bis zu 2 Wochen nach dem Fischen ohne Wasser haltbar, sollten jedoch schnell verzehrt werden. Lagern Sie sie keinesfalls für längere Zeit in Wasser, da tote Austern sonst die noch lebenden vergiften.

✱ Hummer fleckenfrei zerlegen

Beim Abdrehen und Knacken der Beine oder Scheren von Hummern kann es spritzen. Legen Sie eine Serviette um die Schale, ehe Sie zupacken. Wenn dann Flüssigkeit austritt, verhindert der Stoff, dass etwas auf dem Ärmel Ihrer Seidenbluse oder auf dem Hemd Ihres Tischnachbarn landet.

✱ Frischekur für Fischkonserven

Meeresfrüchte aus der Dose, die leicht nach Metall schmecken, wie unten beschrieben einweichen, dann abwaschen und mit Küchenpapier trocken tupfen.

- **Thunfisch in Wasser** – 15 Minuten in einer Mischung aus kaltem Wasser und Zitronensaft einweichen (2 Teile Wasser, 1 Teil Saft).
- **Krebsfleisch aus der Dose** – 5–10 Minuten in Eiswasser legen.
- **Garnelen aus der Dose** – 15 Minuten in einer Mischung aus 2 Esslöffeln Weißweinessig und 1 Teelöffel Sherry einlegen.

✱ Anchovis „entsalzen“

Wenn Sie den Geschmack von Anchovis mögen, aber gern etwas salzärmer essen wollen, legen Sie die Fische 10–15 Minuten in Eiswasser. Gut abtropfen lassen, dann in den Salat geben oder auf die Pizza legen.

Selbst gemacht!

GUT GEWÜRZT OHNE SALZ

Diese natriumarme, allergikerfreundliche Gewürzmischung ohne Salz und künstliche Zusatzstoffe passt zu fast allem – besonders zu Fisch, Fleisch und Geflügel.

Gesunde Mischung

Ascorbinsäure, Pfeilwurzelmehl und pulverisierte Orangenschale sind ungewöhnliche, aber natürliche Zutaten, die man in einem gut sortierten Supermarkt oder im Naturkostladen bekommt.

1 EL Selleriesamen
1 EL Zwiebelpulver
1 EL schwarzer Pfeffer aus der Mühle
2½ TL Weinsteinsäure
1½ TL Knoblauchpulver
1½ TL Zucker
1½ TL Pfeilwurzelmehl (glutenfreies Stärkemehl)
1½ TL pulverisierte Orangenschale
¾ TL Ascorbinsäure (Vitamin-C-Pulver)
½ TL weißer Pfeffer
½ TL getrockneter Dill
½ TL getrockneter Thymian, gerebelt
⅓ TL pulverisierte Zitronenschale
¼ TL Cayennepfeffer

1. Alle Zutaten im Mixer oder Mörser fein zerkleinern.
2. Mit einem Trichter in einen Salzstreuer aus Glas umfüllen.
3. Den Rest in ein luftdichtes Gefäß füllen. Kühl und dunkel aufbewahren.

Hackfleisch, Steak & Co.

✱ Hamburger Spezial

Damit Hamburger würziger schmecken und saftig bleiben, 30 g fein gehackte Zwiebelwürfel und 2 Esslöffel Barbecuesauce zugeben. Die Hände waschen und beides vorsichtig unter das Rinder- oder Putenhackfleisch mischen, aber nicht zu fest kneten.

Diese Zutaten lassen sich vielfältig variieren. Sie können gehackten Knoblauch, Sellerie oder ein anderes knackiges Gemüse verwenden. Auch Chilisauce, Ketchup, Worcestersauce, Steaksauce oder Senf bringen Würze in die Hamburger. 1 Teelöffel Chilipulver oder Kreuzkümmel gibt der Mischung eine mexikanische Note. Wer es gern indisch mag, fügt 1 Teelöffel Currypulver hinzu.

✱ Sicher auftauen

Gefrorenes Fleisch sollte man im Kühlschrank und nicht bei Zimmertemperatur auftauen. Während des Auftauens unbedingt die ausgetretene Flüssigkeit abgießen, darin können Keime enthalten sein. Sind Sie in Eile, nutzen Sie die Auftaustufe der Mikrowelle. Das Fleisch vorher kurz bei Zimmertemperatur antauen lassen.

✱ Steak-Grillmeister

Der letzte Grillabend war ein Erfolg, und Ihre Steaks haben jede Feuerprobe bestanden. Hier einige Tricks für noch zartere Steaks.

- **Die Hitze macht's** – Damit Steaks aromatischer werden, braten Sie sie anfangs vor dem Grillen oder Garziehen im Ofen kurz bei sehr hoher Hitze an. Durch den Kontakt mit heißem Fett entstehen wohlschmeckende Röstaromen.
- **Kräutermarinade** – Besonders würzig schmeckt das Grillfleisch, wenn Sie es in Olivenöl mit frischen Kräutern wie Basilikum, Bohnenkraut oder Rosmarin mindestens 2 Stunden im Kühlschrank marinieren.
- **Steak mal kalt** – Steaks machen sich auch kalt sehr gut auf einem Buffet. Als Garnitur eignen sich je nach Geschmack sauer eingelegtes Gemüse, Essiggurken, frische Kräuter oder Früchte wie Aprikosen oder Kirschen.
- **Zähe Steaks retten** – Ist Ihnen ein Steak zu trocken geraten, werfen Sie es nicht weg. Durch Schmoren in einer schmackhaften Sauce wird das Fleisch weich. So können Sie Reste vom Grillabend weiterverwenden.

Tipp EINFACH MAL EINPINSELN

Einen noch unbenutzten **Malpinsel** kurz in Pflanzen- oder Rapsöl tauchen und den Grillrost einpinseln: Das verhindert das Festkleben von Grillgut. Mit dem Pinsel kann man anschließend Steaks, Geflügel oder Koteletts mit Würzsauce oder Grillmarinade bestreichen.

Speck im Ofen – so wird er knusprig, und überflüssiges Fett tropft ab.

✱ Steaks asiatisch

Steaks bekommen eine asiatische Note, wenn man sie in einer Marinade aus 150 ml Ginger Ale (Ingwerlimonade), 3 zerdrückten Knoblauchzehen, 150 ml Orangensaft, 50 ml Sojasauce und ½ Teelöffel Sesamöl einlegt (für etwa 700 g Fleisch). Dann abgedeckt im Kühlschrank 4–8 Stunden ziehen lassen.

✱ Kaffee zum Rinderbraten

Die Experimentierfreude in puncto Marinade kennt keine Grenzen. Die Kombination von Kaffee und Chilisauce ist ein besonders leckeres Beispiel. Mischen Sie zunächst in einer Schüssel 500 ml frisch gebrühten Kaffee mit 320 ml Chilisauce. 1 gehackte Zwiebel und 2 Esslöffel braunen Zucker einrühren, mit Salz und schwarzem Pfeffer aus der Mühle abschmecken.

Den Rinderbraten (ca. 2,5 kg Brustfleisch vom Rind) in einen Bräter legen und mit der Sauce übergießen. Den Deckel auflegen oder den Bräter mit Alufolie abdecken und im vorgeheizten Ofen bei 165 °C etwa 2 Stunden garen. Den Bräter aus dem Ofen nehmen. Das Fleisch auf einer Platte abkühlen lassen. In Scheiben schneiden und wieder in den Bräter zur Sauce geben. Zugedeckt bei 165 °C weitere 2 Stunden garen, bis das Fleisch so mürbe ist, dass es sich mit einer Gabel zerteilen lässt.

✱ Hackbraten im Beutel

So vermeiden Sie fettige Finger und unzählige gebrauchte Schüsseln bei der Zubereitung von Hackbraten: alle Zutaten in einen großen Gefrierbeutel geben, gut verschließen und mit beiden Händen kräftig durchkneten, um Gewürze und Fleisch zu vermengen. Die Masse direkt aus dem Beutel in eine eingefettete Form geben und backen.

✱ Saftiger Hackbraten

Sprühen Sie die Oberfläche des Hackbratens mit Wasser ein, damit sie beim Garen nicht austrocknet und reißt. 15 Minuten vor Ende der Garzeit mit Tomatensauce oder Ketchup bestreichen oder mit Speckscheiben belegen.

Superstar im Haushalt

SALZ IN DER KÜCHE 10 EXTRATIPPS

1 Ein ganzes Hähnchen etwa 24 Stunden vor dem Braten mit Salz bestreuen. So wird es aromatisch und saftig.

2 Fisch und Geflügel bleiben beim Garen in einer Kruste aus grobem Meersalz besonders saftig.

3 Steaks und Kurzgebratenes erst nach dem Anbraten salzen.

4 Salz kann durch Hinzumischen von Gewürzpulver wie Knoblauch, Ingwer oder Sellerie geschmacklich aufgewertet werden.

5 Käse schimmelt nicht so leicht, wenn man ihn in mit Salzwasser angefeuchtetes Küchenpapier wickelt.

6 Äpfel und Birnen mit gerunzelter Schale werden wieder faltenfrei, wenn man sie in leicht gesalzenes Wasser legt.

7 Verwenden Sie eine Salzmühle. So können Sie die Körnung des Salzes bestimmen. Je feiner, desto weniger Salz benötigen Sie, um den gleichen Geschmack zu erhalten.

8 Hart gekochte Eier platzen nicht und lassen sich leichter schälen, wenn man 1 Prise Salz ans Kochwasser gibt.

9 Bitterer, abgestandener Kaffee wird mit 1 Prise Salz pro Tasse wieder genießbar.

10 Kakao und Desserts schmecken unter Zugabe von 1 Prise Salz besser.

✱ Ein glatter Schnitt

Um von rohem Fleisch hauchdünne Scheiben und glatte Würfel schneiden zu können, wickeln Sie es vorher fest in Frischhaltefolie ein und legen Sie es 10 Minuten in den Gefrierschrank. Das funktioniert bei jeder Art von Fleisch.

✱ Schnelle Glasur für Schweinebraten

Aus Aprikosengelee, Sojasauce und gemahlenem Ingwer können Sie schnell eine leckere Glasur anrühren. 3 Esslöffel Aprikosengelee mit 2 Esslöffeln Sojasauce und ¾ Teelöffel Ingwer verrühren und den Schweinebraten vor der Zubereitung damit bestreichen. Wenn Sie Koteletts in der Pfanne braten, bestreichen Sie nach dem Wenden die gebräunte Seite mit der Glasur.

✱ Kaffee fürs Lamm

Lammragout wird schön dunkel und aromatisch, wenn Sie nach der Hälfte der Garzeit 1 Tasse schwarzen Kaffee an den Sud geben.

Pasta und Reis für jede Gelegenheit

✱ Für viele Esser

Sie haben sechs Personen zum Abendessen eingeladen. Ein Paar bringt den Sohn mit, ein Freund seinen Übernachtungsgast von auswärts. Hilfe! Ein Paket Nudeln aus dem Vorratsschrank kann da Abhilfe schaffen, denn damit lassen sich Gerichte ausgezeichnet „strecken“. Bestimmt haben Sie irgendwo eine Dose gehackte Tomaten. Während die Gäste plaudern, kochen Sie die Nudeln. Die Tomaten erwärmen, mit Salz, Pfeffer und nach Belieben mit getrockneten Gewürzen (Basilikum, Kräuter der Provence) abschmecken. Die Nudeln abgießen und in einer großen Schüssel mit der Tomatensauce mischen. Reichlich geriebenen Hartkäse darüberstreuen (am besten Parmesan oder Pecorino). Haben Sie keine Tomaten im Haus, mischen Sie die Nudeln mit etwas Olivenöl und geriebenem Käse: einfach, aber überraschend lecker!

✱ Spaghetti-Regen vermeiden

Sie suchen etwas im Küchenschrank und schon stoßen Sie versehentlich an die angebrochene Packung Spaghetti. Die Nudeln verteilen sich auf dem Boden. Das lässt sich vermeiden: Bewahren Sie die Spaghetti in einer leeren Dose Kartoffelchips (zylinderförmig mit Deckel) auf oder fixieren Sie sie mit einem Gummiring.

✱ Nudeln mit Möhren-Spaghetti

Möhren machen einfache Nudelgerichte vitaminreicher und farbenfroher. Die Möhren waschen und schälen, dann mit dem Sparschäler längs in Streifen schneiden. Die Streifen in etwas Butter dünsten und nach Geschmack mit Ingwer, schwarzem Pfeffer und Salz würzen. Unter die gegarten, abgegossenen Nudeln mischen und mit Parmesan bestreuen – eine gesunde und leckere Alternative zur Tomatensauce.

✱ Damit Nudeln nicht überkochen …

Geben Sie 1 Teelöffel Olivenöl ins kochende Wasser. Das verhindert, dass sich beim Kochen Schaum bildet und das Wasser überkocht. Der Trick funktioniert auch bei Reis und Kartoffeln.

✱ Nudelreste

Wenn Nudeln übrig bleiben, füllen Sie sie in eine beschichtete, ofenfeste Form. Mit 1 Teelöffel Olivenöl mischen, mit 2 verquirlten Eiern übergießen, mit Käse bestreuen und goldbraun überbacken. Die Nudelfrittata in Stücke schneiden und zu einem grünen Salat servieren – ein einfaches, preiswertes Mittagessen.

✱ Reis aufpeppen

Statt Reis in klarem Wasser zu kochen, probieren Sie einmal Hühner- oder Rinderbrühe, Tomatensaft oder eine Mischung aus 1 Teil Orangensaft und 1 Teil Wasser. Sie können alternativ auch Oregano, Kreuzkümmel, Kurkuma oder andere Gewürze ins Kochwasser streuen, ehe Sie den Reis zugeben. Auch gehackte Zwiebeln, Knoblauch, Zitronen- oder Orangenschale eignen sich, um Reis in abwechslungsreichen Varianten auf den Tisch zu bringen.

✱ Immer schön locker!

Reiskörner kleben beim Kochen leicht zusammen. Mit diesen drei Methoden lässt sich das einfach vermeiden:

- Den Reis vor dem Kochen 30–60 Minuten in einer Schüssel mit kaltem Wasser einweichen, abgießen, abwaschen und wie gewohnt kochen. Dadurch wird der Reis zusätzlich schneller gar.
- Fehlt die Zeit zum Einweichen, den Reis in einem Sieb unter fließendem kaltem Wasser gründlich abspülen. So wird die Stärke ausgewaschen, die für das Zusammenkleben der Körner verantwortlich ist.
- Den Saft von ½ Zitrone zum Kochwasser geben. Sie können auch die abgeriebene Schale zugeben: Das gibt geschmacklich und optisch eine frische Note.

✱ Reisnudeln richtig vorbereiten

Reisnudeln müssen vor dem Kochen mindestens 1 Stunde (besser länger) in zimmerwarmem Wasser eingeweicht werden. Sollen die Nudeln nicht sofort danach gekocht werden, legen Sie sie zwischen zwei Lagen feuchtes Küchenpapier.

Unglaublich, aber wahr!

DIE GESCHICHTE VOM SPAGHETTIBAUM

Einem der erfolgreichsten Aprilscherze saßen die Briten im Jahre 1957 auf. In der Sendung *Panorama* berichtete der britische Sender BBC über eine überdurchschnittlich gute Spaghettiernte in der Schweiz aufgrund des außergewöhnlich milden Winters.

„Der Spaghettianbau wird in der Schweiz natürlich nicht in so großem Stil betrieben wie in Italien", erklärte der renommierte Moderator Richard Dimbleby. Währenddessen sah man auf dem Bildschirm eine Schweizer Bauernfamilie Spaghetti von den Zweigen eines Baumes pflücken und in Körbe zum Trocknen legen. „Viele von Ihnen", so Dimbleby weiter, „werden Bilder von den gigantischen Spaghettiplantagen in der Poebene gesehen haben. In der Schweiz ist der Anbau eher eine Sache von kleinen Familienbetrieben."

Dimbleby erläuterte ferner das Geheimnis der gleichmäßigen Länge der Baumnudeln. Zu verdanken sei das „dem langjährigen, geduldigen Einsatz von Pflanzenzüchtern, denen es im Laufe der Zeit gelungen ist, die perfekten Spaghetti heranzuziehen".

Damals kannten nur wenige Briten Spaghetti, sie waren fast exotisch. Niemand weiß genau, wie viele Zuschauer auf den Scherz hereinfielen. Doch Hunderte von Zuschauern riefen beim Sender an, um sich nach dem Beitrag zu erkundigen. Viele baten um Informationen, wo sie Spaghettibäume bekommen und sie selbst kultivieren könnten. Ganz im Stil des seriösen Senders antworteten die Mitarbeiter des Hörerservice: „Stecken Sie einen Spaghettizweig in eine Dose mit Tomatensauce und haben Sie etwas Geduld."

Ohne Geruch und Tränen

Verfärbungen oder Gerüche an den Händen und Tränen beim Zwiebelschneiden kennen Hobbyköche. Folgende Tricks schaffen Abhilfe.

Fleckenfreie Hände

Mit Zitronensaft
Beeren und Rote Bete färben besonders stark. Die Flecken mit 1–2 Teelöffeln frischem Zitronensaft abreiben, dann die Hände mit Wasser und Seife waschen.

Mit roher Kartoffel
Möhren, rote Paprika und Kürbis können die Hände verfärben. Die Finger vor dem Waschen mit einer rohen Kartoffel abreiben, so sind die Flecken leicht zu entfernen.

Geruchlose Hände

Mit Rosmarin einreiben. Frische Rosmarinzweige kräftig zwischen den Händen zerreiben, um Zwiebel- und Knoblauchgeruch zu beseitigen.

Mit Essig abreiben. Weißweinessig in den Händen verreiben, bevor Sie Zwiebeln schneiden. Dann nehmen die Hände den Geruch gar nicht erst an.

Mit Zucker abrubbeln. 1 Teelöffel Zucker und etwas Flüssigseife auf die Handfläche geben und Hände und Finger wie beim Händewaschen reiben. Anschließend mit Wasser waschen und trocknen.

Mit Zahncreme waschen. Der Geheimtipp bei hartnäckigem Fischgeruch: Einen Waschlappen mit kaltem Wasser anfeuchten, etwas Zahncreme daraufgeben und die Hände kräftig abreiben.

Mit Zitrone abreiben. Den Saft einer Zitrone auf die Hände geben. Dabei die Finger wie beim Händewaschen reiben. Anschließend unter fließendem Wasser waschen.

An einem Gegenstand reiben. Reiben Sie die Hände beim Waschen an einem glatten Gegenstand. Dabei kommt es nicht auf das Material an. Dass Edelstahl Gerüche neutralisiert, ist ein Mythos.

Zwiebeln ohne Tränen

Eisgekühlt. Zwiebeln vor dem Schneiden 10–15 Minuten ins Gefrierfach legen. So treten weniger Öle aus, die Augenreizungen verursachen.

Mit einem scharfem Messer. Verwenden Sie ein scharfes Messer beim Zwiebelschneiden. Durch den glatten Schnitt wird verhindert, dass die Zellen aufplatzen. So treten auch weniger Öle aus.

Mit einem Schluck Wasser. Mit einem Schluck Wasser im Mund bleiben die Augen beim Schneiden trocken. Man vermutet, dass das Wasser das reizauslösende Propanthial-S-Oxid zurückhält.

Mit Taucherbrille. Es sieht kurios aus, aber es erfüllt seinen Zweck. Tragen Sie beim Zwiebelschneiden eine Taucherbrille. Das verhindert, dass die ätherischen Öle, die beim Schneiden frei werden, in Ihre Augen gelangen und den Tränenreiz auslösen.

Aus der Backstube

✱ Milchersatz

Anstelle von Milch kann man Kuchenteige auch mit anderen Flüssigkeiten cremig rühren, z. B. mit Fruchtsaft für Obstkuchen oder kaltem Kaffee für Schokoladenkuchen. Wenn Sie Buttermilch, Joghurt oder andere Sauermilchprodukte verwenden, geben Sie zusätzlich zum Backpulver ½ Teelöffel Natron an den Teig.

✱ Ist das Backpulver frisch?

Wenn Sie nicht sicher sind, wie lange das Backpulver schon im Küchenschrank liegt, können Sie seine Treibkraft leicht prüfen: ½ Teelöffel Backpulver in eine Tasse geben und mit 60 ml kochendem Wasser übergießen. Wenn es heftig brodelt, ist es noch frisch. Wenn es nur schwach sprudelt, kaufen Sie lieber neues.

✱ Zeit sparen beim Hefeteig

Durch Wärme geht Hefeteig schneller auf. Geht er aber zu schnell, leidet der Geschmack. Deshalb stellen Sie die Schüssel nicht in die Mikrowelle, sondern auf eine Warmhalteplatte oder einen warmen Heizkörper.

✱ Teig problemlos kneten

Damit Teig beim Kneten nicht an den Händen klebt, verreiben Sie einige Tropfen Olivenöl in den Handflächen. Das ist wirkungsvoller als das Einstäuben der Hände mit Mehl.

✱ Schnell einfetten

Werfen Sie Einwickelpapier von Butter und Margarine nicht sofort weg, sondern bewahren Sie es im Kühlschrank auf. Mit dem Papier und den Fettresten darauf können Sie einfach Backformen einfetten. Achten Sie jedoch darauf, dass das Fett nicht ranzig wird oder schimmelt.

✱ Muffins lösen

Kleben Ihre Muffins und Tortenböden immer in der Form fest? Stellen Sie die heiße Form nach dem Backen auf ein angefeuchtetes Geschirrtuch. Durch die verdampfende Feuchtigkeit löst sich der fertige Teig leichter aus der Form.

✱ Wasser im Ofen

Stellen Sie zu der Form mit dem Brot eine zweite, die mit etwas Wasser gefüllt ist. Durch den Wasserdampf bäckt das Brot gleichmäßiger. Für eine knusprige Kruste bestreichen Sie das Brot 10 Minuten vor Backzeitende mit Wasser.

✱ Leichtes Gebäck

Bananen-Nuss-Kuchen, Zimt-Mokka-Kuchen, Möhren-Zucchini-Muffins und anderes Gebäck ist lecker, aber oft etwas schwer. Lockerer wird der Teig, wenn man die Milch ganz oder im Verhältnis 1:1 durch Buttermilch oder Crème fraîche ersetzt. Variieren Sie das Mengenverhältnis bis zum gewünschten Ergebnis.

✱ Statt Butter

Wenn die in einem Rezept angegebene Buttermenge so groß ist, dass Ihr Cholesterinspiegel schon beim Lesen steigt, nehmen Sie stattdessen eine Mischung aus 1 Teil Apfelmus und 1 Teil Buttermilch. Die Variante eignet sich vor allem für helle oder würzige Teige. Damit das Gebäck trotzdem locker wird, verwenden Sie feines Weizenmehl Type 405.

✱ Saftig mit Honig

Honig macht Plätzchen besonders saftig. Ersetzen Sie den Zucker durch Honig, aber reduzieren Sie den Anteil anderer flüssiger Zutaten insgesamt um 50 ml pro 200 ml Honig.

Garen im Blumentopf

Schon seit Jahrtausenden werden Tongefäße zum Garen benutzt. Den unglasierten, unbemalten (Blumen-)Topf mit Spülmittel und heißem Wasser auswaschen und lufttrocknen lassen. Innenseite und Rand großzügig mit Pflanzenöl bestreichen. In den kalten Ofen stellen, auf 200 °C erhitzen und ausschalten, wenn die Temperatur erreicht ist. Nochmals ölen und erhitzen – schon ist der Topf küchentauglich.

Brot backen

1. Das Innere eines Blumentopfs (15 cm Durchmesser) mit Backpapier auslegen.

2. Brotteig wie gewohnt zubereiten. 350 g Teig zur Kugel rollen, in den Topf legen und nach Rezept gehen lassen.

3. Bei 175 °C etwa 25–30 Minuten goldbraun backen. Auf einem Gitter abkühlen lassen, dann gegen den Topfboden klopfen, um das Brot aus der Form zu lösen.

Für Naschkatzen

✱ Cremig rühren auf die Schnelle

Für viele Kuchenteige müssen zuerst Butter und Zucker cremig gerührt werden. Das ist mühsam, wenn die Butter kalt ist. Schneller geht es, wenn Sie sie auf der Herdplatte oder in der Mikrowelle etwas erwärmen.

✱ Ein Ei zu wenig?

Wenn für ein Kuchenrezept ein Ei mehr erforderlich ist, als Sie im Haus haben, können Sie stattdessen 1 Teelöffel Speisestärke verwenden.

✱ Frucht statt Ei

In Kuchen und süßen Broten können Sie 1 Ei auch durch 1 kleine, zerdrückte Banane oder 120 ml Apfelmus ersetzen. Für Schokoladenkuchen eignen sich gehackte Trockenpflaumen.

✱ Sparen mit Schokolade

Kostenbewusste Schokoliebhaber kaufen Schokoladenweihnachtsmänner oder -osterhasen, wenn die Feiertage vorbei sind und die Preise gesenkt werden. Einfrieren und bei Bedarf raspeln, einschmelzen oder Späne zum Garnieren von Kuchen abschälen. Wenn die Schokolust sehr groß ist, können Sie den Nikolaus auch einfach auftauen und verputzen.

✱ Extraknuspriger Mürbeteig

Einen knusprig-lockeren Mürbeteig erhalten Sie, wenn Sie statt 1 Esslöffel Eiswasser dieselbe Menge gekühlten Zitronensaft oder Weißweinessig kräftig einrühren.

✱ Flasche statt Spritztülle

Leere, gut ausgewaschene Plastikflaschen von Ketchup oder Senf eignen sich zum Dekorieren von Kuchen. Glasur einfüllen, dann Muster, Blümchen oder andere Verzierungen auf den Kuchen spritzen. Ebenso können Sie mit Pesto oder saurer Sahne Suppen garnieren oder Desserts mit Schokocreme verzieren.

✱ Obstkuchen läuft über?

Läuft beim Backen heißer Fruchtsaft über den Formrand, sofort Salz daraufstreuen. So brennt nichts am Ofenboden fest, und Sie vermeiden Brandgeruch. Durch das Salz bildet der übergelaufene Saft eine trockene Kruste, die sich nach dem Abkühlen des Ofens leicht entfernen lässt.

Gute Idee!

JOGHURTEIS AM STIEL

Wassereis und Sorbet mögen fettfrei sein, enthalten aber eine Menge Zucker. Selbst gemachtes Joghurteis dagegen ist gesund und schmeckt außerdem hervorragend.

Die Zubereitung ist kinderleicht. Einen kleinen Papp- oder Plastikbecher mit neutralem Pflanzenöl einstreichen, Ihren Lieblingsjoghurt einfüllen und 30 Minuten einfrieren. Dann einen stabilen Plastiklöffel hineinstecken, sodass der Griff heraussteht.

Je nach Temperatur des Tiefkühlers ist das Eis nach einer weiteren Stunde fertig. Sehr lecker: Vanillejoghurt mit etwas Orangensaft verrühren und wie oben beschrieben einfrieren. Experimentieren Sie mit verschiedenen Fruchtsäften oder -pürees für ein Joghurteis nach Ihrem Geschmack.

✱ Durchgeweichter Obstboden?

Obst weicht einen Mürbeteigboden nicht auf, wenn man etwas Saugfähiges darunter verteilt. Zerbröseltes Knäckebrot nimmt den Saft auf und gibt eine herzhafte Note. Wer es süßer mag, kann Löffelbiskuits oder Amarettini zerbröseln.

✱ Baiser schneiden ohne Bruch

Kuchen mit einer Baiserdecke lassen sich leicht schneiden, wenn man beide Seiten der Messerklinge vorher etwas einfettet, am besten indem man das Messer durch Butter zieht.

✱ Aus Kaffee wird Granita

Für dieses Eisdessert im italienischen Stil frieren Sie frisch gekochten, abgekühlten Filterkaffee in mehreren kleinen Joghurtbechern oder Ähnlichem ein. Den gefrorenen Kaffee in den Mixer geben und zu kleinen Kristallen zerkleinern. Die Kristalle in die Becher geben und bis zum Servieren noch 30 Minuten einfrieren.

Je nach Geschmack können Sie schwarzen Kaffee verwenden oder vor dem Einfrieren Milch und Zucker einrühren. Zum Servieren mit Schlagsahne und 1 Prise Zimt garnieren.

✱ Garprobe mit Spaghetti

Wenn Sie kein Stäbchen für die Garprobe zur Hand haben, nehmen Sie rohe Spaghetti. Das Nudelstäbchen vorsichtig in die Mitte des Teiges stecken und herausziehen. Wenn kein Teig daran klebt, ist der Kuchen gar.

Kein Holzstäbchen für die Garprobe? Nehmen Sie Spaghetti!

Zeit und Mühe sparen

✱ Marinieren in Gefrierbeuteln
Sie sparen sich viel Abwasch, wenn Sie Fleisch und Geflügel in Gefrierbeuteln oder in einem Bratschlauch marinieren. Geben Sie zuerst flüssige Zutaten und Gewürze in den Beutel, beispielsweise Pflanzenöl, Sojasauce, Ketchup, gemahlenen Ingwer, schwarzen Pfeffer, zerdrückten Knoblauch, Gemüsestücke und Kräuter. Den Beutel gut verschließen und schütteln. Das Fleisch zugeben, verschließen und nochmals durchmischen. 6–8 Stunden oder über Nacht in den Kühlschrank legen. Zwischendurch gelegentlich den Beutel wenden, damit das Fleisch gleichmäßig gewürzt wird.

✱ Garen im Bratschlauch
Um sich lästiges Abwaschen von Töpfen und Brätern zu sparen, garen Sie Ihren Braten im Bratschlauch. Das Fleisch wird dabei schonend bei Niedrigtemperatur (140–160 °C) im Ofen gegart. Pro 1 cm Dicke des Bratguts rechnet man mit etwa 10 Minuten Garzeit.

✱ Butter gegen Tropfen
Streichen Sie etwas Butter auf den Rand von Milchkrug oder Sahnekännchen, dann hat das Kleckern ein Ende.

✱ Den Messbecher einölen
Es ist schwierig, klebrige Zutaten wie Honig und Sirup exakt abzumessen, weil immer etwas im Messbecher zurückbleibt. Das lässt sich leicht vermeiden, wenn man das Innere des Messbechers vorher mit einer dünnen Ölschicht überzieht.

✱ Herzhaftes Popcorn
Salz haftet schlechter an selbst gemachtem Popcorn als Zucker. Dem lässt sich entgegenwirken, indem man das fertige Popcorn in noch warmem Zustand mit Salz bestreut.

✱ Tomatensauce aufpeppen
Mit 1 Schuss Zitronensaft schmeckt Tomatensauce interessanter. Zusätzlichen Pep erhält sie durch 1 Schuss Rotwein, Noilly Prat oder Marsala – je nach Geschmack. Frische Kräuter sind jedoch durch nichts zu ersetzen.

✱ O-Saft mit Pfiff
Orangensaft schmeckt viel frischer, wenn man auf 2 l Saft den Saft einer großen Zitrone gibt. Alternativ pro Glas den Saft ¼ Zitrone, etwa 1 TL, einrühren und als Garnitur die Schale auf den Rand stecken.

✱ Chips mit Knoblaucharoma
Kartoffelchips mit Knoblauchgeschmack können Sie leicht selbst machen. Einfach 1 geschälte Knoblauchzehe in eine Tüte Chips legen, die Tüte fest verschließen und die Chips 6–8 Stunden durchziehen lassen. Ab und zu schütteln, damit alle Chips das frische Aroma annehmen. Die Tüte öffnen, die Knoblauchzehe entfernen und genussvoll knabbern.

Wenn etwas fehlt …

✱ Keine Zitronen?

Wird für ein Rezept Zitronensaft gebraucht, aber es ist im Gemüsefach einfach keine mehr zu finden? Dann liegt es natürlich nahe, eine Limette auszupressen. Doch auch die gleiche Menge Weißwein eignet sich als Ersatz.

✱ Statt Salz

Salzarme Gerichte sind gesund, aber manchmal fade – außer man würzt mit der halben Menge Zitronensaft. Ist im Rezept ½ Teelöffel Salz angegeben, nehmen Sie stattdessen ¼ Teelöffel Zitronensaft und lassen Sie das Salz im Schrank.

✱ Vanille-Ersatz

Für einen Teig wird Vanille benötigt, aber Sie haben keine im Haus? Verwenden Sie die gleiche Menge Ahornsirup oder einen Likör, z. B. Amaretto oder Whisky-Sahne-Likör.

✱ Backen ohne Backpulver

Backpulver können Sie einfach selber mischen. 1 Teelöffel Backpulver kann durch ½ Teelöffel Weinsteinsäure und ¼ Teelöffel Natron ersetzt werden. Die Mischung hält sich nur 4 Wochen. Reste können Sie jedoch auch zum Reinigen von Blumenvasen verwenden.

✱ Fleischklößchen binden

Sie wollen Fleischklößchen oder Hackbraten zubereiten, aber die Semmelbrösel sind knapp? Nehmen Sie stattdessen zarte Haferflocken, zerdrückte Cornflakes (ohne Zucker), zerkrümeltes Knäckebrot oder Pulver für Kartoffelpüree.

✱ Braten ohne Öl

Das Gemüse ist geschnitten, das Fleisch vorbereitet, und Sie wollen die Pfanne erhitzen. Da entdecken Sie, dass kein Öl mehr da ist. Reiben Sie die Pfanne mit einer durchgeschnittenen, rohen Kartoffel aus, dann klebt nichts fest. Bei einer Pfanne mit Antihaftbeschichtung können Sie getrost auf Öl verzichten. Das spart Kalorien und ist gesünder.

Gute Idee!

FEHLT DER RICHTIGE TOPF?

Sie haben der Nachbarin Ihre Kuchenform geliehen. Nun ist sie im Urlaub, und Sie wollen einen Kuchen backen. Sie haben ein Ferienhaus gemietet und wollen einen verregneten Tag mit Selbstgebackenem versüßen, doch leider fehlt die Kastenform. Lesen Sie hier, wie sich Küchenutensilien ersetzen lassen.

Keramikschüsseln In einer großen, ofenfesten Keramikschüssel kann man Kuchen backen, Müslischüsseln eignen sich für Portionskuchen. Die Formen auf ein Backblech stellen und dann in den Ofen schieben. Doch Vorsicht: Die Schüsseln können sehr heiß werden, sodass man sie selbst mit Topflappen schlecht anfassen kann.

Kaffeedose Schnellen Brotteig kann man gut in einer leeren Kaffeedose backen. Einfach dünn einfetten und mit Mehl bestäuben.

Bräter Wenn viele Gäste kommen und der Schmortopf für den Eintopf oder die Gulaschsuppe zu klein ist, geben Sie alle Zutaten in einen großen Bräter. Den Deckel auflegen und im Backofen bei 120–175 °C 3–4 Stunden garen, bis das Fleisch sehr mürbe ist.

Praktische Tipps

✱ Tropfstopp für die Ölflasche

Ziehen Sie Ihren Ölflaschen Schweißbänder aus Frottee über. Der saugfähige Stoff fängt Tropfen auf, die an den Flaschen herunterlaufen. Und wenn er zu fettig wird, kann er schnell in der Maschine gewaschen werden.

✱ Widerspenstige Deckel

Schraubdeckel von Gläsern mit Nudelsauce, Apfelmus oder anderen Konserven sitzen manchmal sehr fest. Drehen Sie das Glas kopfüber und schlagen Sie kräftig mit dem Handballen gegen den Boden. Sie hören ein „Plopp", wenn sich das Vakuum löst. Danach lässt sich das Glas meistens leichter öffnen.

✱ Obstkonserven richtig aufbewahren

Lassen Sie Obst nicht in einer angebrochenen Dose. Das Metall der Konserve kann korrodieren und schädliche Stoffe abgeben. Zudem schmeckt der Inhalt dann metallisch. Füllen Sie das Obst mit dem Saft in eine Plastikdose um.

✱ Küchenutensilien aus Holz pflegen

Salatschüsseln und Schneidebretter aus Holz gelegentlich mit Salz bestreuen und mit Zitrone abreiben. Dadurch verlieren sich Gerüche von Lebensmitteln, die ins Holz eingezogen sind und an andere Zutaten abgegeben werden können. Außerdem bleiben beim Schneiden und Hacken keine trockenen Holzfasern am Messer hängen.

✱ Knoblauch „knacken"

Knoblauchzehen lassen sich leicht schälen, wenn man sie vorher mit der flachen Hand auf einer Fläche zusammendrückt. Damit beim Hacken keine Stückchen am Messer kleben bleiben, etwas Salz auf Brett und Knoblauch streuen.

Gute Idee!

FREIE SICHT AUF REZEPTE

Sie kochen ein Rezept aus Ihrem dicken Lieblingskochbuch nach. Aber jedes Mal, wenn Sie sich umdrehen, um eine neue Zutat zu nehmen oder den Teig umzurühren, blättern sich die Seiten ganz von selbst um, und Sie müssen das Rezept wieder suchen. Dabei stoßen Sie die Mehlpackung um. Gar nicht so leicht, da die Ruhe zu bewahren. Natürlich könnten Sie sich einen Kochbuchhalter anschaffen. Aber greifen Sie doch einfach auf etwas Vorhandenes zurück: eine Auflaufform aus Glas. Einfach das Buch an der richtigen Stelle aufschlagen, die Form daraufstellen, und Sie haben einen glasklaren Blick auf das Wesentliche.

✱ Rutschfester Deckelöffner

Angesichts mancher Schraubdeckel fühlt man sich wie ein Schwächling. Leisten Sie sich ein paar Gummihandschuhe. So rutschen die Hände nicht ab, Sie haben einen festeren Griff und ein leichtes Spiel mit dem Deckel. Auf Hilfe können Sie so getrost verzichten.

✱ Vielseitige Eiswürfelform

Ob Sie Babynahrung zubereiten oder Saucenreste einfrieren: Eine flexible Eiswürfelform aus Plastik ist perfekt zum Portionieren. Dieser vielseitige Küchenhelfer wird viel zu oft unterschätzt. Damit lassen sich auch gut Kräuter einfrieren. Die Kräuter waschen, hacken und mit etwas Wasser in die Form geben.

Verblüffende Helfer

* Ingwer sparsam schälen

So schälen Sie Ingwer ohne Verlust: Wenn Sie Rechtshänder sind, nehmen Sie die Ingwerwurzel in die linke Hand. Mit der Kante eines Teelöffels fest über den Ingwer schaben, dann löst sich die papierdünne Schale ganz leicht.

* Schneiden mit Zahnseide

Mit straff gespannter Zahnseide lassen sich lockerer Biskuitboden, leichtes Brot, Weichkäse, Butter und viele andere Lebensmittel viel besser schneiden als mit einem Messer.

* Plastikflasche als Trichter

Schneiden Sie von einer Plastikflasche das obere Drittel ab, drehen Sie es kopfüber mit dem Ausguss nach unten. Fertig ist ein Trichter zum Umfüllen von Saucenresten oder Eintöpfen. Gebrauchtes Frittierfett können Sie so in einen leeren Milchkarton füllen und sauber entsorgen.

* Handsäge fürs Grillfest

Eine saubere, scharfe (und rostfreie) Handsäge ist ideal, um Spareribs für das Grillfest in Portionsstücke zu teilen. Das Sägeblatt zwischen die Rippen schieben, ein- oder zweimal hin- und hersägen – schon sind die Rippen zerteilt.

* Kaffeefilter für Bratensud

Der Bratensaft von Fleisch und Geflügel im Bräter ist eine leckere Saucengrundlage, enthält aber viel Fett. Kochen Sie den Satz los und gießen Sie die Flüssigkeit durch eine Filtertüte. Das Fett wird so abgesondert, aber der Geschmack bleibt erhalten.

* Schere für Kräuter

Frische Kräuter und Frühlingszwiebeln können Sie mit einer sauberen Küchenschere direkt in die Salatschüssel schneiden. Mit der Schere können Sie auch in Teigdeckel von Pasteten Schlitze zum Entweichen des Dampfes schneiden.

* Blumentöpfe für Küchenutensilien

Servierlöffel, Schneebesen, Zangen und andere Küchenwerkzeuge sind in Blumentöpfen am hinteren Rand der Arbeitsfläche gut verstaut. Wer möchte, lackiert die Töpfe in verschiedenen Farbtönen.

* Holzraspel für Zitronen

Eine saubere, feine Raspel aus dem Werkzeugkasten eignet sich gut zum Abreiben der Schale von Zitronen, Limetten und anderen Zitrusfrüchten.

Tipp SCHUHLÖFFEL FÜR MAIS

Ein sauberer **Schuhlöffel** ist in der Küche gleich zweifach nützlich. Mit dem breiten Ende lassen sich Körner von Maiskolben leicht lösen, mit dem schmalen kann man kleine Kuchen und Muffins gut aus der Form heben.

Frisches richtig lagern

✱ Zu viele Kartoffeln

Sie haben zu viele Kartoffeln für einen Salat oder einen Eintopf geschält? Und Sie möchten später keine „Schrumpfkartoffeln“? Die Knollen in eine Schüssel legen, mit kaltem Wasser bedecken und ein paar Tropfen Essig zugeben. So halten sie sich im Kühlschrank 3–4 Tage.

✱ Papiertüten für Salat

Salat hält sich länger, wenn man ihn aus der Plastikverpackung nimmt, in eine große Papiertüte oder in Zeitungspapier wickelt und im Kühlschrank verstaut. Salat mag es luftig. Trotzdem sollten Sie die äußeren, welken Blätter nicht entfernen, denn sie halten die inneren frisch und knackig.

✱ Gemüsefach trocken halten

Legen Sie das Gemüsefach Ihres Kühlschranks mit Küchenpapier aus. Es saugt die Feuchtigkeit auf, die dem Gemüse nicht gut bekommt. Ein Schälchen mit Salz hat den gleichen Effekt. Achten Sie darauf, dass Sie das Papier und das Salz regelmäßig austauschen, sobald es feucht geworden ist.

✱ Edelstahl für Grünes

Damit Grünkohl, Pak Choi und anderer Blattkohl im Kühlschrank länger frisch bleibt, legen Sie ihn in einen Frischhaltebeutel und geben ein Besteckteil aus Edelstahl dazu. Danach den Beutel gut verschließen.

✱ Erste Hilfe für Sellerie

Stangensellerie sollte knackig sein. Wenn die Stangen aber doch mal weich werden, sind sie nicht unbedingt sofort ein Fall für den Kompost. Legen Sie schlappe Stangen mit einigen rohen Kartoffelscheiben in eine Schüssel mit kaltem Wasser. Nach etwa 1 Stunde ist der Sellerie meist wieder knackig. Damit Stangensellerie nicht braun wird, legen Sie ihn gleich nach dem Kauf 30 Minuten in 1 l kaltes Wasser mit 1 Teelöffel Zitronensaft. Dieses erfrischende Bad macht Sellerie auch kurz vor dem Servieren wieder schön knackig.

Schon gewusst?

MINDESTHALTBARKEIT UND VERBRAUCHSDATUM

Laut Gesetz ist „das Mindesthaltbarkeitsdatum eines Lebensmittels das Datum, bis zu dem dieses Lebensmittel unter angemessenen Aufbewahrungsbedingungen seine spezifischen Eigenschaften behält“. Länger gelagerte Schokolade beispielsweise kann einen weißlichen Belag zeigen. Dadurch sind ihre „spezifischen Eigenschaften“ verändert, sie ist jedoch nicht verdorben. Sofern ein Produkt in Ordnung ist, darf es auch über das MHD hinaus verkauft werden.

Anders verhält es sich mit dem Verbrauchsdatum, mit dem leicht verderbliche Lebensmittel wie Hackfleisch oder Frischgeflügel zu kennzeichnen sind, im Wortlaut: „Verbrauchen bis“. Ist dieses Datum überschritten, darf das Produkt nicht mehr verkauft und sollte auch nicht mehr verzehrt werden.

Eier bleiben länger frisch, wenn man sie mit Öl einreibt.

✱ Zitronen sparsam ausdrücken

Wenn Sie für ein Rezept nur ein paar Tropfen Zitronensaft brauchen, schneiden Sie keine frische Zitrone an. Stechen Sie lieber mit einem Zahnstocher ein Loch in die Schale und drücken Sie die Frucht, um die gewünschte Menge Saft zu erhalten. Den Einstich mit Klebeband verschließen und die Zitrone zur weiteren Verwertung im Kühlschrank aufbewahren.

✱ Eier einölen

Bevor Sie frische Eier in den Kühlschrank packen, tunken Sie ein Stück Küchenpapier in Speiseöl und reiben Sie die Eierschalen damit ein. So halten sich die Eier länger frisch. Achten Sie trotzdem unbedingt auf das Mindesthaltbarkeitsdatum.

✱ Essig und Käse

Wickeln Sie Käse zum Frischhalten in ein Stück weichen Stoff, der mit Essig angefeuchtet ist. Für diesen Zweck gibt es sogar einen besonderen Stoff: das Käseleinen. Das luftige Leinen wurde früher bei der Käseherstellung verwendet und eignet sich hervorragend zum Aufbewahren von Käse, Fleisch, Salz und Zucker.

✱ Kartoffeln und Ingwer

Kartoffeln halten sich länger, wenn man ein Stück frische Ingwerwurzel in das Vorratsgefäß legt. Es heißt, dass Wurzelgemüse sich gegenseitig frisch hält – und Kartoffeln gehören im weitesten Sinne auch zu den Wurzelgemüsen.

✱ Haltbare Milch

Wenn Sie einen Karton Milch gekauft haben und nicht alles auf einmal verbrauchen können, geben Sie 1 Prise Salz in den Karton. Es neutralisiert einen Teil der Milchsäure und verhindert das Sauerwerden. Bewahren Sie die Milch im Kühlschrank auf, beim Überschreiten des Mindesthaltbarkeitsdatums vor Verzehr testen.

Gebäck aufbewahren

✱ Plätzchen auf Vorrat

Plätzchen sollten grundsätzlich kühl und trocken gelagert werden. Plätzchen, die knusprig bleiben sollen, in gut schließende Vorratsdosen legen. Sorten, die weich werden sollen, an der Luft bis zur gewünschten Konsistenz stehen lassen, dann den Deckel der Dose nur auflegen. Lagern Sie mehrere Schichten Plätzchen in einer Dose, trennen Sie die einzelnen Lagen mit Seiden- oder Backpapier. Es saugt die Feuchtigkeit auf und verhindert ein Zusammenkleben. Wenn Sie nicht genügend Vorratsdosen für jede Sorte Ihrer Plätzchen haben, können Sie verschiedene Sorten zusammen aufbewahren.

✱ Geburtstagstorte auf Eis

Sie können eine Torte für einen besonderen Anlass – vielleicht den 18. Geburtstag der Tochter oder die goldene Hochzeit der Eltern – Monate im Voraus vorbereiten, wenn Sie die Biskuitböden richtig verpacken.

1. Biskuitböden in drei separaten Formen backen und ganz abkühlen lassen.
2. Jeden Boden einzeln möglichst fest zuerst in Frischhaltefolie, danach ebenso fest in Alufolie wickeln.
3. Alle drei Böden in einen großen Gefrierbeutel legen. Die Luft herausstreichen, den Beutel verschließen und einfrieren.

Kurz vor dem Fest die Böden im Beutel auftauen. Die Torte zusammensetzen und garnieren. Sie schmeckt frisch, als sei sie am Vortag gebacken worden.

✱ Improvisierte Tortenglocke

Haben Sie keine Tortenplatte mit Abdeckung, stülpen Sie eine große Schüssel über die Torte, um sie frisch zu halten.

✱ Brot zur Torte

Nachdem eine Torte angeschnitten wurde, trocknen die Schnittflächen leicht aus. Um das zu vermeiden, legen Sie eine Scheibe Brot an die Schnittfläche und fixieren sie mit einigen Zahnstochern. Das Brot trocknet aus, aber die Torte ist am nächsten Tag noch appetitlich.

✱ Obstkuchen frisch halten

Sie haben zwei Stücke von einem saftigen Obstkuchen gegessen. Jetzt wollen Sie den Rest in Frischhaltefolie wickeln. Decken Sie ihn zuerst mit einem umgedrehten Pappteller ab. Erst dann in Folie wickeln. So bewahrt der Kuchen die Feuchtigkeit und hält länger.

✱ Kuchen mit Baiser aufbewahren

Wie bewahrt man Kuchen mit Baiserhaube auf, ohne das Baiser zu ruinieren? Reiben Sie ein großes Stück Frischhaltefolie gleichmäßig dünn mit Butter ein und legen Sie es mit der Butterseite nach unten auf den Kuchen. Später lässt es sich abziehen, ohne am Baiser zu kleben.

✱ Nie wieder ausgetrocknetes Brot

Damit geschnittenes Brot länger frisch bleibt, stecken Sie ein Stück Stangensellerie in die Tüte. Sellerie hat einen hohen Wassergehalt, aber eine trockene Außenseite. Die Stangen geben nach und nach Feuchtigkeit ab, und das Brot trocknet nicht aus. Sehr wirkungsvoll!

✱ Alle zwei Tage einen Apfelschnitz

Die Feuchtigkeit eines Apfels hält weiche Plätzchen saftig. Einen Apfelschnitz mit der Schale nach unten in die Keksdose legen. Alle 2 Tage ersetzen, falls bis dahin die Dose nicht geplündert wurde.

✱ Weinreste einfrieren

Wenn nach einer Mahlzeit noch etwas Bordeaux oder Pinot grigio in der Flasche ist, frieren Sie ihn in einer Eiswürfelform ein. So haben Sie immer einen „Schuss“ Wein für eine Suppe, Sauce oder ein Schmorgericht zur Hand. Die Würfel müssen nicht aufgetaut werden, denn sie schmelzen in der heißen Sauce rasch.

✱ Rotwein macht Fleisch zart

Reste von Rotwein eignen sich gut als zart machende Marinade für Fleisch. Das Fleisch in eine Gefrierdose oder einen Gefrierbeutel legen, mit dem Wein übergießen und fest verschlossen einige Stunden ziehen lassen. Ob gegrillt oder gebraten: Das Fleisch bleibt zart und saftig.

✱ Fleisch-Kroketten

Ist etwas vom Hähnchen, Festtagsbraten oder Truthahn übrig geblieben? Die Fleischreste im Mixer fein zerkleinern. Auf 450 g gehacktes Fleisch 1–2 Esslöffel fertige helle Sauce und 1 verquirltes Ei geben. Gut verkneten, aus der Masse kleine Rollen formen und 1 Stunde kalt stellen. Die Kroketten aus dem Kühlschrank nehmen und in Semmelbröseln wälzen. Einige Esslöffel Öl in einer beschichteten Pfanne erhitzen und die Kroketten darin von allen Seiten goldbraun braten. Die übrig gebliebenen Kroketten können im Gefrierschrank eingefroren werden.

✱ Reste vom Schmorbraten?

Daraus lässt sich ein Ragout zaubern, das der ganzen Familie schmeckt. Den Bratenrest in kleine Stücke schneiden und wieder in die Sauce geben. 480 ml Rotwein und 2 Dosen Pizzatomaten zufügen. Alles gut umrühren, einmal kräftig aufkochen und zugedeckt ungefähr 30 Minuten leicht kochen lassen. Nach Geschmack mit Salz, Pfeffer und frischen Kräutern verfeinern.

Superstar im Haushalt

WIEDERVERSCHLIESSBARE PLASTIKBEUTEL – 10 TOLLE TIPPS

1 Obst reift in verschlossenen Beuteln schneller nach.

2 Um Kekse zu zerkleinern, in einen Beutel geben und mit dem Nudelholz darüberrollen.

3 Nüsse in den Beutel füllen und mit einem Hammer zerkleinern.

4 Die Zutaten für Hackbraten in den Beutel geben, verschließen und Beutel samt Inhalt durchkneten.

5 Gefrorenes Geflügel in einen Beutel geben und einige Stunden in kaltes Wasser legen. Das ist die sicherste Auftaumethode für Hähnchen, Pute und Wildgeflügel.

6 Fleisch und Geflügel samt Marinade in einen Beutel geben, verschließen und in einer Schüssel in den Kühlschrank stellen.

7 Teig in einem großen Plastikbeutel kneten, damit er nicht an den Händen klebt.

8 Schoko- oder Zuckerglasur in einen Beutel füllen, eine Ecke abschneiden – fertig ist ein Spritzbeutel.

9 Eine Rezeptseite bleibt in einen Beutel gehüllt sauber und ist trotzdem lesbar.

10 Sie haben ölige oder mehlige Hände, und das Telefon klingelt? Dann kann ein Beutel sogar als Handschuh dienen!

Kreative Tischdeko

✱ Kleine Sträußchen
Wenn es im Garten üppig blüht, schneiden Sie kleine Sträuße und stellen Sie sie in leere Marmeladengläser, Glasflaschen oder „Senfkristall“. Auf einer langen Tafel wirkt eine Reihe kleiner Vasen in der Mitte sehr edel.

✱ Vasen Ton in Ton
Blumen in Glasgefäßen sehen viel edler aus, wenn man das Wasser mit einigen Tropfen Lebensmittelfarbe färbt.

✱ Grün in Dosen
Dosen von italienischen Tomaten oder Espresso sehen manchmal sehr dekorativ aus. Benutzen Sie leere Dosen doch als „Übertöpfe“. 3 Dosen mit Pflanzen in verschiedenen Höhen genügen für eine originelle Tischdekoration.

✱ Sitzprobe
Bevor die Gäste kommen, prüfen Sie, ob der Tischschmuck niedrig genug ist, um Tischgespräche nicht zu behindern. Stellen Sie die Dekoration auf den Tisch und nehmen Sie auf einem Stuhl Platz. Wenn die höchsten Blumen oder Dekorelemente auf Gesichtshöhe liegen, kürzen Sie sie. Blickkontakt ist wichtig, um die Gespräche am Tisch im Fluss zu halten.

✱ Guter Rahmen
Kleine Bilderrahmen, ob im einheitlichen Stil oder unterschiedlich, sind schöne Halter für Tischkarten. Wer eine schöne Schrift hat, kann die Namen der Gäste mit der Hand auf die Karten schreiben. Anderenfalls drucken Sie sie einfach mit dem Computer aus. Die Karten auf die passende Größe zuschneiden und in die Rahmen schieben.

✱ Geschirr-Mix
Decken Sie für ein zwangloses Essen mit Ihren Freunden doch einmal ganz verschiedenes Geschirr – bunte Keramik aus Spanien hier, Goldrand da, Rosenmuster dort. Das sieht originell aus und sorgt garantiert für Gesprächsstoff!

✱ Tafelsilber-Nostalgie
Vorbei sind die Zeiten, als man das Tafelsilber nur zu Festtagen herausholte. Benutzen Sie es jeden Tag zur Erinnerung an Ihre Lieblingsgroßmutter. Es macht nichts, wenn es etwas angelaufen ist – das wirkt nostalgisch.

Es ist angerichtet!

✱ Keine Zeit zum Staubwischen?

Dann setzen Sie auf Atmosphäre. Dimmen Sie die Lampen und verteilen Sie viele Kerzen im Wohn- und Esszimmer (nur nicht in der Nähe von Vorhängen). Stellen Sie Teelichthalter auf Fensterbänke, einen Kandelaber auf das Kaminsims, dicke Kaminkerzen auf Beistelltische. Kerzenlicht ist wunderbar schmeichelhaft. Es vertuscht Fältchen – und Staub auf den Regalen.

✱ Haltlose Servietten

Servietten bleiben oft an den Böden von Trinkgläsern kleben. Das lässt sich vermeiden, wenn man die Gläser vorher in einen Teller mit Salz drückt und dann abklopft.

✱ Wein kühlen auf die Schnelle

Um Sekt oder Weißwein schnell zu kühlen, stellen Sie die Flasche in den Weinkühler oder ein hohes Plastikgefäß. Etwa 5 cm hoch Eiswürfel in den Kühler geben und einige Esslöffel Salz daraufstreuen. Weiter bis an den Flaschenhals abwechselnd Eiswürfel und Salz zugeben. Kaltes Wasser bis zur Höhe der Eiswürfel einfüllen. Nach 15 Minuten hat der Wein oder Sekt die richtige Trinktemperatur. Im Gefrierfach würde es doppelt so lange dauern.

✱ Der Weinkorken rührt sich nicht?

Ein Tuch mit heißem Wasser anfeuchten und um den Flaschenhals legen. Dadurch dehnt sich der Flaschenhals minimal aus – gerade genug, um den Korken leichter ziehen zu können.

✱ Salat-Cocktail

Der simpelste Salat wirkt elegant, wenn man ihn in einem Cocktailglas serviert – z. B. in einem Martiniglas. Das Glas mit Salatblättern auslegen und in jedes 1 Esslöffel Geflügel-, Thunfisch- oder Eiersalat füllen. Einen Zahnstocher mit einer Olive schräg auf den Salat setzen.

✱ Essen im Freien

An schönen Sommerabenden isst man lieber im Freien. Legen Sie ein Bettlaken (edel oder ganz schlicht) auf den Terrassentisch. Stühle aufstellen, Windlichter anzünden – das genügt, um ein einfaches Essen zum Fest zu machen.

Gute Idee!

NATUR-„SCHALE“

In Obst, Gemüse und Brot lassen sich stilvoll Salate und Früchte anrichten.

Brötchen – Schneiden Sie von Brötchen den unteren Teil ab, entfernen Sie das Innere und füllen Sie die Brotschale mit einer Portion leckerem Salat.

Paprika – Von einer roten, grünen oder gelben Paprika den Strunk abschneiden und die Frucht aushöhlen. Vom unteren Teil ein Stück abschneiden, damit sie sicher steht. So präsentieren Sie Dips oder Salate farbenfroh.

Ananas – Halbieren Sie die Frucht längs und kratzen Sie das Fruchtfleisch heraus. Mit der richtigen Füllung sorgen Sie für karibisches Flair. Auf keinen Fall die Blätter abschneiden, die machen sich besonders gut.

Melonen – Höhlen Sie 1 Cantaloupe- und 1 Honigmelone aus. Servieren Sie die Fruchtstücke der einen Melone in der Schale der jeweils anderen.

Frisches Brot hilft gegen „spontane" Kunstwerke.

2 Ordentliche und saubere Küche

Die Küche ist das Herzstück des Hauses, aber seien wir ehrlich: Dort hat man auch mit viel Schmutz und Unordnung zu kämpfen – mit benutztem Geschirr, überquellenden Schränken, fleckigen Herdplatten …
Wer beruflich eingespannt ist oder eine große Familie hat, arrangiert sich oft notgedrungen mit einer nicht ganz so ordentlichen Küche. Aber das ist gar nicht nötig.
Um die Küche sauber zu halten, muss man kein Vermögen für teure Wunderreiniger oder raffinierte Hilfsmittel ausgeben, die in den Werbespots angepriesen werden.
Wenn Sie Ordnung schaffen möchten, brauchen Sie auch keinen Abschluss in Organisationsmanagement. Mit etwas Entschlusskraft und den Tipps aus dem folgenden Kapitel machen Sie Ihre Küche schnell und für wenig Geld zu einem sauberen und effizienten Bereich.

Wisch und weg!

✱ Essig ins Wischwasser

Geben Sie 1 kleinen Schuss Weißweinessig ins Wischwasser, dann gehören Streifen am Fußboden der Vergangenheit an. Linoleum- und PVC-Böden glänzen, wenn Sie etwas Babyöl ins Wasser geben – aber nicht mehr als 1–2 Kappen voll auf 5 l, sonst wird der Boden zur Rutschbahn.

✱ Bleichlauge gegen Fett

Ist die geweißelte Wand in der Umgebung Ihres Herdes auch von einem Fettfilm überzogen? Wischen Sie sie mit einer Mischung aus 4 l Wasser und 120 ml Chlorbleiche aus dem Handel ab. Aber Vorsicht: Sie sollten die Lauge nicht einatmen und nicht auf Ihre Kleidung bringen!

✱ Roggenbrot gegen Bleistiftkunst

Die Bleistiftgemälde Ihres Juniors lassen sich mit einer Scheibe frischem Roggenbrot (mit oder ohne Körner) von Küchenwänden „radieren“. Ein Schmutzradierer tut es jedoch auch.

✱ Zitrusfrische Tapeten

Haben Sie abwaschbare Tapeten? Entfernen Sie Staub und Spinnweben mit dem Staubsauger. Nun 1 l Wasser, 120 ml Zitronensaft und 120 ml Geschirrspülmittel mischen, die Tapete damit abwischen. Testen Sie aber an einer unauffälligen Stelle, ob die Tapete die Behandlung verträgt.

✱ Zitrone und Natron statt Fleckenwasser

Ketchupflecken lassen sich leicht von der Arbeitsfläche entfernen: den Fleck mit Zitronensaft anfeuchten und diesen etwa 30 Minuten einwirken lassen. Dann Natron auf die raue Seite eines Küchenschwamms geben und die Fläche abschrubben. So verschwinden die meisten Flecken, und die Küche riecht frisch und sauber.

✱ Blitzender Edelstahl

Edelstahl sieht, wie der Name schon sagt, edel aus – aber nur, wenn er sauber ist. Flecken beseitigen Sie wie folgt:

- **Rostflecken** – 1 Tropfen Feuerzeugbenzin daraufgeben und verreiben, dann mit Scheuermilch und Wasser nachwischen.
- **Wasserflecken** – Ein Tuch in Reinigungsalkohol tunken und die Flecken wegwischen. (In vielen Apotheken kann man sich Isopropanol günstig abfüllen lassen.)
- **Andere Flecken** – Die meisten Flecken lassen sich mit Haushaltsessig oder sprudelndem Mineralwasser beseitigen.

✱ Hygiene in der Spüle

In der Spüle bleiben oft winzige Reste von Lebensmitteln hängen, auf denen sich Bakterien ansiedeln. Füllen Sie unverdünnten Reinigungsalkohol in eine Sprühflasche und sprühen Sie nach jedem Abwasch Spüle und Abfluss mit dem Alkohol ein. Dann einfach mit einem sauberen Geschirrtuch oder Küchenpapier nachwischen.

✱ Thymiantee für Porzellanwaschbecken

Waschbecken aus Porzellan sind empfindlich und sollten nicht mit aggressiven Reinigern behandelt werden. Probieren Sie es stattdessen mit frischem Zitronenthymian. 4–5 Zweige in einen 5-l-Eimer legen und mit kochendem Wasser übergießen. 5–6 Stunden ziehen lassen, dann den Thymian herausnehmen. Das Waschbecken verstöpseln, den Tee hineingießen und über Nacht einwirken lassen. Am nächsten Morgen haben Sie ein strahlend weißes Waschbecken, das wunderbar kräuterfrisch riecht.

✱ Allzweckreiniger – fast umsonst

Warum ein Desinfektionsmittel kaufen, wenn man es selber machen kann? Mischen Sie 240 ml Reinigungsalkohol, 240 ml Wasser und 1 Esslöffel Weißweinessig in einer Sprühflasche. Einfach auf Küchenflächen (auch auf Fliesen und Chrom) sprühen und nachwischen. Sie können zuschauen, wie der Bakterienkiller verdunstet.

✱ Plastikflasche statt Saugglocke

Wenn Sie keine Saugglocke (auch Pümpel genannt) besitzen, bekommen Sie Ihren Abfluss auch mit einer leeren Plastikflasche frei. Wichtig: Die Öffnung der Flasche muss in etwa den Abfluss abdecken. Dichten Sie zuerst den Überlauf mit einem feuchten Lappen ab. Dann heißes Wasser in die Flasche füllen und ihre Öffnung fest auf den Abfluss pressen. Die Flasche immer wieder zusammendrücken, damit das heiße Wasser Druck auf die Ablagerungen ausübt.

✱ Mit dem Föhn gegen Fett

Auf dem Herd und an den Fliesen ist man besonders häufig mit Fettspritzern konfrontiert. Dabei lassen sie sich ganz leicht entfernen, wenn man sie zunächst mit dem Föhn erwärmt. Anschließend können Sie sie problemlos mit einem saugfähigen Schwamm oder Küchenkrepp abwischen. Mit klarem Wasser nachspülen, fertig.

Superstar im Haushalt

ESSIG IN DER KÜCHE – 8 EXTRATIPPS

1 Zur Reinigung und Desinfektion den Kühlschrank innen und außen mit einer Mischung aus Haushaltsessig und Wasser (im Verhältnis 1:1) auswischen. Die Fächer der Tür nicht vergessen!

2 Wischen Sie das Gemüsefach ab und zu mit unverdünntem Essig aus – dann bildet sich kein Schimmel.

3 Dampfreinigung für die Mikrowelle: eine Schüssel mit 240 ml Wasser und 60 ml Essig hineinstellen und auf hoher Stufe 5 Minuten erhitzen. Anschließend mit klarem Wasser auswischen.

4 Schneidebretter aus Holz nach jeder Benutzung zur Desinfektion mit unverdünntem Essig abwischen.

5 Trinkgläser werden blitzblank, wenn man vor Beginn des Klarspülgangs 2 Esslöffel Essig in die Spülmaschine gibt.

6 Kaffeeflecken aus Porzellantassen lassen sich mit einer Mischung aus gleichen Teilen Essig und Salz entfernen.

7 Um die Kaffeemaschine zu reinigen, 500 ml Wasser und 250 ml Essig durchlaufen lassen (bitte ohne Kaffee).

8 Zum Beseitigen von Mineralablagerungen im Teekessel 750 ml unverdünnten Essig 5 Minuten darin kochen. Dann über Nacht einwirken lassen.

Gegen unangenehme Küchengerüche

✱ Natron in den Müll

Im Mülleimer siedeln sich leicht Bakterien an, die unangenehme Gerüche verursachen. Dagegen 2–3 Esslöffel Natron auf den Eimerboden streuen. Nach jedem Ausleeren erneuern.

✱ Zitrone gegen Kohlgeruch

Kohlgemüse ist zwar ausgesprochen gesund, hinterlässt aber beim Kochen einen üblen Geruch. Geben Sie einfach den Saft von ½ Zitrone zum Kochwasser, dann riecht die Luft frischer. Und dem Kohl bekommt diese Würze auch gut.

✱ Kuchen backen!

Kaum etwas vertreibt muffige Küchengerüche so gut wie der Duft von frischem Kuchen, am besten mit Schokolade und Gewürzen. Es darf auch eine Backmischung sein.

✱ Lufterfrischer aus dem Ofen

Lufterfrischer braucht man nicht zu kaufen, gebackene Zitronen erfüllen den Zweck mindestens genauso gut. Ein Backblech mit Alufolie auslegen, die Scheiben von 2 Zitronen darauf verteilen und im vorgeheizten Ofen bei 100 °C 60–90 Minuten backen. Den Ofen abschalten, die Ofentür öffnen, die Zitronen noch einige Stunden auf dem Blech liegen lassen.

✱ Zwei dynamische Duos für den Abfluss

Ablagerungen in Abflüssen riechen unangenehm. Um den Geruch loszuwerden, beseitigen Sie die Ursache mit einer dieser beiden Kombis:

- **Backpulver und Essig** – In den verstopften Abfluss 3 Esslöffel Backpulver schütten, sofort 120 ml Essig nachgießen. Den Abfluss einige Minuten abdecken, während es heftig blubbert. Mit heißem Wasser nachspülen. Achtung: Diese Mischung niemals direkt nach einem kommerziellen Abflussreiniger verwenden! Wenn das Produkt mit dem Essig reagiert, können giftige Dämpfe entstehen.
- **Salz und Natron** – Schütten Sie 180 g Salz und dann 180 g Natron in den Abfluss. Zum Schluss einen Wasserkessel voll kochendes Wasser nachgießen, damit das Natron wirkt.

Tipp GEWÜRZDUFT IN DER LUFT

Um Kochdünste zu vertreiben, geben Sie eine Handvoll **Gewürznelken**, 3–4 ganze **Muskatnüsse**, 4–5 **Zimtstangen** und einige Stücke **Orangen-** oder **Zitronenschale** in einen großen Topf mit Wasser. 1 Stunde kochen lassen – es duftet wunderbar. Den abgekühlten Sud in eine Sprühflasche füllen und überall anwenden, wo die Luft einen Frischekick gebrauchen kann.

Unerwünschte Gäste

✱ Luftdichte Behälter

Damit sich Lebensmittelmotten nicht ausbreiten, füllen Sie anfällige Lebensmittel, wie Mehl, Müsli oder Haferflocken, nach dem Einkauf in dicht schließende Plastik- oder Glasbehälter um. Hat sich das Ungeziefer schon vermehrt, muss schnell gehandelt werden: Alle Schränke leer räumen und mit Essigwasser auswischen. Auch eine „Wärmebehandlung“ mit dem Föhn kann helfen.

✱ Muskat gegen Ungeziefer

Legt man 1 oder 2 ganze Muskatnüsse in die Mehl- oder Reispackung, hält dies Ungeziefer auf Distanz. Oder legen Sie Streifen von (ausgewickeltem) Spearmint-Kaugummi an mehreren Stellen in den Schrank – der Pfefferminzgeruch hält Insekten fern.

✱ Scharfe Erbsen

Getrocknete Hülsenfrüchte sind insbesondere durch verschiedene Käferarten (Erbsen- und Linsenkäfer) gefährdet. Legen Sie eine getrocknete Chili in die Verpackung, dann nehmen die Schmarotzer Reißaus.

✱ Ameisen mögen keine Grütze

Ameisen knabbern trockene Frühstücksflocken durchaus an, aber sie laufen höchst ungern über pulverige oder körnige Materialien. Wer einen Trupp Ameisen in der Küche entdeckt, streut ihnen am besten Grieß oder feine Grütze in den Weg. Sie können zuschauen, wie sie umkehren.

✱ Gewürze gegen Ameisen

Wissen Sie, wie Ameisen von draußen in Ihre Küche gelangen? Streuen Sie eine gute Portion Cayennepfeffer oder gemahlenen Zimt an die

Selbst gemacht!

FLIEGENPAPIER

Besonders schön sahen sie nicht aus – die Fliegenpapierstreifen in der Küche unserer Großeltern. Aber sie sind sehr wirkungsvoll – wenn die Plagegeister gefangen sind, kann man die Streifen ja schnell entsorgen.

Superklebriges Fliegenpapier

Platzieren Sie die Streifen unter Hängeschränke, in Durchgängen oder an Fensterrahmen – einfach mit einem Stück Malerkrepp oder Isolierband befestigen.

1 Tüte aus braunem Packpapier
Bindfaden
Klebeband
120 g Zucker
160 ml heller Sirup
160 ml Wasser

1 Die Tüte in 3 cm breite und 30–90 cm lange Streifen schneiden. Jeweils an einem Streifenende mit transparentem Klebestreifen ein 12–15 cm langes Stück Bindfaden befestigen.

2 Zucker, Sirup und Wasser in einem großen Topf (2 l Volumen) bei hoher Temperatur zum Kochen bringen.

3 Bei mittlerer Temperatur köcheln, bis die Flüssigkeit eindickt.

4 Mit einem Backpinsel auf die Papierstreifen streichen. Dort aufhängen, wo Fliegen besonders lästig sind.

Lorbeerblätter gegen Insekten in Reis und Mehl.

betreffende Stelle. Ameisen mögen weder die pulverige Konsistenz noch den intensiven Geruch der Gewürze.

* Schluss mit Fruchtfliegen

Fruchtfliegen sind lästig, aber wer möchte deshalb schon die Obstschale leer herumstehen lassen? So werden Sie die ungebetenen Gäste los:

- **Minze oder Basilikum** – Einige Zweige der Kräuter zum Obst legen. Fruchtfliegen mögen den Geruch nicht und bleiben weg.
- **Franzbranntwein** – Verwischen Sie auf der Arbeitsfläche in der Nähe von Bananen oder reifenden Melonen, Tomaten oder Avocados etwas Franzbranntwein.
- **Apfelessig** – Gießen Sie Apfelessig (Apfelsaft, Bier oder Sekt funktioniert auch) in ein Schälchen und fügen Sie einige Tropfen Spülmittel hinzu. Dieses vermindert die Oberflächenspannung der Flüssigkeit. Wenn sich die Fruchtfliegen daraufstürzen wollen, können sie nicht landen und ertrinken.

* Lorbeer für Mehl und Reis

Kornkäfer, Mehlmotten und andere Schädlinge finden durch winzigste Risse in Papier- oder Kartonverpackungen den Weg zu Mehl, Reis, Haferflocken oder Frühstücksflocken. Stecken Sie einige getrocknete Lorbeerblätter in die Verpackungen, um solche „Mitesser“ zu vertreiben.

* Ohne Gift gegen Kakerlaken

Umwickeln Sie ein leeres Marmeladenglas mit Malerkrepp. Die Innenseite mit Vaseline einreiben, 2–3 cm hoch Bier einfüllen, dazu einige kleine Stücke reifes Obst und 4–5 Tropfen Mandelextrakt hineingeben. Das Glas (ohne Deckel) unter die Spüle oder an einen anderen Platz stellen, an dem Kakerlaken lauern. Die Geruchsmischung lockt sie an, und sie klettern über das Malerkrepp (das ihnen Halt gibt) in das Glas. Wegen der glatten, gefetteten Innenseite kommen sie nicht wieder heraus. Um die Krabbeltiere zu beseitigen, füllen Sie das Glas mit heißem Wasser und spülen alles durch die Toilette.

Frische im Kühlschrank

✱ Sauber halten

Vor allem um die Griffe herum werden Kühlschränke und Tiefkühltruhen leicht schmutzig. Auch an Gemüseschubladen und anderen Behältnissen sieht man Fingerspuren schnell. Dagegen lässt sich jedoch Abhilfe schaffen.

- Mit warmem Wasser abwischen, in das Sie zuvor einen Schuss Essig gegeben haben.
- Mit sprudelndem Mineralwasser abwischen – reinigt und poliert in einem Arbeitsgang.
- Zuerst die Oberfläche abwaschen und klar nachwischen, dann Autowachs auftragen und mit einem weichen Lappen nachpolieren.
- Chromteile mit einem weichen, mit Reinigungsalkohol angefeuchteten Tuch polieren.

✱ Dichtung pflegen

Die Gummidichtung an der Kühlschranktür hält kalte Luft drinnen und warme draußen. Sie darf bei der Kühlschrankreinigung nicht vergessen werden. Einen weichen Lappen mit Reinigungsalkohol anfeuchten, um Schmutz zu entfernen. Dann die Dichtung mit etwas Mineralöl einreiben, damit sie nicht brüchig wird.

✱ Von der Katze lernen

Wenn Katzenstreu den strengen Geruch der Katzentoilette neutralisieren kann, ist es auch anderen Gerüchen gewachsen. Stellen Sie ein offenes Schälchen mit etwas unparfümierter Katzenstreu in den Kühlschrank, dann machen sich üble Gerüche gar nicht erst breit.

✱ Kartoffel gegen Gerüche

Um die Essensgerüche im Kühlschrank zu vermindern, schälen Sie eine rohe Kartoffel, halbieren sie und legen die beiden Hälften auf kleine Teller in unterschiedliche Kühlschrankfächer. Die Schnittflächen abschneiden, wenn sie sich dunkel verfärben – und schon ist die neutralisierende Wirkung wiederhergestellt.

✱ Zitrusfrischer Kühlschrank

Schimmel riecht unangenehm, ist hartnäckig und erfordert drastische Gegenmaßnahmen: Den Saft von 1 Zitrone in eine Tasse Wasser geben, die Zitronenschale zufügen. Den Kühlschrank leer räumen und den Stecker herausziehen (wie gesagt: drastisch!). Den Inhalt des Gefrierfachs le-

Tipp HOLZKOHLE ALS KÜHLSCHRANK-DEO

Legen Sie 3–4 Stücke **Grill-Holzkohle** in einem Zwiebelnetz in den Kühlschrank. Nach etwa 1 Monat sollten Sie die Holzkohle in einem schweren Edelstahltopf erhitzen, um sie zu reaktivieren. Öffnen Sie das Küchenfenster zur Belüftung. Die abgekühlte Kohle wieder ins Netz und in den Kühlschrank geben. Verwenden Sie keine Grillbriketts: Sie riechen teerig.

gen Sie in die Spüle oder eine große Plastikschüssel mit Eiswürfeln. Das Zitronenwasser in der Mikrowelle bis fast an den Siedepunkt erhitzen und in den leeren Kühlschrank stellen.

Die Tür schließen und die Mischung 30 Minuten einwirken lassen. Die Dämpfe beseitigen Gerüche und lösen Schmutzreste. Anschließend den Kühlschrank auswaschen, dann Lebensmittel und Getränke wieder einräumen.

✱ Mit Salz scheuern

Sie quetschen den neuen Einkauf in den Kühlschrank; dabei kippt ein Schälchen mit dem Saucenrest von gestern um und läuft aus. Um die zähe Masse zu beseitigen, streuen Sie Salz darauf. Dann einen Topfschrubber aus Plastik oder einen Scheuerschwamm in heißes Wasser tauchen und den Fleck kräftig abschrubben. Mit feuchtem Küchenpapier nachwischen und eventuell die Behandlung wiederholen.

✱ Abtauen auf die Schnelle

Wenn Ihr Tiefkühlfach sich nicht selbsttätig abtaut, können Sie den Vorgang beschleunigen; so vermeiden Sie, dass die gefrorenen Lebensmittel antauen, die Sie außerhalb „zwischenlagern“: Schmelzen Sie das Eis einfach mit warmer Luft aus dem Föhn. Sie können auch in einigen Töpfen Wasser aufkochen und diese ins Tiefkühlfach stellen (auf Untersetzer, wenn der Boden aus Kunststoff besteht). Die Tür schließen, damit der heiße Dampf nicht entweicht. Kurz danach können Sie große Eisstücke vorsichtig mit einem Tafelmesser oder Spachtel ablösen.

✱ Backofen beim Abtauen nutzen

Backöfen mit Selbstreinigungsfunktion sind meist so gut isoliert, dass man gefrorene Lebensmittel mehrere Stunden darin zwischenlagern kann, während das Tiefkühlfach abgetaut wird. Aber bitte nicht einschalten!

Unglaublich, aber wahr!

SALZ UND ABERGLAUBE

Vor Urzeiten war Salz als Konservierungs-, Heil- und Würzmittel so begehrt, dass es den Wandel vom Nomadentum zum sesshaften Bauernleben beschleunigte, zur Entstehung von Handelsstraßen beitrug und in fast allen Kulturen religiöse Riten und Rituale beeinflusste. Im Römischen Reich galt Salz als so wertvoll, dass die Soldaten zusätzlich zu ihrem Sold ein *salarium* (wörtlich etwa: eine Salzzuwendung) erhielten. Von diesem lateinischen Begriff stammt unser Wort „Salär“ ab.

Natürlich rankt sich um das kostbare Gut auch allerlei Aberglaube. Es hieß, ein Röhrchen mit Salz schütze vor bösen Geistern, während man Vampire nur durch direktes Bewerfen mit Salz vertreiben könne. Dem irischen Volksglauben zufolge soll man Kindern ein Säckchen Salz ins Nachtzeug einbinden, damit sie nicht im Schlaf von den Feen entführt werden.

Noch heute sagt man in vielen Kulturen, Salz zu verschütten bringe Unglück. Gleich im nächsten Atemzug wird geraten, etwas von dem verschütteten Salz über die linke Schulter zu werfen, um den Ärger in Grenzen zu halten. Geister, die Unglück bringen, stehen nämlich – so der Aberglaube – links hinter einem Menschen, doch sie ergreifen die Flucht, wenn sie eine Ladung Salz in die Augen bekommen.

Heiße Tipps für einen sauberen Herd

✱ Sauberkeit für frei stehende Herde

Haben Sie einen nicht eingebauten Herd, der ständig an den Seiten verschmutzt ist, weil beim Gemüseschneiden und Braten von der angrenzenden Arbeitsfläche nebenan Krümel und Fettspritzer in den Zwischenraum fallen? Besorgen Sie sich im Baumarkt billige Plastikdichtungen mit T-förmigem Querschnitt, die Sie einfach zwischen den Herd und die Arbeitsfläche stecken. So kann nichts mehr hinuntertropfen, und wenn die Dichtungen verschmutzt sind, lassen sie sich problemlos herausnehmen, abwaschen und wieder einsetzen.

✱ Bratrost im Sack

Die meisten Leute weichen einen schmutzigen Ofenrost in der Badewanne ein. Aber wer mag danach die fettige Wanne putzen? Stecken Sie den Rost lieber in einen stabilen, großen Müllbeutel. 160 ml Spülmittel, 240 ml Weißweinessig und so viel heißes Wasser zugeben, bis der Beutel fast voll ist. Den Beutel zuknoten und 1 Stunde lang in die (leere) Wanne legen. Dann das Wasser vorsichtig in die Toilette gießen, den Rost aus dem Beutel nehmen, abbürsten, abspülen und an der Luft trocknen lassen.

✱ Angebranntes auf Topfträgern

Sind Speisereste auf den gusseisernen Topfträgern Ihres Gasherds angebrannt? Nutzen Sie die Selbstreinigungsfunktion Ihres Backofens, indem Sie die Topfträger mit ungiftigem Backofenreiniger einreiben und sie in den Ofen legen. Später nur herausnehmen und abwischen.

✱ Fettspritzer salzen

Tropft bei der Zubereitung eines Bratens Fett auf den Backofenboden, streuen Sie Salz darauf, bevor es anbrennen kann. Die Ofentür schließen, den Braten fertig garen. Nach dem Essen können Sie den Fleck, der jetzt nur noch ein Häuflein Asche ist, ganz einfach entfernen.

✱ Warmer Wickel für die Fettpfanne

Fettpfannen mit angebrannten Speiseresten sind besonders mühsam zu reinigen. Erhitzen Sie die

Tipp EISKRATZER FÜR DEN HERD

Um hartnäckige Reste vom Kochfeld des Gasherds zu entfernen, schalten Sie alle Flammen aus. Die Fläche mit WD-40® einsprühen und einige Minuten einwirken lassen. Dann den Schmutz mit einem **Eiskratzer aus Plastik** abschaben. Zuletzt das Kochfeld mit heißem Seifenwasser abwischen und mit einem Geschirrtuch nachtrocknen.

Fettpfanne und streuen Sie Waschpulver auf den Schmutz. Das Pulver mit nassem Küchenpapier bedecken und 15 Minuten einwirken lassen. Dann das Küchenpapier entfernen – der Schmutz lässt sich nun viel leichter abschrubben.

✱ Einschubleisten säubern

Wenn Sie den Backofen reinigen, denken Sie auch an die Einschubleisten der Bleche. Diese am besten mit Stahlwollpads und Seife schrubben, mit klarem Wasser nachwischen und gut abtrocknen. Die Auszüge mit etwas Pflanzenöl einreiben, damit sie leichtgängig bleiben.

✱ Hygienische Abzugsfilter

Einmal im Monat sollten Sie den Filter Ihrer Dunstabzugshaube herausnehmen und mit dem Multifunktionsöl WD-40® einsprühen. Nach 1 Stunde mit einer Zahnbürste abschrubben, anschließend in der Spülmaschine reinigen.

✱ Klare Sicht in den Backofen

Ist das Glasfenster Ihres Backofens stark verschmutzt, und Sie bekommen es einfach nicht mehr richtig sauber? Dann mischen Sie 4 Teile Wasser, 1 Teil Essigessenz und 1 Teil Geschirrspülmittel und füllen das Ganze in eine Sprühflasche um.

Die Tür öffnen und das Backofenfenster mit der Mischung einsprühen. 1 Stunde einwirken lassen, dann mit Küchenpapier abwischen. Letzte Schmutzreste können Sie mit einem Eiskratzer aus Kunststoff (fürs Auto) abschaben. Zuletzt das Fenster mit Essig oder Glasreiniger aus dem Handel einsprühen und abwischen. Diese „Behandlung“ funktioniert natürlich auch für die Mikrowelle.

Superstar im Haushalt

NATRON IN DER KÜCHE 10 EXTRATIPPS

1 Gegen Flecken auf Plastikutensilien und Teigschabern Natron mit etwas Wasser anrühren, mit dem Schwamm auftragen.

2 Emailtöpfe vertragen aggressive Scheuermittel nicht. Rühren Sie eine Paste aus Natron und wenig Wasser an. Auf die Flecken geben, nach 1 Stunde abwischen – sauber.

3 Fettige Teller werden rein, wenn man dem Spülmittel 2 Esslöffel Natron beimischt.

4 Damit Ihre Spülmaschine besser riecht, schütten Sie 150 g Natron direkt hinein. Bei leerer Maschine einen Spülgang laufen lassen.

5 Kaffeeflecken lassen sich mit einem feuchten, in Natron getunkten Lappen entfernen.

6 Edelstahl wird blank, wenn man etwas Natron daraufstreut und mit einem feuchten Tuch nachwischt.

7 Fettflecken auf dem Kochfeld etwas anfeuchten, Natron daraufstreuen und mit einem feuchten Tisch abwischen.

8 Zum Säubern der Kaffeemaschine 1 l Wasser mit 45 g Natron verrühren und durchlaufen lassen.

9 Um angebrannte Reste aus der Gusseisenpfanne zu entfernen, 2 Esslöffel Natron in 1 l Wasser auflösen und 5 Minuten in der Pfanne kochen.

10 Thermoskannen werden mit 50 g Natron auf 1 l Wasser wieder sauber. Über Nacht einwirken lassen.

Spülen per Maschine

✱ Gegen verstopfte Spülarme

Wenn das Geschirr nicht ganz sauber aus der Maschine kommt, sind vielleicht die Öffnungen der Spülarme mit Kalk oder anderen Ablagerungen verstopft. Nehmen Sie die Arme einmal genauer unter die Lupe (meist sitzt einer unter dem oberen Korb und einer in der Bodenwanne) und stecken Sie einen Zahnstocher in die Öffnungen. Klebt beim Herausziehen Schmutz daran, ist eine Reinigung fällig.

Die Arme abmontieren (wie, steht normalerweise in der Bedienungsanleitung). Eine Büroklammer aufbiegen, das lange Ende in ein Loch schieben. Drehen und vorsichtig stochern, um die Verstopfung zu lösen. Dann die Arme unter fließendem Wasser gut durchspülen und wieder montieren. Fast wie neu!

✱ Frischer Duft

Nach dem Waschen vieler Ladungen schmutziger Teller und Töpfe kann die Spülmaschine schon einmal unangenehm riechen. Um diesen Geruch zu beseitigen, geben Sie statt des Maschinenspülmittels die gleiche Menge Getränkepulver mit Orangen- oder Zitronengeschmack in die Spülmittelkammer. Dann ein Programm ganz durchlaufen lassen. Danach riecht die Maschine frischer; außerdem sind Fettreste und Rostflecken verschwunden.

✱ Gerüchen vorbeugen

Damit sich üble Gerüche gar nicht erst in Ihrer Spülmaschine festsetzen können, geben Sie bei jedem Spülgang 120 ml Zitronensaft in die Spülmittelkammer.

Abwaschen von Hand

Wer behauptet, dass der Abwasch von Hand eine Plackerei ist? Manche betrachten die Beschäftigung an der Spüle sogar als „Auszeit“, in der sie nachdenken, Musik oder eine Nachrichtensendung hören können. Und irgendwie hat es auch etwas, einen schönen Porzellanteller blitzblank aus dem Wasser zu heben und aufs Abtropfgitter zu stellen. Natürlich wissen Sie, wie man abspült. Aber vielleicht kennen Sie diese Tricks noch nicht:

Gegen klebrigen Schmutz

Wenn die Teller sehr schmutzig sind, weichen Sie sie zuerst in heißem Wasser mit 1 Schuss Zitronensaft ein. Klebrige Teller mit grobem Salz und Spülmittel vorbehandeln, dann erst abspülen. Sie werden blitzsauber!

Frische Hände in Gummihandschuhen

Ungefütterte Gummihandschuhe können an den Händen einen Geruch hinterlassen, der an Autoreifen erinnert. Wie lässt sich das vermeiden? Cremen Sie sich die Hände ein, ehe Sie die Handschuhe anziehen. Kein Gummigeruch, und ganz nebenbei eine Extraportion Pflege für die Hände.

Glasklar

Manche Auflaufformen aus Glas werden im Lauf der Zeit fleckig und trübe, was durch Eier, Milch, Käse und andere proteinhaltige Zutaten verursacht wird. Essig beseitigt die Flecken. Sie brauchen sie nur mit einem Lappen oder Schwamm abzureiben, der mit etwas Essig angefeuchtet ist.

Tipps für kleine Küchengeräte

✱ Toasterputz mit der Zahnbürste

Sitzen im Toaster Krümel an schwer zugänglichen Stellen fest, ziehen Sie den Stecker und lösen Sie die Rückstände mit einer Zahnbürste. Aber nur behutsam bürsten, um die Heizschlangen nicht zu beschädigen! Sind die Krümel gelöst, drehen Sie den Toaster über Zeitungspapier kopfüber und schütten Sie die Krümel heraus.

✱ Geschmolzenes Plastik auf dem Toaster?

Wenn eine Plastiktüte oder Folie zu dicht am Toaster liegt, kann sie beim Toasten schmelzen und die Flüssigkeit in das Gerät tropfen. Abwaschen lässt sich der Kunststoff nicht. Um ihn zu beseitigen, warten Sie, bis der Toaster abgekühlt ist, und versuchen Sie es dann mit einer der folgenden Methoden:

- Einen feuchten Schwamm in Natron tunken und damit den Kunststoff wegwischen.
- Den Fleck mit Vaseline bestreichen, dann eine Scheibe Brot toasten. Die erhitzte Vaseline weicht das Plastik an, es lässt sich mit einem weichen Tuch abwischen. Nach dem Abkühlen des Geräts letzte Reste mit einem feuchten Schwamm und Natron abschrubben.
- Das Plastik mit WD-40® einsprühen und einige Minuten einwirken lassen. Dann mit einem feuchten Lappen abwischen.

✱ Brotwolf

Bevor Sie den Fleischwolf reinigen, drehen Sie ein Stück Toastbrot durch. Es bindet die fettigen Rückstände vom Fleisch, die sich selbst durch regelmäßiges Abwaschen nicht immer restlos entfernen lassen.

✱ Brandschutz für den Tischgrill

Es kommt gar nicht so selten vor, dass elektrische Tischgrills Feuer fangen. Das liegt an den unvermeidlichen Fettresten auf dem Grillrost: Beim Überbacken von Toast tropft Käse herunter, beim Aufwärmen von Zimtschnecken lösen sich Zuckerkrümel. Diese können sich bei Kontakt mit den Heizschlangen entzünden. Wie bekommen Sie den Grillrost wieder sauber? Wenn Sie das nächste Mal die Selbstreinigungsfunktion Ihres Backofens einschalten, reiben Sie den Grillrost mit einem ungiftigen Backofenreiniger ein und legen Sie ihn einfach mit in den Backofen.

✱ Mixerreinigen leicht gemacht

Natürlich spülen Sie den Mixbecher immer unter fließendem Wasser ab, und gelegentlich wird er gründlich ausgewaschen. Aber hin und wieder ist eine „Grundreinigung“ ganz gut. Gießen Sie 230 ml Wasser und 60 ml Essig in den Becher. 1 Spritzer Spülmittel zugeben, alles 1 Minute mixen. Den Becher ausspülen und abtrocknen.

✱ Abwasch mit dem Schlauch

Speisereste, die sich im Messer des Mixers festsetzen, sind sehr mühsam zu entfernen. Nehmen Sie den Mixbecher mit in den Garten und spritzen Sie ihn mit einem Schlauch mit festem Strahl aus. Legen Sie dabei eine Lage Zeitung unter, damit keine Erde ins Getriebe gerät.

✱ Reis für die Kaffeemühle

Wer seinen Kaffee selbst mahlt, kennt die Mühe, das Gerät hinterher zu reinigen. Dies ist jedoch notwendig, weil Ablagerungen den Kaffee bitter

Die Kaffeemühle mit ungekochtem Reis reinigen.

schmecken lassen. Zermahlen Sie einmal monatlich eine Tasse ungekochten weißen Reis. Dadurch werden alle Reste beseitigt und nebenbei noch die Klingen geschärft.

✱ Gegen Gewürzaromen

Sie mahlen gelegentlich auch Gewürze in Ihrer Kaffeemühle, mögen aber keinen Kaffee mit Chiliaroma? Dann empfiehlt es sich, nach Chili, Pfeffer & Co. einfach 2 oder 3 gewürfelte Scheiben frisches Toastbrot zu zermahlen – das beseitigt Reste und den Geruch der Gewürze.

✱ Kaffeekanne mit Durchblick

Die Verfärbungen in der Glaskanne der Kaffeemaschine werden Sie ganz einfach wieder los:

1. Ein Viertel der Kaffeekanne mit Wasser füllen.
2. 1 Zitrone in 4 Schnitze teilen. Den Saft von 2 Zitronen ins Wasser geben. Dann alle Stücke in die Kanne legen.
3. 2 Esslöffel Salz dazugeben und die Kaffeekanne 2–3 Minuten schwenken.
4. Die Kanne ausleeren und das Innere mit Seifenwasser auswaschen. Klar ausspülen – jetzt ist das Glas wieder völlig transparent.

✱ Espresso wegbürsten

Wenn Sie gern Espresso mögen, wissen Sie, wie fein der Lieblingskaffee der Italiener gemahlen ist. Damit der Filter der Maschine nicht verstopft, reinigen Sie ihn nach jedem Gebrauch mit einer weichen Zahnbürste. Körnchen, die festsitzen, lassen sich am besten mit einer Stecknadel entfernen.

✱ Hygiene im Entsafter

Man vergisst leicht, dass im Entsafter oft Fasern von Obst und Gemüse hängen bleiben. Auf ihnen können sich jedoch Bakterien ansiedeln, die der Gesundheit schaden. Sauberkeit ist darum wichtig. Zerlegen Sie das Gerät und entfernen Sie alle Tresterreste. Dann alle Teile (außer dem Motorblock) in der Spüle mit heißem Seifenwasser 10 Minuten lang einweichen. Die Teile herausnehmen und mit einer alten, weichen Zahnbürste säubern. Gut abtrocknen, wieder zusammenbauen – und der Apparat ist bereit für die nächste Portion Saft.

✱ Waffeln aus dem Waffeleisen

Lassen sich frische Waffeln nicht mehr so leicht aus Ihrem Waffeleisen lösen? Legen Sie während des Aufheizens Wachspapier zwischen Boden und Deckel. Das Wachs sorgt dafür, dass die Waffeln wieder für eine Weile mühelos herausgleiten.

✱ Mikrowellen-Blitzreinigung

Am schnellsten lässt sich die Mikrowelle reinigen, indem man einige Stücke nasses Küchenpapier hineinlegt und dann das Gerät 3–5 Minuten auf hoher Stufe laufen lässt. Der Dampf, der vom Küchenpapier aufsteigt, weicht den Schmutz auf. Das Papier etwas abkühlen lassen, dann damit die Mikrowelle auswischen.

✱ Natronteppich für den Mikrowellenboden

Angebrannte Reste auf dem Drehteller oder dem Boden der Mikrowelle mit einer Paste aus 2 Teilen Natron und 1 Teil Wasser bestreichen. Nach 5–6 Minuten die Mischung mit einem feuchten Schwamm oder Tuch wegwischen. Reste mit einem Stück Küchenpapier entfernen.

✱ Mini-Dampfbad

Um den klebrigen Schmierfilm zu entfernen, der sich an den Wänden der Mikrowelle absetzt, erhitzen Sie Wasser in einer kleinen, hitzefesten Schüssel 2 Minuten lang. Anschließend die Tür noch 2 Minuten geschlossen lassen. Dann die Wände mit einem weichen Tuch abwischen. Der Dampf weicht den klebrigen Film auf, sodass er sich leicht entfernen lässt.

Schon gewusst?

DIE ERFINDUNG DES MIKROWELLENHERDS

Wie viele Geräte, Medikamente und andere moderne Errungenschaften wurde die Mikrowelle durch Zufall entwickelt. 1945 besuchte ein gewisser Percy Spencer, Autodidakt und Mitarbeiter der Firma Raytheon, ein Labor, in dem Magnetrons getestet wurden (Magnetrons setzte man damals zur Erzeugung der Strahlung in Radargeräten ein). Als er neben einem der Geräte stand, stellte er fest, dass der Schokoriegel in seiner Tasche schmolz.

Neugierig geworden, bat Spencer einen Mitarbeiter, eine Tüte Puffmais zu beschaffen. Er hielt die Maiskörner neben das Magnetron – sie explodierten, und im Labor regnete es Popcorn. Am nächsten Morgen brachte Spencer einen Wasserkessel mit, schnitt ein Loch in eine Seite und legte ein rohes Ei hinein. Er hielt ein Magnetron neben den Kessel und schaltete es ein. Ein skeptischer Ingenieur schaute durch das Loch – und hatte das Gesicht voller Ei. Das Ei war geplatzt, weil das Eigelb schneller gar wurde als das Eiweiß.

Spencer hatte entdeckt, dass man mit hochfrequenten elektromagnetischen Wellen Lebensmittel garen konnte. 1946 ließ er sich den „Radar Range“ patentieren, ein Gerät im Format eines Backofens, das 3000 Dollar kostete (nach heutigen Maßstäben knapp 30 000 Euro). In den folgenden Jahren wurde die Technik fortentwickelt, und heute steht in fast jedem Haushalt, Büro oder Restaurant eines der Geräte, die unsere Kochgewohnheiten verändert haben.

So glänzt es wieder!

✱ Perfekte Reinigung für Gusseisen

Grobes Salz bekommt Gusseisen wesentlich besser als Geschirrspülmittel. Es eignet sich auch, um Angebranntes aus der geliebten, von der Großmutter geerbten Pfanne zu beseitigen. Einfach die Kristalle in die Pfanne streuen und mit einem feuchten Schwamm oder Küchenpapier scheuern. Mit klarem Wasser abspülen und sofort abtrocknen (Gusseisen rostet schnell).

✱ Gusseisen: richtig!

Gusseisenpfannen innen mit Pflanzenöl einreiben – nach jeder Benutzung und gern auch einmal zwischendurch.

✱ Gusseisen: falsch!

Weichen Sie Gusseisen niemals in heißem Seifenwasser ein, denn dadurch wird das Fett aus den Poren gelöst. Dieses ist aber wichtig, damit beim Braten nichts in der Pfanne festklebt oder anbrennt. Ungefettetes Gusseisen lässt sich zudem schlecht reinigen.

✱ Angebrannte Milch abschrubben

Sie haben die Milch zu lange auf dem Herd gelassen, und sie ist angebrannt? Den hartnäckigen Bodensatz anfeuchten und mit Salz bestreuen. 10 Minuten einwirken lassen, dann den Topf wie gewohnt abwaschen. Der Topf ist sauber, und der beißende Geruch ist verschwunden.

✱ Angebranntes loskochen

Wenn sich angebrannte Reste in Topf oder Pfanne nicht abwaschen lassen, geben Sie reichlich Wasser, 1 Spritzer Spülmittel und 1 Esslöffel Salz dazu. Alles aufkochen, dann den Herd abschalten. Nach etwa 15 Minuten die Flüssigkeit abgießen und den Bodensatz mit einem Plastikschaber oder Topfschrubber entfernen.

✱ Aluminium auffrischen

Pfannen und Töpfe aus Aluminium verfärben sich im Lauf der Zeit. Mit Weinsteinsäure oder Essig bringen Sie sie wieder auf Hochglanz. Danach werden sie wie gewohnt abgewaschen und abgetrocknet.

- **Weinsteinsäure** – Den Topf mit heißem Wasser füllen und pro 1 l Wasser 2 Esslöffel Weinsteinsäure zugeben. Aufkochen, dann die Temperatur reduzieren und die Mischung 10 Minuten köcheln lassen.
- **Essig und Wasser** zu gleichen Teilen im Topf mischen und 10–12 Minuten köcheln lassen.

Achtung: Für Aluminium keine alkalischen Reinigungsmittel wie Natron oder Bleiche verwenden – denn dadurch können sich Verfärbungen noch verstärken!

✱ Entrosten mit Kartoffel

Backformen aus Metall können mit den Jahren Rost ansetzen. Um ihn zu beseitigen, eine Kartoffel halbieren. Die Schnittfläche in Scheuerpulver tauchen und den Rost abscheuern.

✱ Zahncreme für Edelstahl

Lauter Fingerabdrücke auf den schönen Edelstahltöpfen? Kein Problem. Die Töpfe mit lauwarmem Wasser anfeuchten, etwas zahnschmelzschonende Zahncreme (die wenig Schmirgelstoffe enthält) daraufgeben und die Flecken wegpolieren. Abspülen, abtrocknen – und schon können Sie sich wieder in den Töpfen spiegeln.

Vier Reinigungstipps für Kupfertöpfe

Kochgeschirr aus Kupfer sieht schön aus – das kann man bei dem stattlichen Preis auch erwarten. Damit es seinen Glanz behält, probieren Sie diese ungewöhnlichen Reinigungsmittel.

1

Salz und Essig

In eine Sprühflasche Essig und 3 Esslöffel Salz füllen. Kräftig schütteln, bis sich das Salz aufgelöst hat. Das Kupfer einsprühen, die Mischung 10–12 Minuten einwirken lassen. Dann den Topf sauber schrubben.

2

Zitronensaft und Weinsteinsäure

Beides zu einer Paste verrühren, die sich gut verteilen lässt, aber dick genug ist, um am Kupfer zu haften. Mit einem sauberen Lappen auftragen, 5 Minuten einwirken lassen, dann mit warmem Wasser abspülen.

3

Worcestersauce

Kein Druckfehler! Einen Schwamm mit der Sauce anfeuchten und die Kupferoberfläche damit einreiben. 1–2 Minuten einwirken lassen, dann abwischen. Abspülen und abtrocknen.

4

Zitronenhälfte und Salz

Hartnäckige Flecken lassen sich mit einer halbierten Zitrone abreiben, die vorher in Salz getaucht wurde.

Porzellan, Glas und Besteck reinigen

✱ Fleckenfreies Glas
Damit Krüge, Kerzenständer, Trinkgläser und andere Glaswaren funkeln, legen Sie sie 3–4 Minuten in eine Mischung aus 8 l Wasser und 120 ml Essig. Herausnehmen, kurz abtropfen lassen, dann abtrocknen und mit einem sauberen, weichen Tuch polieren.

✱ Tüllenschutz
Wer die Lieblingsteekanne hinten im Schrank aufbewahrt, läuft Gefahr, dass sie irgendwann beim Einräumen der Teller davor angestoßen wird. Eine Papprolle von Toilettenpapier, eventuell mit Malerkrepp fixiert, schützt die Tülle. Sie können auch den Finger eines dicken alten Leder- oder Wollhandschuhs verwenden. Beim Umzug ist so ein Tüllenschutz ebenfalls sinnvoll.

✱ Fettfilm entfernen
Gläser, Kaffeebecher und Alltagsgeschirr haben oft einen dünnen Fettfilm, den man mit bloßem Auge nicht sieht. Rühren Sie Natron mit Wasser zu einer dünnen Paste an. Einen Schwamm eintunken und Glas oder Geschirr damit abreiben. Dann abspülen und mit einem weichen Tuch abtrocknen. Sie werden sehen, Ihre Teller glänzen viel schöner und fühlen sich auch anders an.

✱ Tee für Kristall
Wer versucht, angetrocknete Reste in einem Kristallkrug wegzuscheuern, riskiert Kratzer. Füllen Sie den Krug lieber mit einer Mischung aus 2 Teilen starkem schwarzem Tee und 1 Teil Weißweinessig. Über Nacht einwirken lassen, dann ausgießen. Ein weiches Tuch in Seifenwasser tauchen und den Krug damit auswischen.

✱ Geschliffenes Kristall reinigen
Kristall mit eingeschliffenen Mustern bearbeiten Sie beim Abwaschen am besten mit einem alten Rasierpinsel oder einem dicken Schminkpinsel. Die Borsten sind fest genug, um in alle Rillen zu gelangen, verkratzen das Glas aber nicht. Das Kristallgefäß unter fließendem Wasser abspülen.

✱ Kleine Kratzer wegfeilen
Kleine Bruchstellen am Rand von Trinkgläsern lassen sich mit einer Saphirfeile glätten. Kratzer auf Gläsern kann man mit etwas weißer Zahncreme (kein Gel) und einem weichen Lappen beseitigen. Die mikrofeinen Putzkörper in der Zahncreme polieren Kratzer einfach weg.

✱ Blitzblankes Besteck
Essig und Küchenpapier mögen genügen, um Messer, Gabeln und Löffel aus Edelstahl zum Glänzen zu bringen. Flecken lassen sich entfer-

nen, indem man essigfeuchtes Küchenpapier in Natron taucht und die Stellen abreibt. Danach das Besteck wie gewohnt abwaschen und sofort gründlich abtrocknen.

✱ Fleckenfreies Geschirr aus Metall

Glänzen Ihre Platzteller, Servierplatten, Tabletts und das andere feine Geschirr aus Metall nicht mehr so wie früher? Waschen Sie es immer gleich nach der Verwendung mit warmem Spülwasser ab – selbst das Einweichen im Wasser kann nämlich Flecken verursachen.

✱ Holzbesteck wachsen

Kochlöffel und Salatbesteck aus Holz sehen schöner aus und halten länger, wenn man sie nach dem Abwaschen und Abtrocknen mit Wachspapier abreibt. Die dünne Wachsschicht schützt das Holz vor dem Austrocknen.

✱ Abreibung fürs Schneidebrett

Schneidebretter aus Holz gehören nicht in die Spülmaschine und sollen auch nicht in der Spüle eingeweicht werden. Trotzdem muss man sie sauber halten, damit sich zwischen den Holzfasern keine Krankheitserreger ansiedeln. Am besten mit einem nicht sehr aggressiven Scheuerpulver und einem Topfschrubber aus Plastik abreiben, dann mit heißem Seifenwasser abwischen. Mit klarem Wasser nachspülen und gut abtrocknen.

Gute Idee!

PORZELLAN PFLEGEN

Wer ein feines Porzellanservice besitzt, neigt dazu, es im Schrank zu lassen, um es nicht zu beschädigen. Mit diesen Tipps bleibt Ihr Service intakt – auch wenn Sie es benutzen.

- Spülen Sie das Geschirr unmittelbar nach Gebrauch; so bleiben keine Essensreste daran haften, die Flecken hinterlassen.
- Legen Sie die Spüle mit einem weichen Geschirrtuch oder einer Gummimatte aus.
- Gehen Sie nicht hektisch vor, verwenden Sie mildes Spülmittel und einen weichen Lappen.
- Verwenden Sie nur warmes Wasser. Lassen Sie das Porzellan hineingleiten, damit sich die Temperatur gleichmäßig verteilt.
- Spülen Sie Porzellan mit Goldrand oder anderem Metalldekor nie in heißem Wasser und reiben Sie es nie mit Spülmittel ein. In beiden Fällen kann das Dekor abblättern.

✱ Tafelsilber in Folie

Wenn Sie das Tafelsilber verstauen, wickeln Sie jedes Stück in zwei Lagen Plastikfolie, um es vor Sauerstoff zu schützen. Durch Sauerstoffkontakt oxidiert Silber und verfärbt sich dunkel.

Tipp RAUCHERSPUREN BESEITIGEN

Wenn Sie ein Fest feiern und den Gästen das Rauchen erlauben, finden Sie beim Aufräumen vielleicht einen Teller mit Zigarettenspuren. Machen Sie mit den Flecken kurzen Prozess: den **Korken einer Weinflasche** in Salz tauchen und die Zigarettenasche vom Teller scheuern.

Dies und das

✱ Immer schön locker

Bei hoher Luftfeuchtigkeit können Salz und Pfeffer verkleben. Salz wird nicht klumpig, wenn man Reiskörner oder größere Krümel von Salzcrackern in den Streuer gibt. Pfeffer bleibt mit einigen ganzen Pfefferkörnern streufähig.

✱ Brauner Zucker – rieselfähig

Damit brauner Zucker nicht hart wird, geben Sie entweder einige Trockenpflaumen oder ein 3–6 cm langes Stück Orangenschale in die Packung. Dann mit Klebeband verschließen und in einem ebenfalls verschlossenen Plastikbeutel aufbewahren – etwa im Gefrierfach.

✱ Olivenöl aufbewahren

Wenn Sie Olivenöl richtig lagern, ist es mindestens 18 Monate haltbar. Bewahren Sie es an einer dunklen Stelle und keinesfalls beim Herd auf. Die ideale Temperatur beträgt um 14–16 °C. Durch Hitze, Licht, Sauerstoff und Temperaturschwankungen wird es schneller ranzig.

✱ Jeden Platz nutzen

Wenn Sie wenig Stauraum in der Küche haben, bewahren Sie Kochutensilien in Behältern auf, die Sie selten benutzen. In den ganz großen Bratentopf passen Nudelpackungen. Auch in dem großen Suppentopf hinten im Schrank lassen sich Servietten und andere Dinge verstauen, die man tendenziell auf Vorrat einkauft.

✱ Gefrierdosen nummerieren

Wer viele Gefrierdosen hat, kennt das Problem, den passenden Deckel zu finden. Kleben Sie auf Dose und Deckel Schildchen mit Nummern. Es ist viel einfacher, zweimal die Nummer 3 oder 5 zu finden, als Kombinationen durchzuprobieren.

Ein Hosenbügel gibt den Einkaufstüten ein Zuhause.

✱ Tüten aufhängen

Heben Sie Ihre Einkaufstüten auch gern auf, um sie wiederzuverwenden? Aber wo lagert man sie? Ganz einfach: Klammern Sie sie an einen übrigen Hosenbügel, den Sie an einem Haken in die Speisekammer oder den Besenschrank hängen.

✱ Sauberer Dosenöffner

Dosenöffner, elektrisch oder manuell, werden mit der Zeit schmierig. Sprühen Sie Mechanik und Schneiderad mit WD-40® ein. 6–8 Minuten einwirken lassen, dann den Schmutz mit einer alten, harten Zahnbürste entfernen. Sie können die Zahnbürste in heißes Seifenwasser tauchen. Ideal ist ein antibakterielles Geschirrspülmittel.

Manuelle Dosenöffner können Sie auch reinigen, indem Sie einfach ein Papiertuch unter das Rad legen und die Griffe zusammendrücken. Wenn Sie nun an der Schraube drehen, wird das Küchentuch zerschnitten und nimmt gleichzeitig den Schmutzfilm auf.

✱ Thermoskannen richtig aufbewahren

Leere Thermoskannen riechen nach einer Weile muffig. Das lässt sich vermeiden, wenn man sie nach der Benutzung richtig behandelt.

- Einige Gebissreinigertabletten in die Kanne geben, mit Wasser auffüllen. 1 Stunde stehen lassen; abwaschen, abspülen, abtrocknen.
- 1 Teelöffel Zucker in die Thermoskanne geben und den Deckel fest zuschrauben. Der Zucker nimmt unangenehme Gerüche auf.

✱ Schneidebretter reinigen

Damit alte Schneidebretter aus Holz wieder sauber aussehen und frisch riechen, bestreuen Sie sie mit Salz und reiben sie mit der Schnittfläche einer halbierten Zitrone ab. Bei hartnäckigen Flecken können Sie die Oberfläche mit sehr feinem Schleifpapier abschmirgeln. Danach das Brett mit Mineralöl oder Olivenöl einreiben, damit es nicht austrocknet und schön glänzt.

Gute Idee!

KÜCHENSCHWÄMME DESINFIZIEREN

Wenn ein Schwamm anfängt, schlecht zu riechen, gehört er in den Müll. Doch auch Schwämme, die nur dezent riechen, haben ihre beste Zeit bereits hinter sich. Sie sehen zwar unschuldig aus, doch in den Poren können sich Scharen von Bakterien tummeln. Darum sollten alle Schwämme regelmäßig desinfiziert werden.

Weichen Sie einen Schwamm über Nacht in einer Mischung aus 240 ml heißem Wasser, 120 ml Weißweinessig und 3 Esslöffeln Salz ein. Am nächsten Tag den Schwamm mehrmals ausspülen und ausdrücken, um die Reinigungslösung zu entfernen.

✱ Gegen rutschende Bretter

Wenn Ihr Schneidebrett bei der Küchenarbeit dauernd verrutscht, probieren Sie es einmal mit diesem Trick: Ein kleines Stück Küchenpapier anfeuchten, auf die Arbeitsfläche legen und das Brett fest daraufdrücken – es rührt sich nicht mehr vom Fleck.

✱ Knoblauch frisch halten

Die papierartige Schale des Knoblauchs dient nicht nur als Hülle für die Zehen. Lässt man sie in dem Gefäß, in dem der Knoblauch aufbewahrt wird (bitte nicht im Kühlschrank!), gibt sie Enzyme ab, die den Knoblauch länger frisch halten. Werfen Sie also beim Kochen die Schale nicht weg, sondern geben Sie sie nach dem Knoblauchschälen wieder zum Rest der Knolle in das Gefäß. Erstaunlich, aber wirkungsvoll.

3 Überraschende Helfer für den Haushalt

Der Handel verblüfft uns täglich mit Produkten, die Wunderwirkungen versprechen. Gleichzeitig haben sich einige altbekannte Dinge auch im 21. Jh. schon bestens bewährt. Salz, Tee, Essig und Zitrone beseitigen Schmutz heute so gut wie vor Generationen. Schon unsere Großmütter putzten Bronze mit Zitronensaft oder streuten vor dem Ausfegen Teeblätter auf den Fußboden. Eher gewundert hätten sie sich, dass man Silber mit Bananenschalen putzen kann – aber es funktioniert! Es lohnt sich daher, neben den kommerziellen Produkten auch einmal einfache, natürliche Mittel auszuprobieren. Sie werden feststellen, dass man damit eine Menge Geld sparen kann, weil man viele von ihnen ohnehin im Haus hat.

Böden reinigen, Wände säubern

✱ Mit Zahncreme gegen Kratzer

Haben Schuhe oder Möbel auf Rollen auch auf Ihrem Parkett Spuren hinterlassen? Ein gutes Mittel gegen solche Zeichen der Abnutzung auf Holzböden finden Sie im Bad. Drücken Sie etwas Zahncreme (kein Gel, kein Zahnweiß) auf eine alte Zahnbürste. Die Spuren vorsichtig wegbürsten, dann die Zahncreme mit einem feuchten Tuch wegwischen. Noch immer kein Erfolg? Dann geben Sie etwas Vaseline oder Babyöl auf ein trockenes Tuch und reiben das Holz ab. Zum Schluss mit einem Lappen oder Küchenpapier nachwischen.

✱ Böden schützen beim Möbelrücken

Müssen Sie zum Putzen schwere Möbelstücke aus dem Weg schieben? Oder das Wohnzimmer für eine große Party umräumen? Schützen Sie das gute Parkett und sparen Sie sich die Mühe, später Kratzer zu beseitigen. Ziehen Sie einfach dicke Socken über die Möbelfüße und fixieren Sie sie mit Malerkrepp. So lassen sich selbst schwere Möbel leicht verschieben, ohne Schrammen zu verursachen. Gleiter aus Filz, dickem Flanell oder Heftpflaster schützen den Boden im Alltag. Kleben Sie unter die Kufen eines Schaukelstuhls lange Streifen Malerkrepp.

Gute Idee!

SCHMUTZIGE FUSSBÖDEN IN GARAGE UND KELLER

Estrichböden in Garage und Kellerräumen werden stark strapaziert, aber beim Saubermachen vergisst man sie leicht. Nicht nur das Auto verursacht Schmutz, auch Rasenmäher, Laubsauger oder Motorsäge hinterlassen Ölflecken und andere Verunreinigungen, die ein unversiegelter Estrichboden aufsaugt wie ein Schwamm. Das einfachste Mittel gegen Flecken und Gerüche ist ein Sack Katzenstreu (kein Klumpstreu!) aus der Zoohandlung.

1. Öl- und andere Fettflecken zuerst mit Zeitungspapier abtupfen. Der Boden sollte einigermaßen trocken sein.
2. Großzügig Katzenstreu auf den Fleck streuen und mit einem Besen verteilen, bis der Fleck ganz bedeckt ist.
3. 24 Stunden einwirken lassen, dann die Streu auffegen oder aufsaugen – sauber!

✱ Wachsschichten beseitigen

Wenn man einen PVC- oder Linoleumboden versiegelt, bildet sich mit der Zeit eine Wachsschicht. So lässt sie sich wieder beseitigen:

- **Soda für PVC** – Etwas sprudelndes Mineralwasser auf den Boden gießen und mit der rauen Seite eines Putzschwamms einarbeiten. 5 Minuten einwirken lassen, dann das gelöste Wachs mit einem Seihtuch oder einer alten Strumpfhose abwischen.
- **Reinigungsalkohol für Linoleum** – 750 ml Wasser und 250 ml Reinigungsalkohol mischen, mit dem Schrubber gleichmäßig auf dem Boden verteilen, klar nachwischen.

Mit Zahncreme gegen Kratzer.

✱ Schuhspuren von PVC beseitigen

Gummisohlen und -absätze hinterlassen Spuren auf PVC-Böden. Man kann sie leicht entfernen: Etwas WD-40® aufsprühen, 5–6 Minuten einwirken lassen, mit einem weichen Lappen abwischen.

✱ Essig für Fliesen und Linoleum

Fliesen und Linoleum bieten sich für Küche, Bad und andere Bereiche mit hoher Beanspruchung an. Die Reinigung geht schnell, wenn Sie zum Aufwischen eine Mischung aus 5 l warmem Wasser und 120 ml Weißweinessig verwenden.

✱ Tee zum Ausfegen

In Japan streuten die Hausfrauen früher vor dem Ausfegen feuchte Teeblätter auf den Boden; manche tun es sicherlich heute noch. Staub und Schmutzpartikel bleiben an den Teeblättern hängen und lassen sich leichter zusammenkehren. Danach kann man die Kehrschaufel einfach über dem Gartenbeet oder dem Kompost ausschütten – umweltfreundlicher geht es kaum. Auf Teppichboden oder unversiegeltem Holz sollte man Teeblätter aber nicht verwenden: Sie können Flecken verursachen.

Tipp ESSIG FÜR STEIN UND ZIEGEL

Diese robusten Bodenbeläge vertragen mehr Säure und können mit einer Mischung aus 240 ml **Essig** auf 5 l Wasser geschrubbt werden. Schrubben ist hier wörtlich gemeint: Am saubersten werden solche Böden, wenn Sie auf die Knie gehen und sie mit einer harten Bürste bearbeiten.

✱ Kinderkunst von Wänden entfernen

Der Junior mag ja begabt sein, aber gegen Meisterwerke an Wänden haben Sie vermutlich Einwände. So lassen sich Spuren beseitigen:

- Die Fläche vorsichtig mit einem trockenen, sauberen Trocknertuch (das die Wäsche im Trockner weich machen soll) abwischen.
- Die Striche mit einem sauberen, weichen weißen Radiergummi abrubbeln. (Das kann auch der Künstler selbst erledigen.)
- Rasiercreme auf das „Gemälde" drücken und mit einer Zahn- oder Fingerbürste nacharbeiten.
- Striche von Wachsmalstiften mit einem Föhn erwärmen, dann mit einem Tuch mit etwas Babyöl abwischen.

✱ Getäfelte Wände reinigen

Wände mit Holztäfelung braucht man normalerweise nur abzustauben. Für eine gründlichere Reinigung mischen Sie 500 ml Wasser, 250 ml Weißweinessig und 60 ml Zitronensaft. Eine alte Strumpfhose zusammenknüllen und eintauchen, dann von unten nach oben die Täfelung damit abreiben, damit nichts heruntertropft. Die Strumpfhose ist rau genug, um Schmutz zu entfernen, ohne die Oberfläche zu zerkratzen.

✱ Tapeten abwaschen

Wenn abwaschbare Tapeten schmuddelig aussehen, besteht Handlungsbedarf. In einem kleinen Eimer 1 l Wasser mit ½ Teelöffel Geschirrspülmittel mischen. Einen weichen Lappen hineintauchen und kräftig auswringen. Die Tapete behutsam damit abwischen, sofort danach mit einem fusselfreien Tuch trocken tupfen.

Zum Entfernen von Fettflecken probieren Sie die folgenden Methoden:

- Talkum auf dem Fettfleck verteilen, mindestens 30 Minuten einwirken lassen, dann abfegen. Bei Bedarf wiederholen.
- Gefaltetes Löschpapier auf den Fleck legen. Ein warmes Bügeleisen daraufdrücken, damit das Fett in das Papier einzieht. Das Löschpapier verschieben und das Ganze wiederholen, bis der Fleck verschwunden ist.

Selbst gemacht!

BODENREINIGER

Hartholzböden mit Kräutertee reinigen? Allerdings – sofern man weitere Zutaten hineinmischt. Die Gerbsäure der Kräuter, hier Pfefferminze, löst den Schmutz, ohne die Versiegelung des Bodens anzugreifen. Den Wischlappen sehr gründlich auswringen. Wischt man Holzböden zu feucht, können sie sich verziehen.

Duftender Bodenreiniger

Für kräftigen Pfefferminztee brauchen Sie 6 Teebeutel und 1 l Wasser. Den Tee mindestens 2–3 Stunden ziehen lassen.

1 l Wasser
6 Beutel Pfefferminztee
1 l Weißweinessig
2 EL Babyöl
1 TL Geschirrspülmittel

1. In einem großen Topf 1 l Wasser aufkochen. 6 Beutel Pfefferminztee zugeben und 2 Stunden ziehen lassen.
2. Den Tee in einen Wischeimer gießen. Essig, Babyöl und Spülmittel zufügen. Mit einem großen Kochlöffel gründlich umrühren.
3. Einen sauberen Wischmopp eintauchen, sehr gut auswringen, den Boden wischen.

Teppiche pflegen

✱ Babypuder und Natron für den Boden

Kochdünste, Zigaretten- und Zigarrenrauch und andere Gerüche setzen sich im Teppich fest und lassen die Wohnung muffig riechen. Verteilen Sie mit einem Mehlsieb großzügig Babypuder auf dem Teppich. Einige Stunden oder über Nacht einwirken lassen, dann absaugen.

Alternativ können Sie Natron verwenden und (wenn der Teppich dunkler ist und keine Kinder im Haus sind) etwas gemahlenen Zimt oder gemahlene Muskatnuss daruntermischen.

✱ Abdrücke von Möbeln dämpfen

Verschiebt man ein Möbelstück, bleiben Abdrücke auf dem Teppich sichtbar. Wie lassen sich die zerdrückten Fasern wieder aufrichten? Mit Dampf und einer Gabel! Das Dampfbügeleisen einen knappen Zentimeter über den Boden halten, den Dampf kurz einwirken lassen, dann die Fasern mit der Gabel behutsam auflockern.

Gute Idee!

VORAUSSCHAUEND TEPPICHE KAUFEN

Da entdeckt man im Geschäft einen hinreißenden Teppich und zahlt einen stattlichen Preis, weil die Rot-, Gold- und Cremetöne im Wohnzimmer bestimmt herrlich aussehen. Stolz bringt man den Teppich nach Hause und rollt ihn aus: wundervoll. Leider fühlen sich auch Mieze und Bello geradezu magisch angezogen – vor allem dann, wenn sie einen halb verdauten Hundekuchen oder ein Haarknäuel hervorwürgen wollen. Das kennen Sie? Na, dann entscheiden Sie beim nächsten Teppichkauf lieber vorausschauend. Haustierspuren werden Sie immer entfernen müssen, aber der Ärger hält sich in Grenzen, wenn Sie eher nicht den eierschalfarbenen Traumteppich kaufen.

Mit etwas Natron wird der Teppich wie neu!

Gute Idee!

GEHEIMWAFFE ERDNUSSBUTTER

Erdnussbutter als Teppichreiniger? Das funktioniert tatsächlich – wenn es um Kaugummi geht. Zuerst den Kaugummi mit dem Föhn erwärmen, damit er weich wird. Tupfen Sie die Fläche vorsichtig mit einem Plastikbeutel ab, meist bleibt schon etwas Kaugummi daran hängen. Sie können es auch mit einem Plastikschaber versuchen. Ein Teil wird aber im Teppich bleiben – und nun kommt die Erdnussbutter zum Einsatz. Durch ihr Fett löst sich der Kaugummi von den Teppichfasern.

Einen kleinen Klecks Erdnussbutter auf dem Fleck verteilen, 5 Minuten einwirken lassen, dann mit einem feuchten Tuch abwischen. Zum Abschluss warmes Wasser mit 1 Teelöffel Geschirrspülmittel auf die Stelle tupfen.

✱ Günstigen Teppichreiniger selber machen

Teppichreinigung muss nicht teuer sein: Mischen Sie 1 Teil Weißweinessig mit 10 Teilen heißem Wasser. Die Mischung mit der Bürste einarbeiten oder ein Reinigungsgerät verwenden. Mit einem feuchten Tuch nachtupfen. Damit der Geruch schnell abzieht, öffnen Sie das Fenster und stellen Sie bei Bedarf einen Tischventilator auf.

✱ Farbflecken mit Essig beseitigen

Ein Farbfleck auf dem Teppich ist kein Drama, solange er nicht antrocknet. Mischen Sie 1½ Teelöffel Essig mit 1½ Teelöffeln Waschmittel und 500 ml warmem Wasser. Dann den Fleck mit einem Schwamm kräftig bearbeiten. Anschließend mit klarem Wasser nachtupfen. Danach ist die ungewollte „Verzierung" meist verschwunden.

✱ Läufer ausklopfen

Gegen Schmutz im Läufer hilft am besten altmodisches Teppichklopfen. Den Läufer über eine Stange oder eine straff gespannte Wäscheleine hängen. Der Klopfer? Ein alter Tennisschläger!

✱ Sanfte Reinigung für edle Läufer

Hat Fiffi sich auf dem edlen Peshawar erleichtert, den Sie von Tante Gertrud geerbt haben? Nicht so tragisch! Entfernen Sie zuerst das Gröbste, dann den Läufer umdrehen und einen Eimer unter den Fleck stellen. Mehrmals Wasser auf die Unterseite des Flecks gießen und im Eimer auffangen, bis der Fleck verschwunden ist. So wird das empfindliche Stück ohne Schrubben sauber.

✱ Babyduft

Flecken im Teppich können, bevor sie angetrocknet sind, gut mit Feuchttüchern (feuchten, aber nicht nassen!) für Babys abgetupft werden.

✱ Rasiercreme als Rettung

Drücken Sie auf Flecken, die noch nicht angetrocknet sind, einen Klecks Rasiercreme. Mit einem feuchten Tuch oder Schwamm nachwischen.

✱ Flecken „verwässern"

Jeder Kellner weiß, dass sprudelndes Mineralwasser ein guter Fleckenkiller ist. Auf einen frischen Fleck im Teppich gießen, 3 Minuten einwirken lassen, dann mit Küchenpapier oder einem Schwamm aufsaugen.

✱ Geheimtipp Alaun

Auch Alaun (Kaliumaluminiumsulfat, aus der Apotheke) eignet sich als Teppichreiniger. In einem großen Eimer 8 l heißes Wasser, 500 ml Alaun, 500 ml Weißweinessig und 180 ml Zimtaufguss (als Duftstoff) mischen. Einen Schwamm eintauchen, gut ausdrücken und den Teppich stückchenweise abreiben. Zwischendrin den Schwamm häufig in klarem Wasser ausspülen.

Flecken im Teppich

Hier finden Sie Tipps zur Beseitigung der fünf häufigsten Fleckenarten auf Teppichen und Polstermöbeln. Entfernen Sie zuerst den Fleck so gründlich wie möglich. Dann mit warmem Wasser nachtupfen und ein dickes Tuch oder mehrere Lagen Küchenpapier darauflegen und mit dicken Büchern oder Töpfen und Pfannen beschwert auf der feuchten Stelle liegen lassen, bis sie getrocknet ist.

Rotwein

Den Fleck großzügig mit Salz bestreuen. Ein Tuch in sprudelndes Mineralwasser tunken und den Fleck abtupfen. Alternativ den Rotwein mit Küchenpapier aufsaugen, etwas Weißwein auf den noch feuchten Fleck gießen und mit einem feuchten Tuch nachtupfen. Wenn beide Methoden versagen, 1 Teelöffel Geschirrspülmittel mit 250 ml warmem Wasser mischen, auf den Fleck gießen und mit Küchenpapier abtupfen. Mit einer Mischung aus 80 ml Weißweinessig und 160 ml Wasser wiederholen.

Obst und Fruchtsaft

Zuerst Obststücke absammeln. Dann 1 Esslöffel Waschmittel mit 1½ Teelöffel Weißweinessig und 500 ml Wasser verrühren. Den Fleck damit bearbeiten, danach abtupfen.

Fett und Öl

Wenn das Grillhähnchen aus Versehen auf dem Wohnzimmerteppich gelandet ist, streuen Sie reichlich Speisestärke auf den Fettfleck. Mehrere Stunden einwirken lassen, dann absaugen. Alternativ Rasiercreme in den Fleck einmassieren, trocknen lassen und mit einem feuchten, weichen Tuch herausreiben.

Kaffee und Tee

Greifen Sie unverzüglich zu einem dieser Mittel: Sprudelndes Mineralwasser auf den Fleck gießen, abtupfen, bei Bedarf wiederholen. Alternativ Weißweinessig und Wasser zu gleichen Teilen mischen. Oder ein verquirltes Eigelb in den Fleck reiben und abtupfen.

Ketchup

Handeln Sie schnell, denn eingetrocknete Ketchupflecken lassen sich nicht mehr entfernen. Reichlich Salz auf den Fleck streuen, einige Minuten einwirken lassen, dann absaugen. Danach mehrmals den Fleck feucht abtupfen, mit Salz bestreuen und absaugen, bis er restlos verschwunden ist.

Glanz für die Möbel

✱ Pflegen beim Staubwischen

Mit diesem Rezept bekommen Sie Ihre Möbel sauber und pflegen gleichzeitig das Holz. Mischen Sie 60 ml Leinöl mit 1 Esslöffel Melissentee. Ein Staubtuch in die Mischung tauchen (jedes Mal nur ganz wenig davon aufnehmen) und die Holzoberflächen von Regalen und Schränke kräftig damit abreiben. Mit einem weichen, sauberen Tuch nachreiben.

✱ Wachsreste mit Eis entfernen

Beim Candle-Light-Dinner ist Wachs auf den guten Mahagonitisch getropft, und Sie haben Angst, die Tischplatte zu verkratzen? Kein Problem! Legen Sie einen Gefrierbeutel mit einigen Eiswürfeln auf das Wachs, bis es spröde wird. Nun können Sie es vorsichtig mit einem Spachtel oder einer alten Kreditkarte anheben. Die letzten Spuren mit einem weichen Tuch und einer Mischung aus 1 Teil Apfelessig und 10 Teilen warmem Wasser abwischen.

✱ Erste Hilfe für Holzoberflächen

Gleichgültig, ob lackiert oder geölt, Holzoberflächen sind anfällig für Beeinträchtigungen aller Art. Die folgenden drei Probleme lösen Sie mit Hilfsmitteln aus Badezimmer oder Küche.

- **Festgeklebtes Papier** – Wenn beim Bastelnachmittag der Kinder Papier auf der Tischplatte festgeklebt ist, tropfen Sie etwas Olivenöl darauf. Nach 20 Minuten lassen sich Öl und Papier mit einem weichen Tuch entfernen. Das Öl löst den Kleber und greift das Holz nicht an, sondern pflegt es sogar.
- **Brandflecken** – Kleine Spuren von einer heruntergefallenen Zigarette oder einem noch heißen Streichholz mit etwas Mayonnaise einreiben. Einige Minuten einwirken lassen, dann mit einem sauberen, feuchten Tuch abwischen. Mit Mayo lassen sich übrigens auch Wachsmalstiftstriche von Holz entfernen.
- **Klebeband** – Zieht man Klebeband von Möbeln oder Fußböden einfach ab, kann sich der Lack ablösen. Besser ist es, vorher etwas Reinigungsalkohol auf das Klebeband zu tupfen. Danach das Holz mit einer Mischung aus 1 Teelöffel Geschirrspülmittel und 500 ml warmem Wasser abreiben.

Gute Idee!

EIN BISSCHEN NOSTALGISCH

Was vor gut 30 Jahren modern war, beispielsweise abgebeizte Kiefernmöbel, mag heutigen Design-Fachleuten nicht mehr gefallen. Aber eine abgebeizte Kommode, ein Tisch oder Schrank kann durchaus edel aussehen – außerdem liegt Retro gerade sehr im Trend.

Abgebeiztes Holz wirkt natürlich, trocknet aber schnell aus. Neben regelmäßigem Abstauben und Abwischen mit Seifenwasser braucht es ab und zu etwas Fett. Ein wirkungsvolles Pflegemittel kann man leicht selbst machen.

½ Teelöffel Zitronenöl mit 240 ml Terpentinöl (nicht zu verwechseln mit Terpentin, das man zum Verdünnen von Farben benutzt) mischen. 1–2 Tropfen der Mischung – nicht mehr – auf einen weichen Lappen geben und kreisförmig auf einer kleinen Fläche verreiben. Stück für Stück fortfahren, bis das ganze Holz geölt ist. Dann treten Sie zurück, um das edle Sideboard zu bewundern. Ist es nicht der perfekte Platz für Ihre Led-Zeppelin-LPs?

✱ Wasserränder und -flecken

Immer wieder kommt es vor, dass ein Gast sein Glas nicht auf seinen Untersetzer stellt. Hässliche Wasserränder auf Holz lassen sich leicht mit einem feuchten Tuch und etwas Zahncreme entfernen. Bei hartnäckigen Flecken etwas Natron zur Zahncreme geben. Die Stelle abtrocknen und mit Möbelpolitur behandeln – dann sollten alle Feuchtigkeitsspuren verschwunden sein.

✱ Möbelpolitur selbst gemacht

Für eine Möbelpolitur, die Glanz gibt und gut duftet, brauchen Sie nur zwei Zutaten aus der Küche. 600 ml Pflanzenöl mit 360 ml Zitronensaft mischen und in eine ausreichend große Sprühflasche geben. Nur auf behandelte Holzoberflächen sprühen und mit einem weichen Tuch nachreiben.

✱ Schmutz wegschäumen

Um Flecken von Sofakissen oder Polstersesseln zu entfernen, sollten Sie Schaum schlagen. Machen Sie sich zuerst schlau, ob das Material mit wasserlöslichen Produkten gereinigt werden darf. Dann den Stoff gründlich absaugen, um losen Schmutz zu entfernen. 1 Teil mildes Waschmittel mit 4 Teilen destilliertem Wasser in eine Schüssel geben (destilliertes Wasser hinterlässt auf Stoff keine Wasserflecken). Mit einem Handmixer aufschlagen, bis sich reichlich Schaum bildet. Den Schaum mit einem sauberen Schwamm oder Tuch in den Stoff einmassieren. Trocknen lassen, dann mit einem Tuch, das mit einer Mischung aus Weißweinessig und destilliertem Wasser (1:6) angefeuchtet ist, nachwischen.

✱ Versengte Polstermöbel

Egal, ob ein Raucher ungeschickt war oder jemandem versehentlich ein Streichholz auf den schönen Jacquard-Sessel gefallen ist, die Reparatur könnte teuer werden. Aber vielleicht können Sie dem Schaden mit Küchenpapier zu Leibe

Unglaublich, aber wahr

„MEINE COUCH IST HÄSSLICHER ALS DEINE!“

Kaum ein Möbelstück ist so stark der Mode unterworfen wie das Sofa bzw. die Couch. In den USA gibt es sogar einen Wettbewerb, der das beweisen soll. 1995 rief ein Hersteller von Wechselbezügen für Sofas aus Pennsylvania zum landesweiten *Ugly Couch Contest* (Wettbewerb um das hässlichste Sofa) auf, um für sein Produkt zu werben. Die Resonanz war überwältigend. Eine Flut von Fotos brach über das Unternehmen herein: Sofas, die von Paketschnur und Isolierband zusammengehalten wurden, Sofas mit abschreckend hässlichen Mustern, Sofas mit abenteuerlichsten Formen. Nachdem die Presse ausführlich darüber berichtet hatte, wurde der Wettbewerb wiederholt und auch in anderen amerikanischen Bundesstaaten veranstaltet. Schaut man sich die eingereichten Kuriositäten aus aller Welt im Internet an (www.norwoodmall.com/ugly/), muss man feststellen, dass die französische Redensart *chacun à son goût* (jeder nach seinem Geschmack) wahrhaftig weltweite Gültigkeit besitzt.

rücken. Ein Stück Küchenpapier mit destilliertem Wasser anfeuchten und den Fleck abtupfen (nicht reiben!). Anschließend mit trockenem Küchenpapier abtupfen. Wenn das nicht wirkt, 1 Tropfen mildes Geschirrspülmittel auf feuchtes Küchenpapier geben und den Fleck betupfen. Nach 1–2 Minuten das Spülmittel mit feuchtem Küchenpapier entfernen und mit trockenem Küchenpapier nachtupfen.

✱ Geschmeidige Kunststoffbezüge

Möbelbezüge aus PVC sind praktisch, können aber durch Haut- und Haarfette spröde und sogar brüchig werden. Intensiv genutzte Kunststoffmöbel müssen oft gereinigt werden, damit sie in gutem Zustand bleiben. Ein Tuch mit Wasser anfeuchten, in Weißweinessig tauchen und das PVC abwischen, um Fette anzulösen. Dann einige Tropfen Geschirrspülmittel in einen Eimer warmes Wasser geben, gut verrühren, einen weichen Lappen eintauchen und die PVC-Oberflächen mit der Mischung abwischen. Mit einem feuchten Tuch nachwischen, dann abtrocknen.

✱ Flecken auf PVC-Möbeln

Gegen hartnäckige Flecken auf Möbelbezügen (und Tischdecken) aus PVC hilft Milch! Einen Lappen hineintauchen, auswringen und die Flecken damit abwischen. Der Fettgehalt der Milch spielt keine Rolle. Anschließend, wie im vorigen Tipp beschrieben, mit Seifenwasser nachwischen und abtrocknen.

✱ Flecken auf Glattleder

Auf glattem Leder kann Wasser Flecken hinterlassen. Wischen Sie einfach mit Weißweinessig ab – aber zuerst an einer unauffälligen Stelle die Farbechtheit prüfen. Leichte Kratzer lassen sich mit einem weichen Radiergummi beseitigen.

✱ Pflegetipps aus dem Wilden Westen

Sind Sie stolzer Besitzer eines Sofas oder Sessels aus dickem, robustem Leder? Für die Pflege brauchen Sie kein teures Wundermittel. Behandeln Sie die Möbel ein- oder zweimal im Jahr mit Sattelseife aus dem Reiterladen, je nachdem, wie trocken die Luft in Ihrem Haus ist.

Glas und Metall auf Hochglanz

✱ Blitzblanke Glastische

Tischplatten aus Glas müssen oft gereinigt werden, weil man jeden Fingerabdruck sieht. Um dem Tisch einen schönen Glanz zu verleihen, verteilen Sie darauf mit einem sauberen Tuch den Saft von ½ Zitrone. Überschüssigen Saft abtupfen, dann das Glas mit zusammengeknülltem Zeitungspapier polieren.

✱ Kronleuchter reinigen – schnell und sauber

Um einen Kronleuchter zu säubern, dürfen Sie ihn ruhig im Ganzen hängen lassen – sofern es Ihnen nichts ausmacht, eine Weile auf der Leiter zu stehen.

Verwenden Sie eine standfeste Trittleiter und ziehen Sie feste Schuhe mit rutschsicheren Sohlen an. Stellen Sie auf die Plattform oben auf der Leiter eine kleine Schüssel mit verdünntem Reinigungsalkohol (1 Teil auf 3 Teile Wasser). Nun einen alten Baumwollhandschuh anziehen, die Finger in die Alkoholmischung tauchen und die Glasfacetten mit Daumen und Zeigefinger sauber wischen. Dann einen zweiten Handschuh mit klarem Wasser befeuchten und die Teile nachwischen. Zum Schluss alles mit einem sauberen, weichen Baumwolltuch abtrocknen.

✱ Wachs von Leuchtern entfernen

Neben romantischen Erinnerungen hat man nach einem Candle-Light-Dinner meist auch ein Sortiment von Kerzenleuchtern mit erstarrten Wachstropfen. Bringen Sie die Leuchter mit einer dieser Methoden wieder auf Hochglanz:

- Die Leuchter unter fließendes heißes Wasser halten und das Wachs mit einem weichen Tuch abreiben. Letzte Wachsreste in heißem Seifenwasser abwaschen.
- Leuchter aus Glas auf einem Stück Küchenpapier in die Mikrowelle legen und 3 Minuten auf niedrigster Stufe erhitzen. Das Wachs schmilzt und fließt von den Leuchtern auf das saugfähige Papier.
- Die Leuchter einige Stunden ins Tiefkühlfach legen. Danach lässt sich das Wachs meist ganz leicht ablösen. Die Methode ist für Leuchter aus jedem Material geeignet.

Tipp ZINN ZUM VORZEIGEN

Leuchter und Gefäße aus Zinn sehen gut aus und sind leicht zu reinigen. Damit sie wieder glänzen, genügt es meist, sie mit einem feuchten Tuch abzuwischen. Hilfe für hartnäckige Flecken finden Sie in der Küche oder am Kamin: Man kann sie mit **Kohlblättern** oder angefeuchteter Holzasche abreiben, dann sieht das Zinn aus wie neu.

Superstar im Haushalt

10 REINIGUNGS-TIPPS MIT ZITRONE

1 Gerüche nach Fisch oder Knoblauch und Farbe, etwa von Roter Bete, vor dem Händewaschen mit Zitronensaft abreiben.

2 Getränkeflecken auf Marmor lassen sich mit Zitronensaft entfernen.

3 Zitronensaft beseitigt Wasserflecken auf den Armaturen der Duschkabine.

4 Chrom mit der Innenseite einer Zitronenschale abreiben – es wird blitzblank!

5 Riecht der Luftbefeuchter muffig, 3–4 Teelöffel Zitronensaft ins Wasser geben.

6 Das Kaminfeuer duftet herrlich, wenn man ein paar Zitronenschalen auf die brennenden Scheite wirft.

7 Um Ameisen, Flöhe und Kakerlaken auf Distanz zu halten, den Saft von 1 Zitrone in 4–5 l Wischwasser geben.

8 Obstflecken auf Textilien mit Zitronensaft vorbehandeln – das erhöht die Chance, dass sie später in der Wäsche verschwinden.

9 In einem Topf mit kochendem Wasser und 2 Zitronenhälften bekommen ehemals weiße Socken wieder ihre ursprüngliche Farbe.

10 In das Einweichwasser für empfindliche Textilien Zitronensaft geben.

✱ Kaminofentüren mit Durchblick

Hinter verrußten Ofentüren wirkt ein Kaminfeuer wenig romantisch. Das Glas lässt sich aber leicht reinigen. Gelangt man schlecht an die Innenseite, hängt man die Türen aus (das ist meist nicht schwer) und legt sie auf ein weiches Tuch. Zuerst dicke Rußablagerungen mit einem Cerankfeldschaber abkratzen (notfalls mit einer Rasierklinge, aber Vorsicht bei der Handhabung!), dann in einem Eimer 4 l Wasser, 240 ml Weißweinessig und ½ Teelöffel Geschirrspülmittel mischen. Zerknülltes Zeitungspapier hineintauchen, das Glas damit gründlich reinigen. Mit einem sauberen Schwamm nachwischen, abtrocknen.

✱ Spieglein, Spieglein ...

Spiegel glänzen streifenlos, wenn man sie mit einer Mischung aus Weißweinessig und Wasser (1:1) reinigt. Auch die Methode spielt eine Rolle. Beim Einsprühen kann Flüssigkeit hinter das Glas laufen und die Silberschicht schwarz verfärben. Tauchen Sie lieber einen Schwamm oder zerknülltes Zeitungspapier (ohne Farbdruck) in die Mischung. Den Spiegel damit wischen und mit einem weichen Tuch, Küchenpapier oder frischem Zeitungspapier nachpolieren.

✱ Fernseher und PC-Monitor reinigen

Bildschirme aller Art müssen vorsichtig gereinigt werden. Zunächst das Gerät abschalten und mit einem sauberen, möglichst antistatischen Tuch den Staub entfernen. Nun mit einem nebelfeuchten Tuch von oben nach unten abwischen. Bei hartnäckigen Fingerspuren oder anderen Flecken ganz wenig Essig auf das Tuch geben und nochmals nachwischen. LCD-Monitore nur mit minimalem Druck und einem sauberen Tuch abwischen (schon Küchenpapier kann die Oberfläche verkratzen). Niemals einen LCD-Monitor mit handelsüblichem Glasreiniger behandeln! Auch Produkte mit Ammoniak, Aceton, Äthylalkohol und Ähnlichem können Monitore beschädigen.

Reis verzögert das Anlaufen von Silber.

✱ Holzkohle und Reis fürs Tafelsilber

Gelegentlich muss man Silberbesteck putzen. Es spart aber viel Arbeit, wenn man dem Anlaufen vorher entgegenwirkt. Die Luftfeuchtigkeit lässt das Silber oxidieren. Um sie zu senken, genügen einige Stücke Holzkohle oder ein Schälchen Reis in der Besteckschublade. Beide nehmen viel Feuchtigkeit auf und verzögern das Anlaufen.

✱ Silber putzen mit Bananenschale

Ist das geerbte Tafelsilber von der Großmutter angelaufen? Dann greifen Sie zu Bananenschale oder Zahncreme. Anschließend das Besteck gründlich mit klarem Wasser abspülen und mit einem weichen Tuch sorgfältig abtrocknen.

- **Bananenschale** – Banane aufessen (sie enthält viel gesundes Kalium). Das Silberbesteck kräftig mit der Innenseite der Schale abreiben. Bei starken Verfärbungen die Schale im Mixer pürieren, das Silber mit der Paste einreiben. Mit einem weichen Tuch entfernen.
- **Zahncreme** – Auf angelaufenen Stellen weiße Zahncreme (kein Gel) mit einem feuchten, weichen Tuch verreiben.

✱ Goldglanz für Messing

Mit den folgenden beiden Verfahren wird angelaufenes Messing wieder blank: Eine Zitronenscheibe mit Natron bestreuen und das Messing damit abreiben. Oder einen weichen Lappen in Weißweinessig tunken, mit Salz bestreuen und das Messing abreiben. Anschließend ein Tuch in klares, warmes Wasser tauchen und das Messing abwischen, dann abtrocknen und polieren. Zum Schluss mit etwas Olivenöl einreiben, dann glänzt das Messing besonders schön.

✱ Ketchup lässt Messing glänzen

Verschnörkelte Schrankgriffe und andere Kleinteile aus Messing werden wieder blank, wenn man sie in Ketchup kocht! Einfach die angelaufenen Teile in einen Kochtopf legen, mit Ketchup bedecken (Tabasco eignet sich ebenfalls, ist aber teurer) und bei hoher Temperatur auf den Herd stellen. Aufkochen, dann die Temperatur reduzieren und das Ganze leicht kochen lassen, bis das Messing wie neu glänzt. Mit warmem Wasser abspülen, mit einem weichen Tuch abtrocknen und wieder an Ort und Stelle schrauben.

Allerlei Hausarbeit

✱ Natron frischt Seidenblumen auf

Seidenblumen verwelken zwar nicht, sind allerdings auch wahre Staubfänger. Waschen kann man sie normalerweise nicht, aber sie lassen sich mit Natron säubern. Dazu mindestens 180 g Natron in einen großen Plastikbeutel füllen. Die Blüten hineinstecken, den Beutel um die Stiele zusammenbinden, fest zuhalten und kräftig schütteln. Das Natron nimmt den Staub und den Schmutz auf. Anschließend die Blüten herausnehmen, das Natron abschütteln und letzte Reste mit einer weichen Zahnbürste oder einem Künstlerpinsel entfernen.

✱ Glassplitter mit Brot aufsammeln

Nachdem man die Scherben eines heruntergefallenen Glases oder Tellers mit Schaufel und Besen zusammengekehrt hat, bleiben oft kleinste Splitter übrig, die sich nicht leicht aufsammeln lassen. Entfernen Sie sie am besten mit einer frischen Scheibe entrindetem Weißbrot, das Sie auf die Splitter pressen. Wenn Sie das Brot anschließend in den Mülleimer werfen, sollten Sie jedoch unbedingt darauf achten, dass Sie sich nicht an den Glassplittern verletzen.

✱ Flecken auf der Marmortischplatte?

Tisch- und Arbeitsplatten aus Marmor sehen edel aus. Aber weil Marmor porös ist, zieht er Flecken geradezu an. Getränkespuren mit einer Paste aus Natron sowie Wasser und Zitronensaft (1:1) einreiben. Klar nachwischen und abtrocknen.

Andere Flecken (auch Schuhspuren auf Marmorböden) großzügig mit Salz bestreuen. Das Salz mit saurer Milch anfeuchten, bis zu 2 Tage einwirken lassen und zwischendurch die Wirkung kontrollieren. Danach die Salzpfütze mit einem Schwamm aufwischen.

✱ Ruß wegscheuern

Es ist nicht leicht, einen Kamin makellos sauber zu halten. Diese Tricks helfen bei der Arbeit.

- Fliesen oder Backsteine um den Kamin mit einer harten Bürste abschrubben, die mit Weißweinessig befeuchtet ist.
- Rußspuren auf Kaminumrahmung und Fliesen mit einem guten Radiergummi (aus dem Künstlerbedarfsladen) beseitigen.
- Nach dem Entfernen der Asche einen Teller voll Natron in den Kamin stellen, um den Rußgeruch zu neutralisieren.

Tipp FRISCHEDUFT FÜR MATRATZEN

Um unangenehme Gerüche wie Urin aus einer Matratze zu entfernen, großzügig **Natron** aufstreuen. 1–2 Tage lang einwirken lassen, dann sorgfältig absaugen.

Wer Bücher liebt ...

Die meisten von uns besitzen eine eigene Bibliothek. Es muss ja kein mit Mahagoni getäfelter Raum sein, eine Sammlung Bücher genügt. Doch ob diese in Bücherwänden aus massiver Eiche oder in bescheideneren Kiefernholzregalen stehen, ab und zu müssen sie gepflegt werden – schließlich möchte man ein Leben lang Freude daran haben.

Feuchte Seiten aufschlagen und mit Speisestärke oder Talkum bestreuen, um die Feuchtigkeit aufzunehmen. 5–6 Stunden einwirken lassen, dann das weiße Pulver abfegen.

Insekten vernichten Sie, indem Sie das befallene Buch in einen Plastikbeutel stecken und 1 oder 2 Tage ins Tiefkühlfach legen. Danach sind Larven und Insekten abgetötet.

Muffige Gerüche: Frische Katzenstreu in einen Beutel füllen. Das Buch etwa 1 Woche darin verstauen, anschließend herausnehmen und Reste der Katzenstreu abschütteln.

Schimmel auf den Seiten? Ein Tuch ganz schwach mit einer Mischung aus 1 Teil Essig und 8 Teilen Wasser anfeuchten und den Schimmel abwischen. Das Buch aufschlagen und die gesäuberten Seiten in der Sonne trocknen lassen – aber nicht länger als 30 Minuten, sonst kann das Papier vergilben oder ausbleichen.

Buchrücken und Schnittkanten der Bücher mit einem sauberen Handwerkerpinsel reinigen. Verwenden Sie keinen Staubwedel – damit wird der Staub nur aufgewirbelt und lagert sich wenig später wieder ab.

Superstar im Haushalt

13 GRÜNDE, SALZ ZU SCHÄTZEN

1 Strohbesen ab und zu in heißem Salzwasser einweichen, dann halten sie länger.

2 Etwas Salz ins Kaminfeuer streuen, damit sich weniger Ruß im Schornstein ablagert.

3 Die Fenster mit Salzwasser wischen, dann vereisen sie nicht so leicht.

4 Wasserflecken von Holztischen mit einer Paste aus Salz und Wasser entfernen.

5 Korbmöbel mit einer festen Bürste und Salzwasser reinigen und pflegen.

6 Kupfer, Bronze, Messing und Zinn mit einer Paste aus Salz und Essig einreiben, um das Metall zum Glänzen zu bringen.

7 Rostflecken mit einer Mischung aus Salz und Terpentin abschrubben.

8 Schneidebretter mit einem feuchten, in Salz getunkten Tuch säubern.

9 Küchenschwämme in Salzwasser einweichen, um sie aufzufrischen.

10 Salz in die Waschmaschine geben, so schäumt die Seifenlauge nicht über.

11 Etwas Salz im letzten Maschinenspülgang frischt Buntwäsche farblich auf.

12 Holzwäscheklammern halten länger, wenn man sie in Salzwasser aufkocht.

13 Zur Reinigung des Bügeleisens feinkörniges (!) Salz aufs Bügelbrett streuen.

* Essig für Vasen

Lange, schlanke Vasen und Karaffen sind schwierig zu reinigen. Füllen Sie in solche Gefäße eine Mischung aus warmem Wasser und Essig (1:1). Bis zu 140 g ungekochten Reis zufügen. Mit einer Kappe aus Alufolie verschließen und die Folie am Vasenhals gut festhalten, dann das Gefäß kräftig schütteln. Der Reis scheuert die Innenseite sauber.

* Weiße Tasten für das Klavier

Klaviertasten werden mit der Zeit gelblich, lassen sich aber gut reinigen. Man kann sie mit einem weichen Tuch und Zitronensaft und Salz oder einer Mischung aus Reinigungsalkohol und Wasser abreiben. Alternativ Mayonnaise auftragen und mit einer weichen Zahnbürste oder einem weichen Tuch nacharbeiten.

Stecken Sie in jedem Fall ein Stück Pappe zwischen die Tasten, an denen Sie gerade arbeiten, damit kein Reinigungsmittel dazwischendringt. Jede Taste mit einem leicht feuchten Tuch abwischen, erst dann die nächste säubern. An der Luft trocknen lassen.

* Edles Elfenbein

Schöne Stücke aus Elfenbein lassen sich mithilfe eines Zitronenschnitzes, der in Salz getaucht wurde, gut reinigen. Den Zitronensaft trocknen lassen und mit einem sauberen Tuch abwischen. Danach mit einem anderen Tuch polieren.

* Staub auf dem Deckenventilator

Um den Deckenventilator zu säubern, brauchen Sie eine Trittleiter, eine alte Baumwollsocke und einen Eimer Seifenwasser (1 Teelöffel Spülmittel auf 4 l Wasser). Die Socke ins Seifenwasser tauchen, gut auswringen und über die Hand ziehen. Auf die Leiter steigen und die Rotorblätter einzeln abwischen – von beiden Seiten; vor allem auf der Oberseite lagert sich Schmutz ab. Der Staub bleibt direkt an der feuchten Socke hängen und rieselt nicht herunter.

Im Badezimmer

✱ Glasklare Duschkabinentüren

Duschkabinen sind praktisch, aber die Glastüren werden vom Seifenschaum schnell trübe. Hier finden Sie Tipps für die Reinigung.

- **Rasiercreme** – Den Schaum verteilen und mit einem trockenen Lappen nachwischen. Dadurch entsteht auch ein dünner Film auf der Tür, auf dem sich Dampf und Seifenreste schwerer halten können.
- **Weißweinessig** – Bewahrt man eine Sprühflasche mit Weißweinessig und einen Schwamm griffbereit in der Dusche auf, lässt sich das Säubern der Oberflächen im Nu nebenbei erledigen.
- **Saures** – Etwas Essigessenz oder Zitronensäure mit Wasser verdünnen und mit einem Schwamm auf der Duschkabinentür verteilen.
- **Pflanzenöl** – Etwas Pflanzenöl auf einen Schwamm oder ein Stück Küchenpapier geben und die Duschkabinentür damit abreiben. Bei Bedarf etwas Öl nachnehmen.
- **Möbelpolitur** – Die Politur mit einem Tuch direkt auf den Türen verreiben, dann mit einem sauberen Tuch nachwischen. Die Politur reinigt die Türen und hinterlässt einen Film, auf dem Seifenreste schlecht haften.

Schon gewusst?

BEDENKLICHE BLEICHE

Zum Entfärben von Wäsche und zum Beseitigen von Schimmel ist Chlorbleiche sehr wirkungsvoll. Aber Vorsicht: Nur sehr verdünnt und nicht auf farbigen oder feinen Textilien verwenden! Da sie ätzt, sollte man beim Gebrauch unbedingt Gummihandschuhe und eventuell eine Schutzbrille tragen. Außerdem darf die Chlorbleiche nicht ins Abwasser gelangen, weil sie das Grundwasser belastet.

✱ Schluss mit seifigen Schmierfilmen

Verrühren Sie im Spülbecken 1 Tüte Backpulver mit etwas Essig. Wasser einlaufen lassen und die Mischung 30 Minuten einwirken lassen. Mit Zitrone nachreiben.

Badewannen können Sie auch mit der weißen Innenseite von Orangenschalen abreiben.

Tipp BLANKES CHROM

Wasserhähne und andere verchromte Armaturen werden schnell fleckig, lassen sich aber ganz leicht mit **Trocknertüchern** polieren. Am besten legen Sie ein Päckchen griffbereit ins Badezimmer. Auch Reinigungsalkohol, Essig und die weiße Innenseite von Zitronenschalen tun gute Dienste.

Duschkopf entkalken mit Gebissreinigertabletten.

✱ Gegen Duschkopf-Verkalkung

Hartes Leitungswasser kann Ihren Duschkopf schnell verkalken. Sie müssen keinen neuen kaufen – Reinigertabletten für die Dritten genügen!

- Einen beweglichen Duschkopf in eine Schüssel mit 4–5 Gebissreinigertabletten oder Weißweinessig legen. Über Nacht einwirken lassen. Bei starker Verkalkung können Sie den Essig zuerst in der Mikrowelle erhitzen.
- Ist der Duschkopf fest montiert, füllen Sie Gebissreiniger und Wasser oder Essig in einen Gefrierbeutel. Den Beutel so über den Duschkopf ziehen, dass dieser ganz von Flüssigkeit umspült ist, und mit Klebeband fixieren. 1–2 Stunden einwirken lassen.

Anschließend mit einer Nadel oder einem Zahnstocher letzte Kalkreste aus den Löchern des Duschkopfs entfernen. Dann den Duschkopf mit einem essigfeuchten Tuch abreiben.

✱ Duschvorhang ohne Schimmel

In der feuchtwarmen Badezimmerluft gedeiht Schimmel prächtig, darum ist er auf Duschvorhängen keine Seltenheit. Zur Vorbeugung weichen Sie den Duschvorhang am besten vor dem Aufhängen in Salzwasser ein. Und wenn danach Schimmel auftaucht, …

- den Fleck mit Essig oder Natron behandeln und 8–10 Minuten einwirken lassen. Mit einem Schwamm oder Lappen nachreiben.
- eine Paste aus Essig und Salz auf den Fleck streichen. 1–2 Stunden trocknen lassen, dann mit einem feuchten Tuch abwischen.

Die meisten Duschvorhänge können bei 30 °C mit einem Feinwaschmittel in der Waschmaschine gewaschen werden.

✱ Hartnäckige Seifen- und Wasserflecken

Wasserflecken und Seifenreste machen nicht nur Waschbecken und Wanne matt, sondern auch Fliesen, Glas oder Acryl in der Umgebung. Zum Reinigen brauchen Sie etwas Geduld und …

- 360 g Salz in 4 l heißem Wasser
- 120 ml Essigessenz und 45 g Natron in 4 l warmem Wasser.

Eine der beiden Mischungen auftragen, etwa 15 Minuten einwirken lassen, dann abschrubben und klar nachspülen.

✱ Gegen Schmutz in den Fugen

In den Fugen gefliester Flächen sammelt sich Schmutz an, der durch einfaches Abwischen nicht verschwindet. So rücken Sie ihm zu Leibe:

- Etwas Wasser aufkochen, 1 Tab für die Geschirrspülmaschine darin auflösen. Umrühren, das Gemisch auf die Fliesen geben und kurz einwirken lassen. Mit einer kleinen Bürste kurz nachreiben, fertig.
- Den Schmutz mit einem Schmutzradierer (praktisch für schmale Fugen!) abrubbeln.
- Mit einer Zahnweiß-Mundspülung scheuern.
- Etwas Klarspüler für die Geschirrspülmaschine mit einer alten Zahnbürste auf die Fugen auftragen. Mit klarem Wasser nachspülen, Fugen trocknen lassen, fertig.

✱ Zitrusfrischer WC-Reiniger

Zur Reinigung der Toilette sind scharfe Chemiekeulen nicht nötig. Mischen Sie Essigessenz oder Zitronensäure je nach Verschmutzungsgrad mit mehr oder weniger Wasser, geben Sie die Mischung in die Toilettenschüssel und schrubben Sie mit der Klobürste die Verschmutzungen weg.

Unter den Toilettenrand stecken Sie am besten Toilettenpapier, das Sie vorher mit Essigessenz aus der Sprühflasche getränkt haben. (Fenster öffnen, Gummihandschuhe anziehen!) Mindestens 30 Minuten einwirken lassen, dann die Spülung ziehen. Um Ihre Toilette nicht zu verstopfen, arbeiten Sie möglichst in drei Etappen.

✱ Saubere Decke

Oft ist man mit dem Putzen von Armaturen und Fliesen im Bad so beschäftigt, dass man gar nicht über die Decke nachdenkt. Dabei können sich auch dort Spinnweben, Staub und Schmutz ansammeln. Füllen Sie einen Putzeimer mit einer Mischung aus Wasser und Weißweinessig. Dann setzen Sie eine Schutzbrille auf. Einen Wischmopp mit Schwamm und langem Stiel in die Mischung tauchen, gut ausdrücken (!) und die Decke mit dem feuchten Schwamm säubern – nun ist das Bad wirklich von oben bis unten sauber. Vorsicht: Nicht bei Holzdecken anwenden.

✱ Rostflecken wegbürsten

Rostflecken, die durch hartes Wasser auf emaillierten Wannen und anderen Sanitärobjekten entstehen können, lassen sich mit etwas Zahncreme und einer alten Zahnbürste beseitigen. Sie können auch eine Mischung aus gleichen Teilen Terpentin und Salz verwenden. In jedem Fall sollten Sie Rostflecken möglichst schnell behandeln. Je eher Sie aktiv werden, desto leichter lässt sich der Rost entfernen.

Gute Idee!

TOILETTEREINIGEN LEICHT GEMACHT

Das Säubern der Toilette steht auf der Skala der beliebten Haushaltsarbeiten ganz unten. Getan werden muss es trotzdem. Mit diesen einfachen Mitteln bringen Sie es schnell und ohne große Kosten hinter sich:

Entkalkungstabletten Geben Sie 2 Entkalkungs-Tabs oder 1 Gebissreinigertablette ins WC-Becken. 20 Minuten einwirken lassen, dann kräftig bürsten. Eine Vitamin-C-Brausetablette funktioniert ebenso gut.

Mundwasser Nehmen Sie das alte oder ungeliebte Mundwasser aus dem Spiegelschrank! 60 ml ins WC-Becken gießen, nach 30 Minuten nachbürsten und spülen – fertig.

Cola Ungewöhnlich, aber wirksam: Eine Dose Cola ins WC gießen, 30–60 Minuten einwirken lassen. Dann bürsten und spülen.

Rund um die Fenster

✱ Gelatine für Scheibengardinen

Scheibengardinen aus Baumwolle kommen zwar frisch und sauber aus der Wäsche, aber oft auch so verknittert, dass das Bügeln Mühe macht. Das lässt sich vermeiden, wenn Sie 1 Esslöffel weiße Gelatine in 240 ml kochendem Wasser auflösen und vor dem letzten Spülgang in die Maschine geben. Auf die gleiche Art lässt sich der Glanz von Chintzvorhängen wiederherstellen.

✱ Fenster nicht bei Sonnenschein putzen

Es mag ja verlockend sein, an einem sonnigen Tag die Fenster zu putzen. Doch Sie riskieren, dass Ihr Putzmittel sofort auf dem warmen Glas trocknet – dann entstehen hässliche Streifen.

✱ Tafelwischer für die Fenster

Sie haben die Fenster gerade geputzt, aber beim Zurücktreten entdecken Sie jede Menge Schlieren? Sie können nicht einmal erkennen, ob sich diese auf der Innen- oder Außenseite befinden, und müssen beide Seiten noch einmal putzen? Ideal ist ein sauberer Wischer für Wandtafeln, mit dem man kreisförmig arbeitet. Ein Tipp: Putzen Sie nächstes Mal die Innenseiten mit senkrechten und die Außenseiten mit waagrechten Bewegungen, dann wissen Sie auch, auf welcher Seite Sie die Schlieren beseitigen müssen.

✱ Sprudelnd sauber

Ein guter Glasreiniger ist sprudelndes Mineralwasser, weil es streifenfrei trocknet. Einfach in eine Sprühflasche füllen, aufsprühen und mit einem trockenen Tuch nachwischen.

Tipp SCHLIERENFREIES GLAS

Die größte Schwierigkeit beim Fensterputzen besteht darin, Schlieren zu vermeiden. Ungeübte sollten bei Bewölkung an die Arbeit gehen, denn die Streifen entstehen vor allem durch schnelles Trocknen in der Sonne. Teure Hilfsmittel brauchen Sie nicht – zerknülltes **Zeitungspapier** ohne Farbdruck eignet sich hervorragend. Auch das Packpapier, das Umzugsunternehmen verwenden, poliert Glasscheiben streifenfrei sauber.

✱ Noch ein Geheimtipp für blanke Fenster

Fensterputztipps gibt es vermutlich seit der Erfindung des Glases. Hier noch einer, der sich bewährt hat: Verwenden Sie zum Wischen eine Mischung aus 240 ml Weißweinessig auf 1 l Wasser. Um zwischendurch schnell einmal Flecken und Fingerabdrücke zu entfernen, die Scheibe mit einem weichen, mit Essig angefeuchteten Tuch abwischen.

✱ Lockenwickler für Fliegengitter

Es ist herrlich, frische Luft ins Zimmer zu lassen – aber nicht, wenn sich auf dem Fliegengitter Pollen, Staub und anderer Schmutz abgelagert haben. Zur schnellen Reinigung eignet sich ein Lockenwickler mit bürstenartiger Oberfläche, den man einfach über das Fliegengitter rollt. Wenn Sie Lockenwickler zuletzt vor 20 Jahren benutzt haben und nicht zufällig einen im hintesten Winkel finden, können Sie auch eine Fusselbürste für Kleidung verwenden.

✱ Schmutz auf der Fensterbank

Sie mögen frische Luft und öffnen oft die Fenster, aber selbst Ihr Fliegengitter kann nicht verhindern, dass die Fensterbank verschmutzt? Die Simse draußen sehen sogar noch schlimmer aus. Dafür gibt es eine einfache Lösung: Sprühen Sie sie nach der nächsten gründlichen Reinigung mit Pflegewachs für den Fußboden ein, dann gleitet der Schmutz einfach ab.

✱ Fleckige Markisen

Ab und zu sollte man Markisen mit dem Gartenschlauch abspritzen. Alle paar Monate ist jedoch außerdem eine gründliche Reinigung fällig. Markisen aus Segeltuch und den meisten anderen Stoffen kann man mit einer Bürste, warmem Wasser und einem milden Reinigungsmittel behandeln. Hartnäckige Flecken mit Natron bestreuen, 5 Minuten einwirken lassen und mit dem Schlauch abspritzen.

Gute Idee!

JALOUSIEN REINIGEN MIT PFIFF

Das Reinigen senkrechter und waagrechter Lamellen gilt als besonders mühsam, deshalb wird es gern „vergessen". Probieren Sie doch mal eine der folgenden Methoden oder eine Kombination davon aus.

Mit einem Handschuh Sie brauchen nur einen sauberen, dicken Baumwollhandschuh (z. B. für die Gartenarbeit) und eine kleine Schüssel mit Weichspüler. Den Handschuh anziehen, Daumen und Zeigefinger eintauchen und damit über jede Lamelle fahren. Der Weichspüler reinigt und verzögert außerdem die Ablagerung neuer Staubschichten.

Mit einem Lineal Ein Trocknertuch (oder ein Tuch, das mit Weichspüler eingesprüht ist) um ein Lineal wickeln und damit durch die Zwischenräume der Lamellen streichen.

Mit einem Teigschaber Ein Baumwolltuch um einen Teigschaber wickeln, in eine Mischung aus Essig und Wasser (1:1) tauchen und über die Lamellen streichen.

✱ Vorhangstangen für Umweltbewusste

Verwenden Sie für kleinere Fenster eine natürliche Alternative zur traditionellen Vorhangstange: Suchen Sie im Wald einen heruntergefallenen Ast der passenden Größe. (Das ist wichtig, denn abgesägt wird bitte nichts.) Für ein 1,20 m breites Fenster sollte der Ast etwa 1,50 m lang sein und einen Durchmesser von 4 cm haben. Nun ziehen Sie ihn einfach durch die Vorhangringe oder -schlaufen. Besonders praktisch: Wenn er verstaubt, wird er zu Kaminholz.

Schädlinge im Haushalt

✱ Ameisen mit Zucker locken

Geben Sie den Ameisen, was sie am liebsten mögen: Zucker. Lösen Sie 2–3 Teelöffel Zucker in 240 ml Wasser auf. Einige Stücke Küchenpapier mit der Mischung anfeuchten und abends an die Stellen legen, an denen Sie Ameisen entdeckt haben. Am nächsten Morgen das Papier kontrollieren. Wenn darauf Ameisen krabbeln (was zu erwarten ist), fegen Sie das Papier in einen leeren Metalleimer und gießen Sie kochendes Wasser darüber. Wiederholen, bis Sie keine Ameisen mehr auf dem Papier finden.

✱ Ameisen vertreiben mit Essig

Ameisen lieben Zucker, daher ist es nur logisch, dass sie Essig verabscheuen. Um die ungebetenen Gäste zu vertreiben, in einer Sprühflasche Essig und Wasser zu gleichen Teilen mischen und auf Arbeitsflächen, Fensterbänke und andere Stellen sprühen, an denen Sie Ameisen sichten.

✱ Aroma gegen Silberfische

Diese flügellosen Insekten fressen Papier, Leim und Stärke, Kräuter können sie dagegen nicht ausstehen. Legen Sie Säckchen oder Teebeutel mit getrocknetem Lavendel, Minze-, Salbei- oder Lorbeerblättern in Küchen- oder Badezimmerschränke, wo sich Silberfische gern herumtreiben. Wischt man die Flächen mit Lavendelöl oder einer anderen stark duftenden Flüssigkeit ab, legen die Insekten dort keine „Straßen“ an.

✱ Tödliche Versuchung für Kakerlaken

Kakerlaken sterben, wenn sie Natron fressen. Man muss es ihnen aber schmackhaft machen. Mischen Sie es mit der gleichen Menge Puderzucker. Das Pulver in Schränke oder an andere Stellen streuen, wo sich das Ungeziefer versteckt.

✱ Mit Duft gegen Fliegen & Co.

Wir mögen den Duft von Basilikum, Orange und Gewürznelken, aber Fliegen und andere geflügelte Insekten finden ihn so grässlich, dass sie schnell ihre Flugbahn ändern. Also umgeben Sie sich mit Düften, um Ungeziefer zu vertreiben.

- Getrocknetes Basilikum in Säckchen aus Musselin oder Organza (aus Bastel- und Haushaltswarengeschäften) füllen und in der Küche oder anderswo aufhängen, dann hat das lästige Summen bald ein Ende.
- Bestecken Sie eine Orange mit Gewürznelken. Hängen Sie die duftende Kugel an eine Lampe oder einen Deckenhaken, dann können Sie sich an fliegenfreier Luft erfreuen.

✱ Minze gegen Mäuse

Kochen Sie eine Kanne starken Pfefferminztee – nicht zum Frühstück, sondern gegen die Mäuse, deren Rascheln Sie in der Nacht gehört haben. 500 ml Wasser aufkochen, 4–6 Pfefferminzteebeutel hineinhängen und 6–8 Stunden ziehen lassen. Dann 2 Teelöffel Geschirrspülmittel in den Tee rühren, damit er besser auf glatten Oberflächen haftet. Die Mischung in eine Sprühflasche füllen und auf Fußleisten oder andere Stellen sprühen, an denen Mäuse in die Wohnung kommen könnten.

✱ Mäuse fangen mit geschmolzenem Käse

Mäuse sind raffiniert. Sie können Käsestücke aus der Mausefalle stibitzen – also muss die Falle zuschnappen, solange die Maus mit dem Käse beschäftigt ist. Wie das geht? Den Käse in die Falle legen und mit einem Streichholz erwärmen, bis er schmilzt. Dann kann die Maus ihn nicht einfach wegtragen und müht sich so lange mit ihm ab, bis sie die Falle auslöst.

Wäschetipps

✱ Tricksen Sie den Sockendieb aus

Den Dieb, der regelmäßig einzelne Socken aus Ihrer Waschmaschine klaut, werden Sie wohl nie erwischen, aber Sie können ihm einen Strich durch die Rechnung machen. Geben Sie jedem Familienmitglied ein Wäschenetz für die schmutzigen Socken. Am Waschtag werden die Netze einfach zugebunden und in die Waschmaschine gegeben.

✱ Gegen den Mief im Wäschekorb

Körbe für schmutzige Wäsche sind praktisch, aber mit der Zeit können sie unangenehm riechen. Dagegen gibt es zwei Mittel.

- Schneiden Sie von einer alten Nylonstrumpfhose einen Fuß ab. Mit Natron füllen, zuknoten und in den Wäschekorb legen. Nach etwa 4 Wochen den Geruchskiller erneuern.
- Stellen Sie ein Päckchen Natron neben den Wäschekorb. Wenn Sie Schmutzwäsche hineinlegen, streuen Sie etwas Natron darüber. So verschwinden üble Gerüche schnell.

✱ Weißer als weiß

Sehen Ihre T-Shirts allmählich grau aus? Werden die weißen Socken einfach nicht mehr weiß? Dann sollten Sie diese Tricks ausprobieren.

- Die Socken in einer Mischung aus 4 l Wasser und 180 g Natron einweichen.
- Die Socken in heißem Wasser mit 4 Aspirin® (à 400 mg Wirkstoff) einweichen.
- 240 ml Weißweinessig vor dem letzten Spülgang in die Waschmaschine geben.

✱ Vergilbte Baumwolle kochen

Weiße Baumwoll- und Leinenstoffe vergilben mit der Zeit und verlieren ihr frisches, blitzsauberes Aussehen. Dagegen lässt sich jedoch Abhilfe schaffen. Mischen Sie in einem großen Topf 45 g Salz und 45 g Natron mit knapp 4 l Wasser. Kochen Sie die vergilbten Textilien darin etwa 1 Stunde lang. Vorsicht: Nicht bei empfindlichen Textilien anwenden!

Selbst gemacht!

WEICHSPÜLER

Für Weichspüler braucht man kein Geld auszugeben, denn die notwendigen Zutaten finden sich in jedem durchschnittlich sortierten Haushalt. Sehen Sie selbst:

Hokuspokus-Weichspüler

Mit dieser Mischung können Sie auch ein Trocknertuch herstellen. Dazu einfach die Mischung mit Wasser verdünnen, einen Waschlappen eintauchen, auswringen und zur nassen Wäsche in den Trockner legen.

480 ml Weißweinessig
360 g Natron
1 l Wasser

1. Alle Zutaten in einem Eimer oder Topf verrühren, bis das Natron aufgelöst ist.
2. Die Mischung in eine Plastikflasche mit Deckel füllen. (Eine leere Waschmittelflasche hat das richtige Format.)
3. Jeweils 60 ml ins letzte Spülwasser der Wäsche geben.

Dunkle Kleidung bleibt mit schwarzem Kaffee dunkel.

✱ Dunkel bleibt dunkel

Verblichene Kleidung mag bei Teenagern als trendy gelten, aber Sie möchten vielleicht nicht so aussehen, als hätten Sie Ihre Hose 1998 gekauft. So können Sie das Ausbleichen schwarzer und dunkler Farben in der Wäsche reduzieren.

- Bei schwarzer Kleidung 2 Tassen Filterkaffee oder Schwarztee zum letzten Spülwasser geben.
- Bei dunklen Farben wie Marineblau oder Violett 180 g Speisesalz zum letzten Spülwasser geben.
- Jeans, die nicht so schnell ausbleichen sollen, in Salzwasser oder einer Mischung aus Wasser und Essig (1:1) einweichen, dann kalt waschen.

✱ Zweimal Ersatz für Stärke

Keine Stärke im Haus, um Hemdkragen und schlappen Kleidungsstücken mehr Fasson zu geben? Sie brauchen nicht einkaufen zu gehen. Einfach 500 ml Wasser und 2 Esslöffel Speisestärke in einem Schraubglas kräftig schütteln. Die Mischung in eine Sprühflasche füllen und beim Bügeln aufsprühen.

Textilien aus Synthetik mit Permanentbügelfalten nicht mit der Stärkelösung behandeln, sondern 1 Tasse Milchpulver zum letzten Spülgang geben – schon sind sie wieder in Form.

✱ Vorhänge und Läufer auffrischen

Verblasste Vorhänge aus Baumwolle lassen sich leicht auffrischen, indem man 60 g Salz mit dem Waschmittel in die Maschine gibt. Läufer, die zu groß für die Waschmaschine sind, mit einem sauberen, mit Salzwasser befeuchteten Tuch gründlich abreiben.

✱ Gegen üble Gerüche

Haben Sie einen Junior, der seine verschwitzten Sportsachen wochenlang im Spind oder der Sporttasche lässt? Die folgenden Geruchskiller wirken zuverlässig: Lösen Sie zuerst 90 g Natron in knapp 4 l Wasser auf und weichen Sie die stinkende Kleidung darin 2 Stunden lang ein. Dann alles in der Maschine waschen und 120 ml Weißweinessig ins letzte Spülwasser geben. Auf diese Weise verschwindet übrigens auch der unangenehme „Fabrikgeruch“ aus Ihren neu gekauften Hemden oder Bettlaken.

✱ Der improvisierte Wäscheständer

Ein Wäschetrockner verbraucht viel Strom. Wer sparsam und umweltbewusst ist, wird möglichst oft an der frischen Luft trocknen wollen. Das geht auch ohne Sonnenschein und sogar ohne Wäscheleine oder (gekauften) Trockenständer. Einfach einen – gründlich gesäuberten! – alten Backofen- oder Kühlschrankrost in Garage oder Keller an die Decke hängen und die nasse Kleidung auf Bügeln daran trocknen.

✱ Mundwasser für die Wäsche

Ab und zu kann jede Waschmaschine eine Desinfektion vertragen. Füllen Sie dafür einfach 120 ml antibakterielles Mundwasser in die leere Waschtrommel und lassen Sie dann ein Programm (ohne Wäsche) durchlaufen.

Gute Idee!

SAUBERES BÜGELEISEN

Ein Essen mit dem Chef steht an, und Sie bügeln Ihr bestes Hemd oder Ihre beste Bluse. Doch, oh Schreck, das Bügeleisen hinterlässt einen schwarzen Streifen am Kragen. Das kennen Sie? Solche Probleme lassen sich vermeiden, wenn Sie das Bügeleisen regelmäßig reinigen. So geht's:

- Einige Stücke Wachspapier auf das Bügelbrett legen und das Bügeleisen bei niedriger Temperatur mehrmals auf dem Papier hin- und herschieben.
- Weißweinessig in den Tank füllen, das Eisen auf hohe Temperatur stellen und 5 Minuten dampfen lassen. Den Tank ausleeren und mit kühlem Wasser füllen. Das Bügeleisen leicht schütteln, ausgießen und die Bügelsohle mit einem sauberen Tuch abwischen.
- Ein Wattestäbchen in Essig tauchen und verkalkte Dampfdüsen damit reinigen. Kleine Düsen lassen sich gut mit einem Zahnstocher säubern.

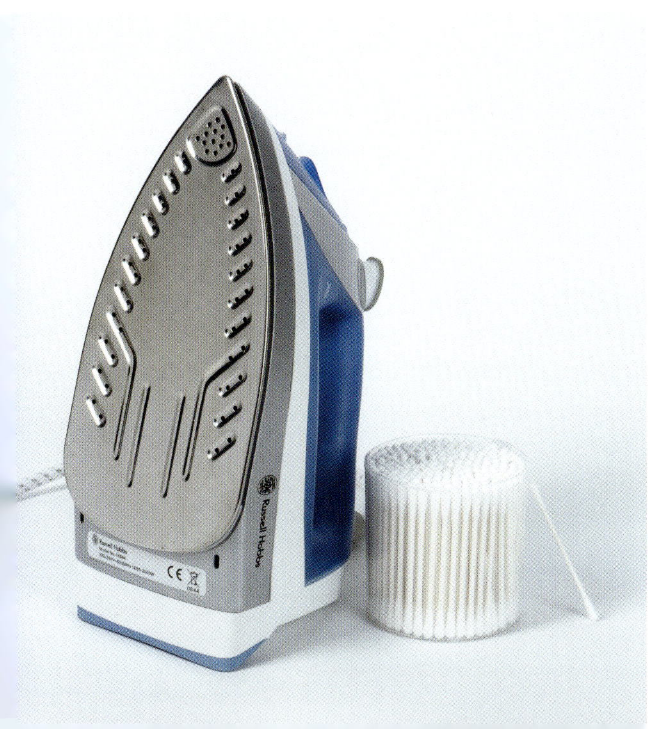

✱ Pullover auf Strumpfhosen trocknen

Um Abdrücke von Wäscheklammern zu vermeiden, ziehen Sie eine alte Strumpfhose durch einen Ärmel, durch die Schulterpartie und aus dem anderen Ärmel hinaus. Die Strumpfhose an die Leine klammern, der Pullover bleibt glatt.

✱ Katzenhaare auf der Kleidung

Ist Ihre Kleidung nach dem Schmusen mit Kitty auch oft voller Katzenhaare? Geben Sie die Hose oder das Oberteil zusammen mit einem Trocknertuch in den Wäschetrockner – danach sind fast alle Haare verschwunden.

Geheimrezepte gegen Flecken

Mit der richtigen Formel lässt sich fast jeder Fleck aus Textilien entfernen. Und es spricht auch nichts dagegen, mit Produkten zu experimentieren, die keinen Schaden anrichten können – beispielsweise Natron, Speisestärke, Mehl, Zitronensaft, Geschirrspülmittel, rohe Kartoffeln, Shampoo oder Weißweinessig. Nach der Fleckenbehandlung wie gewohnt waschen. Keine Zeit für eine Maschinenwäsche? Dann sehen Sie auf Seite 197–198 nach!

Blut	Kleidung mit Blutflecken so schnell wie möglich in kaltem Salzwasser einweichen. Nach 3–4 Stunden den Fleck mit flüssigem Waschmittel einreiben und waschen.
Gras	In unverdünntem Weißweinessig einweichen oder Flecken gezielt mit Zahncreme (kein Gel, kein Zahnweiß) bestreichen.
Kaffee	Vor der Wäsche in einer Lösung aus 1 l Wasser, 1 Esslöffel Weißweinessig und 1 Teelöffel Waschmittel einweichen.
Sauce	Den Fleck mit Natron, Speisestärke, Mehl oder Salz bestreuen und das Fett aufsaugen lassen. Abbürsten, dann flüssiges Waschmittel und heißes Wasser direkt auf den Fleck geben.
Schlamm	Den Fleck mit einer rohen Kartoffelscheibe abreiben. Anschließend das Kleidungsstück mindestens 15 Minuten in kaltem Wasser einweichen.
Schmutzränder	Mit dem Finger oder einer Zahnbürste Shampoo auf dem Rand verreiben. 25–30 Minuten einwirken lassen, dann waschen. Das Shampoo muss Ammoniumlaurylsulfat enthalten, einen Stoff, der Fette löst.
Senf	1 Esslöffel Weißweinessig und ½ Teelöffel Flüssigwaschmittel mit 1 l warmem Wasser verrühren. Die Mischung auf den Fleck tupfen und an der Luft trocknen lassen. Vor der Wäsche etwas Flüssigwaschmittel direkt auf den Fleck geben.
Tinte	Nicht trocknen lassen! Sofort Salz aufstreuen und mit feuchtem Küchenpapier vorsichtig abtupfen. Dann das Salz abbürsten. Bei Bedarf wiederholen.

Besondere Pflege für besondere Stücke

✱ Turnschuh für Daunen

Geben Sie beim Trocknen von Daunendecken, -kissen oder -jacken einen sauberen Turnschuh mit in den Trockner. Der Schuh rumpelt heftig, lockert aber durch seine Bewegung in der Trommel die Daunen wunderbar auf.

✱ Nasse Decken schnell trocknen

Wolldecken sind nach der Wäsche bald wieder schön trocken, wenn Sie so vorgehen: 2 große Handtücher an der Heizung oder 20 Minuten lang im Trockner anwärmen. Die Decke mit ihnen in den Trockner geben, sodass die Handtücher einen Großteil der Feuchtigkeit aufnehmen. Die Decke noch leicht feucht über die Lehnen zweier Stühle (am besten in der Sonne) oder über zwei parallel gespannte Wäscheleinen hängen.

✱ Laufmaschen verhüten

Eine Laufmasche ruiniert die Wirkung jedes eleganten Kleides. Beugen Sie vor: Am besten gleich nach dem Kauf die neue Strumpfhose waschen, trocknen lassen und 3 Stunden in eine Mischung aus 4 l Wasser und 360 g Salz legen.

✱ Neue Jeans salzen

Jeans sind herrlich bequem – wenn man sie erst einmal eine Zeit lang „eingetragen" hat. Diesen Prozess können Sie beschleunigen, indem Sie Ihre neue Jeans mit 90 g Salz in die Waschmaschine stecken.

✱ Verschmutztes Weiß in neuem Glanz

Es ist traurig, festzustellen, dass man in dem ehemals weißen Lieblingshemd oder T-Shirt nicht mehr unter die Leute gehen kann – Grauschleier, Gilb und ein hartnäckiger Rand am Halsbündchen. Aber noch ist nicht alles verloren. Tragen Sie direkt auf Verfärbungen und Flecken eine Paste aus Essig und Natron auf, um den Stoff aufzuhellen. Dann das Kleidungsstück einige Stunden nach draußen in die Sonne hängen. Ist der Kragenschmutz immer noch deutlich zu sehen, geben Sie etwas verdünntes Wasserstoffperoxid (3 %) darauf. Aber Vorsicht: Wasserstoffperoxid wirkt ätzend – am besten Gummihandschuhe tragen! Dann wie üblich mit heißem Wasser waschen und im Schrank wieder Platz für den alten Freund schaffen.

✱ Filzhüte über Dampf reinigen

Um einen Hut aus Wollfilz gründlich zu reinigen, bringen Sie im Wasserkessel Wasser zum Kochen. Den Hut in den heißen Dampf halten und langsam drehen. Dabei mit einer trockenen Zahnbürste ausbürsten. Anschließend den Hut trocknen lassen.

✱ Seide mit Shampoo waschen

Waschen Sie Seide mit einem Proteinshampoo und kühlem Wasser. Die Proteine im Shampoo pflegen die Proteine in der Seide, geben dem Stoff Fülle und verbessern seine Haltbarkeit.

4 Aufräumen, ordnen und verstauen

Manche Wohnungen sind in einem geradezu einschüchternd aufgeräumten Zustand. Andere scheinen völlig im Chaos zu versinken.
Doch Ordnunghalten kann so einfach sein. Nehmen Sie einen alten Wäschekorb als Sammelstelle für schmutzige Schuhe. Finden Sie kreative Verwendung für Dinge, die Sie schon haben: Eierkartons, Schuhschachteln oder Plastikboxen. Andere Dinge sind nicht in erster Linie zur Aufbewahrung gedacht, aber bestens dafür geeignet, wie Wäschekörbe, Suppentöpfe oder Strumpfhosen. Es heißt, eine ordentliche Umgebung wirke sich positiv auf die Psyche aus. Behalten Sie also nicht nur den Überblick im Alltag, sondern tun Sie auch etwas für Ihr Wohlbefinden.

Clever verstaut

✱ Schubladen ausmisten

Um eine Schublade gründlich aufzuräumen, brauchen Sie einen Müllbeutel und drei Schuhkartons oder Behälter ähnlichen Formats. Leeren Sie die Schublade auf dem Bett oder Fußboden aus. Und dann wird sortiert:

- Was Sie wegwerfen wollen, kommt in den Müllsack.
- Was Sie woanders sinnvoller aufbewahren können, packen Sie in den ersten Karton.
- Was Sie verschenken wollen, kommt in den zweiten Karton.
- Was für den Flohmarkt taugt, packen Sie in den dritten Karton.

Was dann übrig bleibt, verstauen Sie wieder in der Schublade. Notieren Sie gleich die Termine für Müllabfuhr und Flohmarkt, schieben Sie das Verstauen und Verschenken nicht auf!

✱ Ohne Pizza, bitte!

Wenn Sie das nächste Mal eine Pizza zum Mitnehmen kaufen, fragen Sie, ob Sie einen leeren Karton extra bekommen können – er ist sehr praktisch für Straßenkarten, Kinderzeichnungen und andere Kleinigkeiten aus Papier.

✱ CDs aufbewahren

Der CD-Ständer ist voll, und langsam wächst daneben ein Stapel auf dem Fußboden? Zeit, die leeren Schuhkartons sinnvoll zu nutzen! Sortieren Sie die CDs durch. Was selten gehört wird, packen Sie in handliche Kartons. Das Musikgenre daraufschreiben und den Karton wieder verstauen, z. B. im Schrank auf dem Flur. Wenn die Musiksammlung wächst, können Sie weitere Kartons daraufstellen.

✱ Jedem sein Museum

Spendieren Sie jedem Familienmitglied eine kleine Schatzkiste für besondere Habseligkeiten. Kartons mit verschiedenfarbigen Selbstklebefolien bekleben – damit sind sie gut zu unterscheiden und außerdem robuster. Kinder können ihre Kartons auch selbst mit beständigen Temperafarben bunt bemalen. Die Boxen sorgen dafür, dass persönliche Schätze – Medaillen, Bänder, Postkarten, Urlaubssouvenirs und andere Erinnerungsstücke – nicht im alltäglichen Haushaltswirrwarr verloren gehen. So hat jeder sein eigenes kleines „Museum“ für sich, das er in seinem Zimmer verstauen kann.

Tipp ORDNUNG NACH DEM GENUSS

Weinkisten mit 6–12 Abteilen und etwa 30 cm hoch sind ideal für aufgerolltes Geschenkpapier oder Poster, zum Sortieren von Weihnachtsschmuck oder anderen Dingen, die übersichtlich verstaut werden sollen. Weinhandlungen sind oft sogar froh, wenn ihnen die Kunden einige Kisten abnehmen.

Gut organisiert!

Manche Behältnisse haben sich im Haushalt einen festen Platz erworben und verdienen besondere Aufmerksamkeit. Kaufen Sie sich eine Rolle robustes Klebeband und einen Permanentmarker, um sie zu beschriften. Und wenn sich der Inhalt ändert, beschriften Sie sie einfach neu.

Zigarrenkiste
Schwer zu bekommen, aber Gold wert! Sehen Sie sich bei Trödlern oder auf Garagenflohmärkten um.

Beerenverpackung
Die kleinen Plastikschalen mit Luftlöchern sind ungemein praktisch für alles, was Luft braucht, z. B. Küchenschwämme oder Scheuerpads.

Kaffeedosen
Geräumig und mit einem gut schließenden Deckel. Was will man mehr? Bitte trocken halten, sonst können sie rosten.

Filmdosen
Vom Aussterben bedroht! Sammeln Sie Filmdöschen für alle Fälle: Ringe, Ohrringe, Kleingeld, Spielmünzen, Angelfliegen oder Pflanzensamen.

Schuhtasche
Vielleicht das beste Aufbewahrungsmittel für alle Zwecke. An die Schranktür hängen, ins Bad, ins Arbeitszimmer oder Kinderzimmer. Und dann in die Taschen stecken, was einen Platz braucht.

Dosen von Feuchttüchern
Die rechteckigen, stabilen Dosen sind stapelbar. Praktisch für Bürozubehör, Nähzeug, kleine Werkzeuge oder Ausstechförmchen.

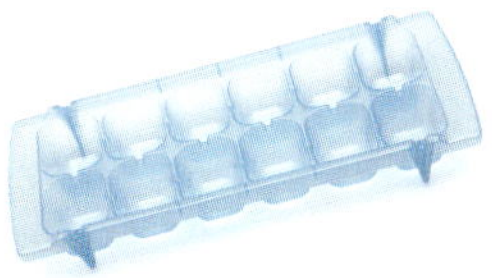

Eiswürfelform
Eiswürfelformen haben meist 2 Fächer mehr als Eierkartons, aber keinen Deckel. Ideal, um Kleinigkeiten geordnet und übersichtlich in Schubladen aufzubewahren – beispielsweise Schreibtischutensilien oder Ringe und Ohrringe.

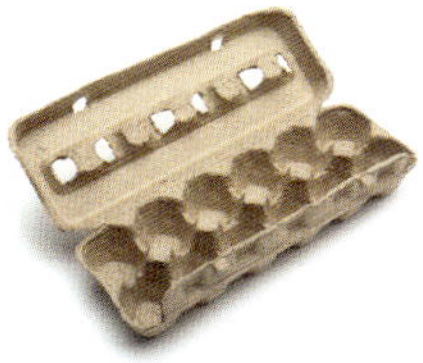

Eierkartons
In den leichten Schachteln mit Deckel und 6 oder 10 kleinen Fächern sind Knöpfe, Dichtungsringe, Reißnägel, Büroklammern, Pinnwandnadeln und andere Utensilien gut untergebracht.

Gute Idee!

WENIGER WERBEPOST

Drei Dinge brauchen Sie, um die Flut unerwünschter Werbepost einzudämmen, die ins Haus flattert. 1) einen Stift oder Computer; 2) Papier; 3) eine Briefmarke. Lassen Sie Ihre Kontaktdaten in eine sogenannte Robinson-Liste eintragen. Diese Listen gibt es für Briefpost, E-Mail, Mobilfunk, Telefon und Fax und sollen dafür sorgen, dass man keine Werbesendungen erhält, die man nicht selbst angefordert hat.

Viele seriöse Unternehmen, die Werbung betreiben, gleichen ihre Datenbestände regelmäßig mit den Listen ab. Diese werden monatlich aktualisiert. Der Eintrag ist kostenlos. Es kann jedoch einige Zeit dauern, bis sich ein Eintrag spürbar auswirkt. Nähere Informationen erhalten Sie direkt bei den Verbraucherzentralen oder auch im Internet unter www.robinsonliste.de, www.sdv-asmd.ch oder www.fachverbandwerbung.at.

Sollten Sie dennoch weiterhin mit Werbeanrufen oder -post belästigt werden, notieren Sie die Daten der Firma oder erfragen Sie Name und Adresse am Telefon. Werbeanrufe sind nur erlaubt, wenn Sie schriftlich Ihr Einverständnis gegeben haben. Sollte dies nicht der Fall sein, können Sie das Unternehmen der Beschwerdestelle der Bundesnetzagentur melden (Informationen unter www.bundesnetzagentur.de). Sollte selbst das keine Wirkung zeigen, hilft nur der Gang zum Anwalt.

✱ Geschenkpapier aufbewahren

Versandröhren aus Pappe eignen sich gut, um Reste von Geschenkpapier zu lagern. Die Röhren passen bequem in die Ecken eines Wand- oder Garderobenschranks. Sie können auch eine Plastiktüte mit Grußkarten und Geschenkband mit einer großen Metallklammer an der Röhre befestigen. Mehrere Röhren mit Klebeband zusammenkleben und das Papier nach den verschiedenen Anlässen sortieren.

✱ Die neue Ordnung notieren

Haben Sie im Frühling Schränke und Schubladen umgeräumt – und wissen nun nicht mehr, wo Maßband und Blumenspaliere geblieben sind? Sparen Sie sich viel Sucherei, indem Sie neue Plätze in einem Notizbüchlein mit dem Titel „Wo ist was?“ aufschreiben. Noch besser: eine Liste mit dem Computer erstellen, alphabetisch sortieren und auf der Festplatte speichern. Sonst müssen Sie womöglich noch das Notizbuch suchen.

✱ Anleitungen sammeln

Sie wollen endlich mal die Eismaschine, die Sie vor einigen Monaten gekauft haben, ausprobieren oder den neuen Staubsauger testen, doch welche Funktion haben nun die Knöpfe? Dafür gibt es Gebrauchsanleitungen, die meistens jedoch über mehrere Schubladen verstreut sind. Beugen Sie vor. Bewahren Sie gleich nach der Anschaffung eines Haushaltsgeräts Anleitung und Rechnung in einem Ordner auf. Im Garantiefall haben Sie die Rechnung parat, und wenn etwas nicht funktioniert, müssen Sie nicht nach der Anleitung im ganzen Haus suchen.

Ordnung im Eingangs- und Wohnbereich

✱ Ruck-zuck-Hängegarderobe

Eine Hängegarderobe für die Innenseite eines älteren Schranks oder einen Geschirrtuchhalter an der Küchentür kann man aus einem Kleiderbügel aus Draht und Schrauben selbst bauen.

1. Die Tür ausmessen. Einen Kleiderbügel aus Draht aufbiegen oder ein Stück Draht auf Breite der Tür zuschneiden.
2. In der Mitte der Türrückseite eine Ringschraube eindrehen. Zwei weitere Ringschrauben auf Höhe der ersten anbringen, jeweils etwa 10 cm Abstand vom linken bzw. vom rechten Türrand. Die Schrauben dürfen nicht zu lang sein, damit sie nicht auf der Vorderseite der Tür heraustreten können. Den Draht durch die Ringe schieben und die Enden mit einer Zange umbiegen.
3. Wäscheklammern Handschuhe, Mützen und kleine Textilien daran aufhängen.

✱ Schuhfänger

Schaffen Sie sich einen zusätzlichen Plastikwäschekorb an – für schmutzige Schuhe. Direkt neben den Keller- oder Garteneingang platzieren und verschmutzte Gummistiefel oder Turnschuhe einfach hineinstellen. Das Plastik lässt sich leicht reinigen.

✱ Luftiges Ofengitter für Schuhe

Damit nasse Schuhe schneller trocknen, legen Sie ein Kuchenblech neben die Eingangstür und darauf ein altes Ofengitter – fertig ist eine Ablage, auf der nasse Schuhe auch von unten Luft bekommen und schneller trocknen.

Auf einem Ofengitter können Schuhe trocknen.

Superstar im Haushalt

8 DINGE, DIE MAN IN EINER STRUMPFHOSE AUFBEWAHREN KANN:

1 Damit rundes Obst und Gemüse wie Äpfel, Tomaten oder Zwiebeln nicht im Vorratsraum herumrollen, stecken Sie sie in den Fußteil einer alten Strumpfhose.

2 Um Tütchen mit Blumensamen oder Christbaumkugelaufhängern immer zur Hand zu haben, sammeln Sie sie in einer alten Strumpfhose.

3 Gummiringe aller Größen, Einweckgummis und Verschlussclips verteilen sich in Nylon gepackt nicht in der Küchenschublade.

4 Paketschnur, Geschenkbänder und Kabelbinder verheddern sich nicht mit anderen Bändern, wenn man sie getrennt in abgeschnittenen Strumpfhosenbeinen aufbewahrt und in einem Schuhkarton verpackt.

5 In einer Strumpfhose sind Haarspangen, -bänder und -klammern sowie Lockenwickler im Bad ordentlich verstaut.

6 In der Garage können in Strumpfhosen Feder-, Tennis- und Tischtennisbälle zusammengehalten werden.

7 Wäscheklammern, Gardinen- und Duschvorhangringe sind in einer alten Strumpfhose gut aufgehoben und gehen nicht verloren.

8 Im abgeschnittenen Fußteil einer Strumpfhose reißen Reste von Geschenkpapierbögen nicht ein und knittern nicht.

✱ Freier Durchgang

Wenn der Weg in die Garage durch die Waschküche führt, brauchen Sie nicht jedes Mal einen Hindernislauf zu vollführen. Montieren Sie über der Waschmaschine an der Wand einen Getränkekasten aus Plastik (für 6 große Flaschen). Darin lassen sich Wasch- und Pflegemittel griffbereit verstauen und stehen nicht im Weg.

✱ Improvisierter Schirmständer

Haben Sie einen hohen, schmalen Mülleimer, der seine beste Zeit hinter sich hat? Mit etwas Farbe können Sie daraus einen Schirmständer für den Flur machen. „Echte“ Schirmständer sind teuer, aber der selbst gemachte erfüllt seinen Zweck ebenso gut. Einen Metalleimer sollten Sie auch innen lackieren (am besten mit Lack aus der Sprühdose), damit er nicht rostet.

✱ Den Zeitschriftenberg abtragen

Er wächst und wächst – um den Stapel zu reduzieren, ohne wichtige Artikel zu opfern, schneiden Sie sie mit einem Cutter heraus und heften sie in einen Ordner mit der Aufschrift „Lesen!“. Mit dem Cutter gelingen die Schnitte sauberer und schneller als mit einer Schere.

✱ Tischdecken aufbewahren

Faltet man Tischdecken wie Bettlaken, muss man sie vor der Benutzung bügeln. Faltenfrei bleiben sie, wenn man sie über eine Handtuchstange auf der Innenseite der Schranktür hängt. Über kantige oder zu dünne Stangen schieben Sie eine Versandröhre aus Pappe oder leere Rollen von Küchenpapier. Griffbereit und glatt!

✱ Sammlerstücke gut behandeln

Kleine, wertvolle Antiquitäten bewahrt man am besten in Kunststoffdosen, Schachteln aus säurefreiem Karton oder lackierten Metallboxen auf. Muss man aus Platzgründen Sammlerstücke wie Briefmarken, Puppen, Textilien und

Kissen und Decken fürs Gästebett passen in Uropas Truhe.

Metalle (auch Münzen) in Holzschubalden aufbewahren, schützen Sie sie vor den schwefel- und säurehaltigen Dämpfen, die unbehandeltes und gestrichenes Holz absondern kann:

- Um Kontakt mit dem Holz zu vermeiden, Sammlerstücke in säurefreies Seidenpapier oder gewaschenen, ungebleichten Baumwollstoff (Nessel) wickeln.
- Innenseiten von Holzschachteln mit mindestens zwei Schichten Polyurethan-Klarlack versiegeln.
- Comics, Briefmarken & Co. vor Licht, Wärme, Feuchtigkeit und Staub in Metall- oder Kunststoffschachteln schützen.

* Buch-Halter

Bauen Sie eine Vorrichtung, die verhindert, dass Bücher aus offenen Regalen fallen. Sägen Sie von einem Rundholz 2 Stücke ab, die etwas kürzer als das Regalbrett sind. Lasieren Sie sie im Farbton des Regals. In jedes Regalende einen Schraubhaken drehen und den Haken nach unten zubiegen. Die Holzstäbe einschieben, sodass sie sicher von den Haken gehalten werden – und schon bleiben die Bücher stehen, ohne dass die leichte Optik offener Regale verloren geht.

* Möbel mit Doppelfunktion

Uropas Truhe muss nicht auf dem Dachboden verstauben. Sie bietet eine Menge Stauraum für Reservewolldecken, Kissenbezüge und Bettwäsche fürs Gästebett.

* CD-Regal für den Flur

Nehmen Sie das Bild ab, das Sie noch nie so ganz überzeugend fanden. Praktischer ist ein kleines Ordnungswunder: ein CD-Regal. Die Einzelfächer sind eigentlich für jeweils etwa 10 CDs bemessen, aber sie haben auch eine gute Größe für Schlüssel, Handy und andere Kleinigkeiten, die man morgens auf dem Weg aus dem Haus schnell schnappen muss.

Im Schlafzimmer

✱ Bettgefährten

Wohin mit den Biberlaken, die Sie zum Geburtstag bekommen haben, wenn im Schrank kein Platz ist? Verstauen Sie die Bettbezüge nebeneinander am Fußende des Betts zwischen der Matratze und dem Bettrahmen oder Lattenrost.

✱ Einen Koffer voll Platz gewinnen

Das klingt bescheiden, genügt aber für die Handtücher oder Schuhe, die im Schrank keinen Platz finden, oder für die Zeitschriften, die Sie eines Tages ganz bestimmt lesen wollen. Wo ist dieser Platz? In einem Koffer. Und wenn Sie verreisen wollen? Dann packen Sie den Inhalt in einen Karton in der Schlafzimmerecke und decken ein Laken darüber. Nach der Rückkehr alles wieder in den Koffer packen und verstauen. Aber Vorsicht: Nichts einpacken, das muffig oder feucht riecht, sonst müffelt bald Ihr Reisegepäck. Gegenstände aus Glas und Keramik in Luftpolsterfolie einwickeln, damit sie heil bleiben, wenn Sie den Koffer einmal umstellen.

✱ Doppelstöckige Kleiderstange

Wenn die Kleiderstange in Ihrem Schrank hoch hängt, bringen Sie darunter eine zweite an. Eine Stange in passender Länge zusägen und an den Enden dünne, stabile Ketten anbringen. Stahlringe an den Kettenenden befestigen und diese auf die vorhandene Kleiderstange schieben.

✱ Kommodenschublade unter dem Bett

Steht auf dem Dachboden eine alte Kommode? Wer clever ist, nutzt die Schubladen als Stauraum für selten benutzte Dinge. Sie können die Schubladen auch unter das Bett schieben. Schrauben Sie Rollen darunter an, dann lassen sie sich leichter hervorziehen.

✱ Selbst gemachter Socken-Organizer

Vielleicht schaffen Sie es nicht, tragische Trennungen von Sockenpaaren zu vermeiden – aber in der Schublade können Sie Ordnung halten. Um nicht ständig in einem Haufen nach dem richtigen Paar zu wühlen, halbieren Sie Schuhkartons und stellen sie nebeneinander mit dem offenen Ende nach vorn in die Schublade. Hobbyhandwerker können auch einige passende Schubladenteiler aus stabilen Spanplatten zusägen. Anzugsocken, Freizeitsocken und Sportsocken in die einzelnen Abteile einsortieren, und in null Komma nichts ist zu jeder Zeit das passende Paar sofort zur Hand, und das Chaos in der Schublade ist beseitigt.

✱ Türstopper zum Aufhängen

Türstopper mit großen, runden Gummipuffern eignen sich ausgezeichnet zum Aufhängen von Schuhen. Die Stopper paarweise in passenden Abständen an die Innenseite von Schranktüren oder an die Wand schrauben. Die Schuhe auf die Gummipuffer hängen, und auf dem Fußboden ist nun endlich viel mehr Platz für andere große Dinge.

✱ An die Decke hängen

Eine bunte Plastikkette ist praktisch, um die Stofftiere im Kinderzimmer ordentlich aufzubewahren und die Wege frei zu halten. Beide Enden der Kette in passender Höhe über eine Ecke an zwei Wänden anbringen. Damit der Nachwuchs seinen Zoo ordentlich einhängen kann, nähen Sie an jedes Tier eine Schlaufe aus Baumwollband. Besorgen Sie ein Paket s-förmiger Haken – schon haben Stoffelefanten und Teddybären ihren Platz auf der Kette, und im Zimmer herrscht Ordnung.

Platz für Modeschmuck

Verhedderte Ketten, Armbänder, Ringe, Broschen oder einzelne Ohrringe – vermeiden Sie Chaos bei Ihrem Modeschmuck. Das schont die Einzelstücke und Ihre Nerven bei der Suche nach den passenden Accessoires zu Ihrer Abendgarderobe.

Besteckkasten
Haben Sie auf dem Dachboden noch einen leeren Besteckkasten von Omas Tafelsilber? Und ist vielleicht die Samteinlage noch in gutem Zustand? Sehr praktisch für Schmuck! Der Samt verhindert das Anlaufen von Silber, und die Unterteilung erleichtert den Überblick. Vor allem Ketten lassen sich in den Halterungen für Besteckteile gut aufbewahren. Polieren Sie den Holzkasten auf und stellen Sie ihn als Dekorationsstück auf den Schminktisch.

Pillengläschen
Die braunen Gläschen aus der Apotheke sind gerade durchsichtig genug, dass man kleine Schmuckstücke erkennen kann.

Stoffreste
Reste von Aida und Stramin sind praktisch zur Aufbewahrung von Ohrsteckern. Stoff samt Schmuck in einer Tüte in die Schublade legen.

Eierkartons und Eiswürfelschalen
Die Fächer von Eierkartons und Eiswürfelschalen haben die richtige Größe, um Schmuck aufzubewahren. Für wertvolleren Schmuck kann es das ideale Versteck sein: Eierkarton in den Küchenschrank zwischen Lebensmittel stellen.

Ohrring-Bügel
Hängen Sie das Bündchen einer alten Strumpfhose an einen Rockbügel, und schon haben Sie eine Halterung für Ohrringe. Einfach die Stecker durch das Nylongewebe stecken und den Verschluss aufsetzen. Innen an die Schranktür hängen, dann sind die Schätze griffbereit, und Paare bleiben zusammen.

Gewürzgläser
Sauber ausgewaschene Gewürzgläschen haben das richtige Format für Schmuck. Sie sind durchsichtig, halten Ohrringpaare zusammen und eignen sich auch zum Aufbewahren von Ringen, Broschen und Armbändern. Man kann sie leicht in der Schublade verstauen und flink in den Reisekoffer packen.

✱ Wohin mit dem Kleingeld?

Statt Kleingeld in einem Schälchen auf der Anrichte aufzubewahren, nehmen Sie lieber wiederverschließbare Plastikbeutel. Die Münzen sortieren und in getrennte Beutel packen. Dann die Beutel in der Ecke einer Schublade verstauen, bis genug zusammengekommen sind, um sie in Scheine einzuwechseln.

✱ Geldtransporter

Es ist kein Fehler, zum morgendlichen Lauf oder Spaziergang etwas Geld mitzunehmen. Es kann ja sein, dass man unterwegs etwas zu trinken oder eine Zeitung kaufen möchte. Praktischer als ein Portemonnaie ist eine Aktenklammer, mit der Sie einen Geldschein (und Ihren Ausweis, wenn Sie möchten) sogar am Bund Ihrer Sporthose oder Ihres Shirts befestigen können.

✱ Schmuck griffbereit

Hängen Sie Halsketten und Armbänder an eine Leiste mit Haken, die Sie am Schminktisch an die Wand schrauben. So haben Sie die Schmuckstücke immer schnell zur Hand, und der Schmuck an einer freien Wandfläche sieht auch noch dekorativ aus.

✱ Schmuck von der Stange

An einem gepolsterten Kleiderbügel hängen Uhren und Hals- oder Armketten ordentlich und übersichtlich. An der Polsterung können Sie praktischerweise Ohrringe oder Broschen anstecken. Gestalten Sie die Bügel in unterschiedlichen Farben und ordnen Sie den Schmuck den entsprechenden Farben zu. So haben Sie immer mit einem Griff das passende Schmuckstück für das jeweilige Outfit.

Am Kleiderbügel hängt Modeschmuck ordentlich.

Die organisierte Küche

✱ Küchenschränke mit System

Damit in den Küchenschränken kein Durcheinander von Schachteln, Tüten und Dosen entsteht, sammeln Sie flache, rechteckige Körbe oder Kartons, beispielsweise Schuhkartons. Reihen Sie die Behältnisse auf den Regalböden auf und verwenden Sie jeden nur für eine Sorte von Lebensmitteln – einen für Zucker, Honig und andere süße Sachen, einen für Backzutaten wie Mehl und Backpulver und so weiter. Sie können die Behältnisse passend zu den Farben Ihrer Küche bemalen oder bekleben. Auf jeden Fall sollten Sie sie beschriften, damit niemand Zucker und Salz verwechselt.

✱ Gewürze nach Themen

Chaos im Gewürzregal? Sortieren Sie Ihre Gewürze doch kulinarisch nach Länderküchen in niedrige Schachteln ein, z. B. Zigarrenschachteln. Schreiben Sie die Ländernamen darauf. Wenn Sie dann asiatisch kochen wollen, brauchen Sie nur die passende Schachtel mit Kreuzkümmel, Koriander und Chili herauszuholen, dann hat die Sucherei ein Ende.

✱ Neues Fach, weniger Mühe

Haben Sie es satt, immer erst Töpfe und Pfannen aus dem Schrank zu räumen, wenn Sie das Backblech brauchen? Besorgen Sie sich im Geschäft für Bürobedarf einen Stehsammler. In so einem Metallgestell können Sie Backbleche, Schneidebretter, Deckel und andere flache Utensilien stehend aufbewahren.

Gute Idee!

BESCHRIFTEN

Manche sind so begeistert von Beschriftungsgeräten, dass es an Sucht grenzt. Sie beschriften jedes Regal in Speisekammer und Wäscheschrank und sind versucht, sogar Haustiere und Kinder zu etikettieren …

Praktisch sind Beschriftungsgeräte für alle, die sich regelmäßig fragen: „In welche Kiste habe ich das nur gepackt?“ Es ist erstaunlich, wie viele Kartons bei Umzügen unbeschriftet bleiben. Wenn man dann mehrere Kisten durchwühlen muss, nur um den Dosenöffner zu finden, geht man womöglich lieber los und kauft einen neuen. Kisten und Kästen sollte man tatsächlich beschriften, selbst wenn man nicht umzieht. Das gilt auch für Videos, Aktenordner und andere Dinge, denen man ihren Inhalt von außen nicht ansieht. Etiketten verschaffen Überblick und helfen anderen Familienmitgliedern dabei, Dinge wieder an ihren entsprechenden Platz zu bringen.

Natürlich kann man den Computer hochfahren, um ein Etikett für Babyfotos, alte CDs oder Souvenirs aus San Francisco auszudrucken. Meist geht es aber schneller, ein Handgerät zu benutzen. Das kann selbstklebende Plastiketiketten in verschiedenen Schriftfarben ausdrucken.

✱ Beschichtung mit Zeitung schützen

Beschichtete Töpfe und Pfannen sind empfindlich und sollten nicht ineinandergestapelt werden, weil sie leicht verkratzen. Wenn Sie allerdings in jeden Topf ein Blatt Zeitungspapier legen, können Sie sie platzsparend stapeln und schonen die Beschichtung.

Pappröhren schützen vor scharfen Messerklingen.

✱ Scharfe Küchenmesser

Gute Küchenmesser müssen scharf sein. Darum sollten sie nicht lose im Picknickkorb oder Umzugskarton liegen. Sie könnten beim Auspacken in die Messerklinge greifen und sich verletzen. Die Klinge kann dabei aber auch stumpf werden. Machen Sie aus Pappröhren von Küchenpapierrollen Schutzhüllen für die Klingen. Einfach Röhre flach drücken, Ende umfalten und mit Klebeband fixieren. Klinge von der offenen Seite her einschieben. Für kleinere Messer genügen Röhren von Toilettenpapier.

✱ Deckel hochkant

Der Topf steht bereit, aber wo ist der verflixte Deckel? Es kann enorm frustrierend sein, in einem überfüllten Topfschrank wühlen zu müssen. Schrauben Sie eine gewöhnliche Handtuchstange an die Innenseite der Tür und klemmen Sie die Deckel dahinter. Der breitere Rand der Deckel verhindert, dass sie durchrutschen.

✱ Deckel für Vorratsdosen

Sie haben Tomatensauce auf Vorrat gekocht und wollen eine Portion einfrieren. Die passende Dose haben Sie gefunden, aber der Deckel ist verschollen. Damit das nicht mehr passiert, packen Sie sämtliche Deckel in Ihre größte Gefrierdose, dann sind in Zukunft alle beisammen.

✱ Edles Geschirr schützen

Wenn Sie gutes Geschirr im Schrank stapeln, legen Sie zwischen die Teller jeweils Pappteller, damit die Glasur nicht verkratzt. Für Schälchen und Untertassen haben Filtertüten das passende Format. Tassen stellen Sie am besten kopfüber nebeneinander. Ist nicht genug Platz im Schrank, montieren Sie ein beschichtetes Drahtgitter. Denken Sie jetzt, man könnte die Tassen doch auch an Haken unter ein Regal hängen? Gute Idee für Alltagsgeschirr, aber edlen Antiquitäten sollte man lieber nicht zumuten, dass das ganze Gewicht an dem zarten Tassenhenkel hängt.

✱ Schmieren hilft allenthalben

Moderne Schubladen haben meistens Metalllaufschienen, aber Schubladen älterer Küchenschränke laufen oft auf Holzleisten, die durch Staub und Schmutz schwergängig werden. Die Holzleisten mit Wasser und Seife säubern, trocknen lassen und alle Stellen, an denen Holz auf Holz trifft, mit Kerzenwachs einreiben. Abgenutzte Stellen in Holzleisten können mit Reißnägeln mit glattem Kopf ausgeglichen werden. So läuft alles wieder wie geschmiert.

✱ Vielzweckmöbel

Steht auf dem Dachboden noch ein alter Geschirrschrank? Dann holen Sie ihn in die Küche, wenn dort genug Platz ist. Anstelle von Großmutters gutem Geschirr verstauen Sie darin Gewürze, Messbecher, Backutensilien und andere Dinge, die in den Küchenschränken zu viel Platz wegnehmen. Auch alte Badschränke oder Garderoben können umfunktioniert werden.

✱ Hutschachteln, macht euch bereit!

Wenn Sie stapelweise Teller von wohlmeinenden Verwandten erben und es nicht über sich bringen, sie auf dem Flohmarkt zu verkaufen, quellen die Schränke schnell über. Leeren Sie alte Hutschachteln aus und stapeln Sie die Teller hinein. Papier oder Pappteller dazwischenlegen, dann die Hutschachteln beschriften und auf dem Dachboden oder im Keller unterbringen – bis zum nächsten Einsatz bei einer großen Familienfeier.

✱ Kleingeräte in durchsichtigen Plastikboxen

Chaos auf der Küchenarbeitsplatte? Lässt sich die Kaffeemühle nicht hinter der elektrischen Pfeffermühle herausziehen? In geräumigen Boxen aus durchsichtigem Plastik können selten benutzte Geräte ordentlich gesammelt werden und sind aus dem Weg – jedoch nicht aus den Augen.

Schon gewusst?

DIE ERFINDUNG DES PLASTIKS

Seit wann gibt es eigentlich Plastik? 1862 wurde auf der Weltausstellung in London das sogenannte „Parkesine“ vorgestellt, benannt nach seinem Erfinder, dem Briten Alexander Parkes. Das Produkt auf Zellulosebasis war das erste organische Material, das nach dem Erhitzen und Modellieren seine Form behielt. Sechs Jahre später stellte John Wesley Hyatt, Druckereibesitzer aus Albany im US-Staat New York, aus Kampfer und Nitrozellulose (Schießbaumwolle) unter Einwirkung von Druck und Hitze den ersten thermoplastischen Kunststoff her: das Zelluloid, das im frühen 20. Jh. Fotografie und Film entscheidend voranbrachte.

1907 kam der erste in großem Stil hergestellte Kunststoff auf den Markt: Bakelit. Das Phenol-Formaldehyd-Harz, perfektioniert in Yonkers im US-Staat New York durch den in Belgien geborenen Leo Hendrik Baekeland, wurde bald für die verschiedensten Zwecke eingesetzt: Telefone, Küchengeräte und Maschinenteile. Teflon kam 1937 auf den Markt, Nylon ein Jahr später. Mit der Entwicklung des Polyesters (1942) setzte ein Wandel der Textilindustrie ein.

Flüssigkristallpolymere und andere Kunststoffe unserer Zeit sind mit Parkes' Erfindung kaum zu vergleichen. Er hätte sich wohl auch nicht träumen lassen, dass 150 Jahre später „Flugmaschinen“ so selbstverständlich sein würden wie Pferdefuhrwerke – und dass sogar der Rumpf eines Flugzeugs aus Plastik bestünde: Die Boeing 737 Dreamliner wird aus demselben verstärkten Kunststoff produziert wie Schäfte von Golfschlägern.

✱ Trockenvorräte umpacken

Wenn Ihr Vorratsschrank überquillt, packen Sie Trockenprodukte um. Viele Hersteller füllen ihre Verpackungen nur zu zwei Dritteln (oder sogar nur halb), und wenn der Inhalt langsam verbraucht wird, bleibt die Packung immer gleich groß. Sie gewinnen viel Platz, wenn Sie Trockenprodukte in transparente, am besten rechteckige und stapelbare Behälter umfüllen. Beschriftung und Datum nicht vergessen! Ideal für Teebeutel, getrocknete Hülsenfrüchte, Reis, Nudeln, Frühstücksflocken und vieles mehr.

✱ Praktische Picknickbox

Sechserträger von Getränke-Literflaschen eignen sich auch zum Transport von Picknickutensilien von der Küche zum Auto und zum Picknickplatz. Plastikbesteck mit einem Gummiband bündeln und in ein Fach stecken. In die anderen passen aufgerollte Servietten, Salz- und Pfefferstreuer, Plastikflaschen mit Senf, Ketchup oder Remoulade und eine Dose Insektenspray.

✱ Spezieller Platz für Süßes

Erklären Sie eine Dose zur „Truhe der Süßigkeiten“ – je nachdem, ob Ihre Zöglinge schon selbstverantwortlich handeln oder nicht, stellen Sie sie in erreichbare Nähe oder in unerreichbare Ferne, damit sie sich nicht allein an der Truhe bedienen können!

✱ Rezepte-Ringbuch

Ein Karteikasten ist praktisch für die Rezeptsammlung, aber ein Ringbuch hat mehr Vorteile. Schieben Sie die Rezepte in transparente Hüllen mit Lochrand. Haben Sie ein Laminiergerät, können Sie Ihre einzelnen Zettel auch in Plastik einschweißen, damit sie nicht vergilben und vor Fettspritzern und Flecken geschützt sind. In einem Ringbuch kann man bequem blättern, wenn man ein Rezept für einen bestimmten Anlass sucht. Die Rezepte sind einzeln entnehmbar, und man kann einfach umsortieren. Ordnen Sie nach Kategorien und legen Sie ein Register an: Vorspeisen, Suppen und Salate, Fleisch, Geflügel, Fisch, Desserts etc.

✱ Rezepte scannen

Wer gern mit dem Computer hantiert, kann all die vergilbten Rezeptzettel scannen und in Ordnern und Unterordnern ablegen. So haben Sie jedes Rezept mit ein paar Mausklicks parat. Ordnen Sie beispielsweise nach Kategorien wie Weihnachtsmenü, kaltes Buffet, Lieblingsgerichte, schnelle Küche usw.

Eine andere Möglichkeit ist das Sortieren nach Zutaten, nach Länderküchen oder Jahreszeiten. In dieser Hinsicht sind Ihrer Fantasie keine Grenzen gesetzt. Am Computer lassen sich so ganze Rezeptsammlungen anlegen und auch nach Bedarf umsortieren.

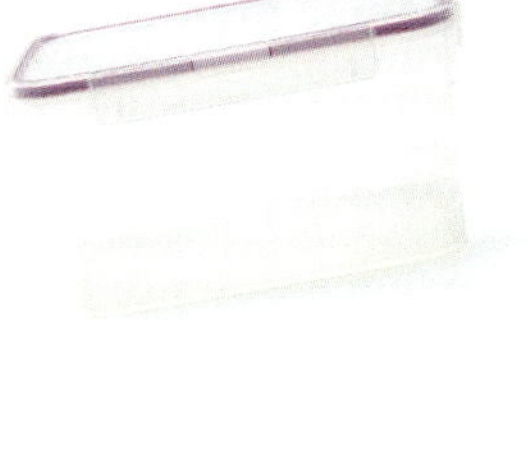

Tipp GROSSPACKUNGEN UMFÜLLEN

Wenn Sie Mehl, Zucker, Frühstücksflocken oder Nudeln in günstigen **Großverbraucherpackungen** kaufen, füllen Sie sie in große Behälter aus transparentem Plastik um. Mit Inhalt und Datum beschriftet, können sie auf einem Regal im Keller aufbewahrt werden und stehen nicht in der Küche im Weg.

Alles in Ordnung im Badezimmer

✱ Weniger ist mehr

Brauchen Sie für Ihren Dreipersonenhaushalt wirklich 18 Duschtücher, 12 Handtücher und 10 Waschlappen? Wie viele Flaschen und Tuben mit Kosmetika, Salben und Schmerztabletten drängeln sich in Fächern und Schubladen des Spiegelschranks? Sortieren Sie zuerst alles aus, was Sie nicht wirklich brauchen. Und dann verstauen Sie den Rest geschickt.

- Um Regalfläche zu gewinnen, schrauben Sie an die Innenseite der Badezimmertür drei oder vier Handtuchhalter. Das genügt für den Wochenvorrat an Handtüchern.
- Packen Sie wichtige Utensilien wie Pinzette, Nagelknipser, Schere, Wattestäbchen und Abschminkpads in einen transparenten, verschließbaren Plastikbeutel – griffbereit für die nächste Reise.

Gute Idee!

BROTDOSE ALS VERBANDSKASTEN

Ihr Sohn ist längst zu groß für seine Superman-Brotdose. Sie liegt auf dem Dachboden, ist aber noch in gutem Zustand? Dann geben Sie ihr eine zweite Chance. In so einer stabilen Metalldose lassen sich auch Pflaster, Verbandmaterial, Schere, Brandsalbe und Wunddesinfektion unterbringen.

Bewahren Sie die Dose im Badezimmerschrank auf, dann haben Sie immer alle Utensilien griffbereit, um den Junior zu verarzten, wenn er mit Schrammen und Kratzern vom Spielen nach Hause kommt.

✱ Mehr Regale!

Wenn Sie ein Fenster haben, bietet ein Regal aus Trägern, die man oben im Fensterrahmen einhängen kann, Platz für Handtücher und andere Utensilien. Selbst auf einer kleinen Wand ist Platz genug für ein Regal mit zwei oder drei Böden für Kleinkram aller Art. In die Unterseite kann man mehrere praktische Haken zum Aufhängen von feuchten Handtüchern schrauben.

✱ Pfiffig zweckentfremdet

Stellen Sie einen Garderobenständer ins Bad, dann haben auch große Duschtücher und Bademäntel endlich einen Platz.

Zum Aufbewahren von Handtüchern eignet sich ein Weinregal. Je nach Modell lassen sich darin 5 bis 10 aufgerollte Handtücher unterbringen. Stellen Sie es auf, wo sich Platz findet: auf dem Fußboden oder auch auf dem Schrank. So ein Regal schafft Stauraum und sieht obendrein originell aus.

✱ Hängekörbe

Hängekörbe mit mehreren Fächern sind eigentlich zum Aufbewahren von Obst und Gemüse gedacht, aber sie machen sich auch im Bad nützlich. In den größten passen aufgerollte Handtücher, in die kleineren Körperpflegeprodukte und andere Utensilien. Je weniger Bodenfläche Sie im Bad haben, desto geschickter sollten Sie den „Luftraum“ ausnutzen.

Eine alte Brotdose ist groß genug für Verbandsmaterial.

* Körperpflege zum Mitnehmen

Eine pfiffige Idee für eine große Familie mit wenig Platz im Badezimmer: Stellen Sie ins Zimmer jedes Familienmitglieds einen kleinen Weidenkorb mit den wichtigsten Dingen für die Körperpflege. Dann kann jeder das, was er braucht, mit ins Bad nehmen und danach wieder heraus.

Streichen Sie jeden Korb in einer anderen Farbe. Packen Sie in Papas Korb seine Lieblingszahncreme, Rasierschaum und Rasierer, in Mamas Korb Kosmetika und Haarpflegeprodukte usw. Alles, was seinen Platz in den Körben hat, steht künftig nicht mehr im Bad herum.

* Medikamente raus aus dem Bad

Wenn Sie verschreibungspflichtige und rezeptfreie Medikamente aus dem Bad räumen, gewinnen Sie nicht nur Platz in einem der kleinsten Räume der Wohnung. Wärme und hohe Luftfeuchtigkeit können Haltbarkeit und Wirksamkeit von Medikamenten negativ beeinflussen. Packen Sie alles in eine Plastikbox mit Deckel oder einen Schuhkarton und bringen Sie die Hausapotheke an einem kühlen, trockenen Platz unter – selbstverständlich außer Reichweite kleiner Kinder.

* Magnetleiste

Eine Magnetleiste, wie man sie für Messer in der Küche anbringt, ist im Bad ein praktischer Halter für Nagelknipser, Pinzette, eine kleine Schere und andere Dinge aus Metall. So ist Schluss mit dem hektischen Wühlen in der Schublade, und der Platz an der Wand wird sinnvoll genutzt!

* Friseurkiste für Damen

Suchen Sie einen handlichen Kasten mit Verschluss und vielen Fächern, etwa einen kleinen Werkzeug- oder Angelkoffer. Darin kann man alle Haarspangen, -bänder und -nadeln aufbewahren. So gelingt es einfach, Ordnung im Haarschmuck zu halten, ohne Verheddern und Verknoten.

Alles am Platz in Garage und Werkstatt

✱ Magische Magnete

Weil Dinge aus Metall gut an Magneten halten, ist es kein Wunder, dass Heimwerker sie so anziehend finden. Gerade in der Werkstatt kann man sie gut gebrauchen.

- Befestigen Sie einen großen, runden Magneten an der Wand über der Arbeitsfläche (oder an der Decke). So lässt sich verhindern, dass kleine Metallteile mitten bei einer Reparaturarbeit verloren gehen.
- Wenn Sie mit Stahlwolle arbeiten, wickeln Sie einen schmalen Stabmagneten in die Mitte. Dann rieseln Stahlfäden, die sich bei der Arbeit lösen, nicht auf die Werkbank.
- Legen Sie kleine, runde Magnete in Dosen und Schachteln mit Schrauben und Nägeln. Falls ein Behälter versehentlich umkippt, wird der Inhalt trotzdem nicht verstreut.

Gute Idee!

LEISTEN UND LATTEN CLEVER VERSTAUT

Latten, Leisten und Bretter, die lose in der Werkstatt liegen, können sich verziehen und sind Stolperfallen. Eine alte Holzleiter schafft Abhilfe. Die Leiter waagrecht, parallel zum Boden, mit Winkeleisen an einem der Holme an der Wand befestigen. Den „frei stehenden" Holm an beiden Enden durch festgeschraubte Holzbalken stützen, die fest auf dem Boden stehen. Die Holzvorräte zwischen die Sprossen stellen. Kleine Mengen an Leisten kann man auch in eine alte Golftasche oder in die Hosenbeine von alten Jeans stecken.

Magnete schaffen Ordnung in der Werkstatt.

Das Einwickeln mit Alufolie hält Rost von Werkzeug fern.

- Mit einem Stabmagneten in einem Gefrierbeutel lassen sich verstreute Schrauben, Muttern oder Nägel leicht aufheben. Selbst Eisenfeilspäne kann man damit aufnehmen. Die Metallteile bleiben an der Außenseite des Beutels hängen. Dann den Beutel einfach umkrempeln, und die Kleinteile liegen innen.
- Magnetisieren Sie die Spitze eines Schraubenziehers durch mehrmaliges Streichen über einen Hufeisenmagneten.
- Befestigen Sie einige Stabmagnete mit Heißkleber im Werkzeugkasten oder der Schublade unter der Werkbank, um die wichtigsten Metallwerkzeuge griffbereit zu haben.

✱ Kein Rost auf dem Werkzeug

Wenn Sie Werkzeug in einer nicht ganz trockenen Garage aufbewahren, reiben Sie das Metall dünn mit Vaseline oder Autowachs ein, um es vor Rost zu schützen. Selten benutztes Werkzeug können Sie auch mit einem Silikonöl einsprühen und in Alufolie wickeln. Vor der nächsten Benutzung wischen Sie es kurz mit einem weichen Lappen ab.

✱ Verlängerungskabel aufhängen

Verlängerungskabel auf dem Boden sind gefährliche Stolperfallen, außerdem behindern sie die Bewegungsfreiheit und können sich verheddern.

Schrauben Sie einfach mehrere große Fahrradhalterungen an die Decke und ziehen Sie die Kabel durch die Schlaufen, und schon ist der Kabelsalat vom Fußboden verschwunden.

✱ Improvisierte Zwingen

Stabile Spanngummis und Spanngurte, mit denen Möbel- und Geräteverpackungen gesichert werden, tun anschließend gute Dienste, wenn bei Reparaturarbeiten ein Extrapaar Hände zum Festhalten fehlt. Im Gegensatz zu Zwingen lassen sie sich zwar nicht verstellen, aber man kann mehrere Spanngummis zusammenhaken, um sie zu verlängern, oder durch mehrmaliges Wickeln verkürzen.

✱ Dachrinnen für drinnen

Wer sagt, dass Dachrinnen immer am Dach hängen müssen? In der Werkstatt eignen sie sich als preiswerte, stabile Aufbewahrung für Leisten, Dübelhölzer oder dünne PVC-Rohre. Die Rinneisen (Rinnenhalter) an die Wand schrauben und die Dachrinnen einhängen. Sie können auch einige Rinneisen einzeln anbringen und daran Draht, Verlängerungskabel oder Schläuche ordentlich aufhängen.

✱ Hängematte in der Garage

Mit einer Hängematte oder einem Fischernetz, die Sie zwischen zwei Garagenbalken aufhängen können, lässt sich der Platz über dem Auto gut ausnutzen, beispielsweise für aufgerollte Teppichläufer, Fußbälle oder die Yogamatte. Das schafft wieder mehr Platz auf dem Fußboden, und die Bälle rollen nicht herum.

✱ Der richtige Platz für Arbeitsbrillen

Arbeitsbrillen zum Schutz der Augen, z. B. beim Schweißen oder Sägen, passen nicht in ein herkömmliches Brillenetui. Da man sie nicht oft benutzt, liegen sie die meiste Zeit lose zwischen anderen Werkzeugen in einer Kiste oder Schublade. Damit Sie noch länger einen Durchblick ohne Kratzer haben, stecken Sie die Brillen in eine alte Socke oder Strumpfhose. So bleiben sie geschützt – zu Ihrer eigenen Sicherheit.

Gute Idee!

ZWECKENTFREMDEN UND UMFUNKTIONIEREN

Täglich werfen wir eine Menge Dinge in die Mülltonne, die man gut gebrauchen könnte, um Ordnung in der Werkstatt zu schaffen.

- Leere Film- und Pillendöschen, Schraubgläser, Kaffeedosen und durchsichtige Kappen von CD-Spindeln sind praktisch für Nägel, Schrauben und dergleichen.
- Eine alte Eiswürfel- oder Muffinform taugt auch als Sortierbehälter für Beilagscheiben, Muttern, Krampen oder Dichtungsringe.
- Wenn Sie etwas zerlegen, legen Sie die Einzelteile in der Reihenfolge, in der sie abmontiert werden, in nummerierte Fächer eines Eierkartons.
- Papprollen von Küchenpapier, Geschenkpapier und Toilettenpapier eignen sich zum Aufwickeln von Schnur oder zum Verstauen von Dübeln.
- Kleben Sie ein Stück stabile Pappe auf die Unterseite eines Hochlochziegels (die Sorte mit vielen senkrechten Löchern) – fertig ist ein Aufbewahrungsort für Feilen, Pinsel, Cutter und andere schmale Werkzeuge.
- Bringen Sie neben der Werkbank ein dickes Stück Styropor an: sehr praktisch als „Nadelkissen" für Bits, Schraubenzieher, Stifte, Körner, Schlüssel und anderes Werkzeug.

Arbeitszimmer

✱ Der wichtigste Aufbewahrungsplatz

Vergessen Sie Schubladeneinsätze für den Schreibtisch oder teure Einbauregale. Der wichtigste Aufbewahrungsplatz am Schreibtisch ist die Festplatte Ihres Computers. Adressenverzeichnis, Geburtstags- und Terminkalender, Visitenkarten und natürlich die Fotos Ihrer Kinder – alles, was auf dem Schreibtisch herumliegt, ist perfekt geordnet und immer griffbereit, wenn Sie es digitalisieren. Darüber hinaus haben Sie die Informationen immer noch, falls Sie das ein oder andere Büchlein verlieren sollten.

✱ Akten unter dem Besprechungstisch

Nutzen Sie einen Metallaktenschrank oder ein altes Nachtschränkchen auf doppelte Weise. Schrauben Sie eine 9 mm dicke Sperrholzplatte auf der Oberseite des Schranks fest und verbergen Sie ihn unter einem Tischtuch, das fast bis zum Fußboden reicht. An diesem Tischchen können 2 oder 3 Personen sitzen oder Getränke und Kekse bereitgestellt werden. Bringen Sie in dem Schrank selbst Papiere unter, die Sie nur selten brauchen, damit Sie nur alle Jubeljahre einmal unter den Tisch kriechen müssen.

✱ Geheimer Aktenschrank

Keine Spionageaffäre – nur ein Aktenschrank, dem man seinen Inhalt nicht ansieht. Wie soll das gehen? Mit einer rechteckigen Korbtruhe mit Deckel, wie man sie eher im Wohnzimmer als am Arbeitsplatz erwarten würde. In einer Truhe von etwa 45 x 45 x 22 cm finden ein Ordner, einige Schnellhefter und Dokumentenmappen Platz, die nicht mehr ins Regal passen. Neben oder unter dem Schreibtisch sieht so eine Truhe obendrein noch überaus dekorativ aus und schützt den Inhalt vor dem Einstauben.

✱ Wichtiges in den Tresor

In einem kleinen, feuerfesten Tresor auf einem Regal oder Schrank sind Geburtsurkunden, Stammbuch, Ausweispapiere und Versicherungsdokumente sicher verwahrt. Zwar aus den Augen, aber nicht aus dem Sinn.

✱ So bleibt der Schredder scharf

Um eine Schere zu schärfen, soll man Aluminiumfolie schneiden. Derselbe Trick funktioniert auch für den Aktenvernichter. Legen Sie zwei Lagen feste Alufolie zwischen Papierbogen (damit das Päckchen leichter eingezogen wird). In den Zuführungsschlitz stecken, einschalten – und im Nu sind die Messer wieder scharf.

✱ Die inneren Werte nutzen

Werfen Sie alte Aktenordner, die außen nicht mehr ansehlich sind, nicht in den Müll. Ihr Innenleben könnte noch nutzbar sein. Lösen Sie die Schließmechanik von den Ordnerdeckeln ab. Nehmen Sie ein Holzbrett mit ungefähr 29 cm Breite und 32 cm Höhe und schrauben Sie am Rand einer Längsseite den Schließmechanismus mittig darauf. Lochen Sie Papierseiten und heften Sie sie ein. Dieses stabile Brett eignet sich hervorragend als Notizblock bei Sitzungen und Konfrenzen. Oder Sie bohren rechts und links der Schließmechanik zwei Löcher, um das Notizbrett an die Wand zu montieren.

✱ Ablegen im Stehen

Wahrscheinlich liegen bei Ihnen kleine Papiere wie Briefe und Eintrittskarten auf dem Schreibtisch. Tatsächlich ist es aber praktisch und platzsparend, diese kleinformatigen Dokumente stehend aufzubewahren. Wie denn? Einfach mit einem Spielzeug aus dem Kinderzimmer, dem

Tipps zum Verpacken, Versenden und Umziehen

Manche Dinge haben Sie zugeschickt bekommen, und das Verpackungsmaterial steht noch herum. Andererseits möchten Sie etwas verschicken, vielleicht die selbst gemachte Marmelade an den studierenden Sohn. So klappt das Verpacken und Versenden:

Raschelfreies Füllmaterial

Normalerweise zerknüllt man Zeitungspapier, wenn man etwas in einem Karton verpacken will. Wurde das Altpapier gerade abgeholt? Dann greifen Sie zu anderen Mitteln, die Sie vermutlich im Haus haben:

- Plastikeinkaufstüten
- Papiereinkaufstüten
- Plastikhüllen aus der Reinigung
- Papierstreifen aus dem Aktenvernichter
- Verschlissene T-Shirts

Das Material fürs nächste Mal in Tüten gepackt in Garage oder Keller verstauen, damit es keinen Platz im Schrank wegnimmt.

Bio-Verpackung

Sind bei der letzten Geburtstagsfeier noch Popcornreste übrig geblieben? Fettfreies Popcorn ist ein ideales Verpackungsmaterial: leicht, flexibel und kompostierbar.

Handtücher für Zerbrechliches

Ihre Tochter studiert am anderen Ende der Republik, und Sie möchten ihr ein Paket schicken? Verwenden Sie zum Polstern und Verpacken doch etwas Brauchbares – z. B. einige Handtücher oder Geschirrtücher. Sie schützen zerbrechlichen Paketinhalt und sind nebenbei noch ein nettes Geschenk.

Anhängliches Styropor

Styroporchips, die mit Versandhauslieferungen manchmal ins Haus flattern, bleiben oft an den Händen kleben. Das lässt sich vermeiden, wenn man die Hände vor dem Auspacken mit einem Trockentuch abreibt.

„Slinky“. Legen Sie diese Metallspirale auf den Schreibtisch und stecken Sie die Zettel, Kärtchen und Notizen zwischen die Windungen, schon herrscht Ordnung.

✱ Ansehnliche Pinnwand

Eine Pinnwand voller Zettel und Umschläge sieht nicht besonders dekorativ aus. Hübscher wird die „Schnellablage“, wenn Sie die Platte mit Filz bespannen und Notizen mit Bändern befestigen. Schneiden Sie aus Filz in einer Farbe Ihrer Wahl ein Stück zu, das 10–12 cm größer ist als die Pinnwand. Den Filz straff über die Vorderseite spannen und auf der Rückseite mit dem Tacker befestigen. Die Bänder mit Polsternägeln anbringen. Sie müssen straff gespannt sein, damit Papier, das dahintergeschoben wird, nicht herausfallen kann. Wer möchte, bringt die Bänder in einem Karomuster – gerade oder diagonal – an. Dahinter lassen sich Notizen verstauen, und Sie haben einen schönen Blickfang in Ihrem Arbeitszimmer.

✱ Büro im Schrank

Wie bringt man in einer kleinen Wohnung einen Arbeitsplatz unter? Bauen Sie einen Garderobenschrank um! Hängen Sie die Türen aus und montieren Sie in bequemer Höhe eine Arbeitsplatte zwischen den Seitenwänden. Die oberen Regalfächer sind praktisch für Lexika, Schreibwaren, den Laptop und andere Dinge, die man gelegentlich braucht. Unter die Platte passt ein kleiner Aktencontainer. Nun fehlt nur noch eine Lampe, und Sie können mit Ihrer Büroarbeit beginnen.

✱ Visitenkarten-Album

Ein kleines Fotoalbum tut auch für Visitenkarten gute Dienste. Schieben Sie einfach 1 oder 2 Karten in jede der Klarsichthüllen. Alternativ können Sie gelochte Prospekthüllen und ein kleines Ringbuch verwenden. Vorbei sind die Zeiten, als Sie in Bergen kleiner Kärtchen wühlen mussten. Zudem bleiben die Karten gut in Form und vergilben nicht so schnell.

Tipp DEN ANSPITZER VERLEGT?

Bleistifte kann man auch mit einem **Sparschäler** anspitzen. Als Notbehelf ist dieses Küchenwerkzeug wesentlich besser geeignet als ein normales Küchenmesser.

Wohin mit der Deko?

✱ Lichterketten ohne Knoten

Lichterketten in Bäumen oder am Kaminsims gehören zur Adventszeit einfach dazu. Und selbstverständlich ist man jedes Jahr vor dem Aufhängen der Lichterketten erst einmal damit beschäftigt, sie zu entknoten. Es sei denn, Sie haben eine leere Kaffeedose mit Deckel.

Zuerst schneiden Sie mit einem scharfen Messer eine Kerbe in den Deckel und klemmen ein Ende der Lichterkette hinein. Die Kette um die Dose wickeln und das Ende mit Klebestreifen fixieren, damit es sich nicht abrollt. Ersatzbirnen und ein Verlängerungskabel in die Dose packen und den Deckel aufsetzen. Vorbei sind die Zeiten von Knoten und verlegtem Zubehör.

✱ Extraplatz für Empfindliches

Weihnachtsschmuck gibt es in allen Ausführungen – von robusten Holzfiguren bis zu zarten Glasvögeln. Die Letzteren und ihre Artgenossen müssen sehr behutsam behandelt werden. Am besten in Seidenpapier wickeln, in verschließbare Plastikbeutel legen und erst dann mit anderem Schmuck zusammen verpacken. In der Weihnachtskiste müssen sie ganz oben liegen, damit sie keinen Schaden nehmen, wenn Sie die Kiste im folgenden Jahr wieder hervorholen.

✱ Wohin mit großen Teilen?

Der Nikolaus für den Garten ist meist nicht aufblasbar. Wie sein Schlitten und das Rentier besteht er aus Hartkunststoff – da gibt es kein Schrumpfen oder Luftherauslassen. Solche Dekorationen können jeden, der nicht wirklich viel Platz hat, vor Stauraumprobleme stellen. Vielleicht passt auch die eine oder andere Figur in einen Kleidersack, den Sie an einen Balken auf dem Dachboden oder im Keller hängen können. Denkbar ist auch, eine Hängematte zwischen zwei Dachbalken zu spannen und die verpackten Figuren darin platzsparend zu lagern.

✱ Schleifen sammeln

Haben Sie ein größeres, leeres Glas übrig? Wenn es hoch genug ist und einen Deckel hat, können Sie darin selbstklebende Schleifen sammeln. Wenn die Zeit des Verpackens naht, haben Sie schnell einen Überblick über den Fundus.

✱ Kerzen richtig lagern

Lagert man Kerzen zu warm, können sie sich verformen. Und an schiefen Kerzen haben nur Leute Freude, die sie einschmelzen und neue daraus gießen. Bewahren Sie Kerzen an einem Ort auf, an dem es rund ums Jahr nicht wärmer als 23 °C wird – eventuell im Keller oder in einem Einbauschrank. Die Kerzen einzeln in Seidenpapier wickeln und in einen Plastik- oder Pappkasten legen. Auch leere Papprollen oder Röhren von Kartoffelchips lassen sich dafür zweckentfremden.

✱ Zweite Chance für Geschenkpapier

Werfen Sie schönes Geschenkpapier, das beim Auswickeln der Päckchen übrig bleibt, nicht einfach weg. Benutzen Sie es, um nach dem Fest den Baumschmuck darin zu verpacken, damit er nicht verkratzt. Oder machen Sie Ihrer Katze eine Freude.

- Wickeln Sie Christbaumkugeln und Baumschmuck einzeln in Geschenkpapier, ehe Sie sie in die Weihnachtskiste legen. Sie können die Teile auch nach Typ oder Farbe sortieren. Die Kiste entsprechend beschriften.
- Zerkleinern Sie das Papier mit einem Schredder und verwenden Sie es als Füllmaterial zwischen den Dekorationsartikeln.

✱ Verschenken statt wegwerfen

Alte Kleider, Möbel, Kleingeräte, Spielsachen und andere Dinge möchte man manchmal „einfach loswerden". Menschen, denen es finanziell schlechtergeht, könnten aber vielleicht noch Verwendung dafür haben. Textilien kann man den Kleiderkammern des Roten Kreuzes spenden, Sozialkaufhäuser nehmen fast alles gern entgegen, was noch in brauchbarem Zustand ist. Auch Kirchengemeinden und andere gemeinnützige Organisationen sind oft dankbar für Sachspenden.

Ein Karton mit kaum getragenen Schuhen oder ein Plastiksack mit Handtüchern oder Bettwäsche, die nicht mehr Ihrem Geschmack entsprechen, sind für andere Menschen ein Geschenk. Darum überlegen Sie zweimal, ehe Sie verwendbare Dinge in den Müllcontainer stecken. Wenn Sie Sachspenden nicht selbst abgeben können, informieren Sie sich über Sammeldienste, die die Spende direkt bei Ihnen zu Hause abholen.

Tipp KARTENKUNST

Basteln Sie gern? Dann sollten Sie **Ansichtskarten** als Bastelmaterial aufbewahren. Ausgeschnittene Kartenmotive eignen sich für Collagen oder abstrakte Kunstwerke, die es wert sind, gerahmt zu werden. Außerdem werden so die guten Wünsche von Freunden und Verwandten in ein schönes Erinnerungsstück verwandelt.

Girlanden – ganz einfach

Die Girlande mit künstlichen Tannenzweigen schmückte vorige Weihnachten so schön das Treppengeländer. Aber jetzt haben Sie vergessen, wie die verschieden langen Stücke zusammengehören. Und jetzt ahnen Sie schon, dass Sie Stunden damit zubringen werden, sie um das Geländer zu wickeln und wieder abzunehmen, bis endlich alles passt. Wenn Sie beim Verpacken drei einfache Schritte einplanen, wird sich dieses Problem künftig nicht mehr stellen.

1

Nummerieren Sie jede einzelne Girlande – aufsteigend vom ersten verwendeten Stück bis zum letzen Einzelteil.

2

Kennzeichnen Sie die Stellen, an denen die Girlanden festgebunden waren, mit Kabelbindern oder bunten Wollfäden.

3

Schreiben Sie ausdrücklich „Treppengirlande“ oder „Christbaumlichterkette“ auf die Kiste, um eine Verwechslung mit anderen Girlanden auszuschließen.

Dies und das

✱ Vor Feuchtigkeit schützen

Möbel und andere große Teile sind im Keller nicht optimal verstaut, weil es dort feucht sein kann. Wenn Sie für das gute alte Erbstück gar keinen anderen Platz haben, stellen Sie es auf eine Holzpalette, um es vor Feuchtigkeit zu schützen, und decken Sie es mit einer großen Plane ab.

Paletten bekommt man in Supermärkten und Baumärkten oft günstig oder umsonst. Alternativ legen Sie eine dicke Sperrholzplatte auf Mauersteine oder Betonziegel.

✱ Frische Luft auf dem Dachboden

Lagern Sie auf Ihrem Dachboden die dicke Winterkleidung und Kleidersäcke mit Smoking und Abendkleid? Dann sollte es dort nicht nach Dachboden riechen! Vertreiben Sie den muffigen Geruch mit Lavasteinen, wie man sie für manche Gasgrillgeräte benutzt. Die Steine in 4 oder 5 Netze füllen und an die Dachbalken hängen. Alle paar Monate die Steine 4–6 Stunden in die Sonne hängen, um sie zu reaktivieren. Wenn man die Lavasteine regelmäßig der Sonne aussetzt, behalten sie ihre Wirkung über Jahre.

✱ Der mobile Dusch-Butler

Man kann auf den ersten Blick erkennen, dass ein sogenannter Dusch-Butler mit mehreren Ablageflächen auch außerhalb der Dusche nützlich ist. Überall im Haus gibt es kleine Dinge zu verstauen – Wäscheklammern, Gartenutensilien, kleine Werkzeuge und mehr. Einfach den Butler an einen Türgriff oder einen stabilen Haken an die Decke der Garage, im Keller, in der Werkstatt oder im Gartenschuppen aufhängen, und schon entsteht neuer Stauraum für Kleinigkeiten aller Art.

✱ Streicheleinheiten für Gerahmtes

Bewahren Sie gerahmte Fotos und Bilder sorgfältig auf, damit sie lange halten. Denken Sie auch an die Kennzeichnung – ideal ist ein Foto vom „Gemälde" –, sodass auf der Verpackung erkennbar ist, was sich darin verbirgt. Ein Ausdruck eines Digitalfotos z. B. genügt völlig. Das Verpacken von Gemälden, gerahmten Drucken, Lithografien und Fotos kostet etwas Zeit, zahlt sich aber aus. Am besten schlagen Sie jedes Bild einzeln in säurefreies Packpapier ein und legen es dann zwischen zwei 0,5 cm dicke Styroporplatten von etwas größerem Format. Die Ecken und Kanten der Platten mehrmals mit Klebeband fixieren. Dann wiederum in säurefreies Packpapier wickeln und alle Nahtstellen gut zukleben. Zum Schluss das Foto des Inhalts außen anbringen.

Extratipp 1: Bilder aller Art keinesfalls in Plastik wickeln. Wenn sich darin Kondenswasser bildet, kann sich das Bild verformen oder sogar schimmeln.

Extratipp 2: Ziehen Sie beim Hantieren mit Ölbildern Baumwollhandschuhe an. Fette und Salze, die von der Haut auf Vorder- oder Rückseite des Bildes gelangen, können langfristig Risse und andere Schäden an der getrockneten Ölfarbe verursachen.

✱ Zeigt her eure Schnüre …

Nehmen wir an, Sie möchten dreierlei Schnur griffbereit haben: Juteschnur zum Bündeln des Altpapiers, Nylonschnur zum Anbinden von Pflanzen im Garten und farbige Schnur für Päckchen. Wie können Sie vermeiden, jedes Mal in Schubladen oder Werkzeugkästen zu kramen und die verschiedenen Schnüre zu entwirren? Beherzigen Sie diese Vorschläge:

- 3 Haken in Abständen von 15–20 cm an der Wand oder der Rückseite einer Tür anbringen. Durch jedes Schnurknäuel ein Stück Schnur ziehen (von derselben Rolle oder einer anderen) und die Enden miteinander verknoten. Dann die Knäuel einzeln an einen Haken hängen.
- Statt der Haken eignen sich auch Trichter aus der Küche, die groß genug für Schnurknäuel sind. Das Knäuel in den Trichter legen, das Ende durch die Tülle fädeln und den Trichter an einen Nagel in der Wand hängen. Schnell, einfach und praktisch.

✱ Digitale Auszüge

Wenn man seine Kontoauszüge nicht online abrufen kann und die Ausdrucke nicht sofort einheftet, wächst der Stapel schneller, als man „Dispozinsen" sagen kann. Was tun? Scannen Sie jeden Kontoauszug, der ankommt, sofort ein und speichern Sie ihn auf dem Computer. Dann haben Sie alle Informationen beisammen, und es liegt kein Papier herum. Ein weiterer Vorteil: Sie werden keine Probleme mit vergilbten oder verloren gegangenen Kontoauszügen haben. Denn auf Ihrem PC sind sie jederzeit griffbereit. Achten Sie darauf, dass Ihr PC mit den aktuellsten Sicherheitsprogrammen ausgerüstet ist, sonst können diese Daten ausspioniert werden.

✱ Etiketten umsonst

Manche Firmen verschicken mit ihrer Werbepost kleine Etiketten mit der Adresse des Empfängers. Sofern darin keine Fehler enthalten sind, können Sie die Schildchen getrost benutzen, etwa als Absender für Briefe, in Ihren Büchern, auf Werkzeug oder Sportsachen, die auch andere benutzen, oder auf der Rückseite Ihres Handys. Mit Klebeband können Sie solche Etiketten sogar auf Ihrem Schirm oder auf der Innenseite von Handschuhen befestigen. Bei Verlust weiß der Finder, wo er sie abgeben kann.

Schon gewusst?

WIRRE KNÄUEL – EINE WISSENSCHAFT FÜR SICH

Letztes Jahr haben Sie sich beim Verpacken der Weihnachtslichterketten große Mühe gegeben, damit sie sich nicht verheddern. Nun packen Sie sie aus – und haben wirre Knäuel vor sich. Finden Sie das auch verwirrend?

Keine Sorge, es liegt nicht an Ihnen, sondern an der Physik. Im Oktober 2007 haben Forscher der University of California in San Diego nachgewiesen, dass Schnüre sich von selbst verheddern, wenn sie bewegt werden. Physikprofessor Douglas Smith und sein Forschungsassistent Dorian Raymer behaupten, sie hätten eine mathematische Formel entdeckt, die erklärt, warum sich Schnüre so leicht verheddern. Zum Test haben sie Schnüre in Schachteln verpackt und geschüttelt. Etwa die Hälfte der Schnüre kam verknotet wieder zum Vorschein.

Im Dezember 2007 erklärte Professor Keith Devlin von der Stanford University in einer Sendung des National Public Radio (NPR) dieses Phänomen folgendermaßen:
„[Smith und Raymer] sind mit ihrem Projekt der Erklärung, warum sich Lichterketten oder iPod-Kopfhörer verheddern, einen großen Schritt näher gekommen. Wir wissen jetzt, dass in der Hälfte aller Fälle die Bildung solcher Knoten in den ersten 2–3 Sekunden des Schüttelns beginnt. Es kann also genügen, die Kiste mit Weihnachtsschmuck einfach nur die Treppe hochzutragen."

Die Knoten werden also nicht immer durch unordentliche Lagerung verursacht, sondern durch „geheimnisvolle" physikalische Kräfte.

Mit einer Wäscheleine wird Ihr Wohnzimmer zur Fotogalerie.

5 Verschönern Sie Ihr trautes Heim

Um Ihr Zuhause so zu gestalten, dass es Ihren Bedürfnissen, Ihrem Stil und Ihrem Budget entspricht, können Sie oft auf Dinge zurückgreifen, die Sie sowieso daheim haben. Haben Sie beispielsweise schon einmal Stoffe oder alte Glasflaschen weggeworfen, weil Sie einfach nicht wussten, was Sie damit anfangen sollten? Sie werden überrascht sein, wie einfach es ist, alle möglichen Einrichtungs- und Dekorationselemente aufzupeppen. Mit den praktischen Tipps dieses Kapitels bringen Sie frischen Wind in Ihr Zuhause, indem Sie Alltagsgegenstände wiederverwenden, umarbeiten oder zweckentfremden.

Veränderungen im Haus

✱ So machen es die Profis!

Versetzen Sie zunächst Ihre Wohnung in den „Rohzustand“. Auf diesen (etwas aufwendigen) Kniff greifen auch echte Raumausstatter zurück:

1. Entfernen Sie alles außer den Möbeln aus dem Zimmer: persönliche Dinge, Textilien (Vorhänge können Sie hängen lassen, wenn das Abnehmen Mühe bereitet), Kissen, kleine Teppiche, Lampen, Bilder, Fernseher & Co., Bücher und Zeitschriften.
2. Betrachten Sie das Zimmer jetzt. Sie werden deutlicher erkennen, was vorhanden ist und ob Sie damit zufrieden sind.

Vielleicht beschließen Sie nun, einzelne Möbelstücke umzustellen oder zu entfernen. Vielleicht benötigt das Zimmer nur einen neuen Anstrich oder einen anderen Fensterschmuck. Möglicherweise ist der ganze „Krimskrams“ schuld daran, dass ein hübsches Zimmer unordentlich oder überfüllt aussieht. Wenn ein Raum auf sein Grundgerüst reduziert ist, erkennen Sie neue Möglichkeiten und können das Zimmer verschönern – und das völlig kostenlos.

✱ Wäschekorb als Kissennest

Was tun, wenn die hübschen Zierkissen immer im Weg sind? Verwandeln Sie Ihren alten, geflochtenen Wäschekorb in einen Kissenhalter. Einen Plastikwäschekorb verkleiden Sie mit einem Laken: Stellen Sie den Korb auf das Laken und schlagen Sie die Seiten und Ecken in den Korb. Füllen Sie den Korb mit Kissen, und niemand wird merken, dass Sie ihn nicht in einem schicken Dekoladen gekauft haben.

✱ Neue Möbel aus überzähligen Stühlen

Meist hat man zu wenig kleine Stühle oder Ablageflächen, aber manchmal zu viele Stühle. Funktionieren Sie die überzähligen Stücke doch um. Am besten eignen sich ungepolsterte Stühle ohne Armlehnen und mit gerader Rückenlehne.

- Streichen Sie zwei unterschiedliche Stühle in derselben Farbe an, und schon haben Sie zwei hübsche „Nachttischchen“.
- Streichen Sie einen Stuhl mit Armlehnen und stellen Sie ihn als Ablage für Mützen, Taschen und Regenschirme in den Flur.

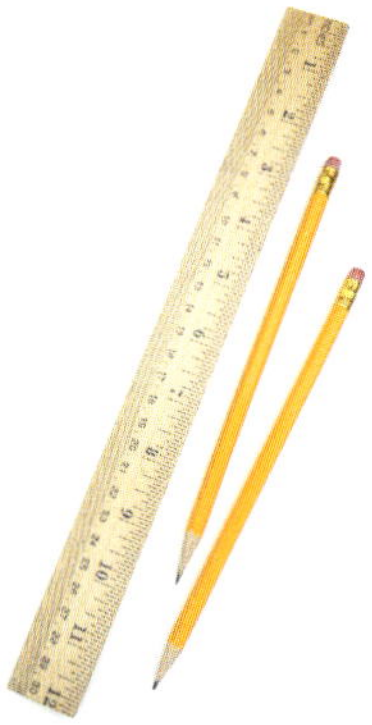

Tipp EINFACHE PLANUNG

Nutzen Sie die altbewährte Methode zur Planung der Einrichtung, die ohne Umstände, viel Geld und lästige Verkaufsgespräche auskommt: Gute Ideen, **Lineal**, **Bleistift**, Millimeterpapier, Bastelpapier und Bandmaß genügen.

Dieser alte Weidenkorb ergibt ein tolles Kissennest.

- Aus 2–3 Holzstühlen lässt sich ein Beistelltisch basteln; sie müssen nicht zusammenpassen, solange die Sitzflächen etwa die gleiche Höhe haben. Sägen Sie die Lehnen an der Sitzfläche ab und schmirgeln Sie sie gründlich glatt; entfernen Sie auch alle Verzierungen, die über die Sitzfläche hochragen. Überziehen Sie die Stühle zum Schutz gegen Flecken mit wasserfestem Lack. Nach dem Trocknen können Sie die Tischchen zu einem einzigartigen und praktischen Beistelltisch nebeneinanderstellen.

✱ Küchenmöbel umfunktioniert

Wenn Sie Ihre Küche renovieren, werfen Sie Ihre Küchenschränke nicht weg! Vielleicht können Sie sie woanders im Haus noch gebrauchen:

- Hängen Sie Küchenschränke ohne Türen als Regale in die Werkstatt oder den Schuppen.
- Hängen Sie zwei einzelne oder einen doppelten Hängeschrank (etwa 30 cm tief) als Spielzeug- und Kleiderschränkchen ins Kinderzimmer oder als Garderobenschrank in den Flur, um Sommer- oder Winteraccessoires darin aufzubewahren.
- Schrauben Sie Rollen an einen Unterschrank, und Sie haben einen mobilen Wäschekorb.
- Aus mehreren Unterschränken und einer glatten alten Tür als Arbeitsplatte lässt sich ein Tisch für die Werkstatt bauen.
- Stapeln Sie 2 Hängeschränke zu einem pfiffigen Aufbewahrungsort für Näh- und Bastelmaterialien.

✱ Orientierung schaffen!

Der Blickfang eines Raumes bildet den Fixpunkt eines Zimmers und prägt den ersten Eindruck. Zimmer ohne eindeutigen Blickfang erscheinen oft langweilig oder unaufgeräumt, gleichgültig, wie hochwertig die Möbel sind. Wenn Sie einem öden Zimmer schnell und kostengünstig eine schöne Atmosphäre verleihen möchten, benutzen Sie dazu am besten bereits Vorhandenes. Bestimmen Sie, wo das natürliche Zentrum der Aufmerksamkeit liegt, und suchen Sie dann in Wandschränken und auf dem Dachboden nach weggeräumten oder vergessenen Dekoartikeln.

- Leuchtend bunte Zierkissen werten jedes unscheinbare Bett auf.
- Hängen Sie den schönen Seidenschal oder das Spitzentuch, die Sie seit Jahren nicht mehr getragen haben, in einem Bilderrahmen über das Bett.
- Entrümpeln Sie das Zimmer, um den Blick auf einen bestimmten Punkt zu lenken: Denken Sie daran, dass weniger oft mehr ist – tauschen Sie also die Dekoartikel lieber häufiger aus, als immer all Ihre Schätze gleichzeitig zur Schau zustellen.

* Regale aus Bordmitteln

Bevor Sie viel Geld für neue Regale ausgeben, sehen Sie sich erst einmal um: Was ist mit den nie benutzten Holztabletts, den flachen Schubladen aus der alten Kommode oder dem alten Schreibtisch? Oder mit den robusten Postkörben, die im Büro gerade jemand wegwerfen wollte? Vielleicht lassen sich aus den bunten Schubladenfronten einer alten Wickelkommode ja lustige Regalbretter für eines Ihrer Kinder machen? Welche Träger, Dübel und Schrauben Sie zum Anbringen eines solchen Behelfsregals brauchen, hängt von dessen Größe und Gewicht ab, also nehmen Sie Ihr „Regal" mit in ein gutes Eisenwarengeschäft oder einen Baumarkt und lassen Sie sich dort beraten. Wenn Sie etwas Schweres auf das Regalbrett stellen wollen, etwa Bücher, befestigen Sie es am besten nicht an einer Rigipswand.

Gute Idee!

EIN HAUCH VON ORIGINALITÄT

An Kühlschranktüren hängen heute oft mehr Magnete, als der Tausendfüßer Beine hat. Zwar ist diese magnetische Pinnwand mit Notizen, Fotos, Speisekarten vom Lieferservice und vielen anderen Dingen ein Segen für viel beschäftigte Familien, aber gelegentliches Entrümpeln tut ihr gut.

Und dann ist Raum für die personalisierte Variante langweiliger Magnete: Kleben Sie beispielsweise mit der Heißklebepistole auf kleine Magneten aus dem Bastelgeschäft Erinnerungs- und Fundstücke wie Muscheln, Ohrclips (die Clips vorher entfernen), Anstecknadeln, glatte und flache Bachkiesel oder ungewöhnliche Knöpfe.

* Neue Aufgaben für alte Fensterläden

Werfen Sie ausrangierte Fensterläden mit Lamellen nicht weg, solange Sie nicht neue Einsatzmöglichkeiten dafür erwogen haben. Mit Scharnieren lassen sich drei oder mehr Fensterläden zu schönen und gleichzeitig praktischen Wandschirmen für drinnen und draußen verbinden. Große Fensterläden oder Lamellentüren ergeben einen hübschen Paravent, der das Schlafzimmer optisch unterteilt oder auf der Terrasse bzw. im Garten Schatten spendet. Oder versehen Sie ein einfaches Bett mit einem attraktiven Kopfende, indem Sie eine Platte aus Fensterläden mit Scharnieren an der Wand dahinter befestigen. Wenn es in Ihrer Wohnung eine Ecke gibt, die seltsam leer wirkt, stellen Sie einen dekorativen hohen Wandschirm aus Lamellentüren auf.

Schwung durch Farbe

✱ Farbreste nicht wegwerfen

Wenn Sie das nächste Mal renovieren, werden Sie froh sein, dass Sie Ihre halb leeren Farbdosen vom letzten Mal nicht weggeworfen haben. Sie sind noch gut für Farbproben zu gebrauchen – oder auch zum

- Ausbessern von Kerben und Kratzern an gestrichenen Wänden
- Aufarbeiten oder Ausbessern alter Möbelstücke und Wohnaccessoires
- Streichen von Schränken oder Speisekammer
- Streichen der Innenseite eines kleinen Schranks
- Abtönen anderer Farben in der Wischtechnik
- Aufbringen mehrfarbiger Verzierungen
- Übermalen von Schablonen
- Anstreichen von Leisten und Profilen an Möbeln, Bilderrahmen usw.

Füllen Sie Farbreste in Behälter mit großer Öffnung um, etwa in saubere Marmeladengläser. Versehen Sie die Behälter mit Etiketten, auf denen Sie Farbton, Art der Farbe und Hersteller vermerken. Luft und Feuchtigkeit sind natürliche Feinde aller Farben – achten Sie auf dicht schließende Deckel. Über Farben auf Ölbasis bildet sich von selbst eine schützende Haut. Bei Latex- oder Dispersionsfarben auf Wasserbasis legen Sie ein Stück Klarsichtfolie auf die Farbe, bevor Sie den Deckel schließen. Lagern Sie Farbreste stets an einem kühlen, trockenen Ort ohne direkte Sonneneinstrahlung.

Schon gewusst?

„VERKLEIDUNG" FÜR DIE WÄNDE

Der Vorläufer der Tapete war der Teppich – genauer gesagt, der Wandteppich aus dem Orient. Damit schmückten die Herrscher auch in Europa ihre Wände. Im 11. Jh. führten die Mauren dann die geprägte und zum Teil vergoldete, aber dennoch preiswertere Ledertapete in Spanien ein. Auch Wandbehänge aus Stoff oder Seide waren beliebt.

Erst im 16. Jh. gelangten handbemalte Papiertapeten aus China nach Europa. Das älteste bekannte Beispiel stammt von 1509 und befindet sich im Christ's College im englischen Cambridge; es besteht aus ausgemusterten Dokumenten, deren Rückseite schwarz-weiß bedruckt wurde. In einem Bürgerhaus im fränkischen Bad Windsheim fand man zudem bei Restaurierungsarbeiten sogenannte Fladerpapiere aus der Zeit von 1580 bis 1600. Ab dem 17. Jh. wurden in Europa Papiertapeten in größerem Rahmen hergestellt und zunächst noch von Hand bemalt bzw. bedruckt. Im 18. Jh. übertrug man schließlich das Stoffdruckverfahren auf Papier – der Beginn der Tapete, wie wir sie heute kennen ...

✱ Regalen Tiefe vermitteln

Am einfachsten verleiht man einem Regal oder einem eingebauten Bücherschrank Tiefe, indem man das Innere streicht oder tapeziert – so lassen sich auch Tapeten- und Farbreste gut verwerten. Dunklere Farben treten optisch nach hinten und lassen das Regal oder den Bücherschrank tiefer wirken. Die gleiche Wirkung erzielen Sie, wenn Sie eine einfarbige oder dezent gemusterte Tapete verwenden.

Antik-Look für Möbel

Ihnen gefallen Möbel im abgenutzten „Shabby-Chic"-Stil, aber Sie möchten die exorbitant hohen Preise dafür nicht bezahlen? Dann imitieren Sie den Stil doch mithilfe einer einfachen Haushaltskerze. Gestalten Sie jedes beliebige Möbelstück aus Holz (neu oder alt), das Sie ohnehin neu streichen wollten.

1

Das Möbelstück zunächst mit einer Farbgrundierung behandeln (die sozusagen die Ursprungsfarbe darstellt) und diese Grundierung vollkommen trocknen lassen.

2

Eine weiße Kerze kräftig über Kanten und Ecken, Knäufe und Griffe, Armlehnen etc. reiben – überall, wo der Lack durch häufigen Gebrauch abgenutzt wäre. Wachs großzügig auftragen, entstehende Späne jedoch mit dem Pinsel entfernen.

3

Nun das Möbelstück mit einer Schicht in der Hauptfarbe versehen; sie haftet nicht am Wachs. Falls eine zweite Farbschicht nötig ist – etwa beim Auftragen von heller über einer dunkleren Farbe –, vorher noch einmal Wachs auf die farbfreien Stellen reiben.

4

Wenn das Möbelstück vollkommen trocken ist, das Wachs mit einem weichen, in warmes Wasser getauchten Baumwolltuch durch vorsichtiges Reiben entfernen.

✱ Wände durch farbige Bordüren aufwerten

Wenn Sie Farbe übrig haben, können Sie einzelne Räume auch mit neuen Bordüren versehen, die Sie an die Wand malen. Das geht ganz einfach mit einer Schablone, die Sie entweder kaufen oder nach Ihrem eigenen Geschmack selbst herstellen. Besonders pfiffig wirkt es, wenn Sie eine Farbe verwenden, die auch noch woanders im Zimmer vorkommt – etwa in den Vorhängen oder in einem Bilderrahmen, der an der Wand hängt.

✱ Tapeten: Wischtechnik statt Abreißen

Wenn Ihre Tapete aus der Mode gekommen ist, Sie sich jedoch das Entfernen ersparen möchten, können Sie mit einer Lasur Farben verändern und Muster dämpfen. Das macht weniger Dreck und geht viel schneller – und vielleicht haben Sie die wichtigsten Materialien schon im Haus: weiße Dispersionsfarbe für Innenräume, Lasur auf Wasserbasis, Wasser und etwas Abtönfarbe. Am besten suchen Sie sich noch einen Helfer – das Auftragen erfordert eine gewisse Koordination, geht aber sehr schnell.

1. Zunächst 1 Teil weiße Dispersionsfarbe mit 1 Teil Lasur mischen. Mit Wasser verdünnen, die Mischung auf einem Tapetenrest oder an einer unauffälligen Stelle der Wand testen. Ist die Lasur zu stark, mehr Wasser zufügen und erneut testen. (Die fertige Mischung kann bis zur Hälfte aus Wasser bestehen.)
2. Wenn das Verhältnis stimmt, die Mischung mit einem fusselfreien Tuch in kreisenden Bewegungen auf die Tapete auftragen – so, als wollten Sie die Wand säubern. Arbeiten Sie abschnittweise und rasch, da die Lasur schnell trocknet.
3. In den Ecken und an den Kanten die Lasur mit dem Pinsel auftragen; die Pinselstriche durch Betupfen mit einem Tuch verwischen.

✱ Nehmen Sie eine alte Leiter und …

… schenken Sie ihr ein zweites Leben. Eine gealterte, wackelige Holzleiter mit ihren Kerben, Farbspritzern und ausgetretenen Stufen besitzt einfach Charme.

- Lehnen Sie die Leiter gegen eine Außenwand und stellen Sie Blumentöpfe auf die Stufen oder hängen Sie sie dort ein.
- Befestigen Sie Lasthaken daran und hängen Sie die Leiter in der Diele oder auf der Veranda waagrecht an die Wand – fertig ist die praktische Ablage für Jacken, Mützen, Handschuhe, nasse Badeanzüge, Handtücher und was die Familie sonst noch herumliegen lässt.
- Hängen Sie eine alte, aber noch stabile Leiter an die Küchendecke und versehen Sie sie mit S-Haken aus Metall – schon haben Sie einen einzigartigen, kostenlosen Topfhänger.

Sie sehen: Ihre Leiter ist noch gar nicht reif für den Ruhestand – sie braucht nur einen neuen Tätigkeitsbereich.

✱ Regenbogenfarben für Gartenmöbel

Draußen stehen fünf Gartenstühle, die schon bessere Tage gesehen haben. Drinnen stehen fünf Dosen mit Farbresten. Das ist Ihre Chance, die Farben zu verwerten und sich obendrein künstlerisch auszutoben. Nirgends steht geschrieben, dass alle Gartenmöbel gleich aussehen müssen, also seien Sie ruhig mutig. Solange Sie die Oberflächen durch Abschmirgeln und Reinigen gut vorbereiten und die Herstellerangaben beachten, können Sie Außenmöbel mit Resten von Innenfarbe anstreichen und sie mit einer Schicht Sprühlack schützen. Bei Möbeln aus Metall sollte zuerst Rost entfernt und eine Rostschutzgrundierung aufgetragen werden. Dank der modernen Technik können Sie heutzutage auch ausgeblichene Plastikgartenmöbel mit Sprühfarben behandeln.

Raffinierte Beleuchtungsideen

* Lampenüberzug für weiches Licht

Ob künstliches Licht schön ist, hängt vom Lampenschirm ab. Hartes Licht durch (insbesondere runde) Textil- oder Papierschirme können Sie mit einem gerafften Überzug weicher machen. Suchen Sie in Ihren Stoffresten oder im Wäscheschrank nach einem leichten Stoff in hellen bis mittleren Farben oder Mustern (darauf achten, dass der Stoff schwer entflammbar ist!) und raffen Sie ihn mit einem schmalen Band.

1. Das Material auf die doppelte Breite des kleineren Umfangs des Lampenschirms (etwas länger bei einem Lampenschirm mit sehr großem unterem Durchmesser) und etwa 5 cm breiter als die Höhe des Schirms zuschneiden. Falls erforderlich, mehrere Stoffstücke aneinandernähen; dabei können Sie unifarbene und gemusterte Streifen abwechseln.
2. Die kurzen Seiten zusammennähen. Stoff wenden und am oberen und unteren Rand je einen 1,25 cm breiten Saum umschlagen und feststeppen; jeweils eine kleine Öffnung frei lassen. Vom Band jeweils die doppelte Länge des oberen und unteren Lampenschirmumfangs abschneiden und die Enden wie bei einem Schnürsenkel fest mit Tesafilm umwickeln.
3. Band durch den Hohlsaum ziehen. Den Stoff raffen, die Falten gleichmäßig verteilen. Die Enden zu kleinen Schleifen binden. Oberen und unteren Rand mit Faden oder doppelseitigem Gewebeklebeband anheften. Der Lampenschirm wirkt ebenso weich wie das Licht.

Achtung: Halogenleuchten werden sehr heiß, daher sollte man den Tipp für solche Lampen nicht anwenden.

* Frische Farbe für alte Lampenschirme

Haben Sie noch Reste von Bastel- oder Dispersionsfarbe übrig? Ein Textillampenschirm bekommt mit Sprühfarbe frischen Charme:

- 1 Teil Farbe mit 10 Teilen Wasser mischen, in eine Sprühflasche (am besten aus dem Bastel- oder Malergeschäft) füllen. Die Innenseite des sauberen und staubfreien Lampenschirms mit Papier abdecken, dieses mit Abdeckband fixieren. Eine dünne Farbschicht gleichmäßig aufsprühen und trocknen lassen. Nun weitere Schichten aufsprühen und trocknen lassen, bis die gewünschte Farbintensität erreicht ist.
- Mit senkrecht oder diagonal aufgeklebtem Malerkrepp lassen sich Streifenmuster herstellen. Alternative: Aus gestrichenem Papier Formen ausschneiden und mit Sprühkleber auf dem Lampenschirm befestigen (Anleitung für ablösbares Kleben befolgen). Nach dem Besprühen und Trocknen die Schablonen wieder entfernen. Ein weicher Marmoreffekt lässt sich erzielen, wenn die Farbe im selben Mischungsverhältnis wie oben nach und nach mit einem echten Meeresschwamm direkt auf den Lampenschirm getupft wird.

✱ Silhouetten auf dem Lampenschirm

Setzen Sie auf einem einfarbigen Lampenschirm aus Papier oder Stoff Akzente mit Schablonen aus dunklem oder schwarzem Bastelpapier; auch mittelstarker Karton ist geeignet. Durchscheinende Lampenschirme in Weiß, Cremeweiß, Gold, Beige und Pastellfarben ergeben die schönsten Effekte. Achten Sie beim Ausschneiden der Schablonen darauf, dass sie zur Größe des Lampenschirms passen, also weder zu groß noch zu klein sind. Befestigen Sie die Formen mit doppelseitigem Klebeband auf der Innenseite des Lampenschirms, bringen Sie jedoch das Papier keinesfalls zu nahe an der Glühbirne an. Wenn Sie nun das Licht einschalten, wirken die Silhouetten wie ein Teil der Lampe. Papierschablonen rollen sich mit der Zeit an den Rändern auf, lassen sich aber problemlos durch neue ersetzen. Übrigens kann man für besondere Gelegenheiten auch fantasievoll umdekorieren. Verwenden Sie beispielsweise Schneeflocken zur Winterparty, Herzen am Valentinstag oder Kürbisse an Halloween.

✱ Frischer Anstrich für einen alten Lampenfuß

Ein alter Lampenfuß aus Holz, Metall, Kunststoff oder sogar Glas lässt sich mit Farbe aufpeppen. Wenn Sie Farbreste benutzen, prüfen Sie anhand der Informationen auf der Dose, ob sie sich für das Material des Lampenfußes eignen. Müssen Sie Farbe kaufen? Eine Sprühdose oder eine kleine Dose Lack reicht für ein Paar mittelgroße Lampen. Für Glas benötigen Sie Spezialfarbe aus dem Bastelgeschäft. Farbton und Muster bleiben Ihrer Fantasie überlassen. Vom Antikanstrich bis zum supermodernen Industriestil ist alles erlaubt.

Nehmen Sie die Lampe vor dem Streichen unbedingt vom Stromnetz. Die Fassungen und alle Bereiche, auf die keine Farbe gelangen soll, mit Malerkrepp abkleben. Kleben Sie auch über die Fassung Kreppband, damit keine Farbe auf die Kontakte tropft.

Verzieren Sie Lampen mit einer Papiersilhouette.

✱ Fantasievolle Lampenfüße

Stellen Sie sich vor, Ihr schönster Blumenübertopf würde Ihr Wohnzimmer erleuchten. Fast jeder etwas robustere Behälter lässt sich relativ einfach in einen Lampenfuß verwandeln. In die meisten Behälter muss am Boden oder an der Seite ein Loch für das Kabel gebohrt werden. Sie können eine alte Lampe „ausschlachten“, um kostenlos an „Bauteile“ zu kommen. Wenn Sie aber keine Erfahrung mit elektrischen Arbeiten haben, sollten Sie sich lieber im Baumarkt oder im Elektrofachgeschäft helfen lassen.

Etwas Geld müssen Sie dann ausgeben (fertige Lampensets enthalten fast alles, was Sie brauchen), aber Sie werden überrascht sein, wie viel Sie gegenüber dem Kauf einer neuen Lampe sparen. Folgende Dinge lassen sich hervorragend umfunktionieren:

- billige Vasen
- Karaffen vom Flohmarkt
- große Kaffeebecher
- umgedrehte Rührschüsseln aus Keramik
- Pokale und ähnliche Trophäen
- antike Holzkisten
- Blumentöpfe

✱ Gewöhnlicher Kronleuchter als Luxusobjekt

Ein einfacher Kronleuchter wird zum Hingucker, wenn man ihn mit Strängen aus Kristallglas und Perlen verziert. Überprüfen Sie Ihre Vorräte – vielleicht finden sich noch Glasperlen und unechte Perlen von kaputtem Modeschmuck oder früheren Bastel- und Nähprojekten, vielleicht haben Sie Kristall von einem ausgedienten Kronleuchter übrig. Am besten eignen sich glitzernde Exemplare.

Sie können Perlen und anderes Flitterzeug auf Draht auffädeln und diesen zu hübschen Formen biegen; Zahnseide und Perlenfaden halten ebenso gut. Winden Sie diese Stränge kunstvoll um den Kronleuchter. Schalten Sie nun das Licht ein und bewundern Sie das funkelnde Ergebnis.

Gute Idee!

NAHTBAND, DAS UNBEKANNTE WESEN

Preiswertes Viskosenahtband glänzt seidig und ist in vielen Farben erhältlich. Aber wussten Sie, dass es bei Verschönerungsprojekten teure Bänder ersetzen kann? Will man etwa einen alten Lampenschirm aufpolieren, indem man ihn ganz mit Seidensatin- oder Ripsbändern umwickelt, kann das ein kleines Vermögen kosten. Nahtband verleiht dem Schirm dasselbe elegante Aussehen. Es ist meist in einer Breite von 15 mm ab 0,50 Euro/m erhältlich und kann auch zum Arbeiten mit Webbändern, Rosetten, teilweise sogar für Näharbeiten mit Bändern verwendet werden. Versuchen Sie es einmal!

Stöbern Sie im Nähkasten nach unbenutzten Einfass- und Gewebebändern und behandeln Sie diese nicht als langweilige Nähutensilien, sondern als farbenfrohe Litzen, Schleifen, Ziersäumchen, Applikationen – was auch immer Ihre Kreativität vorschlägt.

✱ Einfaches Deckenmedaillon selbst malen

Schlichte Deckenleuchten sind die Aschenputtel der Raumbeleuchtung: Sie verrichten die ganze Arbeit, aber niemand nimmt sie wahr. Dabei lassen sie sich mit ein paar Farbresten, Bindfaden und Leiter wie für den Ball herausputzen – mit einem handgemalten „Deckengemälde“.

Entwerfen Sie auf Papier ein Medaillon, etwa konzentrische Kreise in verschiedenen Farben und Tönen. Halten Sie den Entwurf einfach – Sie müssen später über Kopf malen. Binden Sie nun einen Bleistift an ein Ende des Bindfadens, befestigen Sie das andere Ende mit Klebeband in der Mitte der Deckenleuchte und zeichnen Sie den Außenkreis an die Decke. Ziehen Sie mithilfe des Bleistiftzirkels weitere Kreise und Halbkreise und mit einem Lineal gerade Linien. Betrachten Sie Ihren Entwurf noch einmal kritisch, bevor Sie mit dem Ausmalen beginnen. Wenn Sie unsicher sind, kleben Sie die Umrisse während des Ausmalens stückweise mit Malerkrepp ab. Fehler lassen sich mit einem nassen Tuch beseitigen. Geübtere erzielen durch Schatten und Schlaglichter dreidimensionale Effekte.

✱ Mehr Romantik beim Abendessen

Weiches Licht wirkt romantisch. Mit einer kleinen Lampe, einem Tischläufer und etwas Abdeckband oder Malerkrepp holen Sie ein Stück Romantik in Ihr Esszimmer: Legen Sie den Läufer auf den Esstisch und stellen Sie die Lampe darauf. Hat der Läufer ein Durchbruchmuster, können Sie das Kabel vielleicht durchziehen. Falls nicht, schneiden Sie an der passenden Stelle einen Schlitz in den Läufer, der gerade breit genug ist für den Stecker. (Sie können auch ein Tischtuch verwenden, in dem Ihnen ein Schnitt nichts ausmacht.) Verlegen Sie das Kabel unter dem Stoff und befestigen Sie es mit Klebeband am Tisch, dann an der Innenseite eines Tischbeins und führen Sie es zur nächsten Steckdose. Damit niemand darüberstolpert, kleben Sie es unauffällig am Boden fest. Dimmen Sie die Deckenlampe, um die volle Wirkung zu genießen.

✱ Kerzen mit Naturmaterialien

Einfache Kerzen können Sie durch die Schätze der Natur und nicht entflammbaren Klebstoff in botanische Schönheiten verwandeln. Pflücken Sie kleine, flache Blüten wie Veilchen, Stiefmütterchen oder Kapuzinerkresse und pressen Sie sie einige Stunden (am besten über Nacht) in einem dicken Buch. Auch Wiesengräser, Farnwedel, Laub- und Blütenblätter sind geeignet. Kleben Sie die Naturmaterialien auf die untere Hälfte der Kerze. Schmelzen Sie nun Paraffin im Wasserbad und tauchen Sie sie hinein. Eine dünne Paraffinschicht schützt die Pflanzenteile und erhält ihre Farben.

✱ Teelichte im Sandbett

Ein hübsches Lichtspektakel können Sie ganz einfach in einem größeren, flachen, feuerfesten Behälter zaubern. Nehmen Sie ein schönes altes Silber- oder Holztablett, eine Servierplatte mit leicht erhöhten Seiten oder ein einfaches Backblech – selbst der Metalldeckel einer großen

Tipp ABRAKADABRA!

Bienenwachskerzen sind oft teuer. Gewöhnliche Kerzen wirken aber ähnlich, wenn man sie in eine Bienenwachsplatte wickelt. Im Bastelgeschäft bekommen Sie **Bienenwachsplatten** (etwa 20 x 30 cm) mit Wabenstruktur oder glatter Oberfläche recht preisgünstig. Schneiden Sie mit einem scharfen Messer ein Rechteck aus, dessen Seitenlängen dem Umfang und der Höhe der Kerze entsprechen. Erwärmen Sie das Wachs mit dem Föhn gerade so weit, dass es sich biegen lässt. Umwickeln Sie die Kerze damit und drücken Sie die Ränder aufeinander.

Das kann man aufbewahren

Seien wir ehrlich: Selbst der größte Bastelkönig kann nicht alles aufheben. Aber einige Grundmaterialien und Werkzeuge lassen sich beim nächsten Renovierungsprojekt auf jeden Fall gut einsetzen – vor allem natürlich Farb-, Stoff- und Tapetenreste. Die Farben und Muster haben Sie schließlich selbst ausgesucht, sie gefallen Ihnen sicher auch in anderem Zusammenhang. Auch die folgenden Dinge werden Sie immer wieder im Haushalt brauchen; es schadet also nicht, wenn Sie sie jederzeit griffbereit haben.

Spezialkleber und Klebebänder

Lösungsmittel für Farben

Bildaufhänger

Metallklammern, normale und kräftige zum Tackern

Lochzangen

Metallscharniere

Schneidewerkzeuge und Spachtel

Malerpinsel, Farbrollen und Rührstäbe, gereinigt

Abdeckplanen

Metallhaken und -winkel in allen Größen

Reißnägel und Tapeziernägel

Vorhangstangen, -haken und -ringe

Sandpapier und Stahlwolle

Messbecher und Messlöffel

Keksdose eignet sich. Legen Sie den Boden des Behälters mit Alufolie aus und schichten Sie etwas sauberen Spiel- oder Aquariumsand darauf. Sie haben keinen? Dann verwenden Sie Tafelsalz oder kleine getrocknete Hülsenfrüchte wie grüne und gelbe Linsen oder schwarze Bohnen. Betten Sie Teelichte bis zum oberen Rand ein. Entfernen Sie eventuelle Krümel des Einbettmaterials von den Kerzen.

✱ Funkelnde Kerzenhalter

Etwas Glitter und transparenter Alleskleber (die nicht entflammbar sein dürfen!) machen einen einfachen Kerzenhalter zum funkelnden Star für besondere Gelegenheiten. Bestreichen Sie den Kerzenhalter mit Kleber und rollen Sie ihn in Glitter. Mit einer dicken Schicht Klebstoff wird der Glitzerüberzug fast deckend; weniger und unregelmäßig aufgetragener Klebstoff wirkt, als sei der Kerzenhalter nur leicht mit Glitter bestreut. Wenn Sie keinen Glitter haben, rollen Sie den Kerzenhalter in Kristallzucker oder Salz. Der Kerzenhalter lässt sich nicht abwaschen, aber wenn er in Klarsichtfolie eingewickelt gelagert wird, hält sich der Glitzereffekt eine ganze Weile.

✱ Gläser als Kerzenhalter

Sie haben sehr viele Kerzen, aber nicht genügend Kerzenhalter? Durchstöbern Sie Ihren Vorrat an Gläsern – Marmeladengläser, Wassergläser und bedruckte Trinkgläser eingeschlossen. Ein Mix aus hübschen Gefäßen mit Kerzen in verschiedenen Größen, Formen und Farben kann zum Blickfang auf dem Tisch oder Sideboard werden. 2–3 Weinkelche aus Kristallglas sind als Kerzenhalter das i-Tüpfelchen einer festlichen Tafel. Oder füllen Sie Cocktailgläser zu zwei Dritteln mit Wasser und lassen Sie Teelichte darin schwimmen. Stumpenkerzen stehen gut in Wassergläsern mit flachem Boden. Auf einem gewölbten Boden kann man Stumpen- oder Spitzkerzen mit wiederablösbaren Klebepads befestigen oder in ein Salzbett drücken; dieses fängt auch Wachstropfen auf und lässt sich leicht entsorgen. Eine spektakulärere Variante erhalten Sie mit einer tropffreien Kerze und Metallglitter oder kleinen Glasperlen anstelle des Salzes.

Gute Idee!

ES WERDE LICHT AUF DEM FENSTERSIMS

In der Adventszeit werden Fenstersimse und Sideboards liebevoll mit beleuchteten Krippen, siebenarmigen Leuchtern und Ähnlichem geschmückt. Doch warum soll es dort während des übrigen Jahres dunkel bleiben? Räumen Sie Lichterkette und Glühlampen hervor und lassen Sie sich von den folgenden Ideen inspirieren. Zunächst aber einige Sicherheitshinweise: Achten Sie darauf, dass sich die Lichter nie in der Nähe von Wasser oder entflammbaren Materialien befinden, und ziehen Sie den Stecker heraus, wenn kein Erwachsener im Raum ist. Verwenden Sie Glühlampen, die nicht zu heiß werden, und prüfen Sie Kabel regelmäßig auf Bruchstellen oder Verschleiß.

- Stecken Sie Lämpchen in ein Seidenblumenarrangement oder ein Kunstbäumchen.
- Führen Sie eine Lichterkette in eine farbige Glasflasche oder ein Schraubglas ein.
- Verteilen Sie Lichter in Silber- oder Messingschüsseln, die Sie nebeneinanderstellen.
- Schmücken Sie einen Spiegel mit Lämpchen, deren Kabel Sie mit Klebeband auf der Rückseite befestigen.
- Füllen Sie eine lange, schmale Schale mit Murmeln oder flachen Dekokieseln und betten Sie blinkende Lichter hinein.

Partydekorationen

✱ Gartenfrische Blumenarrangements

Statt für Tischschmuck viel Geld beim Floristen auszugeben, können Sie auch Blätter und Blüten aus dem eigenen Garten verwenden. Sie haben keinen? Manche Supermärkte verkaufen auch Schnittblumen; suchen Sie nach Sonderangeboten oder preisreduzierten Blumensträußen, die noch frisch aussehen. Wenn Sie in der Nähe eines gut sortierten Wochenmarkts wohnen, sollte der Ihre erste Anlaufstelle sein. Noch eine Idee: Stocken Sie frische Blumenarrangements mit künstlichen Blüten auf. Im Gewirr von Blüten und Blättern lassen sich echte und künstliche Blumen kaum unterscheiden.

✱ Kürbisvase für Herbstblumen

Schneiden Sie den oberen Teil eines mittelgroßen Kürbisses ab und kratzen Sie Samen und Fruchtfleisch heraus, als wollten Sie eine Laterne basteln. Suchen Sie ein Einmach- oder Schraubglas, das bequem im Kürbis Platz hat; schneiden Sie in den Kürbisboden ein Loch, das etwas größer ist als das Glas. Füllen Sie das Glas mit Wasser, stellen Sie die Blumen hinein. Sie können den Kürbis 1–2 Tage vorher aushöhlen – dann aber an einem kühlen Platz lagern (am besten draußen, je nach Wetter). Wickeln Sie ihn während der Lagerung von innen und außen in mehrere Schichten nasses Küchenpapier, feuchten Sie dieses immer wieder an.

✱ Schützen Sie Ihre Feiertagsdeko

Haben Sie Bedenken, Großmutters unbezahlbare Vasen über die Feiertage vom Dachboden zu holen, weil Ihr Hund, Ihre Katze oder Ihr Enkelkind sie umstoßen könnte? Geben Sie wiederverwendbare Klebepads (z. B. Blu-Tack®, Patafix® oder Multi-Fix®) unter Ihre Schätze – sie bleiben stehen, bis die Feiertage vorbei sind.

✱ Freiheit für das Tafelsilber!

Silberbesteck wurde früher nur zu besonderen Gelegenheiten hervorgeholt; es gibt jedoch keine bessere Art, funkelnde Glanzlichter zu setzen, als Silberbesteck in hohe, durchsichtige Gläser zu stellen. Rustikaler wirkt das Ganze, wenn Sie den Silberschatz in antike grüne Einmachgläser stellen (ohne Deckel) und auf dem Fenstersims oder an einer Stelle arrangieren, wo das Licht schön auf das Familiensilber fällt.

Tipp TISCHDEKO VON MUTTER NATUR

Eine Herbstdekoration aus leuchtend **bunten Blättern** kostet nichts und sieht prächtig aus. Stecken Sie andere getrocknete Naturschätze dazu, wie Disteln und Wildgräser – perfekt. Blätter ergeben auch hübsche Tischkarten; schreiben Sie die Namen mit wischfestem Metallicstift darauf. Unter Glasteller kann man besonders schöne Herbstblätter legen.

✱ Herbstgesteck aus der Natur

Ein hübsches herbstliches Trockengesteck für Fenstersims, Wohnzimmertisch oder Sideboard lässt sich gut in einer einfachen, hohen Glasvase oder einer Glasschüssel arrangieren, die Sie mit Naturreis, getrockneten Bohnen oder Vogelfutter füllen – Grundnahrungsmitteln, die nicht nur Ihrem Gesteck Halt geben, sondern auch überraschend elegant aussehen. Nun können Sie auf einem Spaziergang trockene Gräser, Rohrkolben, Disteln, Glockenblumen und andere langstielige Blüten sammeln.

✱ Kostenloser Lichterglanz mit Gläsern

Vergessen Sie teure Blumengestecke. Stellen Sie stattdessen eine dekorative Mischung aus Trinkgläsern, Kristallgläsern (falls vorhanden), Glasflaschen, edlen Glasvasen und -schüsseln zusammen. Ordnen Sie sie scheinbar beliebig auf dem Esstisch oder Buffet an und stellen Sie in einige Gläser einfache weiße Kerzen. Klar- und Kristallglas verleihen dem Ganzen einen winterlichen Anstrich; eine Mischung aus klarem und buntem Glas erinnert an funkelnde Edelsteine.

✱ Tischdekoration mit Herzen und Blumen

Suchen Sie für Ihr Candle-Light-Dinner am Valentinstag noch eine Dekoration mit Herz, die aber wenig Geld und Zeit kostet? Sie brauchen nur einige Dinge aus dem Haushalt, einen Bleistiftspitzer und dünne Holzspieße.

1. Butterbrotpapier in zwei Teile von 50–60 cm Länge zuschneiden. Ein größeres Stück Zeitungspapier auf einem Bügelbrett ausbreiten und ein Stück Butterbrotpapier darauflegen.
2. Mit dem Bleistiftspitzer rosafarbene und rote Wachsmalstifte anspitzen und die Späne auf dem Papier verteilen. Achten Sie darauf, dass keine Klumpen oder harten Stücke dabei sind.
3. Das zweite Stück Butterbrotpapier über die Späne legen und alles mit einem weiteren Stück Zeitungspapier abdecken. Mit einem Bügeleisen auf niedriger bis mittlerer Hitze (ohne Dampf) über das Zeitungspapier fahren, bis die Wachsspäne geschmolzen sind und die Butterbrotpapiere zusammenkleben.
4. Papier abkühlen lassen, dann mithilfe von Schablonen Herzen in verschiedenen Größen aufzeichnen. Ausschneiden und an jedem Herz mit einigen Tropfen Klebstoff einen Bambusspieß befestigen.

Stecken Sie die Herzen so in ein Blumengesteck, als ob sie daraus hervorsprießen. Die Herzen lassen Licht durchscheinen – bei einem romantischen Dinner natürlich das Kerzenlicht.

✱ Gruseliger Halloween-Türkranz

Schmücken Sie Ihre Tür doch an Halloween, wenn die kleinen Gespenster auf Süßigkeitenjagd sind! Einige Grundmaterialien, wie eine Zeitschrift und verblühte Blumen, haben Sie vielleicht schon griffbereit im Haus oder Garten.

1. Aus einer Zeitschrift Seiten herausreißen und zu einer Art Chrysanthemenblüte zerknüllen. Die Ähnlichkeit muss nicht groß sein – es geht um die Wirkung, nicht um Realitätsnähe.
2. Mit einer Heißklebepistole die „Blumen“ auf einen Kranzrohling kleben, dann Kranz und Blumen mit schwarzer Farbe besprühen. Damit das Papier nicht nass und schwer wird, die Farbe in mehreren Schichten auftragen und zwischendurch trocknen lasen.
3. Falls vorhanden, tote und vertrocknete Gartenpflanzen wie Roter Sonnenhut, Zinnien oder Magnolienblätter auf den Kranz kleben. Zum Abschluss ein breites rotes Band von mindestens 1 m Länge diagonal um den Kranz winden und die Enden herabhängen lassen. Falls Sie ein längeres Band haben, können Sie auch eine Schleife binden.
4. Den Kranz an die Haustür hängen und auf die kleinen Kobolde und Hexen mit den Vampirzähnen, den schwarzen Umhängen und den Sammeltüten warten.

Festliche Tischdeko

aus Fundstücken der Jahreszeit

Mit den einfachsten Mitteln lassen sich aufsehenerregende Dekoartikel herstellen. Für diesen Tischschmuck benötigen Sie nur einen Spiegel, einige dicke Stumpenkerzen, Klebepads und etwas Grün aus dem Garten.

- **Preiswerter Spiegel mit abgeschrägten Kanten, 60–100 cm lang und 30 cm breit**
- **Untersetzfüße**
- **2–3 dicke Stumpenkerzen, je nach Länge des Spiegels**
- **Wiederverwendbare Klebepads (z. B. Blu-Tack®, Patafix® oder Multi-Fix®)**
- **Grün und Blüten, je nach Anlass**

Wenn Ihr Esstisch lang genug ist, nehmen Sie einen 1 m langen und 30 cm breiten Spiegel. Weil er relativ schmal ist, können sich die Gäste gut unterhalten. Wiederverwendbare Klebepads gibt es im Schreibwarengeschäft, Untersetzfüße im Baumarkt.

1. Den Spiegel wenden und die kleinen, runden Untersetzfüße mit Klebstoff an den Ecken befestigen. So steht die Tischdekoration etwas abgesetzt auf dem Tisch.

2. Den Spiegel wieder umdrehen und die Kerzen in gleichmäßigen Abständen darauf verteilen. Auf einem 1 m langen Spiegel 3 Kerzen befestigen; die mittlere Kerze zuerst aufstellen.

3. Klebepads am Boden jeder Kerze anbringen und die Kerze durch festes, aber vorsichtiges Andrücken auf dem Spiegel befestigen.

4. Den Spiegel je nach Anlass dekorieren: im Advent Tannenzweige, Schleifen, Weihnachtsmotive und Weihnachtssterne verwenden, an Ostern bemalte Eier zwischen das Grün legen.

5. Nach den Feiertagen alle frischen Dekorationen entfernen, die Kerzen vorsichtig ablösen, den Spiegel mit Essigwasser (halb Wasser, halb Essig) abreiben, abtrocknen und bis zum nächsten Anlass ordentlich verstauen.

Raffiniert verdecken

✱ Überzug für das Bettgestell

Früher legte man das Daunenbett tagsüber zum Auslüften über das Fußende des Bettes. Diese Tradition lieferte den Anstoß für die hier vorgestellten schnellen, kostenlosen und hochmodernen Kopf- und Fußenden-Überzüge. Dazu brauchen Sie nur Stoffreste, die einige Meter lang sind. Messen Sie zunächst das Kopf- und das Fußbrett (zwischen den Bettpfosten) in Höhe und Breite ab und nehmen Sie die Höhenmaße doppelt. Wenn die Bretter breiter sind als Ihr Stoff, nähen Sie 2 Stoffbahnen aneinander. Falls Sie ein Bettlaken verwenden, schneiden Sie es zu. Ränder säumen und an beiden Seiten Bindebänder annähen. Sie können Ihren Überzug nostalgisch wie an Großmutters Bett oder schick wie in einem Luxushotel gestalten. So lässt sich auch der Lack an einem antiken oder heißgeliebten Bett schonen und damit seine Lebensdauer verlängern.

✱ Fenster- in Türvorhänge verwandeln

Mit einem Vorhang in der Türöffnung kann man Hitze aus Innenräumen fernhalten oder darin einschließen (man denke an die schweren Vorhänge, die oft im Eingang zugiger Kneipen hängen). Lange, ungenutzte Fenstervorhänge lassen sich im Nu umfunktionieren. Montieren Sie am oder kurz über dem Türrahmen eine Vorhangstange. Sie sollte an beiden Seiten mindestens 15 cm über den Rahmen hinausragen, damit sich der Vorhang auf die Seite schieben und die Tür sich mühelos öffnen lässt. Hängen Sie nun eine Vorhangbahn auf, die bis zum Boden reicht. (Ein normaler Türrahmen ist etwa 2 m hoch; messen Sie Ihren vorsichtshalber aus.) Vorhangringe oder Clips aus Metall oder Kunststoff erleichtern das Verschieben des Vorhangs. Damit er sich an windigen Tagen nicht zu sehr aufbläht, können Sie ein Bleiband oder Unterlegscheiben aus Metall in den Saum einnähen.

Superstar im Haushalt

10 EINSATZGEBIETE FÜR KLEBEBAND

Diese zehn Probleme lassen sich mit Klebeband im Nu lösen:

1 Gewebeband repariert ausgerissene Säume von Schonbezügen.

2 Malerkrepp sorgt beim Streichen für gerade Streifen, ganz ohne Abmessen.

3 Malerkrepp schützt beim Wändestreichen Scheuerleisten, Tür- und Fensterrahmen.

4 Wasserfestes Isolierband in leuchtenden Farben dient als Dekoration und Markierung für Plastikspielzeuge und Werkzeuge.

5 Doppelseitiges Klebeband hält kleine Teppiche fest am Boden und Sitzkissen auf dem Stuhl.

6 Edding auf transparentem Paketband beschriftet Farb- und Lösungsmitteldosen.

7 Abdeckband um den Metallteil eines Malerpinsels fängt Tropfen auf.

8 Rutschfestes Klebeband repariert abgenutzte Stellen auf der Rückseite von Badematten aus Gummi.

9 Säurefreies doppelseitiges Klebeband zum Basteln befestigt wertvolle Kunstwerke auf Papier und im Rahmen.

10 Selbstklebendes Klettband ersetzt vorübergehend das defekte Schnappschloss einer Schranktür.

✱ Einen alten Tisch fliesen

Ein ramponierter Holztisch lässt sich ganz einfach „erneuern“. Sie brauchen nur einige Fliesen (übrige von der letzten Renovierung oder neue aus dem Fliesengeschäft oder dem Baumarkt – auf Sonderangebote achten!). Messen Sie die Tischplatte ab, um die Größe und die Anzahl der Fliesen zu bestimmen. Wenn Sie sorgfältig vorgehen, können Sie vermutlich die Fliesen exakt passend kaufen, sodass Sie keine zerschneiden müssen. Bedenken Sie, dass zwischen den Fliesen etwa 3–6 mm Platz zum Verfugen nötig sind.

- Tischplatte abschmirgeln, den Staub entfernen. Die Fliesen wie gewünscht auf der Platte anordnen; eventuelle Änderungen und Anpassungen vornehmen. Fliesen mit Fliesenkleber oder Alleskleber befestigen. (Wird Klebstoff verwendet, vor dem Verfugen sicherstellen, dass er vollkommen trocken ist.)
- Fliesen mit handelsüblichem, in vielen Farben erhältlichem Fugenmörtel verfugen. Dabei überschüssigen Mörtel mit einem feuchten Schwamm wegwischen. Den eventuell verbleibenden Mörtelschleier nach dem Trocknen des Mörtels mit Wasser abwaschen.
- Zuletzt als Umrandung eine Holz- oder Kunststoffleiste aufkleben – und der Tisch ist wieder wie neu!

✱ Neues Gewand für Ihre Stühle

Wenn sich die Sitzpolster Ihrer Esszimmerstühle entfernen lassen – einige kann man herausziehen, andere sind nur von unten angeschraubt –, haben Sie Glück. Mit etwas Stoff und kräftigem Klebeband ändern Sie zu besonderen Gelegenheiten im Nu ihr Aussehen. Verwenden Sie, was da ist: Stoffreste, ein Tischtuch oder eine Tagesdecke, große Halstücher, Laken oder Kissenbezüge. Sie können auch unterschiedliche Farben und Muster mischen. Wählen Sie ein mittelschweres Material; schwere oder stark strukturierte Stoffe lassen sich nicht immer gut glatt ziehen. Verwenden Sie die Sitzfläche als Orientierungshilfe und schneiden Sie ein Stück Stoff so zurecht, dass es an den Rändern 7,5–10 cm übersteht. Legen Sie die Sitzfläche mit der Oberseite nach unten mittig auf die linke Stoffseite. Schlagen Sie den Stoff über eine Seite des Sitzes und befestigen Sie ihn mit Klebeband auf der Unterseite. Gehen Sie auf der anderen Seite genauso vor und ziehen Sie den Stoff dabei ganz glatt. Den Vorgang an den übrigen Seiten wiederholen, alle vier Säume von Ecke zu Ecke mit Klebeband fixieren. Den Stoff sauber über die Ecken falten. Alles mit einer weiteren Schicht Klebeband sichern, Sitzfläche wieder befestigen – fertig!

✱ Teppich auf Teppich

Eigentlich ist der Teppichboden noch in gutem Zustand, wären da nicht die ausgetretenen oder fleckigen Laufstraßen. Die Lösung? Durchforsten Sie Ihr Haus nach dem idealen Läufer für die unschöne Stelle – vielleicht liegt er im Nebenzimmer oder verstaut auf dem Dachboden. Wenn Sie einen schönen Teppichrest haben, der aber zu groß ist, lassen Sie ihn im Teppichfachgeschäft zuschneiden und die Ränder umketteln.

✱ Erste Hilfe bei Schrammen und Kerben

Ist Ihr Enkel mit dem Dreirad so schnell durchs Haus geflitzt, dass ihn nur die Beine des antiken Rollpults aufhalten konnten? Oder hat Ihre geliebte Tante versehentlich den wertvollen Wohnzimmertisch mit ihrem Gehwagen verkratzt? Grämen Sie sich nicht und rufen Sie nicht gleich den Tischler. Flache Schrammen können Sie mit einem Permanentmarker in ähnlicher Farbe ausbessern. Tiefere Kerben an der Oberfläche lassen sich mit etwas erwärmtem Kerzenwachs füllen; verwenden Sie dazu ein kleines Buttermesser. Nach dem Aushärten mit Permanentmarker im passenden Farbton bemalen. Geht die Kerbe tiefer als die oberste Schicht, sollten Sie einen Fachmann um Hilfe bitten.

Gute Idee!

NEHMEN SIE KEIN BLATT VOR DEN MUND!

Blätter geben wunderschöne Stempel zum Verzieren von Stoffen ab – und sie fallen völlig kostenlos vom Baum! Suchen Sie in Parks, im Wald oder im Garten – vielleicht kommen auch Ihre Zimmerpflanzen infrage – nach frischen, schön geformten Blättern. Am besten sind solche mit hervortretenden Rippen und Adern.

- Blätter 1–2 Tage lang in einem mit anderen Büchern beschwerten Telefonbuch pressen.
- Zum Stempeln die Blattoberseite gleichmäßig mit Textilfarbe bestreichen. Den „Stempel" zuerst auf einem Stoffrest ausprobieren: Blatt darauflegen und mit den Fingern andrücken (nicht reiben!).

Üben Sie so lange, bis Ihnen das Ergebnis gefällt, und stempeln Sie dann Stoff für ein Geschirrtuch, ein Zierkissen oder was Ihnen sonst noch einfällt. Blattstempel halten nicht sehr lange, aber Sie können ja jederzeit neue sammeln gehen.

✱ Tapezierte Aufbewahrungskisten

Pappkartons gehören zu den beliebtesten Aufbewahrungsbehältern. Sie sind aber hässlich und lassen sich nicht immer verstecken. Verschönern Sie sie mit Tapetenresten, am besten solchen mit PVC-Beschichtung. Vorgeleimte Tapeten lassen sich im Nu zuschneiden, anfeuchten und aufkleben. Normale Tapeten befestigen Sie mit Tapetenkleister, Bastelkleber oder Gummilösung. Im Regal oder sauber unter dem Schreibtisch gestapelt, sind die Kisten nun sehr hübsch; die robuste Tapetenverkleidung hält einiges aus.

Stoffe zum Träumen

✱ Kissenverzierungen aus dem Nähkästchen

Um Kissen zu verschönern, verwenden Sie Verzierungen aus dem Nähkästchen. Bänder, Spitzen, Zackenlitzen, Knöpfe, Perlen, Quasten, Stoffreste für Applikationen, Garn, Netzgewebe, alte Taschentücher und Zierdeckchen, Schablonen und dekorative Stempel zum Bedrucken von Stoffen – praktisch alles, was robust und waschbar ist, kann ein Zierkissen oder einen Kissenbezug aufwerten. Hier vier unkomplizierte Ideen:

- Binden Sie ein Satin- oder Ripsband um das Kissen. Schon mit 1,80 m oder weniger können Sie ein 30 x 30 cm großes Kissen umwickeln und mit einer hübschen Schleife versehen. Unter der Schleife und auf der Rückseite des Kissens anheften.
- Fassen Sie einen Kissenbezug mit einem Spitzenband oder einer Bordüre ein. Säumen Sie die Bordüre so, dass sie den Saum der Kissenöffnung einfasst.
- Nähen Sie eine bunte Mischung von Knöpfen in einer senkrechten, waagrechten oder diagonalen Reihe auf eine Seite eines Zierkissens – schon hat es Pfiff!
- Nähen Sie Quasten an die Ecken eines Zierkissens oder nähen bzw. kleben Sie eine quastenbesetzte Bordüre an den Kissenrand.

✱ Oberbett aus Bettlaken

Unter einer Daunendecke schläft es sich himmlisch, aber die Reinigung kann höllisch teuer werden. Einen Bettbezug brauchen Sie nicht zu erwerben, er lässt sich auch ganz einfach aus 2 Bettlaken nähen. Heften Sie diese mit den rechten Stoffseiten zueinander mit Stecknadeln zusammen und nähen Sie die langen und eine kurze Seite mit einer geraden Naht zusammen. Drehen Sie den Bezug auf rechts und ziehen Sie ihn über die Daunendecke. Die einfachsten Verschlussmöglichkeiten sind angenähte Bänder, Klettverschlüsse oder Druckknöpfe. Schon haben Sie einen Bettbezug, den Sie so oft waschen können, wie Sie wollen; und die Daunendecke muss nur ein- bis zweimal im Jahr gereinigt werden.

✱ Zweite Chance für zu kurze Vorhänge

Werfen Sie nach einem Umzug die alten Vorhänge nicht gleich weg, nur weil sie zu kurz für die neuen Fenster sind. Verlängern Sie sie einfach! Stöbern Sie in Ihren Stoffresten und werden Sie kreativ. Messen Sie für jeden Verlängerungsstreifen die Breite des Vorhangs ab und geben Sie ein paar Zentimeter für den Saum dazu. Anschließend legen Sie die gewünschte Länge fest; vergessen Sie auch hier nicht Naht und Saum. Wenn Ihr Stoff breit genug ist, sind Sie fast schon fertig. Trennen Sie die Vorhangnähte auf und schneiden Sie die Kanten sauber ab. Schneiden Sie den neuen Stoff zu. Nähen Sie die Teile zusammen, säumen Sie alles und hängen Sie Ihre „neuen“ alten Vorhänge auf.

✱ Häkeln mit Stoffresten

Sie haben alte T-Shirts oder Bettlaken übrig, aber Ihnen fehlt ein schöner runder Teppich? Dann häkeln Sie einen! Schneiden Sie die Stoffe in 2 cm breite Streifen und knoten Sie sie aneinander. Häkeln Sie mit einer Häkelnadel Größe 12 zuerst 5 Luftmaschen, stechen Sie dann in die erste wieder ein, sodass sich ein Kreis bildet. Nehmen Sie in jeder Runde, die Sie aus festen Maschen häkeln, wie beim Topflappen einige Maschen auf (zweimal in die gleiche Masche einstechen). Damit sich der Teppich nicht wellt, am Ende ein nasses Handtuch darauflegen und mit dem Bügeleisen dämpfen; eventuell Stärke zugeben.

Fotogalerie zu Hause

✱ Alte Rahmen in neuem Gewand

Mit Farbresten lassen sich alte Bilderrahmen aufpolieren. So rücken Sie ohne Extrakosten Ihre Kunstwerke ins rechte Licht und setzen zudem Farbakzente in der Wohnung. Nehmen Sie den Rahmeninhalt heraus und reinigen Sie den Rahmen gründlich; gehen Sie bei verzierten Rahmen mit einem feuchten Wattestäbchen bis in alle Winkel. Sorgfältig abtrocknen, den Holzrahmen leicht anschmirgeln und in der Farbe Ihrer Wahl anstreichen oder besprühen. Eine moderne Wirkung verleihen Sie dem Rahmen, wenn Sie ihn mit hochglänzendem Autolack einsprühen.

Nun können Sie den Rahmen auch bekleben. Verwenden Sie dazu beispielsweise Muscheln und Sand aus dem letzten Urlaub oder auch Motive aus Zeitschriften – Ihrer Kreativität sind keine Grenzen gesetzt.

Gute Idee!

BILDER REINIGEN

Auf Bilderrahmen und Glas lagern sich Staub, Fusseln und Fingerabdrücke ab. Durch regelmäßiges Abstauben und gelegentliches Reinigen bleiben sie ansehnlich. Um das Glas abzuwischen, feuchten Sie ein Tuch mit einer schwachen Essiglösung an und drücken Sie es nebelfeucht aus. Sprühen Sie keine Reinigungsflüssigkeit direkt auf das Glas; sie kann unter den Rahmen sickern und das Passepartout oder sogar das Kunstwerk selbst beschädigen. Polieren Sie das Glas mit einem Kaffeefilter oder einem benutzten Trocknertuch – die sind fusselfrei.

✱ Fotos auf der Wäscheleine

Als spezielle Ausstattung für eine Party lässt sich im Nu eine moderne Fotogalerie aus ganz normalen Büroutensilien basteln. Durchforsten Sie Ihre Schreibtischschubladen nach durchsichtigen A4-Prospekthüllen und einigen Foldback-Klammern. Stecken Sie schöne Fotos in die Hüllen und nageln Sie beide Enden eines Stücks Draht oder Schnur so an die Wand, dass es wie eine Wäscheleine leicht durchhängt. Klemmen Sie nun die Fotohüllen an die Leine. Da Sie die Fotos jederzeit problemlos austauschen können, ist Ihre Galerie immer auf dem neuesten Stand.

Tipp ANTIK-LOOK MIT SCHUHCREME

Rauen Sie einen farbigen Holzbilderrahmen mit Schmirgelpapier an, bis der Naturholzton durchscheint. Reiben Sie dann den ganzen Rahmen dünn mit brauner oder rotbrauner **Schuhcreme** ein und polieren Sie ihn gründlich – fertig ist der Bilderrahmen im Antik-Look.

Preiswert – nostalgische Samentütchen in einfachen Bilderrahmen.

✱ Preiswerte Kunstwerke

Seien Sie unkonventionell, wenn es um Wandschmuck geht: Rahmen Sie das Titelblatt einer Zeitschrift, eine Kinderzeichnung, eine Handarbeit, eine Sammlung Seidenkrawatten, Münzen oder exotischer Briefmarken, eine Fotocollage, eine Landkarte oder Postkarten. Oder schauen Sie im Frühling nach schönen Samentütchen – vielleicht haben Sie ja welche im Urlaub gekauft? Öffnen Sie die Tütchen an der Rückseite, um das Bild vorne nicht zu beschädigen. Falls Sie noch keine passenden kleinen Rahmen haben, bekommen Sie sie beim Discounter preiswert in den Maßen 9 x 13 oder 10 x 15 cm. Schlagen Sie die Pappe in den Bilderrahmen in Geschenkpapier- oder Stoffreste ein und befestigen Sie darauf die Samentütchen mit doppelseitigem Klebeband. Nun brauchen Sie nur noch eine Stelle, an der Sie Ihre neuen „botanischen Drucke“ aufhängen können – schnell, einfach, kostenlos und als schöne Erinnerung an Ihren Sommergarten.

✱ Knallbunte Rahmen „dämpfen“

Wenn ein gerade erworbener sehr bunter Rahmen allzu neu aussieht, können Sie ihn mit einer weißen Lasur abdämpfen. Verdünnen Sie einen Rest weißer Innenfarbe – Dispersionsfarbe mit Wasser, Farbe auf Alkydharz- oder Ölbasis mit Terpentin oder Universalverdünner – zu einer dünnen Lasur. Der Rahmen muss staub- und fettfrei sein. Die Lasur mit einem sauberen Baumwolltuch auftragen, überschüssige Farbe dabei gleich abwischen. Trocknen lassen. 1–2 Schichten genügen – die Farbe soll nur etwas gedämpft, nicht überdeckt werden.

✱ Fotogalerie aus CD-Hüllen

Eine tolle Dekoidee für Teenager, die oft jede Menge Fotos schießen und immer leere CD-Hüllen übrig haben: Aus 12 oder mehr durchsichtigen CD-Hüllen, mit Posterkleber oder schwach klebendem doppelseitigem Klebeband an der Wand befestigt, wird im Handumdrehen eine umwerfende Fotogalerie. Eine CD-Hülle mit den Abmessungen 12,5 x 14 cm eignet sich ideal für Fotos (9 x 13 cm) und andere leichte Gegenstände. Die Bilder lassen sich nach Lust und Laune durch Öffnen der Hüllen austauschen. Cool und einfach!

✱ Individuelle Passepartouts

Wenn es sich nicht gerade um Gemälde auf Leinwand handelt, werden die meisten Kunstdrucke mit einem Passepartout gerahmt, einer Umrahmung aus Karton mit hochwertiger Papierbeschichtung, die verhindert, dass das Bild das Glas berührt und daran kleben bleibt. Ein Passepartout professionell zuzuschneiden ist nicht einfach, aber selbst ein absoluter Anfänger kann mit Klebstoff und einigen Haushaltsmaterialien Passepartouts individuell verschönern. Nehmen Sie als Basis das Passepartout aus Karton, das schon im Rahmen war; handelt es sich nur um ein Stück Papier, benutzen Sie dieses als Schablone und schneiden Sie ein Stück Karton danach zu. Wählen Sie als Überzug für den Karton etwas, das zum Rahmen und zum Foto oder Druck passt. Schon mit einem kleinen Rest der folgenden Materialien lässt sich ein ganz individuelles Passepartout herstellen:

- Tapetenreste
- Vorhang- oder Polsterstoff
- mittelschwere Stoffreste
- unechtes Leder, Samt oder Pelz
- Geschenkpapier oder Alufolie
- Pergamentpapier
- hochwertiges Brief- oder Tonpapier
- Origami-Papier
- Regal- oder Schubladenpapier
- breites Band oder Spitze
- Zeitschrift oder alte Buchseiten

Schneiden Sie aus dem Material ein Stück mit etwas größeren Abmessungen als das Passepartout aus. Eine dünne Schicht Klebstoff auf den Karton auftragen und das Material aufkleben, dabei Luftblasen und Falten sorgfältig glatt streichen. Nach dem Trocknen die außen überstehenden Ränder abschneiden. Nun das Passepartout wenden und von der Rückseite das Material über der Öffnung von den oberen Ecken zur jeweils diagonal gegenüberliegenden unteren Ecke einschneiden; achten Sie darauf, dabei den Karton nicht zu beschädigen. Laschen auf die Rückseite schlagen, bis auf etwa 1,5 cm abschneiden und hinten festkleben.

Selbst gemacht!

LUFTERFRISCHER

Sie brauchen nie wieder einen Lufterfrischer zu kaufen – wenn Sie ihn einfach selber machen! Viele schwören auf hausgemachte Raumsprays aus Backpulver oder Essig, die schlechte Gerüche beseitigen und einen angenehmen Duft verbreiten.

2-in-1-Raumspray

Sowohl Zitrone als auch Backpulver in diesem kinderleichten Rezept werden traditionell als Geruchskiller eingesetzt.

1 TL Backpulver
1 EL Zitronensaft
500 ml Wasser

1. Alle Zutaten in einer Schüssel mischen und aufschäumen lassen.
2. Wenn die Mischung aufgehört hat zu schäumen, gut umrühren.
3. Mischung in eine Sprühflasche geben. Nach Bedarf zwei- bis dreimal täglich im Raum versprühen.

Die Heißklebepistole – *beste Helferin des Raumausstatters*

Egal, ob Sie auf dem Gebiet der Zweckentfremdung von Haushaltsgegenständen Neuling sind oder ein Profi, der alle Vorhänge selbst näht – eine Heißklebepistole werden Sie sehr hilfreich finden. Einfache Modelle sind schon für weniger als 10 Euro zu haben; sie ist ein Hilfsmittel zur Verschönerung von jedem Raum, vom Schlafzimmer bis zum Bad.

Haben Sie schöne Tischwäsche, Bettwäsche oder Textilien übrig, die Sie nicht wegwerfen wollen? Mit der Heißklebepistole können Sie Applikationen aus diesen Stoffen an Vorhängen, Tapeten, Duschvorhängen, Tagesdecken, Kopfbrettern etc. anbringen. Doch Applikationen müssen nicht unbedingt ausgeschnittene Stoffstücke sein: In Ihrem Nähkästchen finden Sie sicher altmodische Knöpfe, die sich hervorragend eignen.

Zu viel Christbaumschmuck? Befestigen Sie überzähligen Christbaumschmuck mit der Heißklebepistole an einem Adventskranzrohling (erhältlich im Bastelgeschäft); nach den Feiertagen den Kranz wegpacken und bis zum nächsten Jahr aufheben.

Basteln Sie Geschenkbox-Unikate aus einfachen Versandkartons oder alten Schuhkartons: in Stoff einschlagen, mit der Heißklebepistole befestigen und mit Knöpfen, Schleifen und Bändern verzieren.

Tolle Lampe mit langweiligem Schirm entdeckt? Besorgen Sie im Kurzwarenladen eine preiswerte Bordüre oder Nahtbesatz und befestigen Sie das Material mit der Heißklebepistole am Rand des Lampenschirms.

Feiertagsdekorationen

✱ Weihnachtsbaum im Scheinwerferlicht

Die Lichterketten bilden einen gordischen Knoten? Beleuchten Sie den Baum stattdessen mit einem Strahler. Wer Schienenleuchten besitzt, stellt den Weihnachtsbaum so auf, dass die Strahler ihn in Licht tauchen. Sie können auch den Deckenfluter mit Strahler verwenden, der sonst eine große Zimmerpflanze beleuchtet. Eine Schreibtischlampe mit Schwanenhals oder Gelenkarm erfüllt ebenfalls den Zweck; stellen Sie sie so auf, dass das Licht auf den Baum gerichtet ist, ohne zu blenden. Praktisch jede verstellbare Leuchte akzentuiert die Schönheit Ihres Baumes und erspart Ihnen dieses Jahr das Gefummel mit den Lichterketten.

✱ Blumenkasten mit Adventsduft

Im Spätherbst finden Sie im Garten oder Park allerlei Dekoratives und Duftendes für einen vorweihnachtlichen Blumenkasten: Ahornlaub in kräftigen Farben, duftende Tannen- und Fichtenzweige und dekorative Kiefernzapfen.

Entfernen Sie zunächst Erdreste aus dem Blumenkasten und reinigen Sie ihn mit Backpulver oder Essig und Wasser. Frisch geschnittene Naturdeko hält meist 1 Woche oder länger, wenn sie täglich mit Wasser besprüht wird. Wer Wasser in den Kasten füllen möchte, verschließt vorher die Abzugslöcher mit Ton oder Kitt. Tropfen und Kondenswasser auf Möbeln lassen sich verhindern, wenn Sie eine Wegwerfwindel in der Größe des Kastens zuschneiden und mit der Plastikseite nach unten darunterlegen. (Windel gelegentlich überprüfen und nach Bedarf wechseln!)

Stellen Sie den Kasten innen aufs Fensterbrett, den Kaminsims, ein Sideboard oder den festlich gedeckten Esstisch, um Farben und Düfte des Winters hereinzuholen.

✱ Ausgefallenes Geschenkpapier

Statt teures Geschenkpapier zu kaufen, sehen Sie sich doch zu Hause nach kreativem und umweltfreundlichem Ersatz um. Zeitungspapier, Papiertüten, Krepppapier, Pergamentpapier, Tischsets aus Papier, überzählige Stoffservietten, Comicheftseiten, Bastel- und Zeichenpapier der Kinder, Luftpolsterfolie – die Möglichkeiten sind unerschöpflich. Verschönern Sie die Verpackung mit Stempeln, Schablonen und Aufklebern und ersetzen Sie das Geschenkband aus dem Laden durch buntes Garn, Schnüre und Kordeln aus der Werkstatt, Stoffbordüren und Borten, in Streifen gerissenen Stoff oder ein altes Stoffmaßband.

✱ Baumschmuck aus Zitrusfrüchten

Geben Sie Orangen und Zitronen, die ihre beste Zeit schon hinter sich haben, eine zweite Chance als filigraner, durchscheinender Baumschmuck! Die Früchte in 0,5 cm dicke Scheiben schneiden, flach auf ein antihaftbeschichtetes Backblech legen und auf niedrigster Stufe einige Stunden im Ofen trocknen. Ob sie fertig sind, erkennen Sie am Fruchtfleisch: Fühlt es sich noch klebrig an, lassen Sie die Scheiben noch etwas im Ofen. Nehmen Sie die Früchte jedoch unbedingt heraus, bevor sie braun werden. Auf einem Kuchengitter abkühlen lassen. Bänder oder Garn durch die getrockneten Fruchtscheiben ziehen und so an die Äste hängen, dass die Lichter des Baumes hindurchscheinen. Die getrockneten Früchte lassen sich durch Besprühen mit klarem Acryllack konservieren.

✱ Naturfarben-Ostereier

Aufstrebende Jungchemiker und neugierige Kinder helfen gern beim Färben von Ostereiern – vor allem, wenn natürliche Zutaten aus der

Ostereier färben
(mit etwas Hilfe von Mutter Natur)

Die Mengenangaben beziehen sich auf 1 l Flüssigkeit; mehr Färbemittel und längere Farbbäder ergeben sattere Farbtöne. Die gekochten Eier im Kühlschrank aufbewahren. Eier, die mehrere Stunden in heißem oder warmem Wasser gelegen haben, nicht mehr essen.

Färbemittel	**Menge**	**Farbe**
Rote-Bete-Saft	mindestens zur Hälfte mit Essigwasser verdünnt	kräftiges Rosa
Preiselbeersaft	pur	helles Rosa
Paprikapulver	mindestens 3 EL	Ziegelrot
Zwiebelschalen	250 g	Erdfarben
Kurkuma (Gelbwurz)	mindestens 3 EL	Gelbgrün
Kaffee	1 l starker Kaffee plus Wasser zum Bedecken	Braun
Heidelbeeren	bis 400 g	Flieder
Roter Traubensaft	mindestens die Hälfte der Färbeflüssigkeit	Blaugrau
Rotkohl	mindestens 400 g (kochen, über Nacht einweichen)	Türkisblau
Spinat oder Gras	bis 450 g	Grün
Rotwein	pur oder nur mit Wasser verdünnt	kräftiges Lila

Speisekammer und dem Kühlschrank verwendet werden. Dieses Familienprojekt kostet nichts, die Freude am Lernen ist jedoch unbezahlbar.

1. Die Eier vorsichtig in Seifenwasser waschen und abtrocknen.
2. Die Eier in einer Schicht in einen nicht metallischen Topf mit dem Färbemittel legen (siehe Tabelle links).
3. Pro 1 l Wasser 2 Esslöffel Essig zufügen. Zum Kochen bringen, das Ganze 15–20 Minuten köcheln lassen, dann den Topf vom Herd nehmen. Wenn die Eier die gewünschte Färbung angenommen haben, überschüssige Farbe mit Küchenpapier abtupfen und die Eier auf einem Gitterrost abkühlen lassen. Um die Färbung zu verstärken, die Eier im Topf abkühlen lassen. Noch sattere Farbtöne erhalten Sie, wenn Sie die abgekühlten Eier in eine Schüssel geben, das Färbewasser abseihen und über die Eier gießen. Eier im Färbewasser einige Stunden oder über Nacht in den Kühlschrank stellen.

✱ Schneekugeln aus Einmachgläsern

Aus sauberen Einmachgläsern und kleinen Dekoartikeln für Weihnachten lassen sich im Nu altmodische Schneekugeln herstellen. Durchstöbern Sie Ihre Kisten mit dem Weihnachtsschmuck nach kleinen Nikoläusen, Rentieren und Engeln aus Plastik oder Keramik. (Gegenstände aus Holz oder Metall sind nicht geeignet!) Die Einmachgläser können jede beliebige Größe haben, solange die Figuren hineinpassen und sich der Deckel fest zuschrauben lässt. Kleine und mittelgroße Oliven-, Kirschpaprika- und Babybreigläser eignen sich ausgezeichnet für kleine Schüttelkugeln. Einige Zutaten müssen Sie wahrscheinlich kaufen – wasserfesten Epoxidharzkleber, destilliertes Wasser, weißen Glitter und Glyzerin (aus der Apotheke) –, aber Sie brauchen jeweils nur kleine Mengen davon.

Gute Idee!

HIMMLISCHER BINDFADEN

Die hübschen filigranen Dekokugeln aus dem teuren Einrichtungsgeschäft müssen Sie gar nichts kosten – wenn Sie sie selbst herstellen. Sie brauchen nur 1 Knäuel Bindfaden, Holzleim, Wasser und 1 Luftballon.

- Für jede Kugel 1–2 m Bindfaden in einer Mischung aus 1 Teil Holzleim und 1 Teil Wasser einweichen. 1 kleinen, runden Luftballon aufblasen und zuknoten.
- Vollgesogenen Bindfaden kreuz und quer um den Ballon wickeln. Ist das gewünschte Ergebnis erreicht, Bindfaden abschneiden. Den Ballon auf ein Trinkglas setzen und mindestens 1 Tag trocknen lassen.
- Ballon aufstechen und herausziehen. Kugel mit Gold-, Silber- oder Kupfermetallfarbe besprühen. Mit Glitter bestreuen, damit die Kugeln besonders festlich aussehen. Fertige Kugeln in eine flache Schale häufen und an einem Ehrenplatz aufstellen. Himmlisch!

1. Innenseite des Deckels mit Sandpapier oder Stahlwolle anrauen, die Figur(en) mit Epoxidharzkleber ankleben und trocknen lassen.
2. Das Glas fast bis zum Rand mit destilliertem Wasser füllen, 1 Tropfen Glyzerin zufügen. Glyzerin verdickt das Wasser, damit der Glitter herumwirbelt; in größere Gläser mehrere Tropfen geben. 1–2 Prisen Glitter zufügen.
3. Den Deckel fest auf das Glas schrauben, ohne die angeklebte Figur zu verrücken. Nun können Sie das Glas umdrehen und den Schneesturm bewundern.

Gegen Arthritis hilft Kurkuma aus der Küche!

6 Hausmittel und Naturapotheke

Altbewährte, traditionelle Hausmittel wie Aspirin und Alka-Seltzer helfen gegen viele kleine und große Wehwehchen. Die Heilkraft aus der Naturapotheke, auf die schon die Großmutter schwor, ist heute zu Unrecht in Vergessenheit geraten. Brennnesseltee, Bittersalz, Kamillentee, Rizinusöl und Senfpflaster helfen auf natürliche Weise. Manchmal genügt es, sich in der Küche umzusehen: Kurkuma beispielsweise lindert Arthritis.

Doch die alte Redensart „alles in Maßen" gilt auch hier. Denn natürliche Heilmittel können Nebenwirkungen haben. Konsultieren Sie deshalb stets Ihren Arzt, wenn Sie unter ernsthaften Erkrankungen leiden und Medikamente einnehmen.

Erkältungen und Grippe bekämpfen

* Abwehr mit Hühnerbrühe

Die Wissenschaft fand heraus, dass Großmutters Hühnerbrühe tatsächlich gegen Erkältungen hilft. Sie wirkt nicht nur, weil der Dampf aus der Schüssel die verstopfte Nase befreit, sondern auch, weil entzündungshemmende Bestandteile der Brühe die sogenannten Neutrophilen unterstützen, die krankheitsauslösende Bakterien und Viren „fressen". Damit die Hühnerbrühe noch besser gegen Erkältung wirkt, geben Sie 2 geschälte und gehackte Knoblauchzehen in die köchelnde Suppe. Knoblauch enthält wirksame Schwefelverbindungen, die Viren bekämpfen, und stärkt außerdem das Immunsystem.

* Sonnenhuttee zum Trinken und Gurgeln

Echinacea purpurea, der Rote Sonnenhut, beugt tatsächlich Erkältungen vor und lindert die Symptome von Erkältungen und Grippe. Er erhöht den Properdinspiegel, ein Plasmaprotein, das die Bildung weißer Blutkörperchen anregt und so den Abwehrmechanismus stärkt. Der Genuss von 3 Tassen Sonnenhuttee am Tag schützt vor Erkältungen. Er sollte jedoch nicht länger als über einen Zeitraum von 3 Wochen getrunken werden, da es sonst zu Übelkeit, Fieber und anderen gefährlichen Nebenwirkungen kommen kann.

Auch Halsschmerzen können Sie durch bis zu dreimal täglich Gurgeln mit Sonnenhuttee bekämpfen. Menschen, die an Autoimmunkrankheiten wie Rheuma, Multiple Sklerose, Tuberkulose leiden oder mit HIV infiziert sind, sollten jedoch auf die Anwendung von Sonnenhut verzichten. Auch Schwangeren wird davon abgeraten. Beachten Sie auch die Wechselwirkung mit anderen Medikamenten. Fragen Sie sicherheitshalber vor der Anwendung und für die Dosierung Ihren Arzt oder einen Apotheker.

Gute Idee!

DAS RUDOLPH-SYNDROM

Man sollte meinen, die Rötung und die wunden Stellen der Nasenlöcher durch ständiges Naseputzen müsste einen eigenen Namen haben. Bis jetzt gibt es jedoch noch keinen – nennen wir es doch einfach das Rudolph-Syndrom, nach dem rotnasigen Rentier des Weihnachtsmanns. Um Erleichterung zu verschaffen, cremen Sie die Stellen einfach nach Bedarf mit etwas Wundsalbe oder Lippenpflegebalsam ein.

* Kühlendes gegen Fieber

In der ersten Phase einer Erkältung können Sie Ihren Körper im Kampf gegen das Fieber unterstützen, indem Sie sich etwa stündlich mit einem Waschlappen abtupfen. Tauchen Sie ihn dazu in lauwarmes Wasser, wringen Sie ihn leicht aus und waschen Sie sich damit Gesicht, Schultern, Brust und Gliedmaßen ab. Wenn das Fieber trotzdem bleibt, trinken Sie alle paar Stunden 1–2 Tassen Ingwertee – Ingwer fördert das Schwitzen, so kühlt sich der Körper selbst.

* Thymian gegen Husten

Thymian ist ein natürlicher Hustenlöser – setzen Sie also einen Thymiantee auf, wenn ein lästiger Husten Sie quält. Dazu 2 Esslöffel getrocknete Thymianblätter in 1,5 l heißem Wasser 10 Minuten ziehen lassen. Tee in eine Tasse abseihen, nach Geschmack mit Honig süßen und zwei- bis dreimal täglich 1 Tasse trinken.

* Gurgellösungen gegen Halsschmerzen

Wirksame Linderung für Ihre Halsschmerzen finden Sie eher in der Speisekammer als im Medizinschränkchen. Suchen Sie nach:

- **Honig** – Honig legt sich als lindernde Schicht über die Schleimhäute und wirkt leicht antibakteriell. 1–3 Teelöffel in 250 ml warmes Wasser einrühren und zwei- bis dreimal am Tag damit gurgeln.
- **Salz** – Mit Salzwasser wird bereits seit Jahrhunderten gegurgelt. Es entzieht den Schleimhäuten Flüssigkeit, verdünnt damit den Schleim und löst ihn. ½ Teelöffel Salz in 250 ml warmem Wasser auflösen und drei- bis viermal am Tag damit gurgeln.

- **Pfefferminze** – Das Menthol in den ätherischen Ölen der Pfefferminze befreit verstopfte Nasen, vor allem beim Gurgeln mit starkem Pfefferminztee. Dazu 3 Beutel Pfefferminztee mit 250 ml kochendem Wasser übergießen und 4–5 Minuten ziehen lassen. Mit dem abgekühlten Tee zwei- bis dreimal täglich gurgeln.

* Holunder gegen Erkältung

Wenn Sie eine Erkältung herannahen spüren, trinken Sie täglich 3–4 Tassen Holundertee oder nehmen Sie 20–30 Tropfen Holundertinktur in einem Glas Wasser ein. In Europa wird Holunder (*Sambucus nigra*) schon lange als Heilkraut gegen Viruserkrankungen eingesetzt, und die Wirksamkeit ist inzwischen auch wissenschaftlich bewiesen. In einer Studie klangen bei 9 von 10 Testpersonen nach der Einnahme von Holunder die Grippesymptome nach 2 Tagen ab, während die Personen der Kontrollgruppe, die keinen Holunder zu sich nahmen, noch 6 Tage darunter zu leiden hatten.

* Feuriges Tröpfchen

Schleim im Hals lässt sich ganz einfach mit folgender Mischung lösen: 1 Teelöffel Honig mit dem Schneebesen in 250 ml Wasser einrühren. Dann ½ Teelöffel scharfe rote Pfeffersauce (oder Tabasco) einrühren. (Wenn die Mischung Ihnen zu scharf ist, fügen Sie die Sauce tropfenweise hinzu.) Die Mischung in kleinen Schlucken trinken. Mit etwas Limonade lässt sich das Brennen hinterher abmildern.

Unglaublich, aber wahr!

FLANELL – SCHUTZ GEGEN GEISTER UND GRIPPE

Vor mehr als einem Jahrhundert wurde eines der beliebtesten Erkältungsmittel nach Metern verkauft: roter Flanell. Warum rot? Weil man glaubte, die Farbe Rot halte böse Geister fern. Viele waren auch überzeugt, dass Flanell – direkt auf der Haut – die Erkältung „herausziehe". Flanell tauchte erstmals im späten 19. Jh. auf, als ein aufgerauter Baumwollstoff in den Kurzwarenhandlungen auslag: der sogenannte Biber- oder Baumwollflanell. Der neue Stoff galt zwar im Vergleich zu Wolle als minderwertig, kratzte jedoch nicht auf der Haut. Mütter banden ihren Kindern rote Flanellschals um den Hals, die Halsschmerzen lindern und gleichzeitig den „bösen Blick" abwenden sollten. Viele Männer trugen lange Unterwäsche aus rotem Flanell unter ihrer Kleidung, um sich nicht nur vor Erkältungen und Grippe zu schützen, sondern auch Gichtanfällen und Rheuma vorzubeugen. Gegen Rückenschmerzen band man sich Biberbänder um die Hüfte. Allmählich setzte sich für das Gewebe, das wärmte, ohne zu kratzen, und dem Heilkräfte zugesprochen wurde, die Bezeichnung Flanell durch.

Frei atmen trotz Schnupfen und Allergie

✱ Eukalyptusdämpfe inhalieren

Wenn Sie das Glück haben, an getrocknete Blätter von *Eucalyptus globulus* zu kommen, kochen Sie die zerkrümelten Blätter auf und lassen Sie sie 4–5 Stunden ziehen; Mischung abseihen und zum Inhalieren erneut erhitzen (Alternative: 5–10 Tropfen handelsübliches Eukalyptusöl zum dampfenden Wasser geben). Schüssel an den Rand eines Tisches stellen, davorsetzen, Kopf über die Schüssel beugen und ein Handtuch wie ein Zelt über den Kopf legen. Dämpfe etwa 10 Minuten lang einatmen, dabei dem Dampf nicht zu nahe kommen. Das ist nicht nur gut für die Lunge, sondern auch eine erfrischende Gesichtsbehandlung!

✱ Doppelpack gegen Bronchitis

Die Schärfe von frisch geriebenem Meerrettich macht den Kopf frei und löst zusammen mit dem säuerlichen Duft der Zitrone den Schleim in den Nebenhöhlen und den Bronchien. Für ein wirkungsvolles Hustenmittel reiben Sie 50 g geschälten Meerrettich in eine Schüssel oder verwenden Sie fertig geriebenen Meerrettich. 80 ml Zitronensaft zufügen und gut umrühren. Zwei- bis dreimal täglich ½ Teelöffel der Mischung einnehmen. Die Einnahme löst Husten aus, der den Schleim aus den Bronchien befördert.

✱ Schleim lösen mit Königskerze

Die Kleinblütige Königskerze *(Verbascum thapsus)*, ein altbewährtes Volksheilmittel gegen Erkrankungen der Atemwege, enthält Saponine, die die Schleimlösung und das Abhusten fördern. Gallertartige Schleimstoffe beruhigen außerdem die Schleimhäute. Zur Herstellung von Königskerzentee 2 Teelöffel getrocknete Königskerzenblätter in 250 ml frisch aufgekochtem Wasser 10 Minuten ziehen lassen. Naturheilkundige empfehlen, den Tee bei bronchialen Erkrankungen bis zu dreimal täglich zu trinken.

✱ Echter Alant als Schleimlöser

Kaufen Sie Tee oder Flüssigextrakt aus Echtem Alant und bereiten Sie ihn nach Anleitung zu. Süßen Sie nach Geschmack mit Honig und trin-

Tipp FISCH GEGEN ASTHMA

Omega-3-Fettsäuren, die v. a. in **Sardinen**, Thunfisch, Lachs, Makrelen und anderen fettreichen Fischen enthalten sind, wirken gegen die sogenannten Leukotriene. Das sind körpereigene Verbindungen, die Entzündungen, Asthma und Allergien mitauslösen können.

ken Sie 1–2 Tassen pro Tag, um den natürlichen Reinigungsmechanismus der Lungen anzuregen. Der Arzneistoff im Echten Alant *(Inula helenium)* heißt Alantolacton und ist ein bewährter Schleimlöser; schon die ersten Siedler in der Neuen Welt behandelten Asthmasymptome, Keuchhusten, Lungenentzündung und Tuberkulose mit der gelb blühenden Staude. Sind Sie jedoch anfällig für Allergien, sollten Sie bei Korbblütlern wie dem Alant vorsichtig sein.

✱ Die zwei Gesichter der Kamille

Allergien lassen sich mit Kamillentee bekämpfen: 2–3 Teelöffel zerkleinerte Kamillenblüten mit 250 ml kochendem Wasser überbrühen, 10 Minuten ziehen lassen, abseihen und drei- bis viermal täglich trinken. Aber Vorsicht: Kamille wird zwar traditionell gegen Heuschnupfen angewandt, doch kann sie die Symptome verschlimmern, wenn eine Allergie gegen die verwandten Korbblütler besteht. Ärzte auf der ganzen Welt verschreiben jedoch Kamillenpräparate bei Infektionen der Atemwege wegen der entzündungshemmenden Eigenschaften des enthaltenen Azulens.

✱ Bleiche gegen Schnupfen

Wenn Sie plötzlich unter hartnäckigem Schnupfen leiden, obwohl Sie weder Allergien noch eine Erkältung haben, leben Sie möglicherweise unwissentlich mit Schimmel im Haus. Wenn Sie ihn im Bad entdecken, entfernen Sie ihn sofort mit einer Mischung aus 1 Teil Chlorbleiche und 1 Teil Wasser. Die Mischung direkt auf die Schimmelflecken sprühen und einwirken lassen. Innerhalb von Minuten ist der Schimmel Geschichte, genau wie (hoffentlich) Ihr Schnupfen!

✱ Brennnesseln gegen Heuschnupfen

Ernten Sie frische Brennnesseln und waschen Sie die Blätter – aber bitte nur mit Handschuhen! 100 g Blätter in 1,5 l kochendes Wasser geben. Hitze reduzieren und alles köcheln lassen, bis das Wasser grün wird. Dann durch ein Sieb in eine Teekanne abseihen. Trinken Sie während der Heuschnupfenzeit morgens und abends je 1 Tasse Brennnesseltee, nach Geschmack mit Honig gesüßt. Die Wirksamkeit der Brennnessel *(Urtica dioica)* gegen Heuschnupfen ist zwar wissenschaftlich nicht bewiesen, doch viele schwören auf die Kraft der Nessel gegen triefende Nasen und tränende Augen.

Selbst gemacht!

NASENSPRAY

Das Spray spült allergieauslösende Stoffe, die Allergene, aus den Nasengängen. Die Salzkonzentration entspricht der im Körper. Somit ist das Spray mild, aber überaus wirkungsvoll.

Salzwasser-Schnupfenspray

Dieses Spray wirkt am besten bei Raumtemperatur. Unbenutzte Reste nach 2 Tagen wegwerfen, da sie sonst verderben.

1 l Wasser
1 EL Kamillentee
2 TL Salz

1 Wasser in einen mittelgroßen Topf geben, mit Tee und Salz aufkochen.

2 Umrühren, bis das Salz sich löst, dann auf Raumtemperatur abkühlen lassen.

3 Lösung in ein sauberes, leeres Nasensprayfläschchen füllen. Nach Bedarf zweimal in jedes Nasenloch sprühen, dabei das andere Nasenloch zuhalten.

Was bedeutet das?

Wahrscheinlich kennen Sie einige Begriffe auf dieser Liste bereits, die nicht nur in der Kräutermedizin verwendet werden. Aber bei der Selbstbehandlung ist es besonders wichtig, die Terminologie genau zu verstehen. Diese Liste ist ein guter Einstieg.

Adstringens
Substanz, die durch Zusammenziehen der Blutgefäße blutstillend wirkt.

Analgetikum
Schmerzstillendes Medikament.

Antiseptikum
Substanz, die das Wachstum von Krankheitserregern verhindert oder aufhält.

Ätherisches Öl
Pflanzenöl, das rasch verdunstet und häufig durch Dampfdestillation gewonnen wird.

Aufguss
Zubereitung, bei der man Blüten, Blätter oder Stängel in nicht mehr kochendem Wasser ziehen lässt.

Diuretikum
Substanz, die den Harnfluss anregt.

Emolliens
Substanz, die Haut und Schleimhäute weich macht und beruhigt.

Expektorans
Substanz, die Schleim löst und dessen Auswurf erleichtert.

Flüssigextrakt
Konzentrierter Aufguss von in destilliertem Wasser, Gärungsalkohol oder Glyzerin eingelegten Kräutern.

Lichtempfindlichkeit
Überreaktion gegenüber Sonnenlicht (Ausschlag oder Brennen), verursacht durch bestimmte Substanzen.

Packung
Flüssige Kräuterzubereitung zur äußerlichen Anwendung.

Pflaster
(Mull-)Stoff mit einem Heilmittel, der direkt auf der Haut festgemacht wird.

Purgativ
Sehr starkes Abführmittel.

Schleimhaut
Auskleidung der Hohlorgane (Hals) und des Magen-Darm-Traktes; schützt durch Absonderung von Schleim.

Sud
Flüssigextrakt von in Wasser gekochter Rinde, Wurzeln, Beeren usw.

Tannine
Pflanzliche Gerbstoffe v. a. in Weintrauben, die die Oxidation und damit die Alterung verlangsamen.

Tinktur
Flüssigextrakt, für den die Kräuter in der Regel in Alkohol eingelegt werden.

Tonikum
Kräftigendes und stärkendes Heilmittel.

Wickel
Weiche Auflage mit Kräutern zur Bekämpfung von Schmerzen oder Schwellungen.

Wirkstoff
Stoffe von Pflanzen mit nachgewiesener medizinischer Wirkung.

Natürliche Mittel gegen Kopfschmerzen

Schon gewusst?

SEIT 2 JAHRTAUSENDEN MUTTERKRAUT

Die medizinische Verwendung von Mutter- oder Fieberkraut *(Tanacetum parthenium)* wurde bereits 78 v. Chr. vom griechischen Arzt Discorides beschrieben. Man behandelte damit alles – von Gelenkschmerzen bis zu Melancholie und Fieber. In den 1970er-Jahren zeigten Studien, dass es gegen Migräne wirkt. Die Wirkstoffe in den Blättern und Blüten des Mutterkrauts, die sogenannten Parthenolide, hemmen die Freisetzung von Prostaglandinen und Histaminen im Körper. Diese Stoffe können zu Entzündungen führen und Migränekopfschmerzen auslösen.

Das Kraut, das Naturheilkundler auch gegen Erkältung, Magenverstimmung und Durchfall empfehlen, wird als Kapsel und als Tropfen verkauft. Mutterkraut ist auch ideal für den eigenen Heilkräutergarten (Seite 167). Frische Blätter sollen wirksamer sein als industriell verarbeitete, sind jedoch schwer zu bekommen. Zur Vorbeugung gegen Migräne täglich nach dem Frühstück und dem Abendbrot 2 bis 3 frische Mutterkrautblätter kauen und nur den Saft schlucken. (Achtung: Dabei kann es zu Reizungen im Mundraum kommen. Alternativ Aufguss aus Blüten und Blättern trinken.)

✱ Heiß oder kalt

Spannungskopfschmerzen werden durch muskuläre Verspannungen in Kopf und Nacken verursacht und entstehen u. a. oft durch Stress und Schlafmangel. Um sie ohne Tabletten loszuwerden, einen Waschlappen in heißes Wasser tauchen, auswringen und zu einer Kompresse falten. Auf der Stirn oder im Nacken entspannt er die Muskulatur. Gefäßbedingte Kopfschmerzen, einschließlich Migräne und Cluster-Kopfschmerzen, entstehen durch das Zusammenziehen und Ausdehnen von Blutgefäßen im Kopf. Sie lassen sich auf dieselbe Weise lindern, jedoch mit kaltem Wasser. Das zieht die Blutgefäße zusammen und reduziert den Blutfluss.

✱ Kaffeepause gegen den Schmerz

In einer klinischen Studie in Illinois (USA) fand man heraus, dass Koffein Intensität und Häufigkeit von Kopfschmerzen reduzieren kann. Es mindert das Anschwellen der Blutgefäße. 58 % einer Gruppe von Testpersonen, die ausschließlich Koffein bekamen, berichteten von einem vollständigen Rückgang der Schmerzen. Einer anderen Gruppe wurde Koffein zusammen mit dem Schmerzmittel Ibuprofen verabreicht; bei 71 % verschwanden darauf die Symptome.

✱ Nebenhöhlenmassage

Sind die Nebenhöhlen verstopft und entzündet? Massieren Sie mit den Mittelfingern im Uhrzeigersinn 2–3 Minuten Punkte direkt neben den Nasenlöchern, auf Höhe der Nasenspitze. Das löst den Schleim.

Gegen manche Kopfschmerzen hilft ein Fußbad mit Senfpulver.

* Fußbad gegen Kopfschmerzen

Wenn Blut in den unteren Teil des Körpers abgezogen wird, sinkt der Druck in den Blutgefäßen im Kopf – und nichts liegt tiefer als die Füße! Nehmen Sie deshalb ein heißes Fußbad mit Senfpulver, um pulsierende gefäßbedingte Kopfschmerzen zu lindern. Wenn Sie nach etwa 30 Minuten die heißen Füße abtrocknen, fühlen Sie sich besser!

* Ingwertee wirkt Wunder

Ingwertee hilft besonders gut gegen Migräne. 2 Esslöffel frisch geriebenen Ingwer mit 750 ml heißem Wasser übergießen. 4–5 Minuten ziehen lassen, dann durch ein kleines Sieb in eine Tasse abseihen. Ingwertee gibt es auch in Beuteln, aber diesem fehlt die erfrischende Schärfe der frischen Wurzel. Und gerade die entfaltet eine besonders heilsame Wirkung.

Tipp STIRNBAND GEGEN KOPFSCHMERZEN

Binden Sie ein **Hals- oder Kopftuch** oder einen Schlips fest um die Stirn, um den Blutfluss in die pochenden, angeschwollenen Blutgefäße der Kopfhaut einzudämmen.

Augen, Ohren, Mund

✱ Raue Lippen?

Sie finden den gerade gekauften Lippenpflegestift nicht? Versuchen Sie es stattdessen mit einem beliebigen milden Öl. Aufgesprungene, trockene Lippen lassen sich gut mit Oliven-, Distel- oder Rapsöl beruhigen. Auch ungehärtetes Pflanzenfett und die gute alte Vaseline helfen.

✱ Blutdruck senken mit Bananen

Bananenscheiben z. B. im Müsli sind das kaliumreiche Geschenk von Mutter Natur an alle mit hohem Blutdruck. Sprechen Sie bei ernsthaften Erkrankungen jedoch mit Ihrem Arzt.

✱ Augenschmaus

Möhren, Sellerie, Grünkohl und Petersilie tragen zum störungsfreien Betrieb des optischen Systems bei – als Saft oder püriert als kalte Suppe. Das ideale Verhältnis: 2 Teile Möhren, 2 Teile Grünkohl, 1 Teil Sellerie, 1 Teil Petersilie. Für eine optimale Sehförderung pro Tag 500 ml Saft oder Suppe verzehren. Als Variation können Sie Spinat, Endivien, Kohl, Tomaten und Melonen als Saft oder Püree untermengen.

✱ Tea for two …

… für Ihre zwei aufgequollenen Augen nämlich: 2 feuchte Teebeutel auf müde oder geschwollene Augen legen und 15–20 Minuten lang im Liegen ihre beruhigende und erfrischende Wirkung tun lassen. Grüner Tee ist ideal, aber es geht auch mit Schwarz- oder Kräutertee. Angeblich helfen Teekompressen bei der Heilung eines Veilchens.

✱ Ohren auf für Königskerze und Knoblauch

Aus der Kleinblütigen Königskerze *(Verbascum thapsus)* und Knoblauch lassen sich beruhigende Tropfen gegen Ohrenschmerzen herstellen. Sie

Banane zum Frühstück hilft bei hohem Blutdruck.

lassen sich für Notfälle im Kühlschrank aufbewahren. Dazu 1 zerdrückte Knoblauchzehe mit 2 Esslöffeln getrockneten oder besser frischen Königskerzenblüten (frische Blüten hacken) und 125 ml Olivenöl in ein sterilisiertes Einmachglas geben. Deckel festschrauben und kräftig schütteln. An einem kühlen, dunklen Ort lagern und das Glas täglich schütteln. Nach 2 Wochen das Öl in ein anderes Einmachglas abseihen und im Kühlschrank aufbewahren. Bei Ohrenschmerzen das Öl auf Raumtemperatur erwärmen lassen oder das Glas unter fließendes warmes Wasser halten. Mit einer sterilen Pipette 2–3 Tropfen in den Gehörgang geben und durch sanftes Einmassieren im Gehörgang verteilen.

✱ Selbst gemachter Atemerfrischer

Die Zutaten für ein erfrischendes Mundwasser stehen vielleicht in Ihrer Speisekammer! 250 ml Wasser in einen Topf gießen und 1 Esslöffel Kardamomsamen und 1 Esslöffel ganze Gewürznelken zufügen. Nach Geschmack mit einigen Minzeblättern und etwas Zucker verfeinern. Aufkochen, vom Herd nehmen und 3–4 Stunden ziehen lassen. Mischung in eine Flasche abseihen und nach Bedarf damit gurgeln.

✱ Braune Flecken auf den Zähnen?

Wenn die Zähne Ihre Vorliebe für Kaffee, Tee oder Zigaretten verraten, peppen Sie Ihre aufhellende Zahnpasta doch mit 1 Prise Backpulver auf. Das Pulver über die Zahnpasta auf der Bürste streuen und damit die Zähne wie gewohnt putzen.

✱ Salzwasserspülung gegen Zahnschmerzen

Den Mund mit warmem Salzwasser auszuspülen kann Zahnschmerzen für kurze Zeit lindern. Konzentration der Lösung: 2–3 Teelöffel Salz vollständig in 250 ml warmem Wasser auflösen. Das Salz wirkt entzündungshemmend und desinfizierend.

Gute Idee!

ERSTE HILFE MIT NELKENÖL

Es ist Freitagabend, der Zahnarzt hat Feierabend, und Ihre Zahnschmerzen sind unerträglich. Sie können die Schmerzen vorübergehend mit Nelkenöl lindern. 10 g ganze Gewürznelken mit 50 ml Pflanzenöl übergießen und über Nacht stehen lassen.

Einige Tropfen Nelkenöl auf einen Wattebausch geben, Watte auf den schmerzenden Zahn legen und daraufbeißen. Den Biss 3–4 Minuten nicht lockern, bis das Öl den Schmerz betäubt. Wattebausch entfernen und aus 180 ml Wasser, ¼ Teelöffel Salz und 6–8 Tropfen Nelkenöl eine Mundspülung herstellen. Die Lösung etwa 30 Sekunden lang im Mund bewegen, mit Wasser nachspülen.

Denken Sie daran: Unverdünntes Nelkenöl kann im Mund Reizungen und Gewebeschäden verursachen. In großen Dosen eingenommen, kann es Erbrechen, Halsschmerzen, epileptische Anfälle, Atemprobleme, Nierenversagen oder Leberschäden auslösen. Nelkenöl nicht auf verletzte Hautstellen auftragen. Kinder, Schwangere und Stillende sowie Patienten mit Diabetes, Nieren- oder Leberkrankheiten und Blutgerinnungsstörungen sollten auf die Anwendung von Nelkenöl verzichten.

✱ Hausmittel gegen trockene Augen

Trockene Augen sind so verbreitet, dass es eine Flut rezeptfreier Mittel dagegen gibt. Die Ursachen reichen von Luftverschmutzung und Zigarettenrauch bis zu Alterserscheinungen. Lassen Sie die Mittel in der Drogerie und essen Sie stattdessen Bananen. Sie enthalten viel Kalium, das eine wichtige Rolle bei der Steuerung des Flüssigkeitshaushalts in den Zellen spielt.

Rücken und Muskeln – entspannt und locker

✱ Dosenmassage

Eine kalte, ungeöffnete 0,33-l-Getränkedose eignet sich wunderbar für die Rückenmassage – egal, ob Cola, Limonade oder Bier drin ist. Um das Muskelgewebe zu lockern und die Blutzirkulation im betroffenen Bereich anzuregen, stellen Sie sich mit dem Rücken an die Wand und klemmen Sie die Dose längs zwischen Rücken und Wand ein. Bewegen Sie sich dann so von einer Seite zur anderen, dass die Dose über Ihren Rücken rollt.

✱ Rückenstütze für Autofahrer

Um Ihren unteren Rücken während des Autofahrens abzustützen, falten Sie ein mittelgroßes Badehandtuch einmal längs und rollen Sie es auf; die Rolle sollte etwa 30 cm lang sein. Von einer alten Strumpfhose ein Bein in passender Länge abschneiden und das Handtuch hineinschieben. Im Auto das Behelfskissen zwischen Rücken und Autositz schieben, und schon fahren Sie bequem und rückenfreundlich.

✱ Senf gegen Schmerzen

Versuchen Sie es bei Rücken-, Gelenk- oder Muskelschmerzen doch einmal mit diesem Hausmittel: 1 Teil Senfpulver und 2 Teile Mehl in einer Schüssel mischen. Langsam Wasser einrühren, bis eine Paste entsteht. Mischung auf ein auf 30 x 30 cm gefaltetes Geschirrtuch streichen und einmal falten. Kompresse auf die schmerzende Stelle legen und mit einem Verband festmachen oder unter einem engen T-Shirt tragen. Nach 20–30 Minuten entfernen. Falls Hautreizungen auftreten, Kompresse sofort entfernen.

✱ Mehr Curry – weniger Arthritisschmerzen

Kurkuma, einer der Hauptbestandteile von Currypulver, spielt als Arznei eine ebenso große Rolle wie in der Küche. Das enthaltene Curcumin reduzierte in klinischen Studien arthritische Schwellungen. Wenn Ihnen das Currypulver zu scharf ist, würzen Sie Fleisch, Eier und dunkelgrünes Blattgemüse wie Spinat mit dem milderen Kurkumapulver.

✱ Ingwer zum Essen und Trinken

Ingwer auf dem Speiseplan kann bei Schmerzen durch Arthritis und Arthrose zumindest eine leichte Linderung bringen. Einmal täglich ½ Teelöffel Ingwerpulver oder 6 Teelöffel frischen Ingwer im Essen oder als Tee einnehmen.

✱ Linderung bei Wadenkrämpfen

Barfuß auf dem kalten Boden zu stehen vermindert den Blutfluss, und die verkrampften Beinmuskeln können wieder entspannen. Wenn Sie also mitten in der Nacht von schmerzhaften Wadenkrämpfen geweckt werden, stehen Sie auf und stellen Sie sich auf den kalten Boden.

✱ Chinin gegen Krämpfe

Um Krämpfen vorzubeugen, sollte Tonic Water einen Teil der täglich empfohlenen 2 l Flüssigkeit ausmachen. Chinin aus der Rinde des südamerikanischen Chinarindenbaums hilft nachgewiesenermaßen gegen Wadenkrämpfe, aber wegen starken Nebenwirkungen wie Herzrhythmusstörungen ist Chinin verschreibungspflichtig. Frei erhältlich in jedem Supermarkt ist jedoch mit Chinin versetztes Tonic Water.

Erste Hilfe bei Verdauungsproblemen

✱ Magenberuhiger

Verdorbener Magen? Übelkeit? Bauchschmerzen? Einige Blätter, Blüten und Samen bestimmter Kräuter werden traditionell bei Verdauungsproblemen angewendet. Dazu gehören: Anis, Engelwurz, Fenchelsamen, Ingwer, Kamille, Kümmelsamen, Majoran, Oregano, Pfefferminze und Zimt. Aus diesen Kräutern lässt sich ein Kräuteraufguss oder Kräutertee herstellen.

✱ Kurkuma gegen Grummelbauch

Linderung bei Magenkrämpfen verschafft 1 Teelöffel dieses sehr milden, geschmacksneutralen, leuchtend roten Pulvers in 250 ml Wasser oder über das Essen gestreut. Kurkuma wird in Indien und dem Nahen Osten seit Langem gegen Koliken bei Babys eingesetzt und wirkt nachweislich krampflösend.

✱ Von den Winden verweht?

Um Blähungen unter Kontrolle zu bringen, können Sie auf einen dieser Kräutertees oder Aufgüsse zurückgreifen.

- **Kümmelsamen** – 1–2 Teelöffel frisch zerdrückte Kümmelsamen mit 250 ml kochendem Wasser übergießen. 10–15 Minuten ziehen lassen und abseihen. Zwei- bis viermal täglich zwischen den Mahlzeiten 1 Tasse davon trinken.
- **Fenchelsamen** – Zubereitung wie mit Kümmelsamen; vor oder nach den Mahlzeiten trinken.
- **Getrocknete Pfefferminzblätter** – 2 Teelöffel getrocknete Pfefferminze mit 250 ml kochendem Wasser übergießen, 10–15 Minuten ziehen lassen, dann abseihen. Drei- bis viermal täglich 1 Tasse warmen Pfefferminztee trinken.
- **Dillsamen** – Für einen milden Dillsamenaufguss 1 Teelöffel gemahlene Dillsamen mit 250 ml kochendem Wasser übergießen und 10–15 Minuten ziehen lassen. Abseihen und vor oder nach den Mahlzeiten trinken.
- **Anissamen** – Zubereitung wie mit Dillsamen; vor oder nach den Mahlzeiten trinken. Achtung: Einige Menschen reagieren allergisch auf Anis!

✱ Darmreinigung mit Ballaststoffen

Verdauungsfördernd wirken Ballaststoffe durch ihr Aufquellen im Darm und eine schnellere Darmentleerung. So werden auch alle Giftstoffe schneller ausgeschieden. Täglich sollte man ca. 25 g Ballaststoffe zu sich nehmen. Besonders gute Ballaststofflieferanten sind Trockenfrüchte, Leinsamen, Weizenkleie und Vollkornprodukte. Auch frisches Obst und Gemüse versorgen Sie mit den gesunden „Darmreinigern".

✱ Mehr Ingwer, bitte

1 Tasse des geradezu wundertätigen Ingwertees nach jeder Mahlzeit hält das Verdauungssystem in Schuss. Ingwerwurzel, die Königin der verdauungsfördernden Kräuter, wird seit Jahrtausenden gegen Magenbeschwerden und Durchfall angewandt. Forschungen des letzten Vierteljahrhunderts haben ergeben, dass 2 Bestandteile des Ingwers – Gingerol und Shogaol – neben dem Verdauungstrakt auch auf das Innenohr und das zentrale Nervensystem wirken und so Übelkeit und Schwindel bekämpfen.

Schon gewusst?

RIZINUSÖL: ALLHEILMITTEL UNSERER GROSSMÜTTER

Bis weit ins 20. Jh. stand in praktisch jeder Arztpraxis, jedem Krankenhaus und Küchenschrank eine Flasche Rizinusöl. Es wurde vorwiegend als Abführmittel und gegen Bauchschmerzen verwendet, aber auch zur Behandlung von Erkältungen und Hautproblemen.

Besonders Kinder mussten das ekelhaft schmeckende Öl beim ersten Anzeichen von Schnupfen, Husten oder Bauchweh schlucken. Viele Erwachsene nahmen es einmal wöchentlich als Purgativ, um „das System durchzuspülen". Gefährlicher war es, mit dem Öl die Wehen einzuleiten und es Müttern als Stärkungsmittel nach der Geburt zu geben.

Rizinusöl wird aus den Samen des Wunderbaums *(Ricinus communis)* gewonnen – aus dem auch das tödliche Gift Rizin gewonnen wird. Aber keine Sorge! Das Öl wird kalt gepresst, mit heißem Dampf behandelt und dadurch ungefährlich. Das Produkt gibt es heute noch – Nase zuhalten und ausprobieren!

✱ Apfelessig gegen Bauchweh

Rühren Sie 2 Teelöffel Apfelessig in 250 ml Wasser und trinken Sie diesen „Essigcocktail" bis zu dreimal am Tag – er verbessert die Verdauung und wendet drohende Bauchschmerzen ab. Apfelessig enthält Apfelsäure, die den pH-Wert des Magens und damit das Säure-Basen-Gleichgewicht reguliert.

✱ Beeren gegen Durchfall

1–2 Esslöffel adstringierende Brombeeren oder Heidelbeeren oder ihre getrockneten Blätter in 325 ml Wasser 10 Minuten köcheln lassen, dann abseihen. Gegen Durchfall mehrmals täglich 1 Tasse des frisch zubereiteten Sudes trinken. Einige Naturheilkundler empfehlen, alle 4 Stunden 1 Schnapsglas (2 Esslöffel) zu trinken.

✱ Omas Verstopfungskur

Ihre Großmutter nahm es nicht ohne Grund: Rizinusöl wird hauptsächlich als Abführmittel verwendet; 1–2 Teelöffel auf nüchternen Magen führen innerhalb von etwa 8 Stunden zum Erfolg. Die Wirkung von Rizinusöl rührt von einem Inhaltsstoff her, der zu einer den Dick- und Dünndarm stimulierenden Substanz zerfällt. Vorsicht: Von einer regelmäßigen Anwendung wird abgeraten, da Rizinusöl die Aufnahme von Nährstoffen behindert und es so zu Mangelerscheinungen kommen kann.

✱ Verdauungstrakt schmieren mit Melasse

Dieser hochraffinierte Zuckersirup ist eigentlich ein Abfallprodukt, das bei der Zuckerherstellung anfällt. Doch Melasse regt nicht nur die Verdauung an, sondern enthält auch viel Kalzium, Magnesium, Kalium und Eisen. Da es sich dabei im Wesentlichen um konzentrierten Rohrzucker handelt, sollten Sie nach der Einnahme gründlich die Zähne putzen, um Karies zu vermeiden. Die richtige Dosis: 1 Esslöffel vor dem Schlafengehen.

Der eigene Heilkräutergarten

Heilkräutergärten legten Ärzte und Mönche bis weit ins 19. Jh. an. Mit den folgenden Kräutern können Sie das auch – investieren Sie etwas Mühe und ein wenig Geld für die Samen, und schon können Sie selbst Tees und Salben herstellen. Wählen Sie eine sonnige Ecke mit nährstoffreichem Boden. Mehrjährige Pflanzen treiben jährlich neu aus, einjährige müssen jedes Jahr neu ausgesät oder verpflanzt werden.

Basilikum
Einjährig. Junge Blätter des sogenannten Königskrauts vewenden. Anwendungsgebiete: Blähungen, Appetitlosigkeit, Schnitt- und Schürfwunden.

Echte Kamille
Einjährig. Blüten für Aufgüsse und Salben. Anwendungsgebiete: Verdauungsstörungen, Unruhe, entzündliche Hautveränderungen.

Mutterkraut
Mehrjährig. Blätter und Blüten für Tees; Blätter gegen Kopfschmerzen kauen. Anwendungsgebiete: Kopfschmerzen, Migräne, Arthritis, Hauterkrankungen.

Zitronenmelisse
Mehrjährig. Das Heilkraut ist mit der Minze verwandt. Anwendungsgebiete: Unruhe, Schlaflosigkeit, Wunden, Herpes, Insektenstiche, Blähungen, Magenverstimmung.

Glatte Petersilie
Zweijährig. Wie die krause Verwandte nährstoffreich. Anwendungsgebiete: Blähungen, Mundgeruch.

Salbei
Mehrjährig. Der Gattungsname *Salvia* bedeutet „heilen“. Deshalb nicht nur Küchen-, sondern auch Heilkraut. Anwendungsgebiete: Entzündungen in Mund und Hals.

Johanniskraut
Mehrjährig. Blätter und Blüten enthalten die Wirkstoffe dieses Heilkrauts. Anwendungsgebiete: leichte bis mittlere Depressionen. (Nur nach Absprache mit dem Arzt!)

Thymian
Mehrjährig. Der Arzneistoff im Thymian, Thymol, wirkt stark antiseptisch. Anwendungsgebiete: Husten, verstopfte Nase, Verdauungsstörungen, Blähungen.

Gutes tun für Nieren und Harnwege

✱ Der kleine rote Infektionskiller

Zur Vorbeugung gegen Harnwegserkrankungen trinken Sie täglich 350 ml bis 1 l ungezuckerten Cranberrysaft oder nehmen Kapseln mit Cranberrypulver – achten Sie auf die Dosierung. Forscher fanden schon in den 1840er-Jahren heraus, dass die enthaltene Hippursäure den Urin ansäuert und so das Wachstum von E.-coli-Bakterien hemmt, häufigste Ursache von Harnwegserkrankungen. Sie verhindert auch, dass sich E. coli im Harntrakt ansiedeln und sich bis zu den Nieren ausbreiten. Vorsicht: Cranberrysaft kann zu Wechselwirkungen mit Blutgerinnungshemmern führen. Fragen Sie Ihren Arzt. Eine Alternative: Preiselbeersaft.

✱ Petersilie gegen Schmerzen

Petersilienblättchen (glatte oder krause) hacken, 1 Teelöffel auf 250 ml kochendes Wasser geben und 3–5 Minuten ziehen lassen. Abseihen und bis zu 3 Tassen pro Tag davon trinken. Wegen der harntreibenden Eigenschaften eines ätherischen Öles in den Blättern und Wurzeln hilft Petersilientee bei leichten Blasenproblemen, bekämpft Entzündungen des Harntrakts und erleichtert sogar den Abgang kleiner Nierensteine. Vorsicht: Personen mit chronischen Nierenerkrankungen sollten vor der Anwendung einen Arzt konsultieren; übermäßige Einnahme kann auch zu Lichtempfindlichkeit der Haut führen.

✱ Eine Tasse Maisgrannentee, bitte

Für 1 Tasse Tee 50 g gewaschene Maisgrannen mit 250 ml Wasser aufgießen. 5–6 Minuten ziehen lassen, in eine Teetasse abseihen und bis zu

Schon gewusst?

IST NATÜRLICH IMMER UNBEDENKLICH?

Nein – selbst Wasser kann tödlich sein, aber nur für Extremsportler, wenn sie zu viel auf einmal davon trinken. Doch keinsfalls sollte man die Wirkung von Kräutern und Pflanzen unterschätzen und Folgendes beachten:

- Fragen Sie stets Ihren Arzt oder Apotheker nach Wechselwirkungen mit eingenommenen verschreibungspflichtigen Medikamenten. Verwenden Sie natürliche Kräuterarzneien nur nach Absprache mit einem Arzt.
- Wenden Sie niemals Kräuterheilmittel an, wenn Sie schwanger sind oder stillen.
- Wenn Sie keine eigenen Kräuter anbauen, kaufen Sie sie nur aus zuverlässiger Quelle, vorzugsweise in einem Spezialgeschäft mit geschultem Verkaufspersonal.
- Halten Sie sich an die empfohlene Dosis.
- Setzen Sie das Mittel ab, sobald Sie unerwünschte Nebenwirkungen verspüren.
- Lagern Sie die Produkte an einem kühlen, trockenen Ort außerhalb der Reichweite von Kindern.
- Verwenden Sie gekaufte Produkte nicht länger als 1 Jahr ab Kaufdatum.

3 Tassen täglich trinken. Maisgrannen gibt es auch als Teebeutel oder Kapseln. Dem Heilmittel wurden entzündungshemmende Eigenschaften bei Harnwegsinfekten nachgewiesen; in der Volksmedizin wird es bei Blasen-, Harnröhren- und Prostataentzündung angewandt.

* Liebstöckel muss man lieben

Die unangenehmen Beschwerden einer leichten Entzündung der Harnwege lassen sich mit Liebstöckeltee bekämpfen: 1 Teelöffel getrocknete, zerkleinerte Liebstöckelwurzel mit 250 ml kochendem Wasser übergießen. Liebstöckel gehört zur selben Familie wie die Karotte, schmeckt aber eher wie Sellerie. 10 Minuten ziehen lassen, dann abseihen. Achtung: Personen mit chronischen Nierenproblemen sollten verzichten.

* Trinken Sie auf die Gesundheit Ihrer Nieren!

1 bis 2 Gläser Fruchtsaft (vor allem Cranberrysaft, verdünnter Zitronen- oder Orangensaft) pro Tag halten die Nieren gesund. Die Ascorbin- und Zitronensäure in Fruchtsäften säuern den Urin an und wirken antiseptisch auf die Nieren. Aber übertreiben Sie es nicht – diese Regel sollte man immer beherzigen, besonders aber bei der Aufnahme säurehaltiger Lebensmittel.

* Von wegen Unkraut!

Der Löwenzahn ist nicht einfach nur ein Unkraut, sondern wird seit Urzeiten als Heilmittel verwendet. Auf mindestens zwei Arten nutzt er dabei den Nieren. Erstens verringert Löwenzahn Wasseransammlungen bei Nierenproblemen. Zweitens kann er den Abgang kleiner Nierensteine beschleunigen. Wenn Sie Schmerzen verspüren, die auf einen Stein hindeuten, trinken Sie viel Löwenzahntee. Das Kraut hat eine stark harntreibende Wirkung und stimuliert die Blutzirkulation durch die Nieren. Dadurch wird mehr Harn ausgeschieden und der Stein herausgespült. Löwenzahntee gibt es in Beuteln, oder Sie sammeln selbst Löwenzahnblätter und -wurzeln. Gründlich waschen und hacken. 3 Esslöffel auf 500 ml Wasser geben, 3 Minuten kochen und 10–12 Minuten ziehen lassen, abseihen.

Löwenzahntee kann sogar kleine Nierensteine herausspülen!

Fußpflege

✱ Fußpilz besiegen

Um Fußpilz zu vertreiben, nehmen Sie ein Fußbad mit 1 Esslöffel Salz auf 6 l warmes Wasser. Den betroffenen Fuß 10 Minuten einweichen, um den Pilz abzutöten. Noch besser wirkt die Lösung gegen Pilze, wenn Sie 1–2 Esslöffel Teebaumöl hinzufügen.

✱ Nagelpilz bekämpfen

Wenn Sie glauben, Nagelpilz ließe sich nur mit verschreibungspflichtigen Medikamenten besiegen, liegen Sie falsch. Mischen Sie warmes Wasser, Essig (Weißwein- oder Apfelessig) und Mundwasser zu gleichen Teilen und geben Sie 1 Esslöffel Zimt dazu. Füße einweichen, abtrocknen und mit Stärke bestäuben. Diese Methode verhindert nicht garantiert die Rückkehr des Pilzes, aber wenigstens lässt er sich so ohne teure Medikamente in Schach halten.

✱ Riechende Füße?

Starker Schwarztee tötet nicht nur geruchsbildende Bakterien ab, sondern schließt auch die Poren und lässt Ihre Füße weniger schwitzen. 3 Schwarzteebeutel 15 Minuten in 500 ml Wasser köcheln lassen, dann den Tee mit 2 l Wasser verdünnen. Füße 30 Minuten in der abgekühlten Mischung baden – Käsefüße ade!

✱ Salzbad

Bittersalz – nach der englischen Stadt, in der es abgebaut wird, auch Epsom-Salz genannt – wird zur Pflege trockener, wunder Füße verwendet. Im Notfall durch Tafelsalz ersetzen. 200 g Tafelsalz in 8 l warmem Wasser vollständig auflösen. Füße mindestens 20 Minuten darin baden, dann kräftig mit dem Handtuch abrubbeln, um abgestorbene Hautzellen zu entfernen.

Gute Idee!

GERUCHSKILLER AUS DER SPEISEKAMMER

Die Kombination aus luftundurchlässigen Schuhen, Schweiß von den Fußsohlen und mangelnder Hygiene (kein Abschrubben der Füße beim Duschen) bildet das Patentrezept für muffige Füße. Ob sie in den Strümpfen nur leicht müffeln oder im Handumdrehen voll besetzte Zimmer leeren: In der Speisekammer finden Sie Hilfe.

Die Wundermittel gegen Gerüche heißen Backpulver und Stärke. Zu gleichen Teilen mischen und vor dem Sockenanziehen die Füße damit bestäuben. Backpulver neutralisiert die Hautsäuren, in denen sich geruchsbildende Bakterien ansiedeln, die Stärke saugt den Schweiß auf. Streuen Sie zur vorbeugenden Geruchsneutralisierung auch etwas von der Mischung in Ihre Schuhe.

✱ Toller Trick für müde Treter

Wenn Ihre Füße müde sind und schmerzen, verteilen Sie ein paar Bleistifte auf dem Boden und heben Sie sie wieder auf – mit den Zehen. Diese kleine Übung belebt und kräftigt die Füße genauso wie eine kleine Massage.

✱ Heiße Füße mit Pfefferminze kühlen

Heiß gelaufene Füße erholen sich wunderbar in einem 10-minütigen eiskalten Pfefferminztee-Fußbad. Nach dieser Behandlung sind Sie wieder fit für neue Herausforderungen, ob Joggen, Walken oder ein schöner Spaziergang.

Wunden heilen und die Haut pflegen

✱ Zwiebel gegen blaue Flecke

Legen Sie auf einen frischen blauen Fleck umgehend eine halbierte rohe Zwiebel (Schnittseite nach unten) und fixieren Sie sie dort für 15 Minuten. Das Allicin in der Zwiebel (der Bestandteil, der Ihnen die Tränen in die Augen treibt) stimuliert den Lymphfluss im Körper. Das Blut, das sich im gequetschten Bereich ansammelt und sich sonst später zum blauen Fleck verfärbt, wird so weggespült. Aber legen Sie keine Zwiebel auf offene Wunden.

✱ Grüner Tee lindert Sonnenbrand

3 Beutel Grüntee in 1 l frisch aufgekochtes Wasser geben, Topf vom Herd nehmen und 2–3 Stunden ziehen lassen. Mit einem Wattebausch oder einem weichen Tuch den Sonnenbrand mit dem abgekühlten Tee betupfen. Die kühlenden Tannine im Tee erledigen den Rest.

✱ Läuse vertreiben mit Erlenrinde

Zur Behandlung von Kopfläusen 2 Esslöffel zerkleinerte Erlenrinde in 2 l Weißweinessig aufkochen, dann abkühlen lassen und in einen Behälter mit Deckel abseihen. Mit einem Wattebausch viermal täglich auf die Kopfhaut oder andere betroffene Bereiche auftragen. Die Mischung darf nicht eingenommen oder versehentlich in die Augen gebracht werden. Erlenrinde kann auch die Haut vorübergehend verfärben.

✱ Bienenstichmittel mit Doppelwirkung

Reibt man einen Bienenstich unmittelbar nach Entfernung des Stachels mit Essig ein, werden die Schmerzen gelindert und der Einstich gleich-

Gute Idee!

ALOE DIREKT VOM BLATT

Im Handel gibt es Lotionen und Cremes mit Aloe vera wie Sand am Meer. Doch falls Sie Zugang zu einer Aloe-vera-Pflanze haben, bekommen Sie die Behandlung umsonst. Frisches Gel ist dabei auch noch wirksamer als gekaufte Lotionen, die häufig mehr andere künstliche Stoffe enthalten als Aloe.

Das Gel gewinnen Sie direkt aus dem Blatt. Die Pflanze wächst gut im Zimmer an einem kühlen, sonnigen Platz.

1. Ein 7,5 cm langes Stück eines fleischigen Aloeblatts abschneiden, die Innenseite aufschlitzen und das Gel bis kurz vor der Blattwand mit einem Löffel herauskratzen.
2. Gel zwei- bis dreimal täglich auf die Haut auftragen. Dabei die Haut zwischen den Anwendungen waschen, um die Aufnahme von Glucomannan und den anderen entzündungshemmenden Bestandteilen der Aloe zu verbessern.

Achtung: Aloegel kann gelbe Flecken auf der Kleidung hinterlassen.

Kratzen Sie das Gel für eine Anwendung immer frisch von einem Blatt. Es lässt sich ohne Konservierungsstoffe nicht haltbar machen und verdirbt sehr schnell.

Bakterien in kleinen Schnittwunden lassen sich mit Knoblauch abtöten!

zeitig desinfiziert. Eine Zwiebelhälfte, mit der man den Einstich einreibt, hat die gleiche lindernde Wirkung.

✱ Schnittwunden mit Knoblauch behandeln

Sie schneiden gerade Knoblauch für die Bolognesesauce – und schon ist es passiert! Bevor Sie mit blutendem Finger nach einem Pflaster suchen, waschen Sie kleinere Schnitt- oder Schürfwunden vorsichtig mit warmem Wasser aus und trocknen Sie sie mit einem sauberen Tuch. Ein größeres Stück einer geschälten Knoblauchzehe 5–10 Minuten auf den Schnitt drücken. Sie können auch zerdrückte Knoblauchstückchen nehmen. Knoblauch enthält desinfizierendes Allicin. Lassen Sie jedoch Knoblauch nie – ob als Aufguss oder roh – länger als 20 Minuten auf der Haut, da er Reizungen auslösen kann. Falls Rötungen oder Brennen auftreten, sofort entfernen.

✱ Haferbrei in der Strumpfhose gegen Nesselsucht

Schneiden Sie das Bein einer Strumpfhose in Kniehöhe ab und füllen Sie den Fußteil mit den folgenden Zutaten: 40 g Haferflocken, 50 g Milchpulver und jeweils 4 Esslöffel getrocknete Kamillen- und Lavendelblüten. Nylonstrumpf zuknoten und unter das fließende warme (nicht heiße) Wasser halten, während Sie ein Bad einlaufen lassen. Beutel untertauchen und das Wasser abkühlen lassen. Heißes Wasser verschlimmert die Nesselsucht, statt sie zu lindern. ½ Stunde baden und etwa alle 5 Minuten den Beutel über dem Ausschlag ausdrücken.

✱ Hautausschlag mit Zaubernuss begießen

Ein Aufguss aus der Rinde und den Blättern der Zaubernuss *(Hamamelis virginiana)* ist das ideale Rezept zum Beruhigen juckender Hautausschläge. Zaubernuss enthält einen hohen Anteil Tannine, die wegen ihrer blutstillenden und entzündungshemmenden Wirkung nicht nur gegen Hautkrankheiten eingesetzt werden.

✱ Pickelcremes

Diese schnellen und einfachen selbst gemachten Pasten lassen Pickel rasch verschwinden. Versuchen Sie es einmal hiermit:

- **Backpulver** – ¼ Teelöffel Backpulver mit einigen Tropfen Wasser anfeuchten und auf die Pickel tupfen. 5 Minuten trocknen lassen, dann mit einem in kaltes Wasser getauchten Waschlappen vorsichtig entfernen.
- **Haferbrei** – Gekochten, abgekühlten Haferbrei auf die entzündeten Stellen tupfen, einen in warmes Wasser getauchten Waschlappen darauflegen und 15 Minuten einwirken lassen. Täglich wiederholen, bis die Pickel verschwunden sind.
- **Stärke und Zitronensaft** – 1 Teelöffel Stärke und 1 Teelöffel Zitronensaft zu einer Paste vermischen. Auf die Pickel auftragen und 4–5 Minuten einwirken lassen, dann das Gesicht vorsichtig mit kühlem Wasser waschen.

✱ Rettungsschwimmer hatten nie Pickel!

Die weiße Zinkoxidcreme, die sich Rettungsschwimmer früher als Sonnenschutz oft auf die Nase schmierten, wirkt auch gut gegen Akne. Etwas Zinkoxidcreme oder -salbe, vor dem Schlafengehen auf die Pickel getupft, trocknet diese nicht nur aus, sondern soll auch die Narbenbildung verhindern.

✱ Knoblauch nicht nur gegen Vampire …

Reiben Sie den Pickel mit einer frisch aufgeschnittenen Knoblauchzehe ein, um ihn auszutrocknen. Diese Behandlung empfiehlt sich allerdings eher vor dem Schlafengehen, da Knoblauch auch bei äußerlicher Anwendung die Umgebung meistens die Nase rümpfen lässt.

Gute Idee!

ZAUBERNUSS AUS DEM GARTEN

Wenn Sie einen mindestens 1 m hohen Zaubernussstrauch *(Hamamelis virginiana)* im Garten haben, können Sie daraus selbst ein Adstringens für die Behandlung von Hautreizungen, Schnitt- und Schürfwunden herstellen. So nutzen Sie die Heilkraft der Zierpflanze. Das hausgemachte Mittel ist zudem wirksamer als Produkte mit Hamamelis, die durch Dampfdestillation gewonnen wurden und so wichtige Tannine verloren haben.

Da die Blätter erst trocknen müssen, dauert die Zubereitung der Zaubernuss etwa 1 Woche. Blätter an der Stielbasis abschneiden und gründlich abwaschen. Zum Ernten der Rinde einen Ast abschlagen und die Rinde abkratzen. Blätter und Rinde auf mit Papiertüchern ausgelegten Backblechen 7 Tage lang bei 20–30 °C an einen dunklen Ort stellen.

Zaubernuss lässt sich am einfachsten mit einem Mixer verarbeiten. Getrocknete Pflanzenteile 1–2 Minuten lang zerkleinern, dann mit Wasser mischen (1 Esslöffel Pflanzenteile auf 250 ml Wasser). In einen Topf gießen, aufkochen und 20 Minuten köcheln lassen. Vom Herd nehmen und 2 Stunden ziehen lassen. Durch ein Stück Gaze oder ein feines Sieb in sterilisierte Einmachgläser abseihen und mit Deckel gut verschließen. Fertig! Nach Bedarf verwenden.

✱ Ekzemsalbe aus der Speisekammer

Eine weiße, cremige Substanz, die Ekzeme wirksam lindert, finden Sie nicht im Medizinschränkchen, sondern in Ihrer Speisekammer: Pflanzenfett. Den betroffenen Bereich großzügig mit dem Fett bestreichen, mit Klarsichtfolie abdecken und diese mit Heftpflaster befestigen. Den Wickel möglichst 2–4 Stunden einwirken lassen und jeden Tag wiederholen, bis der Ausschlag schließlich vollständig abgeklungen ist.

✱ Linderung bei juckender Gürtelrose

Gürtelrose oder Herpes Zoster wird vom Varizella-Zoster-Virus ausgelöst, der auch Windpocken verursacht. (Sie ist nicht so ansteckend wie Windpocken, aber auf anfällige Personen übertragbar.) Der Ausschlag besteht aus kleinen Bläschen, die sich verkrusten und teuflisch jucken. Ohne ärztliche Behandlung ist sie nicht zu heilen. Aber folgendes Hausmittel schafft zumindest etwas Linderung gegen den oft unerträglichen Juckreiz: Tragen Sie etwas Gel einer Aloe-vera-Pflanze direkt auf die betroffenen Hautstellen. Das kühlt und spendet wohltuende Feuchtigkeit.

✱ Knoblauchdruckverband gegen Warzen

Von einer frischen, geschälten Knoblauchzehe eine Scheibe abschneiden, auf die Warze legen und mit einer Mullbinde fixieren. Den Knoblauch so lange wie möglich auf der Warze lassen und die Behandlung morgens und abends wiederholen. Wegen seiner antiviralen Eigenschaften soll Knoblauch Warzen auch dann heilen, wenn alle anderen Methoden versagen.

✱ Rosenwasser gegen rissige Haut

Eine wohlriechende Lotion gegen rissige Haut lässt sich aus 120 ml Rosenwasser und 60 ml Glyzerin herstellen. Die Haut nach Bedarf damit einreiben. In Asien und dem Nahen Osten steht Rosenwasser heute noch in jeder Speisekammer zum Aromatisieren von Speisen und für bestimmte Rituale. Bei uns ist es in der Apotheke und in Reformhäusern erhältlich.

✱ Tropischer Warzenentferner

Eine unreife grüne Papaya mehrmals flach einschneiden und den austretenden Saft auffangen. Nach dem Gerinnen mit Wasser zu einer dünnen Paste verrühren. Vor dem Auftragen die Haut um die Warze mit einer dünnen Schicht Vaseline bestreichen. Papain, das Enzym der Papaya, reizt nämlich die Haut sehr stark und wird sogar in Fleischzartmachern verwendet. Mit einem Wattebausch die Paste morgens und abends auf die Warze auftragen, bis sie zersetzt und verschwunden ist. Papain zersetzt das Eiweiß in totem Zellgewebe und wird daher schon lange zum Entfernen von Warzen eingesetzt.

✱ Kurkuma gegen Ringelflechte

Wenn Sie eine Dose des indischen Gewürzes Kurkuma im Schrank haben, besitzen Sie ein gegen Viren wirksames Pulver. In Asien verwendet man es seit Jahrhunderten gegen Ringelflechte

Tipp ALOE GEGEN BLASEN

Blasen heilen schneller, wenn man sie mit dem Gel aus einem **Aloe-vera-Blatt** bestreicht. Blatt aufschlitzen und das Gel mit einem Löffel herauskratzen (siehe Kasten „Aloe direkt vom Blatt“, Seite 171). Auf die Blase tupfen, mit Pflaster oder Verband bedecken und täglich erneuern.

(Dermatophytose). In einer kleinen Schüssel etwas Pulver mit Wasser zu einer Paste anrühren. Mit einem Wattebausch auf den betroffenen Bereich auftragen, mit einem Verband abdecken und 20–60 Minuten einwirken lassen. Drei- bis viermal täglich wiederholen. Achtung: Kurkuma kann empfindliche Haut reizen, testen Sie das Mittel erst auf gesunder Haut; falls Rötungen auftreten, weichen Sie auf eine alternative Methode aus. Fragen Sie am besten Ihren Arzt.

✱ Hilfe bei trockener Haut

Sowohl bei trockener Haut als auch bei Ausschlägen hilft es, einen nassen Waschlappen einige Minuten lang aufzulegen. Anschließend sanft mit Pflanzenfett einreiben. Den betroffenen Bereich mit Tüchern einwickeln und das Fett 1–2 Stunden auf der Haut einwirken lassen. Anschließend mit einem sauberen, weichen Tuch abwischen und die Behandlung nach Bedarf wiederholen.

✱ Abwehr von Badedermatitis

Beim Schwimmen in Süßwasserseen schützen Sie sich wirksam vor Badedermatitis, indem Sie die unbedeckten Hautpartien großzügig mit Vaseline oder wasserfester Sonnencreme einreiben. Die Fettschicht verhindert, dass die unangenehmen Wurmlarven (Zerkarien) in die Haut eindringen können.

✱ Schöne Haut durch Essig

Lösen Sie nach dem Abschminken 1 Esslöffel Apfelessig in 500 ml Wasser und reinigen Sie die Haut damit noch einmal nach. Das regt die Durchblutung an, strafft das Bindegewebe und festigt die Haut zusätzlich. Die Mischung hilft auch gegen fettige und unreine Haut sowie Pickel. Nicht nur bei äußerer Anwendung, sondern auch von innen – 1 Glas Wasser mit einem Schuss Apfelessig tut dem ganzen Körper gut.

Unglaublich, aber wahr!

WUNDERLICHE WEGE, WARZEN ZU ENTFERNEN

Wir werden an dieser Stelle nicht alle Volksrezepte auflisten, die im Laufe der Jahrhunderte zum Entfernen von Warzen angewandt wurden – die Liste würde einmal um den Äquator reichen. Warzen wurden mit in Baumstümpfen gesammeltem Regenwasser ausgewaschen. Man behandelte sie mit rohen Kartoffeln, Bananenschalen und jeder Menge Pflanzensäften und -ölen. Der Volksglaube besagte, dass ein Leiden vom Patienten auf einen Baum, ein Tier oder einen Gegenstand übertragen werden kann. So wurde aus einer Warze z. B. Blut abgenommen, auf ein Maiskorn gestrichen und dieses an ein Huhn verfüttert. Warzen konnten auch an einen Volksheiler „verkauft" werden, den Warzenbeschwörer.

Überraschenderweise wurde bei vielen abstrusen Warzenmitteln eine Wirkung belegt. Manche Wissenschaftler glauben inzwischen, dass der Körper sich durch Selbstsuggestion von Warzen befreien kann. Ein Arzt, der erfolglos die Warzen eines Mannes behandelt hatte, legte den Patienten unter ein Röntgengerät und sagte ihm, dass er ihn bestrahlen würde. Tatsächlich schaltete der Arzt das Gerät an, ohne Röntgenstrahlen auszusenden – am nächsten Tag fielen die Warzen ab.

Für ruhigen Schlaf und angenehme Träume

✱ Tryptophan-Betthupferl

Serotonin ist ein Hormon, das beim Einschlafen hilft. Der Körper gewinnt es aus der Aminosäure Tryptophan. Putenfleisch und Bananen sind reich an Tryptophan – also in kleinen Mengen ideale Betthupferl für schöne Träume.

✱ Passionsblumentee zur Beruhigung

Trotz ihres Namens bringt Ihnen die Passionsblume kein Leiden, sondern Schlaf. 3 Beutel Passionsblumentee in 750 ml frisch aufgekochtem Wasser 30–60 Minuten ziehen lassen und ½ Stunde vor dem Schlafengehen eine Tasse davon trinken. Träumen Sie schön! Die Alkaloide in der Pflanze lindern sowohl Schlaflosigkeit als auch Angstzustände, die häufig zusammen auftreten. Achten Sie auf mögliche Wechselwirkungen, wenn Sie andere Medikamente einnehmen!

✱ Beruhigendes Bittersalzbad

Für ein beruhigendes Vollbad 450 g Bittersalz in eine Badewanne mit warmem Wasser geben. Bittersalz (Magnesiumsulfat) reinigt und stärkt nicht nur die Haut, sondern kann auch den Blutdruck senken – genau das Richtige, wenn Sie nach einem anstrengenden Tag abends noch unruhig und aufgewühlt sind.

✱ Hopfenkissen für ruhigen Schlaf

Hopfenkissen waren in alten Zeiten eine beliebte Einschlafhilfe und sind heute noch leicht herzustellen. Füllen Sie getrocknete Hopfendolden (erhältlich in Bioläden, Reformhäusern, im Internet und vielleicht in der Brauerei um die Ecke) in den Bezug eines Dekor- oder Stuhlkissens mit Reißverschluss. Riecht Ihnen der Hopfen zu streng, geben Sie noch eine Handvoll getrockneter Lavendelblüten mit ebenfalls beruhigender Wirkung und angenehmerem Geruch dazu. Legen Sie das Kissen beim Schlafengehen in die Nähe Ihres Kopfes, sodass Sie den Duft einatmen können. Damit der Hopfen aktiv bleibt, muss er alle 3–4 Wochen mit Ethanol angefeuchtet werden.

✱ Johanniskraut gegen Schlafstörungen

Bis zu 3 Tassen Johanniskrauttee pro Tag können Sie bedenkenlos gegen leichte Depressionen, Nervosität und Schlaflosigkeit trinken; Kapseln und Flüssigextrakte sind ebenfalls erhältlich. Dieses beliebte Heilkraut läuft in Deutschland manchem Antidepressivum den Rang ab. Studien zeigen, dass Hypericin und weitere Bestandteile von Johanniskraut die Zersetzung von Serotonin, Dopamin und anderen stimmungsaufhellenden Stoffen durch das Enzym Monaminoxidase (MAO) verhindern. Bei einigen Menschen tritt nach der Anwendung des Krautes eine erhöhte Lichtempfindlichkeit auf. Bei dieser Reaktion auf Sonnenlicht kann es häufig zu Hautausschlag kommen. Konsultieren Sie vor der Einnahme bitte unbedingt Ihren Arzt wegen möglicher Wechselwirkungen mit anderen Medikamenten.

✱ Tomatenmark stoppt das Schnarchen

Wenn das Schnarchen Ihres Partners Sie vom Schlafen abhält, finden Sie Abhilfe in der Speisekammer: Stecken Sie eine kleine Dose (70 g) Tomatenmark in die Brusttasche eines Baumwoll-T-Shirts und verschließen Sie die Tasche mit doppelseitigem Klebeband. Lassen Sie den Schnarcher/die Schnarcherin das T-Shirt vor dem Schlafengehen verkehrt herum anziehen – es wird ihn oder sie abhalten, in die häufigste Schnarchposition zu rollen: auf den Rücken.

✱ Gönnen Sie sich ein Bad

Warmes Wasser ist ein natürliches Entspannungsmittel. Lassen Sie also die Wanne volllaufen, dämpfen Sie das Licht, baden Sie einige Minuten und kriechen Sie dann ins frisch gemachte Bett – Einschlafen leicht gemacht!

✱ Gute-Nacht-Tee

Kamille ist bekannt für ihre beruhigenden Eigenschaften und eignet sich daher bestens als Schlummertrunk. Hochwertige Teebeutel sind im Handel erhältlich, noch besser ist frische Kamille. Einige Blüten etwa 2,5 cm unter dem Blütenkopf abschneiden, zusammenbinden und in einer Tasse heißem Wasser ziehen lassen.

✱ Weißes Rauschen als Schlaftherapie

Studien haben längst belegt: Weißes Rauschen – Rauschen, in dem Töne aller Frequenzen enthalten sind, die sich praktisch gegenseitig aufheben – ist eine effektive, nicht narkotisierende, ungefährliche Einschlafhilfe. Wo man es bekommt? Es gibt Rauschgeräte oder (preiswertere) CDs und Bänder. Einfach in den CD-Spieler im Schlafzimmer einlegen, Licht ausschalten und Wecker nicht vergessen!

✱ Bleiben Sie cool!

Der Begriff „kuschelig warm“ umschreibt nicht die idealen Einschlafbedingungen. Stellen Sie den Thermostat im Schlafzimmer lieber auf 18–21 °C und öffnen Sie das Fenster einen Spalt für eine gute Belüftung. Schlafexperten empfehlen kühlere Temperaturen im Schlafzimmer für einen tieferen, besseren Schlaf.

Superstar im Haushalt

7 ARTEN, WIE VASELINE IHREM KÖRPER GUTTUT

Vaseline gilt zwar vor allem als Feuchtigkeitsspender, wurde aber ursprünglich als Salbe zur Heilung und zum Schutz von Schnitt- und Schürfwunden entwickelt – und ist vielseitiger, als Sie vielleicht denken.

1 Scheuerstellen am Rücken durch Rucksäcke und am Oberschenkel durch Jeans lassen sich durch Auftragen von Vaseline auf die empfindlichen Bereiche vermeiden.

2 Vaseline versorgt durch Schuppenflechte trockene, aufgesprungene Stellen mit Feuchtigkeit und lindert den Juckreiz.

3 Damit ein verkrustetes Herpesbläschen nicht blutet, mit einem Wattebausch (nicht mit den Fingern!) Vaseline auftragen.

4 Hämorrhoiden können mit Vaseline betupft werden. Sie ist auch in vielen rezeptfreien Hämorrhoidensalben enthalten.

5 Eine Schicht Vaseline auf einer kleinen Wunde verhindert schmerzhaftes Austrocknen und eine Infektion durch Bakterien.

6 Etwas Vaseline unter der Nase fängt Pollensporen vor der Nase ab.

7 An der Innenseite der Nasenlöcher befeuchtet Vaseline die Schleimhäute, und es kommt weniger oft zu Nasenbluten.

Pflege für die Kleinsten

* Beruhigendes bei Windelausschlag

Der ständige Kontakt der Babyhaut mit Urin und Kot kann zu Windelausschlag führen, vor allem, wenn man nicht so oft die Windel wechseln kann. Seife kann die Haut noch mehr reizen, wenn sie Alkohol enthält – die meisten Feuchttücher enthalten zwar keinen Alkohol, aber auch in Ihrer Speisekammer finden Sie das ein oder andere alkoholfreie Hausmittel gegen Windelausschlag.

- **„Geröstete“ Stärke** – Zwar lässt sich die Feuchtigkeit absorbierende Stärke auch direkt aus der Packung verwenden, besser funktioniert sie jedoch, wenn sie im Ofen getrocknet wurde. Dazu auf einem Backblech verteilen und 10 Minuten bei 65 °C im Ofen trocknen lassen. Vor dem Gebrauch abkühlen lassen.
- **Honig** – Der Zucker im Honig absorbiert Wasser und entzieht den für die Entzündung verantwortlichen Bakterien die Feuchtigkeit und damit die Überlebensgrundlage. Fragen Sie Ihren Arzt, bevor Sie Honig bei Kindern unter 12 Monaten anwenden; bei Verzehr kann Honig Botulismus, eine Vergiftung, verursachen.
- **Vaseline** – Eine Schicht Vaseline wirkt wie ein Schutzfilm auf der Haut, unter der der Windelausschlag abheilen kann.

* Würziger Babypudererersatz

Es ist sogar wissenschaftlich erwiesen, dass Bockshornklee Windelausschlag lindern kann. Als Pulver entweder wie Babypuder direkt auf die Haut auftragen oder mit etwas Wasser zu einer Paste vermischen. Diese sparsam auf die gereizten, wunden Stellen auftragen und bei Bedarf wiederholen.

* Vorbeugen mit Salz und Zink

1 Esslöffel Salz in 1 l kochendes Wasser einrühren und auf Raumtemperatur abkühlen lassen. Den Babypo damit abwischen und vorsichtig trocken tupfen. Anschließend als Schutzschicht gegen die Nässe eine Zinkoxidlotion auftragen.

* Die einfachste Art, gegen Windelausschlag vorzubeugen?

Luft! Je weniger der Babypo in einer Windel steckt, desto geringer das Risiko eines Windelausschlags. Zum Mittagsschlaf dem Kind einfach eine lose Windel unter den Po schieben oder das Baby auf Handtücher und ein wasserfestes Laken legen.

* Linderndes aus dem Garten

Die Ringelblume, eine Verwandte der Studentenblume, wird seit Langem gegen Hautausschläge eingesetzt. Ein Vorrat an selbst gemachtem Ringelblumenaufguss im Kinderzimmer beruhigt die Haut Ihres Babys schnell und zur richtigen Zeit.

Die Blütenköpfe einer Ringelblume abschneiden und trocknen lassen. Die Blütenblätter abzupfen und 1 gehäuften Esslöffel Blütenblätter in eine Schüssel geben. Mit 750 ml kochendem Wasser übergießen, 1 Stunde ziehen lassen und in eine Flasche abseihen. Bis zu viermal täglich auf den Babypo oder andere rote und juckende Stellen auftragen.

* Kamille gegen verstopfte Näschen

Wenn Ihr Baby älter als 6 Monate ist und unter einer verstopften Nase leidet, können Sie ihm mit etwas schwachem Kamillentee helfen – dazu 1 Beutel Kamillentee höchstens 3 Minuten lang in 500 ml heißem Wasser ziehen lassen. Den lauwarmen Tee in eine Babyflasche füllen und zwei- bis dreimal täglich trinken lassen. Konsultieren Sie jedoch zuerst Ihren Kinderarzt. Denn Kamille kann bei manchen Menschen und vor allem Babys unangenehme allergische Reaktionen auslösen.

✱ Backpulverbad gegen Hitzepickel

Hitzepickel *(Miliaria)* können sehr quälend für Babys sein. Dieses Rezept lindert die schmerzhafte Rötung: Backpulver in lauwarmes Badewasser geben – 2 Teelöffel pro 4 l Wasser. Nach dem Baden das Baby nicht abtrocknen, sondern die Haut an der Luft trocknen. Ein kühler, nasser Waschlappen, mehrmals täglich auf die Hitzepickel gelegt, lindert ebenfalls den schlimmen Juckreiz.

✱ Halsweh?

Wenn Ihr Baby schon feste Nahrung isst, können warme Getränke wie Tee oder Brühe lindernd wirken. Bitte keinen Honig in den Tee geben, da dieser Bakterien enthalten kann, die im unreifen Verdauungstrakt des Babys keimen und gefährliche Lähmungen auslösen können. Ist Ihr Baby älter als 9 Monate, kann auch gekühlter Apfelsaft den kleinen Hals beruhigen.

✱ Saubere Ohren

Um Babys Ohren zu reinigen, genügt ein feuchtes Stofftuch. Nur die Ohrmuschel und das äußere Ohr damit säubern, nicht den Gehörgang. Das Ohrenschmalz sammelt sich nur außen. Auf keinen Fall ein Wattestäbchen verwenden, das könnte das empfindliche Innenohr verletzen.

Vaseline wirkt wie ein Schutzfilm auf der Haut und lindert Windelausschlag!

Bewährte Hausmittel aus der Volksmedizin

✱ Selbst gemachtes Sportgetränk

Sportgetränke stecken voller Elektrolyte – die Salze, die ersetzt werden müssen, wenn der Körper geschwitzt hat. Sie sind fast unverzichtbar, damit Sportler und Läufer nicht dehydrieren. Quasi kostenlos ist diese selbst gemachte Version: 1 Teelöffel Salz und 4 Teelöffel Zucker in 1 l Wasser auflösen – fertig ist das Sportgetränk, das zwar nicht bunt ist und kein schickes Etikett trägt, aber trotzdem Ihren Elektrolythaushalt im Gleichgewicht hält und vor Flüssigkeitsmangel schützt.

✱ Mariendistel hält die Leber gesund

Unsere Vorfahren verwendeten die Mariendistel, um „die Leber zu reinigen", und sie waren damit auf dem richtigen Weg. Das in den Samen enthaltene Silymarin hindert Gifte am Eindringen in die Leber und regt die Neubildung von Leberzellen an. Aus diesem Grund wird die Mariendistel seit jeher vor allem gegen Hepatitis, Leberzirrhose und Gelbsucht eingesetzt.

Wenn Sie jedoch glauben, dass Sie Mariendisteln einfach ernten und aus den Samen einen therapeutischen Tee brauen können, sind Sie leider auf dem Holzweg. Tees sind wirkungslos, weil die Wirkstoffe in den Mariendistelsamen nicht wasserlöslich sind. Versuchen Sie es stattdessen mit Kapseln oder Tropfen und achten Sie darauf, dass das Mittel 200–400 mg Silymarin enthält.

✱ Zucker gegen Schluckauf

Unglaublich, aber wahr: Zucker kann Sie von quälendem Schluckauf erlösen. Wirksam ist dabei nicht der Zucker an sich, sondern der Vorgang des Schluckens. Nehmen Sie 1 gehäuften Teelöffel Zucker ein und schieben Sie ihn im Mund hin und her. Durch die Zungenbewegungen wird Ihr Atemmuster unterbrochen, was

Unglaublich, aber wahr!

ÄHNLICHES MIT ÄHNLICHEM

Seit dem Mittelalter beruhte ein „Gesetz" der Volksmedizin auf dem Prinzip *similia similibus* – Ähnliches mit Ähnlichem. Man glaubte, dass unter den Arzneipflanzen diejenige, deren Eigenschaften zum jeweiligen Organ passten, eine Heilwirkung auf dieses Organ ausübte.
Diese sogenannte Signaturenlehre wurde aber mittlerweile eindeutig widerlegt.
Noch im 19. Jh. wurden Leberblümchen *(Hepatica spp.)* wegen ihrer leberförmigen Blätter zur Behandlung von Leberleiden eingesetzt. Pflanzen mit rotem Saft sollten Blutungen stillen, und die pelzigen Früchte der Klette heilten angeblich Glatzköpfigkeit. Die Signaturenlehre glaubte an eine innere Anziehungskraft, eine „Sympathie" zwischen allen Lebewesen und dem Universum. Daher wurde sie auch als „Sympathiemagie" bezeichnet. Der Gedanke, Ähnliches mit Ähnlichem zu bekämpfen, findet sich heute in der Homöopathie.

zum Abklingen des Schluckaufs führen kann. Auch das langsame Trinken von kaltem Wasser und Luftanhalten sind bewährte Mittel.

✱ Essig und Öl – nicht nur für den Salat

Mit Essig und Öl lassen sich nicht nur Salate anmachen, sie verschaffen auch in vielen Situationen im Handumdrehen Linderung. Vor allem, wenn Sie Ihre Hausapotheke nicht unmittelbar zur Hand haben.

- Essig lindert die Schmerzen nach einem Bienenstich (oder Kontakt mit einer Qualle). Stachel mit einer Pinzette herausziehen, dann unverdünnten Essig daraufgießen.
- Weißweinessig trocknet Herpesbläschen aus, wenn man diese drei- bis viermal am Tag damit bestreicht.
- Weißwein- und Apfelessig kühlen gut nach einem Sonnenbrand. Eine Essigbehandlung mindert Juckreiz bei Ausschlägen nach Kontakt mit Brennnesseln und Insektenstichen.
- Olivenöl ist ein guter Ersatz für Rasiercreme. Während Sie den Rasierer schwingen, bekommt Ihre Haut gleichzeitig eine schöne Feuchtigkeitspackung.
- Ein Vollbad mit 125 ml Olivenöl und 350 g Backpulver stillt Juckreiz und macht die Haut weich.

✱ Zitronenmelissetee gegen Herpes

Das ätherische Öl und die Gerbstoffe der Zitronenmelisse enthalten zwei Substanzen, die gegen das Herpes-simplex-Virus 1 (HSV-1), das in der Regel Lippen, Mund und Gesicht befällt, sowie gegen HSV-2 wirken, den Genitalherpes. Deswegen ist das Kraut in vielen rezeptfreien Medikamenten enthalten. Für einen Aufguss 2–3 Teelöffel gehackte Zitronenmelisse mit 250 ml frisch aufgekochtem Wasser übergießen und 10–12 Minuten ziehen lassen, dann in ein Einmachglas abseihen. Einen Wattebausch mit der Lösung tränken und die Bläschen damit mehrmals täglich betupfen.

✱ Splitter mit einer Zwiebel entfernen

Eine schmerzlose (wenn auch etwas streng riechende) Möglichkeit, einen Splitter aus dem Finger oder Fuß zu entfernen: eine 0,5 cm dicke Zwiebelscheibe auf den Splitter legen und mit einem Verband fixieren. Zwiebelwickel über Nacht auf der Haut lassen; am nächsten Morgen sollte sich die Haut zusammengezogen und der Splitter herausgelöst haben.

✱ Apfelessigtee gegen Erschöpfung

Essig verleiht Speisen Pep und kann auch Sie wieder in Schwung bringen. Verrühren Sie morgens vor dem Frühstück 250 ml warmes Wasser, 2 Esslöffel Apfelessig und 1 Teelöffel Honig mit dem Schneebesen. Tee langsam bis auf den letzten Tropfen austrinken; nach spätestens 1 Woche werden Sie neue Energie verspüren.

✱ Keine Hühneraugen mehr

Tränken Sie 1 Scheibe Weißbrot 30 Minuten lang in 50 ml Weißweinessig. Bedecken Sie das Hühnerauge mit einem genauso großen Stück Brot und befestigen Sie es mit einer Mullbinde und Heftpflaster. Über Nacht einwirken lassen. Am nächsten Tag sollte sich die schwielige Haut aufgelöst haben und das Hühnerauge leicht zu entfernen sein. Bei Bedarf wiederholen.

7 Gut aussehen von Kopf bis Fuß

Jede Frau weiß, was schiefgehen kann: Laufmaschen in der Strumpfhose, abgebrochene Absätze, verschmiertes Make-up und so weiter. Auch die Herren kämpfen mit Ketchup auf der Hose, mit leerer Haargeltube und grauen Rändern am Hemdkragen. Beide Geschlechter fürchten schlecht sitzende Frisuren, kaputte Reißverschlüsse und verknitterte Kleidung. Mit Dingen aus Küche und Haushalt sind diese Probleme schnell gelöst! Haarspray lässt Ihren Strohhut glänzen, Lippenstiftflecken kann man mit Brot entfernen, und vergilbte Kleidung wird mit Essig wieder weiß. Mit selbst gemachten Cremes lassen Sie Ihre Haut strahlen, Bier und Avocado bringen neuen Schwung in die Haare – unkompliziert und preiswert.

Hautsache

✱ Klebeband gegen Zornesfalten

Nimmt die Falte zwischen Ihren Augenbrauen langsam, aber sicher die Ausmaße des Grand Canyon an? Sie können sie abmildern, indem Sie sie 1 Monat lang jede Nacht mit Klebeband glatt ziehen. Tragen Sie vor dem Schlafengehen eine Feuchtigkeitscreme auf die Falte auf und wischen Sie ab, was nicht sofort einzieht. Falte mit den Fingern glatt ziehen, festhalten und mit einem Stück Klebeband fixieren. Am besten eignet sich ablösbares medizinisches Klebeband, aber es funktioniert auch mit einfachem Klebeband. Die Ränder sollten über den eingecremten Bereich hinaus festgeklebt werden, damit es hält. Durch das Klebeband lernen die Gesichtsmuskeln wieder, sich zu entspannen – und im Gegensatz zu Botox oder einer Schönheitsoperation kostet es nur einige Cent.

✱ Ein jüngeres (und süßeres) Gesicht

Schon Kleopatra bekämpfte Falten mit einer wöchentlichen Gesichtsmaske aus Honig. Honig macht die Haut weich, versorgt sie mit Feuchtigkeit und hilft ihr, diese zu speichern; Antioxidantien und andere Stoffe beruhigen gereizte Haut. Für die Gesichtsmaske den Honig erwärmen. Inzwischen Gesicht mit warmem Wasser waschen, um die Poren zu öffnen. Honig vorsichtig im Gesicht verteilen, Augen aussparen. 15 Minuten einziehen lassen und abwaschen. Zum Schluss Gesicht kalt waschen, um die Poren zu schließen. Ihre Haut sieht vielleicht nicht aus wie Babyhaut, fühlt sich aber fast so an!

✱ Heißes Teebad

Ein Tässchen Tee am Nachmittag ist eine Insel der Ruhe, ein heißes Grünteebad das Paradies. 2 Esslöffel getrocknete Grünteeblätter in das abgeschnittene Bein eines Nylonstrumpfs füllen und verschließen. Bündel ins heiße Badewasser legen oder mit Bindfaden über dem Wasserhahn befestigen, damit das Wasser durchlaufen kann. Während Sie Ihr heißes Bad genießen, gehen die Antioxidantien an die Arbeit und glätten, pflegen und beruhigen von innen und außen.

✱ Schokoladen-Ganzkörperwickel

Sie lieben Schokolade so sehr, dass Sie darin baden könnten? Das ist Ihre Chance: 120 ml Honig in der Mikrowelle oder über einem Wasserbad erwärmen, 150 g ungesüßten Kakao zufügen und umrühren, bis er sich gelöst hat.

Tipp PEELING MIT SOCKEN

Schon wieder eine einsame **Socke** in der Wäsche? Bevor Sie sie schlecht gelaunt wegwerfen, drehen Sie beim nächsten Bad die Innenseite nach außen, ziehen Sie die Socke über die Hand und verwenden Sie sie als Peeling-Handschuh.

Unglaublich, aber wahr!

WISSEN, DAS SIE UM-HAUT

Die meisten von uns denken über ihre Haut nicht weiter nach, dabei ist sie das größte Organ des Körpers. Sie wächst schneller als jedes andere und erneuert sich ständig selbst. Sie ist wasserfest, flexibel und erzeugt alle Körperhaare. Hier weitere erstaunliche Tatsachen:

- Die Haut eines Erwachsenen wiegt durchschnittlich 14 kg, etwa 20 % seines Gewichts.
- Die Haut eines durchschnittlichen Erwachsenen würde ausgebreitet eine Fläche von rund 1,5–2 m^2 bedecken.
- Aneinandergelegt, wären die Nerven der Haut 72 km lang, und sie hat mehr Nervenenden als jedes andere Körperteil.
- Jeden Monat wird die gesamte obere Schicht aus toten Hautzellen erneuert.
- Jeder verliert und ersetzt in seinem Leben durchschnittlich 18 kg tote Hautzellen.
- In 1 cm^2 Haut befinden sich durchschnittlich 5 Haare, 15 Talgdrüsen, 100 Schweißdrüsen und 1 m Blutgefäße.
- Ein Erwachsener hat im Durchschnitt 5 Mio. Haare, davon – je nach Haarfarbe – nur etwa 100 000 auf dem Kopf.

Wenn die Mischung dabei abkühlt, wieder erwärmen, aber nicht heiß werden lassen. Nun die Paste gleichmäßig auf dem Körper verteilen.

Klarsichtfolie um Beine, Arme und Rumpf wickeln und Paste 20 Minuten im Sitzen oder Liegen einziehen lassen. Dann Folie entfernen und Paste abwaschen. Dank der Antioxidantien in Kakao und Honig fühlt sich Ihre Haut seidig glatt an – ohne eine einzige Kalorie!

* Pflege für Ihre Beine

Ihre Beine werden beim Rasieren auch ohne Rasiercreme oder -gel seidig glatt, wenn Sie stattdessen Haarspülung oder Shampoo mit Spülung verwenden. Beide enthalten Stoffe, die Haare weich machen und Feuchtigkeit spenden. Dasselbe bewirken sie auch bei Haaren an Beinen und Achseln – bei den Herren auch im Gesicht.

* Zitruserfrischung im Sommer

Saft aus einer Limette pressen, Fruchtfleisch herausfiltern und den Saft in eine Sprühflasche füllen. 120 ml Reinigungsalkohol und 3 Teelöffel Zitronen- oder Orangenextrakt zufügen. Deckel festschrauben und kräftig schütteln. Im Sommer kühlt dieses Spray wunderbar! Bewahren Sie es im Kühlschrank auf, aber versehen Sie es mit einem beschrifteten Etikett, damit niemand es aus Versehen trinkt.

* Haltbarer Duft

Der Duft Ihres Parfüms hält Stunden länger, wenn Sie zuerst eine winzige Menge Vaseline auf Handgelenke, Hals und Ohrläppchen tupfen und überall sonst, wo der Duft aufgetragen werden soll.

* Bitte ohne Alkohol

Gesichtswasser reinigt bekanntermaßen die Haut, aber kann sie auch austrocknen. Deshalb verwenden Sie eines ohne Alkohol, denn dieser ist für die entfettende Wirkung verantwortlich. Seien Sie sparsam mit der Verwendung von Gesichtswasser und tragen Sie nach der Reinigung eine Feuchtigkeitscreme auf, dann bleibt Ihre Haut geschmeidig.

Peelings für schöne Haut

Masken, Peelings und ähnliche Methoden beschleunigen den natürlichen Erneuerungsprozess der Haut. Das Peeling stimuliert auch die Blutzirkulation und sorgt damit für eine gesunde Gesichtsfarbe. Preiswerter als im Schönheitssalon kommen Sie weg, wenn Sie zu Zutaten aus Speisekammer und Kühlschrank greifen. Massieren Sie die Peelings mit kreisenden Bewegungen sanft in die Haut ein. Beim Auftragen immer die Augenpartie aussparen! Dann abwaschen, trocken tupfen und etwas Feuchtigkeitscreme auftragen.

1

Erdbeer-Peeling

5–6 Erdbeeren zerdrücken, 1 Esslöffel gemahlene Mandeln und so viel Joghurt (ungefähr 2 Esslöffel) unterrühren, bis die Mischung breiig ist. Dann vorsichtig auftragen.

2

Hafer-Peeling

2 gehäufte Teelöffel fein gemahlene Haferflocken langsam mit etwas Wasser zu einer verstreichbaren Paste anrühren. Auf die Haut auftragen.

3

Ingwer-Peeling

Frisch gehackten Ingwer und braunen Zucker zu gleichen Teilen mischen, dann etwas Vanilleextrakt oder Mandelöl zufügen – fertig ist das Körperpeeling. Ingwer enthält wertvolle Antioxidantien und regt den Blutfluss an.

Schöne Augen machen!

✱ Zweckentfremdete Creme

Models und Schauspielerinnen kennen eine Geheimwaffe gegen Augenringe und Fältchen – und es handelt sich dabei nicht um eine teure Augencreme, sondern um Hämorrhoidencreme. Sie strafft geschwollene Bereiche und Fältchen. Für einen angenehmeren Duft mischen Sie vor dem Auftragen etwas Feuchtigkeitscreme unter. Achten Sie darauf, dass nichts in die Augen gelangt – schließlich liegt ihr eigentliches Einsatzgebiet ganz woanders.

✱ Coole Gurke

Wenn es abends mal wieder spät geworden ist und Ihre Augen am nächsten Tag ganz rot und verquollen sind, schneiden Sie zwei Scheiben von einer gekühlten Salatgurke ab. Legen Sie sich hin und decken Sie jedes Auge 30 Minuten lang mit einer Gurkenscheibe ab. Wenn Sie wieder aufstehen, strahlen Ihre Augen, und Ihr ganzer Körper ist erfrischt.

✱ Beißringe für müde Augen

Hat das Baby wieder die ganze Nacht geweint, und man sieht es Ihren Augen an? Wenn es sein Mittagsschläfchen hält, kühlen Sie zwei seiner Beißringe im Gefrierschrank, strecken sich auf dem Sofa aus und legen die Ringe etwa 10 Minuten auf die geschlossenen Lider. Die Kälte wirkt nicht nur für die Augen belebend.

✱ Augenringe abmildern

Müdigkeitsbedingte Augenringe lassen Männer wie Frauen um Jahre älter aussehen. Wenn Ausschlafen nichts hilft, legen Sie Scheiben einer reifen Avocado unter die Augen oder tragen Sie eine Paste aus gemahlenen Mandeln und Milch auf. Das lichtet die dunklen Schatten.

✱ Ein Löffelchen Energie

Wenn Ihre Augen das nächste Mal eine kleine Erfrischung vertragen könnten, halten Sie 2 Teelöffel einige Minuten unter eiskaltes fließendes Wasser. Legen Sie sich anschließend hin und decken Sie die Augenlider 30–60 Sekunden mit den Schöpfteilen der Löffel ab. Die beißende Kälte des Metalls belebt müde Augen und lädt gleichzeitig Ihre Energiereserven auf.

✱ Teebeutel gegen Schwellungen

Koffeinhaltiger Tee mit natürlichen Tanninen wirkt leicht harntreibend und wurde von unseren Großmüttern genauso wie von Laufstegmodels seit jeher zum Abschwellen verquollener Augen genutzt. 2 Teebeutel in warmem Wasser einweichen und anschließend einige Minuten in den Kühlschrank legen. Auf jedes Auge 5 Minuten lang einen Teebeutel legen, und schon schauen Sie mit neuen Augen in die Welt.

Make-up-Tipps

✱ Matschigen Lippenstift retten

Hat Ihre Handtasche zu lange in der Sonne gestanden, und Ihr Lippenstift hat darunter gelitten? Legen Sie ihn einfach für 5 Minuten in den Kühlschrank, dann wird er wieder fest.

✱ Notfall-Lippenstift

Sie können sich nicht entscheiden, ob das neue Kleid, das Sie gerade anprobieren, Ihrem Gesicht schmeichelt, und ohne Farbe auf den Lippen ist es noch schwieriger. Sie wühlen also in Ihrer Handtasche und finden weder Lippen- noch Lippenkonturenstift. Aber falls Sie den braunen Eyeliner in der Tasche haben, zweckentfremden Sie ihn einfach als Notall-Lippenstift – das kann fantastisch aussehen!

✱ „Windelbare“ Lösung

Sie haben keine Wattebäusche oder Kosmetikpads mehr? Schneiden Sie eine alte Stoffwindel in kleine Quadrate und entfernen Sie das Make-up mit den weichen, luftigen und saugfähigen Tüchlein. Mit größeren Stücken können Sie Gesichtsmasken abdecken, damit nichts auf Boden oder Kleidung kleckert; Windel ganz sanft auf die Maske drücken, bis sie haften bleibt.

Gute Idee!

HILFE GEGEN DUFTWOLKEN

Haben Sie jemals aus Versehen etwas zu viel Parfüm aufgetragen? Wenn Wasser und Seife das Problem nicht beheben, suchen Sie in der Hausbar nach Wodka. Tupfen Sie etwas davon auf die Stellen, an denen Sie das Parfüm aufgetragen haben, und der fast geruchlose Alkohol neutralisiert den übermäßigen Duft im Handumdrehen.

✱ Kein Lidschatten-Applikator?

Nehmen Sie einfach ein Wattestäbchen – das ist weicher. Mit der Spitze kann Eyeliner verwischt und „weichgezeichnet“ werden.

✱ Make-up-Malheur?

Wenn Sie es mit dem Mascara etwas übertrieben haben oder er an unerwünschte Stellen gelangt, wischen Sie das Malheur mit einem in etwas Vaseline getauchten Wattestäbchen ab und versuchen Sie es mit leichterer Hand noch einmal.

Tipp SELBST GEMACHTES LIPGLOSS

Lipgloss können Sie selbst mischen, indem Sie einen Rest Lippenstift aus der Hülse schaben und mit etwas **Vaseline** mischen. Die Mischung in ein leeres Lipglosstöpfchen füllen – und schon können Sie sie auftragen. Wenn die Mischung fester werden soll, 1 Stunde in den Kühlschrank stellen.

Haarpflege mal anders

✱ Instant-Trockenshampoo

Keine Zeit, die Haare zu waschen? Oder Sie können sich aus medizinischen Gründen nicht mit Wasser die Haare waschen? Dann ist Trockenshampoo die ideale Lösung. 1 Esslöffel Stärke auf den Haaren verteilen, überall gut einmassieren und verknotete Stellen auskämmen. Pulver gründlich ausbürsten, dabei die Bürste häufig ausschütteln. Das Pulver absorbiert Schmutz und Talg und macht das Haar sauber und glänzend. Vorsicht: Über längere Zeit kann es die Kopfhaut austrocknen.

✱ Belebende Spülung

Stumpfes Haar erwacht mit dieser Spülung aus nur 2 Zutaten wieder zum Leben. Die Hälfte einer reifen Avocado auskratzen und das Fruchtfleisch zu einem glatten Brei zerdrücken. Langsam 60 ml Kokosmilch einrühren, bis ein dickflüssiges Gel entsteht. Nach Bedarf Milch zufügen. Mischung im Haar verteilen, einmassieren, dann glatt kämmen. Nach 10–15 Minuten gründlich ausspülen. Ihre Haare fühlen sich kräftiger an und sehen voller aus. Aus der anderen Avocadohälfte können Sie einen Brotaufstrich zubereiten – Schönheitspflege von innen!

✱ Geheimwaffe Essig

Ihr Haar hat seinen Glanz verloren, ein Shampoowechsel schaffte kurzzeitig Abhilfe, aber nun ist es wieder stumpf. Shampoos und andere Produkte hinterlassen Rückstände, die sich auf dem Haar ablagern. Essig entfernt diese Rückstände ohne Nebenwirkungen und stellt das natürliche pH-Gleichgewicht des Haares wieder her. Es wird glänzender, glatter und leichter frisierbar. 2–3 Esslöffel Apfelessig in einem Einmachglas mit 250–500 ml Wasser mischen. Haare wie gewohnt waschen und ausspülen. Essiglösung schütteln und Haare damit spülen. Sie brauchen nicht mit Wasser nachspülen, denn der unangenehme Essiggeruch verfliegt beim Trocknen.

✱ Schaumfestiger leer?

Sie schütteln die Dose mit dem Schaumfestiger und stellen sie auf den Kopf, aber es kommt kein Tropfen mehr heraus. Keine Panik – etwas Rasiercreme mit einem Tropfen Reinigungsalkohol hält Ihre Haare ebenfalls in Form. Zusätzlich spendet diese Mischung Ihren Haaren Feuchtigkeit. Praktisch auch für unterwegs, so sparen Sie Platz im Kulturbeutel.

Tipp BIER FÜRS HAAR

Wenn Sie von der letzten Feier noch **Bier** übrig haben, machen Sie daraus ein Hopfenshampoo. Das gibt dem Haar Fülle und Glanz. In einem Topf 180 ml Bier bei mittlerer Hitze aufkochen, sprudelnd auf 60 ml einkochen, dann abkühlen lassen. Mit 250 ml Ihres Shampoos mischen. In ein Einmachglas mit Deckel füllen, vor Gebrauch schütteln.

Selbst gemacht!

BEWÄHRTE HAARKUR

Kräuterzubereitungen werden schon lange zur Haarpflege benutzt. Die Goldmelisse in dieser Kräuterspülung wirkt gegen Juckreiz und Schuppen, der Rosmarin sorgt für den angenehmen Duft.

Kräuterspülung

Falls das Einmachglas, in dem Sie die Kräuter ziehen lassen, einen Metalldeckel hat, ein Stück Klarsichtfolie oder Wachspapier zwischen Deckel und Glas legen, damit der Essig das Metall nicht angreift.

12 g getrocknete Rosmarinblätter
12 g getrocknete Goldmelisse
480 ml Apfelessig
500–750 ml warmes Wasser

1 Kräuter in ein hitzebeständiges, dickwandiges Einmachglas geben.

2 Essig erhitzen, aber nicht kochen. Dann über die Kräuter gießen. Abkühlen lassen und den Deckel festschrauben.

3 Glas 1 Woche an einen warmen Ort stellen und einmal am Tag schütteln.

4 Trichter mit Stoff auslegen und über ein Einmachglas hängen oder ein Sieb verwenden. Spülung in das Glas abseihen und den Deckel festschrauben

5 Für die Anwendung 80 ml Spülung mit 500–750 ml warmem Wasser mischen und Haare zwei- bis dreimal damit übergießen.

✱ Schaumfestiger da, aber Gel nicht?

Plündern Sie die Speisekammer! Rühren Sie einfach eine Portion Gelatine an – vielleicht steigen Sie sogar dauerhaft um: ½–1 Teelöffel Gelatine ohne Geschmack in 240 ml Wasser auflösen und in den Kühlschrank stellen. Hält perfekt und kostet fast gar nichts!

✱ Gel da, aber kein Haarspray?

1 Zitrone hacken und in einen Topf mit 500 ml Wasser geben. Auf die Hälfte einkochen lassen. Abkühlen lassen, abseihen und in eine saubere Sprühflasche füllen. 30 ml Reinigungsalkohol zufügen. Im Kühlschrank hält sich dieses Spray 3–4 Wochen, ungekühlt im Regal ungefähr 2 Wochen.

✱ Löckchen bändigen

Am schwierigsten sind kleine Löckchen am Haaransatz zu bändigen. Um die Ausreißer in Schach zu halten, tränken Sie eine alte Zahnbürste mit Haarspray und bürsten Sie die Locken an ihren Platz zurück. Mit den Fingern festhalten, bis das Haarspray getrocknet ist.

✱ Strumpfhosen-Zopfband

Sie finden kein Zopfband für Ihre langen Haare? Suchen Sie in der Sockenschublade nach der Strumpfhose mit den Laufmaschen, die Sie aufgehoben haben, um sie unter Hosen zu tragen. Schneiden Sie einfach die gewünschte Länge ab, und schon haben Sie ein Zopfband. Schwarze und bunte Strumpfhosen sehen natürlich am modischsten aus, aber zur Not geht es auch mit hautfarbenen. Strumpfhosen quetschen die Haare nicht so sehr und lassen sie nicht abbrechen wie manche Gummibänder.

✱ Haaransatz kaschieren

Ab einem bestimmten Alter färben Sie möglicherweise Ihre Haare, und die grauen Ansätze kommen schneller zum Vorschein als ein Rennauto auf dem Nürburgring. Schnelle Abhilfe schafft hier Mascara – mit einer alten Zahnbürste auf den Ansätzen verteilen und dabei auf sanfte Übergänge achten. Dieser Trick funktioniert am besten mit dunklem Haar – aber was machen Blondinen? Die sollten es einfach mit einem Lidschatten in Beige oder Taupe probieren!

✱ Salbei für Brünette

Salbei deckt graue Haare in braunem oder schwarzem Haar ab. 12 g getrockneten Salbei in eine Schüssel geben und mit 500 ml kochendem Wasser übergießen. Die Mischung 3 Stunden oder über Nacht ziehen lassen, dann in eine Flasche oder ein Einmachglas abseihen. Haare wie gewöhnlich waschen, ausspülen und den Salbeitee abschnittweise mit einem Wattebausch oder einem Stück Mullstoff auf die grauen Haare auftragen. An der Luft trocknen lassen oder trocken föhnen, aber nicht ausspülen. Wahrscheinlich müssen Sie den Vorgang einmal wöchentlich wiederholen, um den gewünschten Farbton zu erreichen.

✱ Mehr Pep mit Vaseline

Fühlen Sie sich ein bisschen zerzaust oder möchten ein anderes Styling für Ihren Kurzhaarschnitt ausprobieren? Halten Sie Ihre Locken und Strähnen doch mal mit etwas Vaseline in Form! Der Bonus: Nach dem Auswaschen ist Ihr Haar weicher und erhält durch die Vaseline neuen Glanz.

✱ Natürliche Tönung für dunkles Haar

Lassen Sie die Chemie im Regal (wo sie auch hingehört!) und tönen Sie Ihr dunkles Haar nach Art unserer Vorfahren: mit Rosmarin! 15 g frische, gehackte Rosmarinblätter mit 500 ml kochendem Wasser übergießen, abkühlen lassen, in eine Flasche mit Verschluss abseihen und das Haar nach dem Waschen damit spülen. Graue Haare ade!

Superstar im Haushalt

6 SOFORTHILFEN MIT ZITRONE

Im Verhältnis zu ihrer Größe bietet das Vitamin-C-Wunder Zitrone erstaunlich viele kosmetische Anwendungsmöglichkeiten. Aber Vorsicht: Zitrone kann die Haut sehr lichtempfindlich machen. Gehen Sie deshalb nach einer Hautbehandlung nicht zu lange in die Sonne.

1 Mit Zitronensaft und etwas Zucker lassen sich abgestorbene Hautzellen abrubbeln.

2 Gegen Falten 250 ml Milch, 2 Teelöffel Zitronensaft und 1 Esslöffel Weinbrand aufkochen. Auf Raumtemperatur abkühlen lassen, einreiben und nach dem Trocknen abwischen.

3 Altersflecke lassen sich durch Betupfen mit Zitronensaft aufhellen. Nach 15 Minuten abwaschen und später am Tag noch einmal wiederholen.

4 Saft von 1 Zitrone mit 60 ml Oliven- oder Mandelöl mischen – fertig ist die Gesichtsmaske, die sowohl abgestorbene Hautzellen entfernt als auch Feuchtigkeit spendet.

5 Gegen Schuppen die Kopfhaut täglich mit 2 Esslöffel Zitronensaft massieren. Mit Wasser auswaschen und nochmals mit 250 ml Wasser und 1 Teelöffel Zitronensaft waschen.

6 Für weiße, saubere Fingernägel die Finger 5 Minuten in 250 ml lauwarmem Wasser und dem Saft von ½ Zitrone einweichen. Dann Nägel mit der Innenseite der Schale abreiben.

Das eigene Nagelstudio

Warum viel Geld in Schönheitssalons ausgeben, wenn Sie dasselbe Ergebnis auch ganz gemütlich zu Hause erreichen können?

Nägel reinigen
Schmutzige Nägel 5 Minuten in einer Schüssel Wasser mit 2 aufgelösten Gebissreinigungstabletten baden. Das klingt zwar komisch, ist aber eigentlich nicht abwegig, da Zähne und Nägel aus derselben Substanz bestehen: dem Keratin.

Soforthilfe bei abgeblättertem Nagellack
Ist der Lack ab? Wenn Sie den Lack in dem Moment gerade nicht ausbessern können, suchen Sie in der Handtasche nach einem Lippenstift oder Lippenkonturenstift und kaschieren Sie die abgeplatzte Stelle damit. Das hält nicht allzu lange, aber es rettet Sie über ein Essen hinweg.

Nagelhautpflege
Wozu Geld für teure Nagelhautcremes ausgeben? Nehmen Sie stattdessen Oliven-, Mandel-, Babyöl, Pflanzenfett oder sogar Lippenpflege. Gute Nagelpflege verhindert auch Niednägel (ein Stück sich ablösende Haut am Nagelrand) – Zeichen für trockene Nagelhäute. Wenn Sie schon Öl in die Nagelhaut einmassieren, machen Sie mit dem ganzen Nagel weiter – das verhindert Einreißen und Abbrechen.

Feuchten Nagellack „schockfrosten“
Sie sind schon spät dran, aber der Nagellack ist noch nicht trocken genug, um die Autotür zu öffnen? Schnell den Gefrierschrank öffnen und die Hände hineinstecken! Ihre Nägel trocknen im Nu, und Sie können sich auf den Weg machen.

Kleidung in Form halten

✱ Schluss mit der statischen Haftung

Zu wenig Feuchtigkeit in der Luft ist die Hauptursache für die statische Aufladung von Kleidungsstücken. Männer müssen sich dabei nur Sorgen darüber machen, ob ihre Hose am Bein klebt, Frauen mit Strumpfhosen erleben dieses Problem häufiger. Folgende Methoden verhindern diese elektrisierende Erfahrung:

- **Mit Haarspray besprühen** – Sprühen Sie etwas Haarspray auf die Innenseite Ihrer Hosenbeine oder Röcke. Oder auf ein Tuch sprühen und auf dem Stoff verreiben.
- **Mit Wasser anfeuchten** – Befeuchten Sie ein Küchentuch oder die Hand mit Wasser und gleiten Sie damit auf der Außenseite der Strumpfhose und auf der Innenseite des Rockes oder der Hose entlang. Sie können auch eine Sprühflasche verwenden.
- **Mit dem Kleiderbügel trennen** – Bewegen Sie einen Kleiderbügel zwischen der Innenseite eines Kleidungsstücks und der Strumpfhose auf und ab.

✱ Das unerklärliche Gummischrumpfen

Es kommt schon mal vor, dass ein Taillengummi geschrumpft oder ausgeleiert ist, wenn man eine Hose, Shorts oder einen Rock nach längerer Zeit wieder anzieht. Rasche Lösung: Bund auf der Innenseite des Kleidungsstücks auftrennen. Gummiband durchschneiden und ein Stück straffes Gummiband aus einer alten Strumpfhose oder einen Teil eines elastischen Stirnbands einfügen. Dabei das eingesetzte Stück mit einer Sicherheitsnadel an einer Seite des zerschnittenen Gummibands befestigen. Einsatz bis zur gewünschten Weite dehnen, dann mit einer Sicherheitsnadel an der anderen Seite des Gummibands befestigen. Überschuss abschneiden und den Bund mit den Fingern glatt streichen.

✱ Nie wieder lose Knöpfe

Knöpfe an neuen Kleidungsstücken halten länger fest, wenn man die Fäden an der Oberseite mit transparent trocknendem Holzleim betupft. Am besten verwenden Sie ein Wattestäbchen.

Tipp RÖCKE VOM WINDE VERWEHT?

Röcke fliegen auch an windigen Tagen nicht hoch, wenn Sie 2–3 kleine **Schlüssel oder Münzen** als Gewichte in den Saum einnähen. Näherinnen sorgen so dafür, dass der Brautschleier gerade herabhängt. Damit die Gewichte durch feinen Stoff nicht zu sehen sind, wählen Sie flache Glasnuggets, die oft zur Dekoration in Gläsern oder Vasen verwendet werden.

✱ Faltenfrei ohne Bügeln

Hemd mit Knitterfalte auf eine ebene Oberfläche legen (Arbeitsfläche oder Kommode). Mit dem Föhn einige Zentimeter über dem Hemd heiße Luft auf die Knitterfalte lenken, dabei mit der anderen Hand glatt ziehen. Nach einigen Minuten sollte die Falte fast verschwunden sein.

✱ Cocktail für muffige Kleider

Was tun, wenn ein Kleidungsstück, das Sie gleich anziehen wollen, muffig riecht? Gießen Sie etwas puren Wodka in eine Sprühflasche und besprühen Sie das Kleidungsstück leicht damit. Der Alkohol tötet die geruchsbildenden Bakterien ab, ohne unerwünschten Eigengeruch.

✱ Applikationen als letzte Rettung

Wenn Ihr Lieblingskleidungsstück durch Löcher oder Flecken beschädigt ist, brauchen Sie es nicht gleich wegzuwerfen. Vielleicht lässt sich der Schaden mit einer Applikation verbergen? Sie verdeckt nicht nur Problemstellen, sondern sieht auch noch gut aus. Die meisten Applikationen lassen sich aufbügeln, Sie brauchen also nicht einmal das Nähkästchen herauszuholen.

✱ Fusseln von Pullovern entfernen

Fusseln können einen schönen Pullover wirklich ruinieren. Sie können die Knötchen mit einer Rasierklinge oder einem elektrischen Fusselrasierer abtrennen, aber passen Sie auf, dass Sie keine Löcher ins Gewebe schneiden. Auch mit einer Sandblattfeile, einem Bimsstein und der rauen Seite eines Klettbands lassen sich Fusseln gut entfernen. Mit diesen Werkzeugen vorsichtig in eine Richtung über das Gewebe streichen, bis sich die Fusseln lösen.

✱ Reißverschlüsse reparieren

Klemmt der Reißverschluss? Sehen Sie sich die Zähnchen genau an. Wenn sich dazwischen Flusen oder Schmutz festgesetzt haben, bürsten Sie den Reißverschluss mit einer trockenen Zahnbürste sauber und reiben Sie ihn leicht mit dem Stummel einer Bienenwachskerze ein. Jetzt sollte der Reißverschluss wieder mühelos gleiten. Falls er zu leicht läuft und sich von selbst öffnet, betupfen Sie die Zähnchen mithilfe eines Wattestäbchens mit Haarspray, nachdem Sie das Kleidungsstück angezogen und den Reißverschluss hochgezogen haben. Das Haarspray sorgt für gerade genug Haftung zwischen beiden Teilen.

Schon gewusst?

WESPENTAILLE

Die Frauen des 19. Jh. waren für zwei Dinge bekannt: ihre Wespentaille und häufige Ohnmachten. Da fragt man sich schon, ob diese Umstände wohl zusammenhingen. Ihre kurvenreichen Figuren verdankten die Damen fest sitzenden Korsetten, die die Taille zusammenschnürten und die Brüste anhoben. Mit einer Verstärkung aus Holz, Fischbein oder Stahlrippen waren Korsette schwer und steif.

Die eingeschnürte Frau zeigte eine bewundernswert aufrechte Haltung. Kein Wunder: Sie konnte sich nicht nach vorn beugen! Schlimmer noch, die Frauen hatten oft auch Atemprobleme. Die Korsette schränkten die Bewegung des Zwerchfells ein. Senkt sich das Zwerchfell, dehnt sich die Lunge aus und nimmt Sauerstoff auf. Hebt es sich, zieht sie sich zusammen und gibt Kohlendioxid ab. Den festgezurrten Damen wurde der Atem buchstäblich abgeschnürt. Es überrascht nicht, dass mit Verschwinden des Korsetts auch das Riechsalz zur Wiederbelebung Ohnmächtiger verschwand.

Ordnung im Kleiderschrank

✱ Dufte Wäsche

Gerade haben Sie den letzten Tropfen Ihres Lieblingsparfüms auf das Handgelenk getupft und bedauern, dass es leer ist. Sie können den Duft etwas länger genießen, wenn Sie das offene Fläschchen in die Wäscheschublade legen. Er steigt Ihnen beim Öffnen der Schublade in die Nase und parfümiert Ihre Wäsche.

✱ Luftpolsterfolie gegen Knitterfalten

Wie oft haben Sie schon eine Hose aus dem Schrank genommen, und der Kleiderbügel hat unansehnliche Knitterfalten hinterlassen? Umwickeln Sie die Querstange des Bügels mit Luftpolsterfolie (glatte Seite nach außen, mit Klebeband fixieren). Es eignen sich auch Streifen aus der Füllung von Steppdecken oder Schaumstoff, der häufig als Füllmaterial verwendet wird.

✱ Ordentliche Halstücher

Wenn Sie Ihre Halstücher griffbereit aufbewahren wollen, hängen Sie einige Duschvorhangringe, die sich öffnen lassen, an der Querstange eines Kleiderbügels ein, ziehen Sie ein Halstuch durch jeden Ring und hängen Sie den Bügel an die Kleiderschrankstange – viel einfacher, als in einem Haufen Halstücher in der Schublade nach dem passenden zu wühlen.

✱ Zederduft

Zedernblöcke werden schon lange als Alternative zum streng riechenden Kampfer verwendet, um Motten am Einziehen in Ihre Kleider zu hindern. Wenn das Zedernholz keinen waldigen Geruch mehr verströmt, brauchen Sie nicht gleich ein neues zu kaufen. Rauen Sie das Holz einfach mit Schleifpapier oder einer Sandblattfeile auf, und schon duftet es wieder.

Motten meiden auch den Geruch von getrockneten Lorbeerblättern, getrocknetem Lavendel, getrockneter Orangenschale, Gewürznelken und ganzen Pfefferkörnern. Füllen Sie ein paar Zutaten in die Beinteile einer alten Strumpfhose. So lassen sich unauffällige Säckchen für Kleiderschrank oder Schublade basteln, die für angenehmen Duft sorgen.

Tipp PLATZ IM KLEIDERSCHRANK

Sie brauchen Ihren Kleiderschrank nicht umzubauen oder Spezialkleiderbügel zu kaufen, um Platz zu gewinnen. Schieben Sie einen **Duschvorhangring** über den Haken des Bügels und hängen Sie einen zweiten Bügel daran. Nun passen doppelt so viele Kleidungsstücke darauf.

Heile Strumpfhosen

Wie bitte? In diesem Buch geht es einmal tatsächlich darum, Strumpfhosen zu tragen, statt sie als Keilriemen oder Hundeleine einzusetzen? Ja! Diese 4 Tipps können dafür sorgen, dass sie heil bleiben.

1

Laufmaschen verhindern

Sie können eine Strumpfhose wesentlich häufiger tragen, wenn Sie sie vor dem Waschen 30 Minuten in einer Lösung aus 90 g Salz und 1 l Wasser einweichen. Ausspülen und tropfnass aufhängen. Haben Sie keine Zeit für diese Vorbehandlung, weichen Sie die Strumpfhose gleich nach dem Tragen nur in Salzwasser ein und waschen Sie sie. Das Salz macht die Nylonfasern robuster.

2

Lebensdauer verlängern

Strumpfhose anfeuchten und in einem verschließbaren Plastikbeutel in den Gefrierschrank legen. Gefrorene Strumpfhose herausnehmen, auftauen lassen (bitte nicht in der Mikrowelle!) und tropfnass aufhängen. Das Einfrieren härtet die Fasern, und Sie können die Strumpfhose häufiger tragen.

3

Weichspüler gegen Laufmaschen

Das Spülen einer Strumpfhose mit 1–2 Tropfen Weichspüler im Wasser verhindert die Entstehung von Laufmaschen. Der Weichspüler macht das Nylongewebe dehnbarer und damit weniger anfällig für Laufmaschen durch übermäßige Spannung. Zum Trocknen die Strumpfhose nicht auswringen und aufhängen, sondern in ein Handtuch rollen.

4

Laufmaschen aufhalten

Wenn Sie keinen durchsichtigen Nagellack zur Hand haben, um eine Laufmasche aufzuhalten, bestreichen Sie Anfang und Ende sowie die Seiten mit Flüssigseife. Die Seife wird beim Trocknen hart und bildet eine Barriere, sodass die Laufmasche nicht weiterlaufen kann. Sie können auch mit einem feuchten Stück Seife über die Laufmasche reiben.

Erste Hilfe bei heiklen Flecken

* Backpulver gegen Make-up-Flecken

Wenn etwas Make-up-Grundierung auf Ihre Bluse getropft ist, gehen Sie in die Küche und nehmen Sie etwas Backpulver. Fleck vollständig mit dem Pulver bestreuen und vorsichtig ins Gewebe drücken. Nagel- oder Zahnbürste anfeuchten und den Fleck vorsichtig ausbürsten. Wenn der Fleck noch zu sehen ist, Vorgang wiederholen, bis alle Spuren beseitigt sind.

* Lippenstift-Fleckentferner Nr. 1: Vaseline

Fleckenexperten betupfen Lippenstiftspuren vor dem Waschen mit Vaseline. Die Methode wird auch Ihnen das gewünschte Ergebnis bringen!

* Lippenstift-Fleckentferner Nr. 2: Brot

Etwas weiches Toast- oder Weißbrot zu einer Kugel kneten. Den Fleck mit der Brotkugel abtupfen, bis er sich vom Gewebe löst. Kleidungsstück waschen. Die Brotkugel können Sie auch für nicht waschbare Wollkleidung verwenden.

* Vollbad gegen Tomatensaucenflecken

Mutig, wer im weißen Hemd ohne Serviette im Kragen Spaghetti isst. Entfernen lassen sich Tomatensaucenspritzer mit einer Mischung aus 125 ml 3%igem Wasserstoffperoxid und 750 ml Wasser in einer Schüssel oder im sauberen Waschbecken. Den Fleck 30 Minuten einweichen, dann in die Waschmaschine geben.

* Rasierschaum gegen Tomatensauce

Rasierschaum (kein Gel!) auf den Saucenfleck sprühen, vorsichtig einreiben, trocknen lassen und in der Waschmaschine waschen.

* Brot gegen Make-up-Flecken

Flecken von Make-up-Grundierung auf waschbaren Textilien können Sie mit einer weichen Weißbrotkugel wegtupfen. Die Brotbehandlung entfernt auch Bleistiftflecken auf Wolle und waschbarer Kleidung. Widerstehen Sie der Versuchung, die Flecken mit einem Radiergummi auszureiben – in den meisten Fällen sehen sie danach nur noch schlimmer aus.

* Milch gegen Tintenflecken

Den hässlichen Tintenfleck auf dem Hemd entfernen Sie so: 2–3 Esslöffel Stärke in eine Schüssel geben und mit Vollmilch zu einer dicken Paste anrühren. Fleck mit der Paste bestreichen und 3–4 Stunden einwirken lassen. Die Paste ausbürsten und das Hemd waschen. Auch das Beträufeln mit Zitronensaft entfernt Tinte. Nach kurzem Einwirken mit Wasser auswaschen.

* Rotweinflecken entfernen

Der Wein gestern Abend schmeckte fantastisch, aber die Tropfen auf Ihrer Hose machten heute Morgen gar keinen guten Eindruck. Mineralwasser ist ein wirksames Mittel gegen Rotweinflecken. Sollten Sie damit keinen Erfolg haben, versuchen Sie es damit:

- **Spülmittel und Essig** – Spülmittel verdünnen und vorsichtig den Fleck damit einreiben; mit Wasser auswaschen und dann 1 Tropfen Weißweinessig auf den Fleck geben. Trocken tupfen und erneut mit Wasser auswaschen.
- **Salz und kochendes Wasser** – Den noch feuchten Fleck mit reichlich Salz bestreuen und warten. Es sollte den Wein aufsaugen

und sich rosa färben. Falls nicht, können Sie bei Tischdecken und groberen Stoffen das Salz mit kochendem Wasser übergießen. In beiden Fällen das fleckige Textil umgehend in der Waschmaschine waschen.

- **Backpulver** – Reichlich Backpulver auf den Fleck häufen und mindestens 1 Stunde einwirken lassen, bis es den Fleck aufgesaugt hat. Backpulver abschütteln und Kleidungsstück in der Waschmaschine waschen.

✱ Schweißflecken verhindern

Babypuder oder Talkumpuder an den schweißgefährdeten Stellen der verschmutzten Kleidungsstücke wie am Kragen und unter den Armen verteilen. Mit einem warmen Bügeleisen vorsichtig einbügeln. Das Pulver absorbiert den Schweiß, und die restlichen Rückstände lösen sich leichter beim Waschen.

✱ Cola gegen Blutflecken

Sie nähern sich schon der Ziellinie des Wohltätigkeits-Fahrradmarathons, als Ihr Vorderrad plötzlich in ein Schlagloch gerät und Sie mitsamt dem Fahrrad zu Boden stürzen. Glücklicherweise ist nichts weiter verletzt außer Ihrem Stolz und dem blutenden Ellbogen. Dieses Missgeschick hinterlässt jedoch auch auf Ihrer Kleidung Spuren. Jemand, der sich damit auskennt, hat mal gesagt, Blutflecken solle man über Nacht in Cola (oder einem anderen kohlesäurehaltigen Softdrink) einweichen. Je nach Kleidungsstück können Sie es ja mal ausprobieren.

✱ Ein Hoch auf das Mineralwasser

Am erfolgreichsten lassen sich Flecken behandeln, bevor sie trocknen und sich im Gewebe festsetzen. Wenn Sie im Restaurant oder bei Freunden zu Hause sind und sich mit Essen oder Trinken bekleckern, bitten Sie sofort um ein Glas Mineralwasser und ein sauberes, fusselfreies Geschirrtuch. Begeben Sie sich mit dem Mineralwasser auf die Toilette und tränken Sie den Fleck damit. 1 Minute warten, dann den Fleck vorsichtig mit dem Geschirrtuch wegtupfen, aber nicht reiben. Ein natürlicheres chemiefreies Fleckenmittel wird man kaum finden.

Selbst gemacht!

FLECKENTFERNER

Essig, Backpulver und Salmiakgeist – ein kraftvolles Trio, das durch die Zugabe von Kernseife noch Verstärkung bekommt. Selbst der schlimmste Fleck hätte gegen dieses selbst gemachte Reinigungsmittel keine Chance. Es eignet sich besonders für eingetrocknete Flecken.

Fleck-weg-Spray

Fett-, Kaffee-, Obstsaft- und andere häufige Flecken können Sie mit diesem Spray behandeln. (Vor Gebrauch gut schütteln!) Flüssige Kernseife gibt es in Bioläden, im Internet und in einigen Supermärkten.

120 ml Weißweinessig
80 ml klarer Salmiakgeist
45 g Backpulver
2 Esslöffel flüssige Kernseife
1,5 l Wasser

1. Alle Zutaten in einen Behälter geben und gut umrühren. Anschließend in eine oder mehrere Sprühflaschen füllen.
2. Lösung auf den Fleck sprühen und 3–5 Minuten einwirken lassen.
3. Fleck vorsichtig mit einem weichen Tuch ausreiben, Kleidungsstück waschen.

Schnelle Reparaturen

✱ Vergraute und vergilbte Kleidung retten

Kleidungsstücke mit Grauschleier müssen Sie nicht gleich wegwerfen: Lösen Sie 1 Teelöffel Weingeist in kaltem Wasser in einer Plastikwanne oder im Waschbecken auf. Weichen Sie das Kleidungsstück einige Stunden darin ein, bevor Sie es in der Maschine waschen. (Auch alte Taschentücher sehen danach wieder aus wie neu.) Vergilbte Kleidungsstücke vor dem Waschen über Nacht in 125 ml Weißweinessig und 1,5 l warmem Wasser einweichen.

✱ Spitze auffrischen

Wenn Ihr Spitzentuch oder -läufer eine Stärkung gebrauchen kann, waschen Sie das gute Stück wie gewohnt und tauchen Sie es dann in eine Lösung aus 7,5 l warmem Wasser und 180 g Bittersalz. Das Salz lagert sich an den Fasern ab und verleiht dem Gewebe Substanz.

✱ Seife gegen verknotete Fäden

Verknotet sich der Faden immer wieder, wenn Sie Knöpfe annähen? Um das zu verhindern, ziehen Sie den Faden vor dem Nähen leicht über ein Stück Seife. Durch den wachsartigen Überzug lässt er sich leichter entwirren.

✱ Durchziehband neu einfädeln

Ein herausgerutschtes Durchziehband aus dem Kapuzenpullover oder dem Lieblingspyjama lässt sich einfach wieder einziehen. Befestigen Sie eine Sicherheitsnadel am Ende des Bandes und schieben Sie diese durch den Hohlsaum.

✱ Murmeln bei der Handschuhreparatur

Wenn Sie eine Murmel in den reparaturbedürftigen Finger eines Handschuhs stecken, können Sie auf einer glatten Oberfläche nähen. Zehen und Fersen von Socken mit einem Tennisball oder einem dafür vorgesehenen Stopfei stopfen.

✱ Nähset im Filmdöschen

Für unterwegs packen Sie alles, was Sie brauchen, in ein Plastikfilmdöschen in die Handtasche: Hemdknöpfe, Nähnadeln, Garn und Sicherheitsnadeln in verschiedenen Größen.

Gute Idee!

BRANDFLECKEN BESEITIGEN

Sie haben Ihre neue Bluse zum ersten Mal gebügelt, und – oh Schreck! – das Bügeleisen war zu heiß. Doch die angesengten Stellen können Sie mit folgenden Tricks wieder verschwinden lassen:

- **Auf weißer Baumwolle** Ein Baumwolltuch mit 3%igem Wasserstoffperoxid anfeuchten und den Brandfleck damit wegtupfen.
- **Auf bunter Baumwolle** Fusselfreies Tuch mit 3%igem Wasserstoffperoxid oder Weißweinessig anfeuchten und über den Brandfleck legen. Auf niedriger Stufe überbügeln.
- **Auf allen waschbaren Baumwollstoffen** Zwiebel halbieren, den Brandfleck damit einreiben, über Nacht in kaltem Wasser einweichen und waschen.
- **Auf Wolle** Brandfleck mit Wasser anfeuchten und mit Stärke betupfen. 20–30 Minuten einwirken lassen, dann abbürsten.

Für die Herren

✱ Lotion für hart arbeitende Hände

Selbst wenn Sie sehr auf Ihre Fingernägel achten – Hände mit rauer, trockener Haut machen den guten Eindruck zum Teil wieder zunichte. Doch dieses Problem können Sie im Schlaf lösen: 2 Esslöffel Avocadoöl, 1 Esslöffel Honig und 2 Teelöffel Glyzerin mit dem Schneebesen zu einer dünnen Paste verrühren. Nun 150 g fein gemahlene Haferflocken oder Mandeln unterrühren, bis die Konsistenz stimmt. Vor dem Schlafengehen Hände und Finger in der Paste „waschen" und Handschuhe aus Latex oder Baumwolle darüberziehen.

✱ Erfrischer der Haut

Verdünnter Essig belebt Ihre Haut nicht nur, sondern schützt sie auch vor Infektionen. Machen Sie sich selbst ein Essig-Pfefferminz-Konzentrat als Gesichtswasser. 1 Teelöffel getrocknete Pfefferminze (oder 1 Esslöffel frische) in eine sterilisierte Flasche mit Deckel geben und 80 ml Apfelessig dazugießen. Deckel festschrauben und 10 Tage ziehen lassen.

Essig mit Minzaroma in eine zweite sterilisierte Flasche abseihen. Für die Anwendung 1 Esslöffel Pfefferminzessig mit 125 ml abgekochtem oder destilliertem Wasser verdünnen und die Gesichtshaut damit erfrischen.

✱ Selbst gemachte Aloe-Gesichtsmaske

Auch Männer schätzen zunehmend die pflegende Wirkung von Gesichtsmasken, aber Sie müssen dazu nicht gleich in einen Schönheitssalon gehen. Eine hautfreundliche, feuchtigkeitsspendende Maske können Sie auch zu Hause aus 1 Aloe-vera-Blatt, 1 Eigelb, Honig und Milchpulver herstellen. Aloeblatt längs aufschlitzen und 1 Teelöffel Gel in eine kleine Schüssel kratzen. 1 Eiweiß und 1 Teelöffel warmen (nicht heißen!) Honig mit einem Löffel sorgfältig unterrühren, dann so viel Milchpulver einrühren, bis sich eine dünne, aber verstreichbare Paste bildet.

Die Paste mit den Fingern vom Haaransatz bis zum Kinn verteilen, dabei die Augenpartie frei lassen. Maske 20–30 Minuten einwirken lassen, dann mit den Fingern und einem nassen Waschlappen entfernen. Anschließend ein paar Spritzer Gesichtswasser auftragen.

✱ Nassrasur überdenken?

Bei der Nassrasur ist es wahrscheinlicher, dass Haare unter der Haut nachwachsen und Pusteln entstehen. Steigen Sie auf Trockenrasur um, dabei ist die Gefahr geringer.

✱ Aftershave-Experimente

Ein wohlriechendes, antiseptisches Aftershave können Sie aus Apfelessig und Duftstoffen wie Orangenblütenwasser, Hamamelis und ätherischen Ölen wie Goldmelisse und Neroli selbst herstellen. Experimentieren Sie mit den Mischungsverhältnissen, bis Sie das Rezept haben, das Ihnen zusagt, und lagern Sie das Aftershave in einer sterilisierten Flasche mit Deckel.

✱ Duftspender mit Zweifachwirkung

Ein Bündel Zedernspäne oder Kiefernnadel in einer Schublade voller T-Shirts, Pullover oder anderer Kleidungsstücke verleiht nicht nur einen angenehmen, waldartigen Duft, sondern hält auch Motten und andere Schädlinge in Schach. (Auch Lorbeerblätter eignen sich dazu übrigens hervorragend.) Einfach 1 Handvoll in die Mitte eines Taschentuchs geben, an den Ecken verknoten und in die Schublade legen.

Blitzblanke Schuhe

✱ Luftpolsterfolie hält Schuhe in Form

Sie brauchen keine teuren Schuhspanner, um Ihre Schuhe in Form zu halten – Luftpolsterfolie tut es auch. 2 kleine Stücke zuschneiden, aufrollen und in Schuhe und Stiefel stecken. Beim Kofferpacken Folie herausnehmen und durch Strumpfhosen oder Socken ersetzen: So behalten die Schuhe ihre Form, und Sie haben mehr Platz im Koffer. Folie um Schuhe wickeln, damit sie die Kleidung nicht beschmutzen.

✱ Servierlöffel als Schuhlöffel

Wenn Sie einmal keinen Schuhlöffel zur Hand haben, brauchen Sie sich nicht abzumühen wie Aschenputtels Stiefschwestern, als sie ihre Füße in den gläsernen Schuh zu zwängen versuchten. Nehmen Sie einfach einen länglichen Servierlöffel aus der Küche, legen Sie die Ferse in den Schöpfteil, und schon sitzt der Schuh am Fuß.

✱ Instant-Schuhpolitur

Ihre Lederschuhe bringen Sie auch ohne gekaufte Schuhcreme zum Glänzen: Geben Sie einfach ein paar Tropfen Babyöl, Olivenöl oder sogar Rizinusöl auf das stumpfe Leder und polieren Sie den Schuh mit einem weichen Tuch. Die Schuhe glänzen nicht nur wieder, sondern werden so auch weicher. Die Öle fetten das Leder und machen steife Falten wieder weich. Sie eignen sich auch wunderbar für Lackschuhe und Lederstiefel, Jacken, Handtaschen, Gürtel und Brieftaschen.

✱ Falten an Absätzen beseitigen

Die schicken Pumps, für die Sie so tief in die Tasche greifen mussten, sehen noch aus wie neu – abgesehen vom verschrumpelten Leder am Absatz? Mit Föhn und Lederkleber können Sie sie selbst reparieren. Föhn direkt auf den Absatz richten und die warme Luft daraufblasen. Die Wärme macht sowohl den bereits vorhandenen Klebstoff als auch das Leder weich, sodass Sie das Leder von oben nach unten glatt streichen können. Lose Ränder mit Lederkleber festkleben, und schon sehen Ihre Pumps aus wie neu.

✱ Flecken mit Permanentmarker kaschieren

Wenn Ihre dunklen Schuhe zerschrammt sind und Sie keine Zeit zum Polieren haben, nehmen Sie einfach einen Permanentmarker von ähnlicher Farbe zur Hand und kaschieren Sie damit die Kratzer.

✱ Neuer Pep für alte Schuhe

Schlichte Spangenschuhe, Ballerinas oder Pumps lassen sich prima mit einem Paar großer Modeschmuck-Ohrclips aufwerten, die Sie nicht mehr tragen. Der Farbtupfer oder Glitzer könnte ihnen genau den Hauch von Glamour verleihen, der sicher bei der nächsten Feier gut ankommt.

Taschen und Hüte

✱ Leder mit Kartoffeln polieren

Reiben Sie mit einer aufgeschnittenen Kartoffel über Ihre stumpfe Lederhandtasche, polieren Sie sie mit einem sauberen, weichen Tuch, und schon sieht sie aus wie neu.

✱ Wasserdampf gegen Flecken auf Wildleder

Flecken und Schmutz auf Ihrer Wildlederhandtasche lassen sich mit Wasserdampf entfernen: Verunreinigte Stellen mit sehr feinkörnigem Sandpapier oder einer Sandblattfeile leicht aufrauen, dann die Tasche in 15 cm Entfernung über einen Teekessel oder einen Topf mit dampfendem Wasser halten, bis der Fleck leicht warm ist; dabei darauf achten, dass die Tasche durch den Dampf nicht feucht wird. Mit einer Wildleder- oder Zahnbürste abbürsten und nach dem Trocknen erneut bürsten.

Gute Idee!

SCHLÜSSEL AN DIE LEINE

Wer wühlt nicht von Zeit zu Zeit hektisch in der Tasche nach den Schlüsseln? Die einfache Lösung: den Schlüssel an die Leine legen. Messen Sie die Höhe der Handtasche vom Boden bis zum Ansatz eines Trägers aus und addieren Sie 10 bis 15 cm. Schneiden Sie ein Stück Zahnseide, Angelschnur oder andere dünne Schnur auf die Länge zu. Die Schlüssel an ein Ende binden und die Schnur am Trägeransatz festknoten. Mit einem Zug sind die Schlüssel beim nächsten Mal griffbereit, und es gibt kein Fischen im Trüben mehr!

✱ Platzsparender Handtaschenständer

Wenn Sie kürzlich eine hölzerne Stufenleiter ersetzt haben, nutzen Sie doch die alte zum Aufbewahren von Handtaschen – besonders hilfreich, wenn Sie nicht viel Platz in Regalen haben. Verschönern können Sie die Leiter mit Wandstickern oder aufgeklebten Stoffresten.

✱ Hutgröße anpassen

Sie sehen auf dem Flohmarkt einen schicken Hut, den man tief in die Stirn zieht, aber er ist Ihnen ein bisschen zu groß? Kaufen Sie ihn trotzdem und tragen Sie ein Schweißband unter dem Hut, damit er perfekt sitzt. Wenn das Schweißband zu dick ist und der Hut dadurch zu eng sitzt, versuchen Sie es mit einem elastischen, dünneren Stirnband. Denken Sie nur daran, das Band und den Hut gleichzeitig abzunehmen, um Ihr kleines Geheimnis zu wahren.

✱ Stumpfe Strohhüte auffrischen

Mit der Zeit verlieren Strohhüte ihr frisches, glänzendes Aussehen. Sie können Ihren rechtzeitig zum Spaziergang wieder flottmachen, indem Sie ihn leicht mit Haarspray einsprühen und trocknen lassen. Tun Sie dies aber nur in einem gut belüfteten Raum oder draußen.

✱ Hüte in Form halten

Ist Ihnen schon mal aufgefallen, dass die Hutkrempen im Hutladen niemals die Regale berühren? Hutmacher wissen, dass aufliegende Krempen abflachen, deshalb stopfen sie den Kopfteil mit Seidenpapier aus, damit der Hut auf dem Papier ruht. Wenn Sie kein Seidenpapier übrig haben, verwenden Sie Luftpolsterfolie, Plastikfolie aus der Reinigung, dünne Plastiktüten, alte Socken oder Strumpfhosen oder einen abgetragenen Pullover zum Ausstopfen.

Schmucktricks

✱ Knöpfe für das Handgelenk

Wenn Sie gern Armbänder und Halsketten selbst basteln, können überzählige Knöpfe für bunte Abwechslung sorgen. Fädeln Sie Knöpfe und Perlen in verschiedenen Farben und Größen abwechselnd auf doppelt genommene Zahnseide, Angelschnur oder kräftigen Zwirn. Experimentieren Sie mit unterschiedlichen Kombinationen, bis Sie ein Schmuckstück haben, das jeder schicken Boutique Ehre machen würde.

✱ Magnetischer Broschenhalter

Durch den glatten, teuren Stoff von Seidenblusen, Kleidern oder Jacken sticht man ungern eine hübsche Brosche. Sie können sie jedoch auch magnetisch befestigen: Nadel entfernen und auf der Rückseite mit Sekundenkleber einen Magneten befestigen. Überprüfen Sie vor dem Anstecken, ob der Klebstoff vollständig getrocknet ist! An der gewünschten Stelle mit einer Hand festhalten und mit der anderen einen zweiten, möglichst flachen Magneten auf gleicher Höhe auf der Innenseite des Kleidungsstücks platzieren. Die Magneten halten die Brosche sicher an Ort und Stelle.

✱ Knöpfe für die Schuhe

Auch Ihre einfachen Pumps können Schmuck tragen! Suchen Sie nach 2 großen, interessanten Knöpfen, befestigen Sie sie mit der Heißklebepistole auf dem Oberleder Ihrer Schuhe und setzen Sie sie damit neu in Szene!

✱ Armbanduhr als Ohrringhalter

Haben Sie jemals Ihre Ohrstecker in einem Hotelzimmer vergessen, oder ist schon einmal einer spurlos vom Nachttischchen verschwunden? Ein anderes Accessoire kann Ihnen bei der sicheren

Schon gewusst?

SCHMUCK FÜR MÄNNER

Einige Stilikonen meinen, dass ein Mann sich nie mit mehr als dem Ehering und einer Uhr schmücken sollte, aber heutzutage muss das nicht so sein. Doch lange war Zurückhaltung oberstes Gebot, und zwar vom späten 18. Jh. bis zu den 1970er-Jahren, als offene Hemden gern die Sicht auf eine ganze Reihe Ketten freigaben. Zuvor behängten sich Männer von hohem Rang üppig mit Schmuck, bis Ludwig XVI. im Jahr 1793 seinen Kopf verlor und übertriebener Putz aus der Mode kam.

Die Urzeitmenschen schmückten sich geschlechtsübergreifend mit Perlen und Federn. Jahrtausende später wurde die Mumie von Tutanchamun mit so vielen Amuletten, Anhängern, Armbändern und Ohrringen überhäuft, dass der lebende Pharao ihr Gewicht gar nicht hätte tragen können. Einst den Würdenträgern vorbehalten, waren im alten Rom Schmuck und Goldringe nach und nach auch bei Männern niedrigerer sozialer Herkunft und sogar bei Soldaten zu sehen. In der Renaissance erlebte Männerschmuck in der Oberschicht eine Blütezeit; Heinrich VIII. von England trug juwelenbesetzte Kleider und Hüte.

Anfang des 20. Jh. war Herrenschmuck nicht länger Adligen vorbehalten, trotzdem beschränkte sich der Mann in der Regel auf eine Taschenuhr und einen Ring. Erst später brachten die Perlenketten der Hippie-Ära, die Medaillons der Disco-Zeit und die Klunker des Hip-Hop-Zeitalters wieder königsgleichen Glanz in die Herrengarderobe.

Vorbildlich und ordentlich hängt Ihr Schmuck an einer Pinnwand.

Aufbewahrung helfen: Ihre Armbanduhr. Stecken Sie die Ohrstecker nach dem Abnehmen durch die Löcher des Armbands oder zwischen die Glieder eines elastischen Metallbands. Jetzt können Sie sicher sein, dass sie am nächsten Morgen noch da sind! Auch die Löcher eines Gürtels lassen sich zweckentfremden.

✱ Festsitzende Ringe abziehen

Ihr Traummann hat soeben um Ihre Hand angehalten, und Sie möchten den Verlobungsring anstecken. Ausgerechnet jetzt will der alte Ring nicht vom Finger! Nehmen Sie etwas Mayonnaise und schmieren Sie sie auf den Finger. Unromantisch, aber hilfreich. Ballen Sie die Hand zur Faust, damit die Mayonnaise unter den Ring gelangt. Nun sollte er leicht vom Finger gleiten. Waschen Sie sich die Hände und proben Sie im Kopf schon mal, wie Sie diese lustige Familiengeschichte später Ihren Enkeln erzählen werden.

✱ Pinnwand als Schmuckkästchen

Sie möchten nicht mehr Ihren gesamten Schmuck durchwühlen, um diese eine Halskette zu finden, die Sie heute tragen wollen? Kaufen Sie eine preiswerte Pinnwand und ein paar bunte Pinnnadeln. Hängen Sie jede Kette und jeden Ring einzeln daran, damit sie nicht zerkratzt werden und immer zur Verfügung stehen.

✱ Puder gegen verknotete Halsketten

Man braucht Geduld, um einen Knoten in einer Halskette zu lösen. Im Handumdrehen geht es, wenn Sie den Knoten mit Talkumpuder, Babypuder oder Stärke bestreuen oder mit Pflanzenöl bestreichen und ihn dann mit 1–2 Nadeln auseinanderziehen. Puder und Öl schmieren die Kettenglieder und sorgen dafür, dass sie leichter gleiten und sich trennen. Anschließend die entwirrte Kette mit einem milden Reinigungsmittel säubern, abspülen und trocken tupfen.

Für Brillenträger

✱ Brille vor Haarfärbemittel schützen

Ob Sie sich zu Hause Strähnchen färben oder die Haare beim Friseur tönen lassen, etwas Farbe kann dabei immer auf die Seitenteile der Brille gelangen. Umwickeln Sie sie zum Schutz mit Klarsichtfolie, bis das Styling fertig ist.

✱ Nagellack für die Schrauben

Die winzigen Schräubchen, die Ihr Brillengestell zusammenhalten, scheinen nie lange zu halten, besonders bei Lesebrillen. Das schafft Abhilfe: Tupfen Sie etwas klaren Nagellack auf das Gewinde, wenn Sie die Schraube ersetzen, und bestreichen Sie nach dem Einschrauben auch die Köpfe mit etwas Nagellack.

✱ Trauen Sie Ihren Augen nicht mehr?

Brillenreiniger ist heutzutage teuer, aber 2 gewöhnliche Haushaltsprodukte reinigen ebenso gut. Versuchen Sie es mit Mineralwasser oder mit Reinigungsalkohol. Letzteren können Sie pur oder zu gleichen Teilen mit Wasser verdünnt anwenden. Reinigungsmittel in einer handlichen Sprühflasche aufbewahren und die Gläser mit einem weichen, fusselfreien Tuch trocknen.

✱ Trick gegen beschlagene Brillen

Eine beschlagene Brille ist immer lästig. Es passiert, wenn Sie bei kaltem Wetter von draußen hereinkommen, wenn Dampf aus einem Topf mit kochendem Wasser aufsteigt, oder sogar bei sehr scharfem Essen. Reinigen Sie zur Vorbeugung Ihre Brille mit weißem Rasierschaum; er hinterlässt eine unsichtbare Beschichtung auf den Gläsern, an denen die Wassertröpfchen nicht hängen bleiben.

Wenn Sie versehentlich Haarspray auf Ihre Brille gesprüht haben und das klebrige Zeug nicht wegbekommen, beseitigt es ein Tupfer des weißen Wundermittels auf jedem Glas.

Nagellack hält Ihre Brille zusammen.

8 Clevere Ideen für Eltern und Kinder

Im Medienzeitalter, in dem die Werbung immer wertvolleres Spielzeug und immer modernere Technik anpreist, klingt es wie ein neuartiges Konzept: Eltern können auf die Bedürfnisse ihrer Kinder eingehen und ihnen interessante, wichtige Dinge vermitteln, ohne Unmengen Geld auszugeben.
Auf den folgenden Seiten geben wir Tipps, wie Sie zusammen mit Ihrem Kind kreativ sein und Nützliches erschaffen können. Ob Sie mit selbst gemachtem Salzteig (statt mit gekaufter Modelliermasse) kneten, Behältnisse basteln, in denen Ihr Kind seine großen und kleinen Schätze aufbewahren kann, oder einen erfrischenden Badetag einlegen – Zeit mit den Kindern zu verbringen ist eine der schönsten Erfahrungen.

Ab in die Wanne!

✱ Baby im Wäschekorb

Wenn Ihr Baby zwar schon sitzt, aber für ein richtiges Wannenbad noch zu unsicher ist, könnte ein Wäschekorb aus Plastik mit Löchern an den Seiten die ideale Lösung sein. Stellen Sie den Korb in die Wanne, lassen Sie etwas Wasser einlaufen und setzen Sie Ihren kleinen Liebling in diesen „Badewannen-Laufstall". Achten Sie darauf, dass die Löcher im Wäschekorb so groß sind, dass die Finger oder Zehen des Babys nicht darin stecken bleiben können und dass alle Ränder glatt und nicht scharfkantig sind. Sicherheitsregel Nummer eins lautet natürlich: Lassen Sie ein Baby oder Kleinkind im oder in der Nähe von Wasser niemals unbeaufsichtigt!

✱ Babysitz in der Wanne

Hätten Sie gern mehr als zwei Arme, wenn Sie Ihr Baby baden? Eine Babyschale aus Kunststoff macht das Baden sicherer und entspannter für alle Beteiligten. Sitzpolster und Gurte entfernen und den Sitz mit einem zusammengelegten Handtuch polstern. Damit er im Wasser nicht umherrutscht, ein zweites Handtuch auf den Wannenboden legen und den Sitz daraufstellen. Dann das Baby hineinsetzen und das Badewasser einlassen. Die Babyschale stützt Ihr Kind, und Sie haben beide Hände frei.

✱ Keine Tränen mit Vaseline

Babys hassen es, wenn ihnen Wasser oder Shampoo in die Augen läuft. Ein Tipp: Tupfen Sie etwas Vaseline auf die Augenbrauen des Babys; sie wirkt Wasser abweisend und hält auch Shampoo oder milde Seife von den Augen fern. Die Rückstände wischen Sie später einfach mit einem weichen Tuch oder Kosmetiktuch ab. So bleibt Ihr Kind entspannt und fröhlich.

Selbst gemacht!

KINDERSCHAUMBAD

Wer kann schon einem warmen Schaumbad widerstehen? Zeigen Sie einem Kind eine Badewanne mit Schaumbergen, dann wird selbst der Wasserscheue zum fröhlichen Planscher. Noch anziehender wird die Sache mit buntem Shampoo – stellen Sie einfach Ihr eigenes her!

Mildes Schaumbadrezept

Sie können auch normales Shampoo verwenden, aber mildes Kindershampoo reizt die Augen nicht. 1–2 Verschlusskappen in das einlaufende Badewasser geben – oder etwas mehr für größere Schaumberge.

120 ml mildes Kindershampoo (klar oder hell)
180 ml Wasser
¼ TL Salz
Lebensmittelfarbe (nach Belieben)

1 Shampoo und Wasser in einer Schüssel oder einem 500-ml-Messbecher mit Ausgießtülle vorsichtig mischen.

2 Salz zufügen. Umrühren, bis die Mischung leicht eindickt (etwa nach 1 Minute).

3 Nach Belieben 1 Tropfen Lebensmittelfarbe zufügen und umrühren. Weitere Farbe tropfenweise unter Rühren zufügen, bis der gewünschte Farbton erreicht ist.

4 Die Mischung in eine saubere Flasche abfüllen.

✱ Baumwollhandschuhe für glitschige Babys
Ein zappelnder Säugling in Seifenwasser ist so glitschig wie eine nasse Bananenschale. Mit Baumwollhandschuhen behalten Sie das Baby mühelos im Griff.

✱ Knieschoner
Wer schon einmal ein Enkelkind gebadet hat, weiß, wie anstrengend das Knien auf dem kalten, harten Boden sein kann. Abhilfe schaffen hier Kniebandagen für Sportler.

✱ Seife in der Socke
Haben Sie auch Socken übrig, die einzeln aus der Waschmaschine kamen? Füllen Sie Seifenstückchen oder eine kleine Seife hinein und knoten Sie die Socke fest zu. Kinder lieben „Sockenseife", weil sie ihnen nicht aus der Hand rutscht.

✱ Die Entenflasche bleibt!
Kindershampoos und Schaumbäder in raffiniert geformten Plastikflaschen sind beliebte Mitbringsel, aber für den täglichen Gebrauch zu teuer. Wenn Ihr Kind sein Shampoo aus der Enten- oder Froschflasche über alles liebt, heben Sie diese auf und befüllen Sie sie mit preiswerteren Produkten neu. So behält Ihr Kind sein Spielzeug, Sie sparen Geld und tun zudem etwas für die Umwelt.

✱ Badehelfer aus der Küche
Lassen Sie zu Beginn und Ende der Badezeit eine Eieruhr klingeln. Wenn Ihr Kind gern trödelt, stellen Sie die Eieruhr auf 5 Minuten vor der Badezeit ein. Kinder, die in der Wanne bleiben, bis sie schrumpelig sind, werden durch die Uhr erinnert, wann Schluss ist. So bekommen sie ein besseres Gefühl für die Zeitspanne, die für eine bestimmte Tätigkeit angemessen ist. Sehr nützlich ist die Eieruhr auch dann, wenn ältere Geschwister ebenfalls ins Bad wollen.

✱ Juckreiz mit Backpulver stoppen
Etwa 100 g Backpulver im Badewasser lindern den Juckreiz von Insektenstichen, Brennnesseln, Hitzepickeln, Sonnenbrand oder auch Windpocken. Lassen Sie das Kind 10 Minuten darin baden und trocknen Sie es anschließend vorsichtig mit einem sauberen, weichen Handtuch ab.

Spritziges Badespielzeug

✱ Schwimmende Buchstaben

Lernt Ihr Kind gerade lesen oder seinen Namen schreiben? Mit Moosgummi kann es seine Neugier auch beim Baden stillen. Moosgummi ist in vielen Farben im Bastelgeschäft erhältlich und kann in jede beliebige Form geschnitten werden, also auch zu den Buchstaben des Alphabets. Einfach T-O-L-L!

✱ Spielzeug aus dem Küchenregal

Einfaches Badespielzeug finden Sie auch in der Küche. Margarinebecher, Messlöffel, Plastikkochlöffel, Trichter, Siebe, Becher, Milchkartons – was schwimmt, gießt, rührt oder tropft, regt die Fantasie Ihres Kindes an. Plastikdeckel werden zu schwimmenden Flößen, Trichter erzeugen Wasserfälle, mit Plastiknetzen kann man im Seifenwasser jede Menge Schaum erzeugen. (Auf Holz- und Metallgegenstände verzichten – Holz kann splittern und schimmeln, Metall rostet.) Die Plastikteile sollten robust, nicht zu klein und ohne scharfe Kanten sein. Regelmäßig mit einer Lösung aus Wasser und Backpulver abwischen oder in den Geschirrspüler geben.

Gute Idee!

GUMMIENTCHEN REINIGEN

Spielzeuge zum Baden wie das Gummientchen haben häufig kleine Löcher, in die Wasser einsickern kann. In diesem mit abgeschuppten Hautzellen und anderen Abfallstoffen verunreinigten Wasser können sich krank machende Bakterien vermehren; das Spielzeug sollte daher nach jedem Gebrauch gereinigt werden: Möglichst viel Wasser aus dem Spielzeug drücken, dann (eventuell mit einer Spritze) etwas Essig einfüllen und 10 Minuten einwirken lassen. Den Essig herausdrücken. Schließlich das Spielzeug in einen separaten Behälter mit klarem Wasser tauchen, zusammendrücken, damit es möglichst viel Wasser aufsaugt, schütteln, 10 Minuten einwirken lassen und das Wasser wieder ausdrücken. Fürs nächste Bad trocknen lassen.

✱ Fischen mit dem Küchensieb

Mit einem kleinen Plastiksieb können Kleinkinder Schwämme oder Figuren aus Moosgummi fischen und so die Hand-Augen-Koordination schulen. Ein Aquariumkescher funktioniert auch gut. (Benutzten Kescher erst gründlich waschen und desinfizieren!) Helfen Sie dem Kind dabei, seinen „Fang“ in einen Plastikbehälter zu kippen, und zählen Sie die Beutestücke zusammen – das ist ein echtes Erfolgserlebnis.

✱ Flottenkommandant, ahoi!

Heben Sie leere beschichtete Milch- und Sahnekartons auf, schneiden Sie den Ausguss ab, verschließen Sie das Loch mit Klebeband und bemalen Sie die Flotte Ihres kleinen Admirals mit wasserfester Farbe in seinen Lieblingsfarben. Schreiben Sie nun noch Namen und Zahlen auf die Seiten, stecken Sie einen Lutscherstiel als Mast hinein, und fertig ist die kostenlose Badewannen-Armada.

✱ Spaß mit Schwämmen

Durchstöbern Sie Ihre Wohnung nach Küchen- und Mehrzweckschwämmen in mehreren Größen und Farben. Schneiden Sie daraus verschiedene Formen zu. Schwimmende Kreise, Dreiecke, Sterne, Monde, Blätter, Schlüssellöcher, Ringe und was Ihnen (und Ihrem Kind) sonst einfällt, lassen sich zu tollen Türmen stapeln!

Achtung: Bevor Sie Ihr Kind mit benutzten Schwämmen spielen lassen, desinfizieren Sie sie bitte. Legen Sie sie in Essigwasser ein und spülen sie anschließend gründlich aus. Oder feuchten Sie sie an und erhitzen sie 1–2 Minuten auf hoher Stufe in der Mikrowelle. Gewöhnen Sie Ihrem Kind dabei gleich an, nach dem Baden gemeinsam mit Ihnen mit einem bestimmten Reinigungsschwamm die Wanne auszuwischen.

✱ Aufbewahrung im Gemüsenetz

In einem großen Plastiknetz für Kartoffeln, Zwiebeln oder anderes Gemüse aus dem Supermarkt lässt sich Badespielzeug hervorragend aufbewahren. (Verwenden Sie keine Netze aus organischen Materialien – sie können schimmeln und Keime verbreiten.) Papieretiketten in warmem Wasser ablösen. Falls das Netz kein Zugband hat, fädeln Sie beispielsweise ein Stück kunststoffbeschichtete Wäscheleine ein und verknoten Sie sie fest. Achten Sie darauf, dass alle Metallklammern oder Plastikanhänger entfernt sind. Nach dem Baden das Spielzeug ins Netz stecken und unter fließendem Wasser abspülen. Den Beutel anschließend an den Wasserhahn oder Duschkopf hängen, damit Entchen und Co. trocknen können.

Gemüsenetze sind ideal für nasses Spielzeug.

Kinderspaß aus Küchenschränken

✱ Selbst gemachte Seifenblasen

Die Zutaten für Seifenblasen finden Sie an der Spüle: Geschirrspülmittel und Wasser. 30 ml Spülmittel in einen 500-ml-Messbecher gießen und mit 450 ml Leitungswasser auffüllen (also im Verhältnis 1:15), dann vorsichtig umrühren. Die Flüssigkeit funktioniert am besten, wenn sie über Nacht stehen gelassen wird. Mit hartem Wasser lassen sich keine schönen Blasen erzeugen, probieren Sie es daher erst mit einer kleinen Portion. Wenn Sie keine schönen Blasen pusten können, wechseln Sie zu destilliertem Wasser.

✱ Figuren aus Salzteig

Warum teure Modelliermasse kaufen, wenn man aus Weizenmehl, Salz und Wasser ganz einfach eigene herstellen kann? Auf der Arbeitsplatte 180 g Salz mit 150 g Mehl mischen, mit der Faust eine tiefe Kuhle in die Mischung drücken und 180 ml Wasser hineingießen. Auch färben lässt sich der Teig – geben Sie einfach ungiftige Wasserfarbe oder Lebensmittelfarbe dazu. Nun alles gut durchkneten, bis eine feste Masse entsteht. Wenn der Teig noch zu sehr klebt, können Sie etwas Mehl dazugeben. Schließlich zu einer Kugel formen und ausrollen. (Vorsicht: Zum Verzehr ist der Teig aufgrund des hohen Salzanteils nicht geeignet – in größeren Mengen kann er sogar giftig wirken!)

Lassen Sie jetzt Ihr Kind aus dem Teig Formen ausstechen, Figuren kneten oder Weihnachtsschmuck basteln. Reste in einem luftdichten Behälter aufbewahren, damit die kleinen Künstler am nächsten Tag weitermachen können.

Die fertigen Figuren werden je nach Größe und Dicke im vorgeheizten Backofen bei 150 °C etwa 30–40 Minuten lang auf mittlerer Schiene gebacken. Man kann sie aber auch einige Tage an der Luft trocknen lassen. Farblose Salzteigfiguren lassen sich mit Acrylfarbe bemalen.

✱ Spielkiste in der Küche

Schon Babys wissen, dass die Küche der spannendste Raum der Wohnung ist – so viele glänzende Dinge, interessante Geräusche, leckere Gerüche, und natürlich Essen! Daher muss die Küche immer kindersicher sein: Installieren Sie Sicherungen an Steckdosen, Schranktüren und Schubladen (es gibt sie in Baumärken, Haushaltswarenläden und Kinderfachgeschäften) und räumen Sie alles auch nur annähernd Gefährliche außer Reichweite.

Anschließend können Sie einen Unterschrank zur Spielkiste ernennen und mit besonderen Geräten ausstatten: kleineren Töpfen und Deckeln, Plastikbehältern, einem Holzlöffel, einem Satz robuster Messlöffel und stapelbarer Messbecher.

✱ Selbst gemachte Rasseln

Manche Lebensmitteldosen aus Metall oder Plastik, etwa für Kaffee oder Stapelchips, haben einen Plastikdeckel. Wenn Sie die leere Dose auswaschen und abtrocknen, überprüfen Sie, ob alle scharfen Kanten entfernt oder abgefeilt sind. Dann trockene Nudeln, etwas Getreide, Bonbons, getrocknete Bohnen oder Reis hineinfüllen, und Sie haben eine lustige Rassel. Befestigen Sie den Plastikdeckel mit Klebeband und probieren Sie die Rassel aus, um sicherzustellen, dass sich der Deckel nicht löst. Zu laut? Dann füllen Sie knusprige Frühstücksflocken in eine leere Stapelchipsröhre und verschließen Sie sie mit Klebeband. Beim Rollen über den Boden erzeugt diese Version ein ohrfreundliches Rauschen.

✱ Weichspülerflasche als Spielzeugbehälter

Treten Sie dauernd auf kleines Spielzeug? Bringen Sie Ordnung ins Chaos, indem Sie aus einer großen Weichspülerflasche mit Henkel einen Spielzeugbehälter basteln. Schneiden Sie dazu mit der Haushaltsschere oder einem Teppichmesser eine große Öffnung ins obere Drittel der Flasche; Henkel und Plastikdeckel intakt lassen. Die Schnittkante mit Klebe- oder Abdeckband umkleben (Sie können die Kante auch glatt feilen oder schmirgeln; das Klebeband sorgt für zusätzlichen Schutz.) Nun darf Ihr Kind den Behälter mit Permanentmarkern verzieren und mit Spielzeug füllen. Ein weiterer Vorteil: Geschwister können ihre Schätze in getrennten Behältern aufbewahren und so Streitereien vermeiden.

✱ Unsichtbare Zitronensaft-„Tinte"

Wenn Ihr Kind alles Rätselhafte liebt, zeigen Sie ihm das Geheimnis der unsichtbaren Tinte. Sie brauchen eine kleine Schüssel Zitronensaft, ein Wattestäbchen und ein Blatt Papier. Tauchen Sie das Stäbchen in den Saft und schreiben Sie etwas aufs Papier. Wenn das Papier getrocknet ist, sieht man die Zitronensaft-„Tinte" nicht mehr. Halten Sie das Papier jetzt so an eine heiße Glühbirne, dass es sie nicht berührt, und bewegen Sie es langsam über die Wärmequelle. Wie von Zauberhand erscheint die Schrift plötzlich braun!

Selbst gemacht!

ACHTUNG, BADE-BOMBE!

Nichts macht Kinder beim Baden glücklicher, als zu spritzen und zu planschen. Badebomben oder -kugeln aus der Wellnessabteilung der Drogerie bringen im wahrsten Sinne des Wortes eine Bombenstimmung ins Bad. Sie sind allerdings recht teuer. Werden Sie doch einfach selbst zum „Bombenbastler"!

Backpulver-Badekugel

2 TL Backpulver (Natriumbicarbonat)
1 TL Stärke
1 TL Zitronensäure
20 Tropfen Glycerin (aus der Apotheke)
Lebensmittelfarbe oder flüssige Wasserfarbe (nach Belieben)
Duft (nach Belieben)

1 Backpulver, Stärke und Zitronensäure in einer mittelgroßen Schüssel mischen.

2 Glycerin, 3–4 Tropfen Lebensmittelfarbe und einige Tropfen Duftstoff (falls verwendet) zufügen.

3 Alles gut mischen, bis die Mischung krümelig wird. Nun golfballgroße (oder kleinere) Kugeln formen und über Nacht trocknen lassen.

4 Das Kind mit Badebombe in die Wanne setzen und das Spektakel genießen!

Grundrezepte

Wahrscheinlich ist Ihnen das eine oder andere der folgenden Rezepte schon einmal begegnet; doch wenn man sie braucht, findet man sie gerade nicht. Die drei grundlegenden Spiel- und Bastelmaterialien lassen sich ganz einfach herstellen.

Fingerfarbe
Bewahren Sie Fingerfarben außerhalb der Reichweite allzu eifriger kleiner Hände auf. Beim Malen sollten die Kinder nicht unbeaufsichtigt sein.

75 g Stärke
480 ml kaltes Wasser
Lebensmittelfarbe

1. Stärke und Wasser in einem Topf mischen und den Herd auf hohe Stufe schalten.
2. Die Mischung zum Kochen bringen und unter ständigem Rühren eindicken lassen.
3. Vom Herd nehmen und auf Raumtemperatur abkühlen lassen.
4. Die Mischung auf mehrere Behälter verteilen; in jeden einige Tropfen Lebensmittelfarbe rühren.

Lagerung. Fingerfarben in kleine Plastikbehälter mit Deckel füllen, bei Raumtemperatur lagern.

Bastelmasse
Diese weiße Paste kommt beim Basteln und bei der Herstellung von Pappmaschee zum Einsatz.

1 l Wasser
45 g Salz
225 g Mehl

1. Das Wasser in einem mittelgroßen Topf zum Kochen bringen.
2. Vom Herd nehmen und Salz einrühren.
3. Mehl unter ständigem Rühren portionsweise zufügen. Fortfahren, bis die Mischung dickflüssig ist.
4. Die Masse vor Gebrauch auf Raumtemperatur abkühlen lassen.

Lagerung. Die Masse in einem luftdichten Behälter im Kühlschrank aufbewahren. Sie hält sich bis zu 5 Tage; wenn sie allerdings schimmelt oder übel riecht, sofort wegwerfen.

Knete
Zwei Grundzutaten aus der Küche sind die Basis für diese einfach herzustellende Knetmasse: Backpulver und Stärke.

360 g Backpulver
180 g Stärke
280 ml kaltes Wasser
Lebensmittelfarbe (nach Belieben)

1. In einem mittelgroßen Topf Backpulver und Stärke mischen.
2. Wasser zufügen und umrühren. Falls gewünscht, Lebensmittelfarbe zufügen.
3. Auf mittlerer Hitze unter ständigem Rühren 10–15 Minuten erwärmen, aber nicht überkochen. Die Mischung sollte die Konsistenz von Kartoffelbrei haben.
4. Gare Mischung auf einen Teller geben, mit einem feuchten Tuch abdecken und auf Raumtemperatur abkühlen lassen.

Lagerung. Bei Nichtgebrauch die Knete in einem Plastikbeutel mit Zipverschluss oder einem luftdichten Behälter lagern. Hält sich bis zu 1 Woche im Kühlschrank.

Aushärten. Knetobjekte über Nacht auf einem Kuchengitter an der Luft trocknen lassen oder den Backofen auf 175 °C vorheizen, die Objekte auf ein Backblech legen und hineinschieben. Dann den Ofen ausschalten und die Knete im Ofen lassen, bis dieser ausgekühlt ist.
Trocknen in der Mikrowelle: Objekte auf Küchenpapier auf mittlerer Stufe 30 Sekunden in der Mikrowelle erhitzen. Objekte umdrehen und erneut 30 Sekunden erhitzen; so lange wiederholen, bis die Objekte hart und trocken sind.

✱ Eiermulden-Spiele

Mit den Eierhaltern aus dem Kühlschrank können Vorschüler Zählen und Sortieren üben. Schreiben Sie die Zahlen von 1 bis 6 (oder bis 12, wenn Sie zwei Eierhalter haben) auf kleine Zettel und legen Sie diese in die Vertiefungen. Geben Sie dem Kind nun eine Packung Rosinen oder Nüsse und bitten Sie es, in jede Vertiefung die angegebene Anzahl zu legen.

Sie können auch eine Schüssel mit gemischtem Obst und Gemüse bereitstellen: Möhrenscheiben, Apfel-, Birnen- und Mandarinenspalten, Weintrauben, Kirschtomaten – was immer Sie zur Hand haben. Nun bitten Sie Ihr Kind, die Lebensmittel in die Mulden zu sortieren.

Statt der Eierhalter können Sie auch Eierkartons aus Plastik verwenden – beide sollten vor dem Sortieren gut gereinigt werden.

✱ Bunte Spiele im Schnee

Schneeballschlachten, Schlitten fahren, Schneemann oder Iglu bauen – und was gibt es noch? Versuchen Sie es einmal damit: Füllen Sie mehrere Spritzflaschen – Ketchup- und Mayonnaiseflaschen sind ideal – mit Wasser und geben Sie in jede Flasche ein paar Tropfen Lebensmittelfarbe. Jetzt können die Kinder mit dem bunten Wasser Muster in den Schnee „malen".

✱ Dokumententransport

Schulkinder müssen manchmal wichtige Papiere mit zur Schule nehmen – etwa die Weltkarte für den Erdkundeunterricht, an der Ihre Tochter wochenlang gesessen hat, oder das Referat, das Ihr Sohn ganz allein am Computer geschrieben hat. Pappröhren von Küchenpapier oder Klarsichtfolie haben genau die richtige Größe für A4-Blätter. Heben Sie für größere Projekte längere Röhren von Geschenk- oder Bastelpapier oder extrabreiter Alufolie auf. Stecken Sie jedoch nicht zu viele Blätter hinein – sie lassen sich sonst nur schwer wieder herausziehen.

Superstar im Haushalt

10 DINGE, DIE MAN MIT RÖHRENBEHÄLTERN TUN KANN

1. Bleistifte, Buntstifte und Lineale darin aufbewahren.
2. Am Strand Sandburgentürme bauen.
3. Tennisbälle, Federbälle oder Tischtennisbälle darin aufbewahren.
4. Als Rassel verwenden: mit getrockneten Bohnen füllen, Deckel schließen, Musik aufdrehen ...
5. Als Trommel benutzen: Deckel schließen, Musik aufdrehen, los geht's.
6. Als Geheimversteck für Schmuck verwenden.
7. Mama einen Schlitz in die Mitte des Deckels schneiden lassen und die Röhre als Spardose benutzen.
8. Kleine Poster und Zeichnungen einrollen und darin aufbewahren.
9. Mit Haarspangen, Zopfbändern und anderem Haarschmuck füllen.
10. Als Zeitkapsel benutzen: Den Junior einen kurzen Aufsatz schreiben oder ein Bild malen lassen, persönliche Gegenstände dazugeben, den Deckel schließen, die Röhre im Garten verbuddeln – und im nächsten Jahr wieder ausgraben!

Seifenblasen, überall Seifenblasen!

Kinder lieben Seifenblasen. Auch in Ihrer Wohnung finden sich jede Menge Dinge, mit denen sie sich in allen Formen und Größen herstellen lassen. Seifenblasen-experten schwören auf einen einfachen Blasring aus zwei Blatt einfachem Schreibmaschinenpapier. So stellen Sie ganz einfach gigantische Seifenblasen her:

1

Blätter aufeinanderlegen und längs so zu einem Kegel rollen, dass die eine Ecke der Blätter die Spitze bildet; der Durchmesser am weiteren Ende des Kegels sollte etwa 3–4 cm betragen.

2

Kegel mit Abdeckband fixieren, etwa 5 cm über dem weiten Ende beginnen (wichtig: Klebeband und Seifenblasenflüssigkeit dürfen nicht in Berührung kommen). Engeres Ende des Kegels so abschneiden, dass es etwa 1 cm Durchmesser hat.

3

Um die gerade Öffnung mit glattem Rand herzustellen, die für das Seifenblasenpusten notwendig ist, das weite Ende an einer Stelle abschneiden, an der alle Papierschichten überlappen. Raue Stellen am unteren Rand abschneiden und die Glätte des Randes mit dem Finger prüfen. Ob der Rand gerade ist, können Sie prüfen, indem Sie den Kegel aufrecht auf eine glatte Oberfläche stellen.

4

Das weite Ende in Seifenblasenlösung tauchen und langsam pusten. Experten empfehlen, den Kegel beim ersten Gebrauch 30 Sekunden in der Flüssigkeit zu lassen; danach reichen jeweils 2–3 Sekunden.

Versuchen Sie es mal mit einem Strohhalm!

Wir haben einen Drahtbügel in Form gebogen!

Gitterkörbe aus Plastik funktionieren auch gut!

Deko aus der Küche

✱ Glitter aus Tafelsalz

Für selbst gemachten Glitter 45 g Salz im Plastikbeutel mit 1 Esslöffel flüssiger Wasserfarbe mischen. Schütteln, um die Farbe gleichmäßig zu verteilen. Mischung auf Küchenpapier auf einem mikrowellenfesten Teller verteilen, auf hoher Stufe 2 Minuten in der Mikrowelle erhitzen. Abkühlen lassen; Klumpen mit den Fingern zerkrümeln. In einem trockenen, luftdichten Behälter lagern.

✱ Knethaare mit der Knoblauchpresse

Um Haare für Knetfiguren herzustellen, rollen Sie Knete zu einer kleinen Kugel, legen Sie sie in die Knoblauchpresse und drücken Sie langsam Strähnen heraus. Mit einem kleinen Pinsel etwas Wasser an die Stelle tupfen, wo eine Strähne befestigt werden soll, dann diese mit einem Zahnstocher oder einer kleinen Stricknadel festdrücken.

✱ Nudelbilder

Damit lassen sich wunderschöne Bilder herstellen: Stöbern Sie im Vorrat nach vergessenen Nudelpackungen. Zerkleinern Sie Spaghetti und Lasagneplatten für unterschiedliche Formen und Größen. Geben Sie Hörnchennudeln und Penne dazu, färben Sie alles mit Lebensmittelfarbe ein. Nun trocknen lassen und kreativ werden ...

- Nudeln mit Bastelkleber auf Deckel und Seiten eines Schuhkartons oder einer Zigarrenkiste kleben – fertig ist die Schatzkiste.
- Figuren für Weihnachts- oder Geburtstagskarten auf gefaltetes Tonpapier oder Fotokarton zeichnen und mit Nudeln bekleben.
- Gefärbte Hörnchen- oder andere Röhrennudeln auf eine Schnur auffädeln; Halsketten, Armbänder und Fußkettchen daraus machen.
- Haarspangen, Haarnadeln und Gürtelschnallen mit aufgeklebter Pasta verzieren.

Gute Idee!

WEIHNACHTSBAUM MIT KÜCHENSCHMUCK

Ein sternförmiger Plätzchenausstecher als Christbaumspitze? Ja, wenn Sie dieses Jahr mal etwas Neues ausprobieren möchten: einen mit Küchenutensilien geschmückten Baum. Das ist ein großer Spaß für die ganze Familie, besonders wenn alle gern zusammen kochen. Bis auf die Küchenspüle eignet sich fast alles als Deko ...

- Babytassen und -löffel Ihrer Kinder
- Plätzchenausstecher an roten Bändern
- alte Salz- und Pfefferstreuer, gefüllt mit Silber- und Goldglitter
- Edelstahllöffel an festlich glänzenden Bändern
- nostalgische Teesiebe
- nostalgische Serviettenringe
- bunte Topflappen
- Weihnachtsschmuck aus Salzteig (siehe Seite 212)

Als i-Tüpfelchen können Sie Popcorn oder Mini-Marshmallows und Cranberrys auf einer Schnur um den Baum schlingen und bunte Servietten aus Stoff oder Papier zwischen die Zweige stecken. Vor allem aber – genießen Sie das Familienprojekt aus vollem Herzen.

Basteln mit Pappröhren

Pappröhren von leeren Küchenpapierrollen oder Klarsichtfolien eignen sich prima zum Spielen und Basteln – werfen Sie sie nicht weg! Für die folgenden Ideen braucht man kaum mehr als Pappröhren, Klebeband, Klebstoff und Schere – und man macht seinem Kind eine Freude.

1

Kleben Sie Pappröhren parallel nebeneinander zu vier gleich großen Flächen. Verbinden Sie diese an den Längsseiten zu einem Quadrat, sodass sie die Palisadenwand eines Forts bilden. Lassen Sie eine Öffnung als Tor frei.

2

Für ein Blockhaus kleben Sie Pappröhrenwände so zusammen, dass die Röhren parallel zum Boden verlaufen. Eine Tür ausschneiden, flache Pappe als Dach darauflegen, aber nicht befestigen: So kann man das Dach abnehmen und Figuren in das „Blockhaus“ setzen.

3

Hübsche Ostereierbecher lassen sich aus 4–5 cm langen Pappröhrenabschnitten basteln. Die Kinder können die Becher mit Plakatfarbe oder Filzstiften bemalen und ihre Ostereier dann auf die hübschen Becher setzen. Mit derselben Technik können die Kinder auch dekorative Serviettenringe herstellen.

4

Pappröhren in verschiedener Länge können die Kinder in den Sand stecken und fantasievolle Gebäude daraus konstruieren.

5

Befestigen Sie mit Klebeband oder Klebstoff einen Stern aus Tonpapier – fertig ist der unzerbrechliche Zauberstab fürs Kleinkind!

6

Oder mag Ihr Kind Musik? Stechen Sie mit dem Bleistift in je 2,5 cm Entfernung 4 Löcher in die Röhre. Decken Sie ein Ende mit Pergamentpapier ab und befestigen Sie dieses mit einem Gummiband. Nun in das offene Ende der Flöte summen.

Clevere Ideen

✱ Neue Aufgabe für ein altes Aquarium

Aus einem Aquarium oder Goldfischglas lässt sich eine faszinierende 3-D-Deko fürs Kinderzimmer basteln; Ihr Kind bestimmt das Motiv und gestaltet es zum Teil selbst. Zunächst Becken oder Glas reinigen und desinfizieren. Dann auf der Innenseite mit wasserlöslicher Bastelfarbe und Wasser eine Meereslandschaft, blauen Himmel, flauschige Wolken, Regenbogen, grüne Felder oder auch abstrakte Muster malen. Die Farbe sollte so weit verdünnt werden, dass man hindurchsehen kann; die Transparenz vor dem Auftragen prüfen und gegebenenfalls mit mehr Wasser verdünnen. Auf dem Boden des Beckens eine etwas dickere Schicht (5 cm oder mehr) Spielsand oder Aquariumkies verteilen.

✱ Schnelle Hilfe bei Verschmutzungen

Kinder und Schmutz sind von Natur aus untrennbar miteinander verbunden. Mithilfe einiger Haushaltsutensilien bekommen Sie fast alles wieder sauber.

- **Spielzeug aus Plastik oder lackiertem Holz** Mit einer Paste aus 2 Teilen Backpulver und 1 Teil Spülmittel säubern. Die Paste mit einem weichen Tuch auftragen, an schwer zugänglichen Stellen eine Zahnbürste verwenden. Bei hartnäckigem Schmutz die Paste eine Weile einwirken lassen. Mit einem feuchten Tuch oder Schwamm entfernen.
- **Spielzeuge für draußen und Fahrzeuge** Puren Weißweinessig auf ein Tuch geben, Spielzeug oder Fahrzeug damit abreiben. Rückstände mit einem feuchten Tuch oder Schwamm entfernen oder mit dem Gartenschlauch abspritzen und mit einem sauberen Tuch oder Handtuch abtrocknen.
- **Plüschtiere** – Nicht maschinenwaschbare Kuscheltiere in eine Plastik- oder Papiertüte legen, mindestens 100 g Backpulver hineingeben und die Tüte etwa 30 Sekunden lang schütteln. Wenn das Plüschtier sauber aussieht und gut riecht, Backpulverrückstände entweder mit der Polsterdüse absaugen oder draußen ausschütteln und die Reste mit der Hand abklopfen.
- **Wachsmalstifte an abwaschbarer Tapete** Farbspuren 1 Minute lang mit dem Föhn erwärmen; mit einem feuchten Tuch abwischen. Alternative: Kautschuklösung auf die Farbspuren auftragen, trocknen lassen; den gummiartigen Klebstoff vorsichtig abrollen.

Tipp FUSSGLÖCKCHEN

Möchten Sie immer wissen, wo Ihr kleines Energiebündel gerade herumflitzt? Befestigen Sie an jedem Schuh ein kleines **Glöckchen** (z. B. aus dem Weihnachtskarton) – dann können Sie hören, ob das Kind in der Waschküche oder im Schuppen ist. Achtung: Glöckchen nur dann verwenden, wenn das Kind älter als drei ist.

Superstar im Haushalt

6 EINSÄTZE FÜR KLEBEBÄNDER

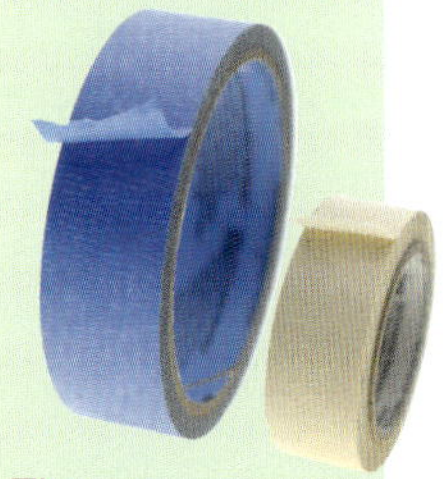

Klebebänder sind in Haushalten mit Kindern sehr hilfreich. Dank der heutigen Vielfalt findet jeder schnell genau die Sorte, die er braucht. Die folgenden Tipps erleichtern Eltern und Kindern das Leben.

1 Mit Abdeckband lassen sich Wegwerfwindeln befestigen, wenn die Klebestreifen nicht halten.

2 Neue Wachsmalstifte und Kreidestücke in der Mitte mit Tesafilm umwickeln, damit sie nicht brechen.

3 Die Enden von Schnur und Bändern fest mit Tesafilm umwickeln, um Perlen oder Ähnliches leichter auffädeln zu können.

4 Namensschilder mit Tesafilm oder durchsichtigem Paketband auf Bleistifte, Füller, Wachsmalstiftkästchen und andere Schulutensilien des Kindes kleben.

5 Büchereiausweise, Monatskarten und andere Ausweise aus Papier mit durchsichtigem Paketband oder Tesafilm „laminieren“. Dazu auf beiden Seiten bekleben und das Klebeband an den Rändern abschneiden. Scanner können Barcodes auch durch das Klebeband hindurch lesen.

6 Kein Pflaster zur Hand? Zur Not tut es auch ein Stück Gaze oder ein Papiertaschentuch, das mit Tesafilm befestigt wird.

- **Erbrochenes oder Urin auf dem Teppich**
  Zunächst möglichst viel von der Bescherung aufwischen. Den betroffenen Bereich mit Backpulver bestreuen, mit einem Küchentuch abtupfen und vollständig trocknen lassen, dann Rückstände mit dem Staubsauger entfernen. Backpulver reinigt, desinfiziert und desodoriert die Stelle. Mit dieser Methode lassen sich auch nasse Matratzen reinigen.

✱ Babymützen auf einem Ballon trocknen

Aus dem Trockner kommen Babymützchen sogar im Schongang häufig verknittert, schlaff und sehen nicht mehr gut aus. Alternativvorschlag: Pusten Sie einen Ballon etwa auf die Größe des des Kopfes Ihres Kleinen auf, knoten Sie ihn zu und befestigen Sie ihn mit Klebeband an einer glatten Oberfläche (außerhalb der Reichweite des Kindes). Die gewaschene, noch feuchte Mütze oder Haube auf den Ballon ziehen. Falten mit den Händen leicht glätten, Mütze und Krempe in Form ziehen. Bänder und Schleifen zum „Bügeln“ durch die Finger ziehen und ausrichten. Nach dem Trocknen den Ballon einfach platzen lassen und wegwerfen. Ein paar letzte Korrekturen mit dem warmen Bügeleisen, und schon sieht die Mütze wieder aus wie neu.

✱ Zahnseide statt Garn

Haben Sie genug von verlorenen oder losen Knöpfen an den Mänteln und Jacken Ihrer Kinder? Wenn Sie sie statt mit Nähgarn mit Zahnseide annähen, halten sie deutlich länger. Auch beim Annähen von Knöpfen, Augen und Ohren und beim Reparieren aufgeplatzter Säume von Plüschtieren leistet Zahnseide wertvolle Dienste.

✱ Wunderwaffe Klebeband

Spielzeugkisten, Taschenbücher und Malbücher fallen auseinander? Mit transparentem Paketband lassen sich Buchrücken, -ecken und -kanten, Spielbretter und Spielzeugkisten verstärken.

Gesundheits-, Hygiene- und Sicherheitstipps

✱ Schulterpolster für gefährliche Ecken

Alte Schulterpolster – erinnern Sie sich? – machen die Wohnung für Laufanfänger sicherer. Die lange, gerade Seite aufschneiden, das Polster so über eine Ecke schieben, dass die Wattierung die Kanten umschließt. Das Polster mit Klebeband befestigen. Verstecken Sie es unter einem hübschen Tuch, das ist schöner und hält kleine Entdecker davon ab, daran herumzufummeln.

✱ Bunte Pflaster

Ihr kleiner Schatz ist hingefallen, hat sich den Ellbogen oder das Knie aufgeschürft und lässt sich nicht trösten? Vielleicht muntert es ihn auf, wenn er kein Pflaster, sondern ein eigenes „Kunstwerk" auf seine Wunde bekommt. Geben Sie ihm bei Gelegenheit einige einfache Pflaster sowie ungiftige bunte Filzstifte auf Wasserbasis, mit denen er die Pflaster „auf Vorrat" nach seinen Wünschen bemalen darf.

✱ Plüschtiere einfrieren

Verstopfte Nasen bei kleinen Allergikern lassen sich verhindern, wenn die Plüschtiere einmal pro Woche für 3–5 Stunden ins Gefrierfach kommen. Kuscheltier in einen Gefrierbeutel stecken, zwischen Tiefkühlerbsen und Eiswürfel legen, und den Staubmilben wird der Garaus gemacht.

✱ Trocknertücher helfen von Kopf bis Fuß

Wenn die Turnschuhe Ihres Kindes unangenehm riechen, stopfen Sie jeden Abend ein Trocknertuch in jeden Schuh. „Aufgeladene" Kinderhaare mit einem Trocknertuch abreiben, um die statische Elektrizität unter Kontrolle zu halten.

Gute Idee!

PFLASTER ENTFERNEN OHNE SCHMERZEN

Autsch! Früher riet man Eltern, das Pflaster mit einem kräftigen Ruck abzureißen. Deshalb taten Kinder alles, um das Unvermeidliche hinauszuzögern – denn die Prozedur war nicht weniger schmerzhaft, nur schneller vorbei.

Eine freundlichere und sanftere Methode besteht darin, Ränder und Oberseite des Pflasters vorsichtig, aber gründlich mit so viel Babyöl oder Geschirrspülmittel einzureiben, dass die klebenden Teile durchfeuchtet und geschmiert werden (aber nicht die Gaze!). Nun das Pflaster langsam abheben; noch klebende Stellen mit etwas mehr Öl oder Spülmittel einreiben. Ihr Kind wird es Ihnen danken – sei es nur mit einem erleichterten Gesichtsausdruck.

Tipps für draußen

✱ Steine bemalen

Schon immer haben Kinder gern Steine mit glatter Oberfläche verziert, am liebsten solche in verschiedenen Formen. Befreien Sie die Steine im Wasser von Erde, Schmutz und Moos und lassen Sie sie in der Sonne vollständig trocknen. Mit Plakat- oder Bastelfarben können die Kleinen die Steine nun oben und an den Seiten nach Lust und Laune bemalen. Nach dem Trocknen der Farbe die Oberfläche mit mehreren Schichten ungiftigem, klarem Acryllack aus der Sprühdose versiegeln; die einzelnen Schichten jeweils erst trocknen lassen. (Lack zum Aufpinseln eignet sich nicht so gut, weil dadurch die Farbe wieder verschmiert werden kann.) Ein größerer Stein kann einen originellen Türstopper abgeben; mit kleineren lässt sich die Küchenfensterbank dekorieren, oder einer kann als Briefbeschwerer auf dem Schreibtisch dienen.

✱ Herbstblattgemälde von Klein-Picasso

Die Natur schenkt uns die vielseitigsten und kinderfreundlichsten Pinsel: herabgefallenes Laub. Gehen Sie mit Ihrem Kind an einem Herbstnachmittag in den Park und fordern Sie es auf, Blätter in verschiedenen Formen und Größen zu sammeln. Zu Hause Staub und Erde vorsichtig mit einer alten Zahnbürste entfernen. Eine kleine Portion ungiftige Fingerfarbe (Seite 214) anrühren, den Tisch mit Zeitungspapier abdecken und Bastelpapier in hellen Farben darauf auslegen. Ärmel des kleinen Künstlers hochkrempeln, die Blätter mit dem Zeigefinger nacheinander mit Fingerfarbe bemalen lassen, dann sofort mit der bemalten Seite nach unten aufs Papier drücken. Zusammen bis 20 zählen (eine gute Übung!) und das Blatt am Stiel abheben. Fertig ist das Instant-Kunstwerk – und das völlig kostenlos!

Gute Idee!

LEKTIONEN IM GARTEN

Kindern das Gärtnern beizubringen kann Sparsamkeit und kreatives Denken vermitteln. Wer als Kind einen ausgemusterten Besenstiel als Stütze für Tomatenpflanzen verwendet, Küchenkräuter in einen alten Turnschuh pflanzt oder geknickte Blumenstängel mit Kugelschreiber und Klebeband repariert, wird auch später gern Probleme mit Fantasie lösen.

Statten Sie Ihr Kind zunächst mit einem kleinen Spaten und einem Eimer aus und lassen Sie es in der Erde wühlen. Helfen Sie ihm, Blumen- und Gemüsesamen zu säen, aus denen pflegeleichte kleine Pflanzen wachsen, und lassen Sie es experimentieren. Gehen Sie mit gutem Beispiel voran – benutzen Sie im Garten viele Haushaltsutensilien, dann wird es Ihnen nacheifern. Lassen Sie es unbedingt dabei helfen, Küchenabfälle und Herbstlaub für den Garten zu kompostieren, damit es über seinen eigenen kleinen Bereich hinausschauen kann.

Am Ende der Wachstumsperiode lassen Sie die Pflanzen in der Erde; so kann Ihr Kind beobachten, was im Herbst und im Winter im Garten geschieht. Mit der Zeit kann Ihr Kind sein Beet vergrößern und immer mehr Arbeiten selbst übernehmen.

✱ Gartenspielzeug mit Essig reinigen

Eine Lösung aus 1 Teil Weißweinessig und 1 Teil Wasser reinigt Gartenspielzeug, Kinderfahrzeuge und Fahrräder. Hartnäckigen Schmutz erst mit der Essiglösung abreiben, dann Backpulver auf

Aus Kiefernzapfen und Erdnussbutter lässt sich Winterfutter für Vögel herstellen.

ein feuchtes Tuch oder einen Schwamm geben, den Fleck wegscheuern und abspülen. Schaukelsitze und -ketten häufig reinigen. Mit Essiglösung können Sie auch Kinderautositze säubern.

✱ Vogelfutter aus dem Kiefernzapfen

Eine Futterstelle für Vögel lässt sich ganz einfach herstellen. Sie brauchen nur Kiefernzapfen, Erdnussbutter ohne Zucker (die Menge variiert nach Anzahl und Größe der verwendeten Zapfen) und Winterfutter. Mit einem Plastikmesser Butter oder Margarine auf dem Zapfen verteilen und in alle Ritzen und Spalten drücken. Nun eine Schicht Vogelfutter auf einem Backblech oder in einer flachen Kuchenform verteilen. Zapfen im Futter wälzen, bis er überall bedeckt ist, Überschüssiges vorsichtig abschütteln. Die Schnur oder den Zwirn fest an Ober- oder Unterseite des Zapfens knoten und an einen Ast, Zaun, Torpfosten, ans Balkongeländer oder einen Haken für Blumenampeln hängen. Welcher Vogel könnte einer solchen Futterstelle widerstehen?

✱ Ordnung in die Sportsachen bringen

Eltern junger Sportler können ein Lied davon singen: Überall liegen Tennis- oder Squashschläger, Bälle jeder Größe und Form, Sweatshirts, Schuhe und anderer Kram herum. Die folgenden Tipps helfen, Ordnung ins Chaos zu bringen.

- Einen großen Mülleimer aus Plastik oder Metall in die Garage oder auf die Terrasse stellen und lange Gegenstände wie Hockeyschläger oder Golfschläger darin aufbewahren. Den Boden mit Steinen beschweren, damit die Tonne nicht umkippt.
- Eine Lochwand mit Haken an der Wand anbringen (vielleicht haben Sie schon eine in der Werkstatt) und Tennisschläger, Mützen, Handschuhe, Schutzpolster, Schwimmbrillen, Badekappen, nasse Kleidung und Schuhe daran aufhängen.
- Einen großen Wäschekorb für Sportkleidung reservieren – wer schlau ist, legt dabei gleich Regeln fest, wer wann für die Wäsche zuständig ist.

Statt an Ihren Schuhen sollte Ihr Welpe an gefrorenen Bagels knabbern!

9 Tipps für Tierfreunde

Der Fachhandel bietet auf jede erdenkliche Lebensphase eines Vierbeiners abgestimmte Tiernahrung, für die Sie ein wahres Vermögen ausgeben können. Warum sparen Sie sich nicht einfach das Geld und backen selbst leckere Hundekekse aus preiswerten Zutaten? Oder geben Sie Ihrem Welpen einen gefrorenen Bagel als Beißring.

Dasselbe gilt für Ihre Katze: Natürlich gibt es raffiniertes Spielzeug – zum Preis von einem Abendessen zu zweit. Verwandeln Sie einen alten Gürtel in ein schickes Hundehalsband, rüsten Sie ein Kissen zum Katzenbettchen um und basteln Sie aus einer Pillendose ein spannendes Klapperspielzeug.

Hier finden Sie Ideen, wie Sie Ihre Lieblinge satt bekommen, richtig pflegen und gesund halten.

Feines Hundefutter

✱ Etwas Würze ins Futter
Ist Ihr vierbeiniger Freund etwas mäkelig? Versuchen Sie es doch einmal hiermit: Geben Sie 1–2 Streifen Dörrfleisch in einen neuen Beutel Trockenfutter und verschließen Sie ihn für 24 Stunden. Der Duft überzeugt anschließend jeden vierbeinigen Gourmet.

✱ Gesunder Snack
Wenn Sie Diät halten, haben Sie sicher auch einen Vorrat an klein geschnittenen Karotten bei sich, mit denen Sie dieses lästige Hungergefühl zwischendurch stillen. Da trifft es sich gut, dass auch die meisten Hunde Karotten lieben. Das Gemüse ist knackig, süß und gesund – und damit ein idealer Ersatz für Hundekekse.

✱ Joghurtbecher als Futterdose
Heben Sie große Joghurtbecher mit wiederverschließbarem Deckel auf. Wenn Sie mit Ihrem Hund auf Reisen gehen, bieten sich diese als praktische Behälter für seine Leckerchen an. Die meisten Hunde legen zwar während der Fahrt wenig Wert auf Futter, lassen sich aber gern für ihr braves Benehmen belohnen, sobald sie am Ziel angekommen sind.

✱ Tarnmantel für Pillen
Ihr Hund verschmäht seine Medizin? Greifen Sie zu einem Trick und verstecken Sie die bittere Pille in einem Stück Leberwurst. Am besten nehmen Sie 1 großen Löffel voll Wurst, stecken die Medizin in die Mitte hinein – und werden staunen, wie mühelos Ihr Liebling sie schluckt.

✱ Banane für den Hund
Geben Sie etwa ein Drittel einer Banane zu 1½ Tassen Trockenfutter. Schneiden Sie die Banane klein, zerdrücken Sie sie und mischen Sie sie unter das Trockenfutter. Das sorgt nicht nur für Abwechslung und gesunde Süße (die alle Hunde mögen), sondern beruhigt auch noch den Magen.

Schon gewusst?

WAS IHR HUND WIRKLICH NICHT FRESSEN DARF

Schokolade enthält Theobromin, ein Alkaloid, das für Hunde und Katzen giftig ist.

Zwiebeln, Knoblauch und andere Zwiebelgewächse (Lauch, Schalotten, Frühlingszwiebeln) enthalten Thiosulfat, das die roten Blutkörperchen Ihres Lieblings zerstören kann.

Bananenstücke verleihen Trockenfutter mehr Geschmack.

Selbst gemacht!

GOURMETKNABBEREIEN

Hier stellen wir Ihnen ein köstliches Rezept für Hundekekse vor, die jede Mahlzeit Ihres vierbeinigen Lieblings aufwerten. Am besten bereiten Sie gleich eine größere Menge zu, sodass Sie immer einen Vorrat des Knabbergebäcks zur Hand haben.

Waldis Lieblingskekse

Diese gesunden Leckerchen riechen frisch aus dem Ofen so gut, dass man versucht ist, sie selbst zu probieren – warum auch nicht?

200 g Vollkornweizenmehl
1 TL Backpulver
250 g Erdnussbutter
240 ml fettarme Milch

1 Den Backofen auf 190 °C 7(Gasherd Stufe 5) vorheizen.

2 Mehl und Backpulver in einer Schüssel mischen. In einer zweiten Schüssel Erdnussbutter und Milch miteinander verrühren.

3 Flüssig- und Trockenzutaten zusammengeben und zu einem Teig vermischen. Den Teig auf einer leicht bemehlten Arbeitsfläche etwa 5 Minuten geschmeidig kneten.

4 Den Teig 5 mm dick ausrollen und mit einem Ausstecher in Knochenform Teigstücke ausstechen.

5 Die Teigstücke auf einem mit Backpapier ausgelegten Backblech verteilen und 20 Minuten backen, bis sie leicht gebräunt sind. Auf einem Drahtgitter abkühlen lassen. Anschließend in einer luftdichten Dose aufbewahren.

Immer gut gepflegt

✱ Sanfte Krallenpflege

Die meisten Hunde mögen es nicht, wenn man ihnen die Krallen feilt, doch bleiben diese dadurch gesund und splittern bei kaltem Wetter nicht. Wollen Sie Ihrem Liebling den Stress mit der lauten Feilmaschine im Hundesalon ersparen, schneiden Sie ein etwa 5 x 5 cm großes Stück aus einem 120er-Schleifpapier aus, wickeln es um Ihren Zeigefinger und feilen damit sanft die Krallen Ihres Hundes. Machen Sie zwischendurch Pausen, in denen Sie Ihr Tier ausgiebig loben und mit einem Leckerchen belohnen.

✱ Socken nach dem Bad

Viele Hunde reagieren auf das Shampoo nach dem Bad (das sie, nebenbei bemerkt, nicht besonders mögen) mit juckender und gereizter Haut. Um zu verhindern, dass sich Ihr Vierbeiner an Hals und Kopf aufkratzt, können Sie ihm kleine Baumwollsocken so hoch wie möglich über die Hinterpfoten ziehen. Bei einem kleinen Hund nehmen Sie Babysöckchen.

✱ Olivenöl gegen Filzknäuel

Lösen Sie verfilztes Hundefell, indem Sie ein wenig Olivenöl in den Knoten einmassieren. Dann kämmen Sie die verfilzte Stelle vorsichtig mit einer Drahtbürste aus, bis die Borsten leicht durch das Fell gleiten.

✱ Teerklumpen entfernen

Haben sich Teerklumpen an den Pfoten festgesetzt, lösen Sie diese, indem Sie die Stellen sanft mit Babyöl oder Vaseline einreiben. Anschließend waschen Sie die Pfoten mit mildem Seifenwasser ab. Um zu verhindern, dass sich zu viel Schmutz an den Pfoten sammelt, kürzen Sie die Haare zwischen den Zehen regelmäßig.

✱ Saubere Augenwinkel

Bei manchen Hunden produzieren die Tränendrüsen ein Sekret, das sich im Fell unter den Augenwinkeln sammelt. Dabei verfärbt sich helles Fell schnell. Tierärzten zufolge kann man wenig dagegen tun, also stört man sich am besten gar nicht erst daran. Nichtsdestotrotz sollten Sie die Sekretklümpchen täglich entfernen. Tupfen Sie mit einem Wattebausch etwas Babyöl auf die Verkrustungen, um sie leichter zu lösen, und wischen Sie sie dann mit einem weichen Papiertuch zur Nase hin weg.

✱ Essig zur Ohrsäuberung

Allen Hunden mit Schlappohren – vor allem den Wasser liebenden Rassen wie Retriever und Labrador – sollte man mindestens einmal pro Woche die Ohren reinigen. So beugt man am besten Verstopfungen und Infektionen vor, die sowohl Schmerz als auch unangenehmen Geruch verursachen. Mischen Sie Weißweinessig im Verhältnis 1:1 mit Wasser. Tauchen Sie einen Wattebausch in die Mischung und wischen Sie die Ohren Ihres Hundes sorgfältig damit aus, ohne dabei aber den Bausch in den Gehörgang einzuführen. Verwenden Sie für das zweite Ohr einen frischen Wattebausch, um keine eventuell vorhandenen Infektionen zu übertragen.

✱ Einfaches Haarsieb

Um zu verhindern, dass die Haare Ihres Hundes beim Baden den Abfluss der Badewanne verstopfen, können Sie einen Topfschwamm aus Kunststoff oder ein passgenau zugeschnittenes Stück Küchenschwamm in den Abfluss drücken. Dieses improvisierte Sieb fängt die Hundehaare auf, die Sie dann ohne große Mühe ablösen und wegwerfen können.

Zeit zum Toben

Sie sparen viel Geld, wenn Sie mit ein bisschen Fantasie selbst gemachtes Spielzeug fertigen und Ihrem Hund präsentieren.

Jeans zum Anbeißen

Zahnende Welpen müssen kauen – nur nicht am Mobiliar, der Katze, den Hausschuhen oder gar den sündhaft teuren High Heels. Was aber tun? Sorgen Sie dafür, dass Ihr Welpe reichlich eigenes strapazierfähiges Spielzeug hat, das Sie z. B. sehr preiswert aus alten Jeans basteln können. Schneiden Sie eine doppelte Lage Jeansstoff zu einem 20 x 20 cm großen Quadrat, nähen Sie die Stücke an drei Seiten zusammen und füllen Sie die Tasche mit alten Tennisbällen (nicht mit Strumpfhosen, da der Hund diese verschlucken und daran ersticken kann). Anschließend nähen Sie auch die offene Seite zu. Fertig ist das Kaugerät.

Jagd nach dem Softball

Wenn Sie einen kleinen Hund haben, können Sie ihm viel Freude bereiten, wenn Sie ihn ein Objekt durch das Haus jagen lassen, das größer ist als er selbst. Hier bietet sich ein alter Softball an, der Ihren Liebling über Stunden beschäftigt hält.

Fang das Licht

Was könnte mehr Spaß machen als ein Hund, der ausgelassen hinter einem Taschenlampenstrahl in einem großen, abgedunkelten Raum hertollt? Achten Sie darauf, dem Tier nicht direkt in die Augen zu leuchten, und rücken Sie die Möbel etwas aus dem Weg, um Kollisionen zu vermeiden.

Plastikflasche zum Hinterhertollen

Bohren Sie zwei Löcher in den Schraubdeckel einer sehr stabilen Plastikflasche, fädeln Sie eine dicke Schnur hindurch und verknoten Sie diese an der Deckelunterseite. Füllen Sie die Flasche mit bunten Wattebäuschen. Schrauben Sie nun den Deckel wieder auf die Flasche und legen Sie diese auf den Boden. Ziehen Sie die Flasche immer wieder zurück, sobald Ihr Hund sie packen möchte – das ist ein tolles Spiel. Gönnen Sie Ihrem Liebling jedoch nach ein paar gescheiterten Fangversuchen einen Sieg, sonst wendet er sich bald frustriert ab und verliert das Interesse.

Unterwegs mit Hunden

✱ Hundeleine auf Reisen

Sie nehmen Ihren kleinen Liebling mit auf Reisen, doch die Hundeleine ist zu Hause geblieben? Dann nehmen Sie eine alte Strumpfhose. Knüpfen Sie von einem Bein zum anderen alle 10 cm einen Knoten und an einem Ende eine Schlaufe. Diese flexible Leine bringt kleinen Hunden viel Spaß, da sie mehr Spielraum lässt.

✱ T-Shirt als Klimaanlage

Leiden Sie unter der Hitze im Sommer, dann ist es für Ihren Hund schon längst zu heiß! Wenn Sie an so einem Tag mit ihm spazieren gehen, machen Sie ein zur Größe Ihres Vierbeiners passendes T-Shirt nass und wringen es aus. Ziehen Sie Ihrem Hund dieses T-Shirt über den Kopf, sodass seine Beine durch die Ärmel ragen. An der Seite binden Sie es mit einem Knoten hoch. Achten Sie darauf, dass das Shirt weder zu fest noch zu lose sitzt, sondern bequem bleibt. Wenn der Stoff trocknet, erneut mit Wasser besprühen.

✱ Leuchtpunkte im Dunkeln

Schon ein paar in gleichmäßigen Abständen um das Halsband geklebte Reflektorstreifen sorgen dafür, dass Autofahrer Ihren Hund (oder Ihre Katze) sowohl in der Dämmerung als auch nachts früher erkennen können.

✱ Hinterlassenschaften entsorgen

Die kleinen Plastiktüten aus der Obst- und Gemüseabteilung eignen sich gut zum Aufsammeln der „Geschäfte" Ihres Hundes. Schieben Sie die Hand in den Beutel und greifen Sie das Häufchen auf. Jetzt brauchen Sie nur noch die Tüte nach vorne zu ziehen, umzustülpen, zu verknoten – und ab damit in den Abfalleimer.

✱ Schippe aus Pappe

Schneiden Sie ein Stück Karton von einer Schachtel zurecht – es dient als Schippe, wenn Sie Gassi gehen. Sie können damit das Häufchen Ihres Lieblings mühelos aufnehmen und in einen kleinen Plastikbeutel fallen lassen. Anschließend den Beutel verknoten und wegwerfen.

✱ Vaseline für wunde Pfoten

Extreme Temperaturen können den Hundepfoten schaden. Heiße Pflastersteine, gefrorene Waldpfade und Streusalz reizen die Ballen und lassen sie rissig werden. Um die Irritation zu lindern und den Heilungsprozess zu fördern, reiben Sie die Pfoten vor dem Gassigehen mit Vaseline ein. Nach dem Spaziergang wischen Sie überschüssige Vaseline mit einem weichen Tuch ab, damit Ihr Hund keine Fettspuren auf Teppichen und Polstern hinterlässt.

Tipp EIN ALTER GÜRTEL ALS NOTLEINE

Ist die Hundeleine verloren gegangen? Ein **alter Gürtel** kann als Ersatz dienen, bis Sie eine neue kaufen können. Ziehen Sie den Gürtel um das Halsband Ihres Hundes. Stellen Sie aus Gewebeklebeband eine Schlaufe für die Hand her, die Sie am anderen Ende des Gürtels ebenfalls mit Klebeband befestigen.

Katzen und ihre Toilette

✱ Geruchsbarriere selbst gemacht

Sobald der Geruch in den Boden der Katzentoilette erst einmal eingezogen ist, lässt er sich praktisch nicht mehr entfernen. Hier hilft eine schnell angefertigte Geruchssperre aus Aluminiumfolie. Schneiden Sie einen Karton auf die Größe des Toilettenbodens zu, schlagen Sie ihn in stabile Grillfolie ein und sichern Sie die Folie mit Klebeband. Den Karton legen Sie auf den Boden der Toilette und füllen das Katzenstreu darüber. Werfen Sie den Karton beim Wechseln der Streu nicht weg, sondern wischen Sie ihn mit einem Schwamm und Essigwasser (1 Teil Essig und 1 Teil Wasser) ab. Wenn Sie sorgfältig mit der Einlage umgehen, können Sie sie mindestens drei- oder viermal verwenden.

✱ Zitrone als Lufterfrischer

Machen wir uns nichts vor – eine Katzentoilette gibt nicht eitel Rosenduft von sich. Um diesem Problem Herr zu werden, legen Sie ½ Zitrone mit der Schnittfläche nach oben auf einen Unterteller und stellen diesen ein paar Zentimeter von der Katzentoilette entfernt auf den Boden. Der Geruch der Zitrone neutralisiert die unerfreulichen Düfte auf wirksame Art. Bei besonders hartnäckigen Gerüchen legen Sie mehrere Zitronenhälften auf einen Pappteller oder versuchen es mit einer Kombination aus Orangen, Zitronen- und Limettenhälften. Prüfen Sie aber bitte zuvor, ob Ihre Katze den Zitrusduft wirklich akzeptiert – sonst sucht sie sich womöglich einen für sie angenehmer riechenden Ort, um sich dort zu erleichtern.

✱ Tipps für bessere Luft

Falls Sie geruchsbindende oder mit Duftstoffen versetzte Streu kaufen, geben Sie vermutlich viel Geld aus. Hier 2 Tipps, wie Sie das gleiche Ergebnis deutlich billiger erzielen können:

- Verteilen Sie 60 g Babypuder über die Streu, um sie frisch zu halten.
- Mischen Sie eine Handvoll getrocknete Petersilie oder ein anderes duftendes getrocknetes Kraut unter die Streu. Testen Sie aber, ob Ihre Katze diese Geruchsneutralisierung akzeptiert.

✱ Günstige Putzmittel

Entfernen Sie einmal pro Woche die gesamte Streu und waschen Sie die Toilette gründlich aus. Statt eines teuren Markenputzmittels können Sie dafür entweder Essig, zu gleichen Teilen verdünnt mit Wasser, oder heißes Wasser mit einem Spritzer Spülmittel verwenden. Spülen Sie die Toilette anschließend mit klarem Wasser aus und wischen Sie sie mit einem sauberen Tuch trocken. Erst danach füllen Sie frische Streu ein. Denken Sie daran: Katzen mögen keine scharfen Gerüche – selbst wenn Ihrer Nase ein wohlriechendes Putzmittel oder dergleichen gut gefallen würde. Die Gefahr, dass die Katze die Toilette anschließend nicht mehr benutzt, ist groß.

✱ Eine Fußmatte als Klovorleger

Damit Ihre Katze nach dem Toilettengang keine staubigen Pfotenabdrücke auf dem Boden hinterlässt, legen Sie einen Teppichrest oder ein altes Tischset auf die Seite der Toilette, auf der Ihr Stubentiger immer aussteigt.

Spielstunde

Den größten Spaß wird Ihre Katze mit ganz alltäglichen Dingen haben, die sie im Haus findet, etwa Bällchen aus Papier. Rollen Sie ein Stück Papier zu einer Kugel, werfen Sie sie und sehen Sie Ihrem Liebling dabei zu, wie er sie quer durch das ganze Haus jagt. Weitere kostenlose Spielzeuge sind leere Garnspulen, alte Golfbälle, Plastikschraubverschlüsse, leere Pappkartons und dicker Draht, der mit einem Ende an einer Schublade oder einer Klinke befestigt ist und am anderen Ende eine Schlaufe mit einer Feder oder einem Stück Schnur hat.

Klapperspaß

Funktionieren Sie alte Pillen- oder Filmdosen zu einem Spielzeug um, indem Sie sie mit kleinen Münzen, Büroklammern oder Knöpfen füllen, die beim Spielen schön klappern. Rollen Sie die Dose über den Boden. Ihre Katze wird ihre Freude daran haben.

Schnüffelsocke

Füllen Sie Katzenminze in eine gewaschene alte Socke und binden Sie diese fest zu. Hängen Sie das verlockende Spielzeug an eine Schnur – Ihre Katze wird nicht widerstehen können. Sie können die Schnur auch an eine Türklinke binden. Es muss übrigens nicht unbedingt eine Socke sein: Sie könnten auch einen Babyschuh mit Katzenminze füllen oder den Ärmel einer verschlissenen Bluse oder eines Hemdes zu einem Beutelchen umfunktionieren.

Tauziehen

Bei diesem Spiel können Sie ein „Kräftemessen" mit Ihrer Katze veranstalten. Füllen Sie die Fußspitze einer alten Strumpfhose mit Katzenminze und verknoten Sie sie. Machen Sie in regelmäßigen Abständen weitere Knoten in die Strumpfhose. Als Alternative zur Katzenminze können Sie die Strumpfhose auch mit Stoffresten oder einer zusammengeknüllten zweiten Strumpfhose füllen. Spielen Sie „Fang die Schlange" mit Ihrer Katze, indem Sie das Spielzeug hinter sich herziehen.

Katzenkino

Haben Sie ein Futterhaus für Vögel und eine Videokamera? Dann können Sie Ihrem furchtlosen Stubentiger stundenlangen Spaß bereiten. Filmen Sie die Vögel beim Fressen und lassen Sie die DVD auf einem Fernseher laufen, den Ihre Katze gut sehen kann. Sie werden feststellen: Heinz Sielmann hätte kein aufmerksameres Publikum haben können.

Fütterungszeit

✱ Gesunde Würze

Heben Sie beim Kochen das Wasser von gedämpftem Gemüse und überschüssigen Fleischsaft auf, sofern die Flüssigkeiten ungewürzt sind, und mischen Sie 1 oder 2 Löffel davon unter das Futter Ihrer Katze. Geben Sie bei Bedarf ein wenig warmes Wasser hinzu. Sie können die Flüssigkeiten auch in einem Schraubglas in den Kühlschrank stellen, um sie später zu verwenden. Erwärmen Sie sie vor der Verwendung ganz leicht – Ihr Vierbeiner wird an diesem neuen Geschmack seine helle Freude haben.

✱ Platzdeckchen für den Futternapf

Wenn Sie sich ein neues Mousepad zulegen, funktionieren Sie das alte zu einem Tischset für den Futternapf um. Es verhindert, dass der Napf nach vorne wegrutscht, und fängt herausfallendes Futter auf.

✱ Ameisengraben

Falls Ihre Hunde oder Katzen im Freien fressen, halten Sie Ameisen mit diesem cleveren Trick vom Futter fern: Stellen Sie den Napf in eine flach mit Wasser gefüllte Auflaufform. Diesen Graben können Ameisen kaum überwinden.

✱ Gewölleauswurf erleichtern

Mischen Sie ½ Teelöffel Vaseline unter das Futter Ihrer Katze, um ihr so das Auswürgen von Gewölle zu erleichtern. Vermindern Sie übermäßige Haarballenbildung, indem Sie Ihren Stubentiger täglich gründlich bürsten.

Selbst gemacht!

FEINE LECKERCHEN

Die Häppchen basieren auf Haferflocken und enthalten weder Konservierungsstoffe noch künstliche Zutaten, sofern Sie die Brühe selbst zubereiten.

Haferkekse für die Katze

Je nach Art der Brühe schmecken die Kekse nach Hühnchen, Rindfleisch oder Thunfisch. Wenn Sie Dosenthunfisch verwenden, sollten Sie nur Fisch im eigenen Saft und nicht in Öl eingelegt verwenden. Ergeben sich weniger als 120 ml Saft, verdünnen Sie ihn mit Leitungswasser.

150 g Haferflocken
60 ml Pflanzenöl
50 ml Weizenmehl
120 ml Hühnerbrühe, Rinderbrühe oder Saft aus einer Thunfischkonserve

1 Den Backofen auf 180 °C (Gasherd Stufe 4) vorheizen.

2 Alle Zutaten zu einem Teig vermischen.

3 Den Teig zu ca. 1 cm dicken, runden Plätzchen formen und auf einem mit Backpapier ausgelegten Backblech verteilen.

4 Die Kekse 30 Minuten backen, bis sie leicht gebräunt sind, dann 30 Minuten auf einem Gitter abkühlen lassen.

Nützliche Alltagstipps

✱ Ein Pulli für kalte Wintertage

Wenn Ihr Hund beim Gassigehen im Winter friert, schrumpfen Sie einen Ihrer alten Wollpullover auf seine Größe ein; für einen kleinen Hund reicht auch ein Kinderpulli. Halten Sie Ihrem Hund den Pulli zunächst an. Ist er mindestens dreimal zu groß, haben Sie einen geeigneten Kandidaten. Geben Sie den Pullover mit 60 ml mildem Wollwaschmittel in die Waschmaschine und waschen Sie ihn mit dem langen Programm bei 60–90 °C. Nehmen Sie ihn wieder heraus und pressen Sie ihn zwischen zwei Handtüchern, um möglichst viel Wasser herauszudrücken. Jetzt ist es Zeit für die erste Anprobe. Weiten Sie den Kragen, damit er über den Kopf Ihres Hundes passt. Die Ärmel sollten zu seinen Beinen passen, und der Hauptteil sollte seinen Körper bis zur Hälfte bedecken. Lassen Sie den Pulli in einem gut belüfteten Raum trocknen. Fertig ist ein schickes neues Winteroutfit für Ihren Hund, das keinen Cent kostet.

✱ Gürtel als Halsbandersatz

Sparen Sie Geld, indem Sie einen kleinen Ledergürtel zum Hundehalsband umfunktionieren. Ein Gewebegürtel eignet sich auch für kleinere Hunde, sollte aber auf ganzer Länge an den Kanten umsäumt sein. Schneiden Sie den Gürtel auf die passende Länge zu und versehen Sie ihn mithilfe einer Ahle und eines Schneidebretts mit neuen Löchern. Achten Sie beim Anlegen darauf, dass er nicht zu eng um den Hals des Tieres sitzt.

Schon gewusst?

HUNDE-URIN UND GRAS

Vielleicht haben Sie schon einmal gehört, dass Tomatensaft, Apfelessig oder Natron im Hundefutter dem Urin, der das Gras braun werden lässt, die Säure nimmt. Das ist natürlich blanker Unsinn. Keine dieser Zutaten verhindert, dass der Hundeurin das Gras schädigt. Abgesehen davon, ist es nicht die Säure, die Schaden anrichtet, sondern die hohe Stickstoffkonzentration im Urin.

Viel schlimmer ist: Dieser Rat könnte dem Hund schaden, da jede Form von Zusatzstoffen im Hundefutter, die den pH-Wert verändert, zu Erkrankungen des Harntrakts, Blaseninfektionen, kristallinen Ablagerungen und Blasensteinen führen kann. Lassen Sie sich also von solchen Ammenmärchen nicht irreführen – beachten Sie sie einfach nicht.

Bewahren Sie Zubehör in Schuhtaschen auf.

✱ Ordnung durch Schuhtaschen

Eine hinter einer Schranktür oder in der Abstellkammer aufgehängte Schuhaufbewahrung hilft, Ordnung bei der Tierausstattung zu halten. Sortieren Sie Spielzeug, Leckerchen, Lappen und selbst den Impfpass mit Name und Telefonnummer des Tierarztes in die Taschen ein. So haben Sie alles Wichtige mit einem Griff.

✱ Selbst gemachter Schlafplatz

Füllen Sie den Hosenteil einer Strumpfhose mit weichem Material – Wattebäuschen, verwaisten Socken, gekaufter Kissenfüllung oder auch zusammengeknüllten Strumpfhosen. Knoten Sie den Beinansatz zu und schneiden Sie den Rest ab. Sie können dieses Bettchen auch noch in einen Kissenbezug stecken und einnähen.

✱ Alles an einem Platz

Sammeln Sie alle wichtigen Informationen zu Ihrem Haustier an einer Stelle, beispielsweise in einer Zigarrenkiste oder in einem Schuhkarton. So haben Sie im Notfall alles zur Hand, wenn Sie einmal überstürzt zum Tierarzt eilen müssen. Das hilft auch einem Tiersitter, der Sie während Ihrer Abwesenheit vertritt. Er ist froh, wenn er weiß, wohin er greifen muss, um notwendige Telefonnummern oder Dokumente zu finden.

✱ Alte Bürste neu verwendet

Werfen Sie eine alte Fellbürste nicht einfach weg, sie kann immer noch zur Wohlfühlmassage Ihres Vierbeiners dienen. Natürlich können Sie Ihrem Hund oder Ihrer Katze auch mit den Fingernägeln eine sanfte Massage bereiten, doch viele Tiere scheinen das Gefühl der feinen Borsten auf der Haut zu lieben.

✱ Praktischer Haarfänger

Um Katzenhaare leichter aus der Bürste zu bekommen, stecken Sie vor der Fellpflege ein Stück Strumpfhose auf die Borsten. Sobald Sie fertig sind, ziehen Sie den Stoff wieder ab und können so die Haare leicht entsorgen.

Für Haut und Haar

✱ Ei lässt Fell glänzen

Mischen Sie einmal pro Woche 1 Rührei in das Futter Ihres Vierbeiners – es lässt das Fell schön glänzen und ist eine appetitliche Zugabe, die Hund und Katze freut. Wegen der Salmonellengefahr ist die Verwendung von rohen Eiern selbstverständlich tabu.

✱ Fellreiniger

Verklebtes Fell könnte von Baumharz, Schlamm oder etwas Unaussprechlichem herrühren. Bevor Sie jetzt beherzt zur Schere greifen, versuchen Sie es lieber hiermit: Mischen Sie 1 Teelöffel mildes Shampoo oder Spülmittel mit 60–120 ml warmem Wasser und verrühren Sie alles gründlich. Geben Sie ein paar Tropfen davon mit Gummihandschuhen auf die verschmutzte Stelle und massieren Sie sie mit den Fingern ein. Kämmen Sie das Fell danach mit einer Drahtbürste aus. Ist der Schmutz entfernt, waschen Sie die Stelle mit warmem Wasser.

✱ Mundspülung gegen Hautprobleme

Mundspülungen sind nicht nur für Ihre Mundhygiene gut, sie eignen sich auch hervorragend als Desinfektionsmittel für Ihren Hund und Ihre Katze. Nehmen Sie ein stärkeres Mittel zum Desinfizieren von Hautverletzungen, Schnittwunden und Kratzern oder zum Kühlen von Furunkeln und anderen heißen Stellen. Befeuchten Sie einen Wattebausch mit der Spülung und tupfen Sie den betroffenen Bereich ab, um die Heilung zu beschleunigen.

Tipp FELLPFLEGE MIT TEE

Wenn das Fell Ihres Vierbeiners einmal nicht so glänzt wie gewohnt, baden Sie Ihren Hund oder Ihre Katze mit speziellem Tiershampoo und spülen Sie das Fell abschließend mit 1 l **warmem, ungesüßtem Schwarztee** aus.

Kampf den Parasiten

✱ Wirksame Flohkiller

Selbst gemachte Flohmittel sind leicht zuzubereiten und abzufüllen. Probieren Sie es einfach aus! Sprühen Sie Ihren Hund oder Ihre Katze fast rundum mit dem Mittel ein, vor allem in den Beinbeugen, hinter den Ohren und am Kopf. Schützen Sie dabei aber die Augen. Sprühen Sie die Schwanzwurzel, aber nicht die Genitalien ein. Hier sind zwei einfache Rezepte:

- **Zitronenbasis:** 2 Zitronen klein schneiden und 1 Stunde in 1 l Wasser auskochen. Den Topf vom Herd nehmen und über Nacht ziehen lassen. Die Flüssigkeit durch ein Sieb in eine Sprühflasche abfüllen und das Tier einsprühen.
- **Essigbasis:** 10 Teile Wasser mit 1 Teil Weißweinessig mischen, in eine Sprühflasche abfüllen und das Tier wie beschrieben einsprühen, um es zuverlässig vor lästigen Flöhen zu schützen.

✱ Tannenduft in der Hundehütte

Eine Schicht Tannen- oder Kiefernnadeln unter dem Hundebett hält Flöhe zuverlässig fern.

✱ Natürliche Barriere aus Salz

Streuen Sie Salz vor alle Spalten und Öffnungen der Hundehütte, um das Heim Ihres Vierbeiners flohfrei zu halten.

✱ Zedern im Kampf gegen Parasiten

Mischen Sie Zedernspäne oder Zedernsägemehl unter die Füllung des Kissens, auf dem Ihr vierbeiniger Liebling ruht. Schläft Ihr Hund draußen in einer Hundehütte, hängen Sie einen Zedernblock im Innern auf. Der Geruch des Holzes hält nicht nur Flöhe, sondern auch andere lästige Insekten wie Motten fern.

✱ Natürliches Aromaband

Gekaufte Flohhalsbänder haben oft einen unangenehmen Geruch, und man möchte ein derart mit Chemikalien belastetes Material gar nicht so nah an der Haut seines Tieres wissen. Fertigen Sie stattdessen ein natürliches Flohhalsband an: Reiben Sie ein Halsband aus Stoff mit ätherischem Öl von Zitronenbaum, Citronella, Lavendel oder Eukalyptus aus dem Bioladen ein und erneuern Sie das Aroma einmal die Woche.

✱ Salz tötet Eier ab

Streuen Sie Salz auf Ihre Teppiche, um Floheier (Nissen) abzutöten. Lassen Sie es 1 Tag einwirken und saugen Sie es dann ab. Wiederholen Sie die Prozedur einige Tage später, um alle Nissen zu erwischen. Verschließen Sie den Staubbeutel nach jedem Sauggang gründlich und werfen Sie ihn sofort weg.

Gute Idee!

MIT HEFE GEGEN FLÖHE

Verabreichen Sie Ihrem Haustier Bierhefe in pulverisierter Form – sie wirkt als natürlicher Flohkiller. Für eine Katze oder einen kleinen Hund reicht täglich 1 Teelöffel im Futter; ein 25 kg schwerer Hund benötigt 1 Esslöffel.

Diese innerliche Anwendung können Sie durch eine äußerliche ergänzen. Reiben Sie die Hefe direkt ins Fell. Achtung: Manche Tiere entwickeln eine Hautallergie gegen Hefe. Die Behandlung muss in diesem Fall unverzüglich eingestellt werden.

Schönes Heim – auch mit Haustier

✱ Nelkenöl verhindert Nagelust

Welpen knabbern alles an – selbst Tisch- und Stuhlbeine. Das können Sie verhindern, indem Sie die attraktivsten Gegenstände oder Stellen (Schuhe, Schachteln, Holzteile, die ins Welpenmaul passen) mit Nelkenöl eintupfen. Das bittere Aroma wirkt zuverlässig entmutigend, und Ihr Welpe wird mit dem Anbeißen aufhören.

✱ Tiefkühl-Kauringe für Welpen

Frieren Sie Mini-Bagels ein, bis sie hart und eiskalt sind. Lassen Sie den zahnenden Welpen daran kauen – das lindert seine Schmerzen. Wenn der Bagel matschig wird, nehmen Sie ihn weg und ersetzen Sie ihn durch einen neuen oder ein anderes geeignetes Hundespielzeug.

✱ Essig als Geruchskiller

Missgeschicke mit dem „Geschäft" passieren nun einmal, besonders, wenn Ihr Haustier gerade erst bei Ihnen eingezogen ist. Neutralisieren Sie unangenehmen Uringeruch im Teppich mit einer Mischung aus Weißweinessig und warmem Wasser zu gleichen Teilen. Weichen Sie die verschmutzte Stelle gründlich ein und lassen Sie sie ½ Stunde einwirken. Danach waschen Sie sie mit kaltem Wasser aus, bis der Essig wieder entfernt ist, und tupfen den Teppich mit Handtüchern trocken. Bedecken Sie die Stelle anschließend mit einer 1 cm dicken Lage aus trockenen, sauberen, weißen Lappen, Handtüchern oder Küchenpapier. Die Lage beschweren Sie am besten mit Büchern, Ziegeln oder Ähnlichem. Lassen Sie den Stoff die Nässe über mehrere Stunden aufsaugen.

Gute Idee!

SUPER KRATZBAUM

Ihre Katze hat gerade Ihren neuen Sessel in Streifen zerlegt? Bringen Sie ihn zum Aufpolstern und bauen Sie in der Zwischenzeit einen preiswerten Kratzbaum. Dazu kleben oder tackern Sie einen Teppichrest um einen Holzscheit oder ein Brett. Befestigen Sie dieses Stück senkrecht auf einer 1 cm dicken Sperrholzplatte, indem Sie es von unten festnageln oder anschrauben. Wenn der Kratzbaum auch noch hübsch aussehen soll, können Sie die Sperrholzplatte mit einem alten Teppichrest beziehen – so kostet Sie das neue Kratzmöbel gar nichts. Ansonsten fragen Sie im nächsten Baumarkt nach kleinen Teppichresten.

✱ Zu guter Luft verhilft Kaffee

Tiergerüche im Raum neutralisieren Sie am besten, indem Sie 1 Tasse frisch gemahlenes Kaffeepulver in einem gusseisernen Topf über schwacher Hitze erhitzen. Sobald sich der Duft ausbreitet, bringen Sie den Topf in den betroffenen Raum und stellen ihn zentral auf. Wenn der Kaffee abgekühlt ist, sollte auch der unangenehme Geruch verschwunden sein.

✱ Weg mit den Tierhaaren!

Es ist schon peinlich, wenn Gäste sich nicht auf das Sofa setzen wollen, weil sie keine Lust haben, vollgefusselt mit Tierhaaren nach Hause zu

gehen. Hier sind einige Tipps, wie Sie Hunde- und Katzenhaare von Möbeln und Kleidung entfernen können:

- Sprühen Sie ein „behaartes" Kleidungsstück mit etwas Wasser ein und geben Sie es in den Wäschetrockner. Dort lassen Sie einige Minuten lang das Warmluftprogramm laufen. Die Haare sammeln sich im Flusensieb und können einfach entsorgt werden.
- Reiben Sie Polstermöbel und Kleidung sanft mit einem feuchten Küchenschwamm ab, um Tierhaare aufzusammeln.
- Wickeln Sie sich Abdeck- oder Packband mit der Klebefläche nach außen um die Hand und tupfen Sie Tierhaare von Möbeln und Kleidung.
- Streifen Sie sich einen Gummihandschuh über und reiben Sie mit den Fingern über die Polster, bis sich die Haare in Ballen sammeln und leicht abgehoben werden können.
- Wickeln Sie ein Trocknertuch um einen Schwamm oder um Ihre Hand und reiben Sie damit die Tierhaare von den Polstern ab.

* Recycling des Duschvorhangs

Ein über die Polstermöbel gelegter Duschvorhang hält Tiere wirksam auf Abstand, wenn Sie außer Haus sind. Er ist nicht sehr gemütlich, und der steife Kunststoff macht beim Darüberlaufen ein unangenehmes Geräusch.

* Natron zum Neutralisieren

Wenn sich im frisch von Urin gereinigten Teppich ein leicht muffiger Geruch bildet, können Sie diesen mit Backpulver neutralisieren. Sobald der Teppich gründlich getrocknet ist, arbeiten Sie 20–45 ml Natron oder Backpulver in den Flor ein. Warten Sie 15 Minuten und saugen Sie dann über die Stelle.

* Alufolie zur Abschreckung

Lärm hält Tiere davon ab, auf Möbel zu springen. Damit Ihre Katze nicht mehr auf das Sofa oder den Sessel hüpft, legen Sie Alufolie über die Polster. Wenn Ihr Stubentiger auf die Folie springt, wird das Knistern unter seinen Pfoten ihn ganz schnell in die Flucht schlagen.

Rat für Reiter

✱ Einfache Schweiftasche

Statt extra eine Schweiftasche zu kaufen, um den Schweif Ihres Pferdes auf dem Weg zum Turnier zu schützen, können Sie auch eine aus einem alten Kniestrumpf anfertigen. So geht's:

1. Schneiden Sie auf beiden Seiten des Saumes je eine etwa 8 cm lange und 2,5 cm breite Lasche ein, die mit dem Strumpf verbunden bleibt.
2. Flechten Sie den Schweif Ihres Pferdes und ziehen Sie ihn durch den Strumpf.
3. Fädeln Sie eine Lasche durch das obere Zopfende und verknoten Sie sie mit der zweiten. So rutscht der Strumpf nicht.

✱ Glanz für den Sattel

Putzen und polieren Sie Chromteile, Schnallen und Riemen Ihres Sattelzeugs mit weißer Zahnpasta (kein Gel). Das preiswerte und praktische Poliermittel wirkt auf allen glänzenden Teilen wirklich wahre Wunder.

✱ Alternative zu gekauftem Hufbalsam

Gut gepflegte Hufe sind für das Wohlbefinden des Pferdes unerlässlich. Der Markt bietet zwar eine Fülle von Produkten, aber man kann auch einfache Hausmittel verwenden:

- Pflanzenfett
- Sprühfett
- WD-40®

Im Winter ist der Balsam besonders wichtig, um das Ansammeln von Schnee und Eis im Huf zu verhindern. Schneeklumpen gefrieren im Huf und machen es dem Pferd unmöglich, gerade aufzutreten, was oft zu Verstauchungen führt. Allerdings kann jedes dieser Mittel den Huf und das Eisen auch gefährlich rutschig machen. Sie sollten es also nicht zu häufig und zu großzügig einsetzen.

✱ Essigglanz fürs Fell

Tragen Sie nach dem Absprühen Ihres Pferdes mit einem Schwamm eine Mischung aus 1 Teil Weißweinessig und 10 Teilen Wasser auf. Dieses einfache Mittel entfernt Seifenreste, hält Fliegen fern und lässt das Fell schön glänzen.

✱ Kampf den Fliegen!

Halten Sie Fliegen von Ihrem Pferd mit einer Mischung aus gleichen Teilen schwarzem Tee und Essig fern. Am besten mit einer sauberen Sprühflasche oder einem gereinigten Deoroller auftragen. Statt Tee können Sie auch Wasser verwenden, denn der Tee kann das Fell verfärben. Einige Tropfen hochwertiges Eukalyptus-, Zitronen, Nelken-, Teebaum- oder Lavendelöl verstärken die Insektenabwehr. Testen Sie jedoch das mit Öl gemischte Spray an einer kleinen Stelle. Denn auch Pferde können allergisch darauf reagieren.

✱ Empfindliche Augen vor Fliegen schützen

Halten Sie Plagegeister fern, indem Sie den Bereich um das Auge mit etwas Zinkoxidsalbe einschmieren. Vor allem im Sommer hilft das bei aufgeriebenen Stellen. Der beste Schutz sind jedoch spezielle Fliegenmasken, die besonders die Augen schützen.

✱ Orientierungshilfe

Wenn man den Sattel zum Putzen auseinandernimmt, passiert es schnell, dass man den rechten und linken Steigbügelriemen verwechselt. Beschriften Sie 2 leere Toilettenpapierrollen mit „links“ bzw. „rechts“. Fädeln Sie die demontierten Riemen durch die jeweils passende Röhre und schließen Sie sie wieder.

✱ Haargel für die Mähne

Vergessen Sie all die schicken Pflegemethoden und -werkzeuge. Wenn Haargel Ihr Haar bändigen kann, funktioniert das auch bei Ihrem Pferd. Verwenden Sie das Gel sparsam, um das Flechten zu erleichtern und störrische Strähnen unter Kontrolle zu bringen.

✱ Dem Knabberspaß ein Ende

Um zu verhindern, dass die Stalleinrichtung von knabberfreudigen Bewohnern Stück für Stück aufgefressen wird, mischen Sie eine Lösung aus Weißweinessig und Wasser zu gleichen Teilen an. Bestreichen Sie damit die Lieblingskaustellen. Pferde hassen alles Saure und werden zukünftig die Immobilie in Ruhe lassen.

✱ Schöner Glanz für das Fell

Mischt man dem Futter regelmäßig einmal täglich 1 Esslöffel Leinöl unter, kann das mehr Glanz für das Fell bringen, besonders während des Fellwechsels. Im Winter kann Pflanzenöl als Ersatz für Kraftfutter dienen. Aber nur sparsam verwenden: Mehr als 300 ml Öl täglich als Ersatz für 1 kg Hafer sollten es nicht werden.

Selbst gemacht!

PFLEGE FÜR DIE HUFE

Pferdehufe können schnell austrocknen und einreißen, vor allem bei trockener Witterung. Dieser einfache, selbst gemachte Hufbalsam aus Schweineschmalz und Holzteer hält die Hufe genauso gut in Schuss wie jedes gekaufte Produkt. Holzteer bekommt man im Landhandel und im Internet.

Holzteer-Hufbalsam

Diese Mischung hat bei warmem Wetter eine dickflüssige Konsistenz und härtet im Winter zu einer festen Paste aus. Diese lässt sich aber in der Mikrowelle rasch wieder geschmeidig machen.

500 g Schweineschmalz
500 g Holzteer

1 Das Schmalz in einen mikrowellengeeigneten Behälter geben und in der Mikrowelle bei schwacher Leistung zerlassen.

2 Den Holzteer zugeben und mit einem Holzlöffel gründlich untermischen.

3 Den Balsam mit einem weichen, 6 cm breiten Pinsel auf die Hufe auftragen.

✱ Frostschutz im Winter

Reiben Sie den Wassereimer Ihres Pferdes im Winter von innen mit Vaseline ein, bevor Sie ihn mit Wasser füllen. Wenn das Wasser dann gefriert, lässt sich das Eis aufgrund der Vaseline leichter aus dem Eimer lösen.

Kaninchen, Hamster und andere Kleintiere

✱ Wühlmaterial für Kaninchen

Kaninchen buddeln gern und sind nur zu glücklich, wenn sie ordentlich Material zum Wühlen haben. Geben Sie Ihrem Hoppelchen klein gerissenes Zeitungspapier, zusammengeknüllte Telefonbuchseiten und Streifen aus dem Aktenvernichter, um es für Stunden zu beschäftigen.

✱ Ein Unterschlupf zum Wohlfühlen

Kaninchen lieben die Sicherheit einer „Höhle". Bieten Sie Ihrem Tier also einen kuscheligen Unterschlupf: Nehmen Sie den Deckel von einem Karton und schneiden Sie eine Tür in die Wand. Stellen Sie den Karton umgedreht in den Käfig – Ihr Liebling wird begeistert sein. Verwenden Sie je nach Größe des Tieres mindestens einen Schuhkarton, damit es genügend Platz hat.

✱ Papprolle zum Nagen

Viele Heimtiere – Hunde, Katzen, Kaninchen, Chinchillas, Mäuse, Meerschweinchen, Hamster, Frettchen und ähnliche – kauen gern an den leeren Pappröhren von Küchen- und Toilettenpapier. Das gilt übrigens auch für manche Vögel wie Nymphensittiche. Halten Sie also immer ein paar Rollen in Reserve für Ihr Tier bereit.

✱ Holz für Hamster

Hamster lieben Zweige zum Klettern und Nagen. Am besten eignen sich kleine Zweige von Weiden und Obstbäumen, die natürlich ohne Pestizidrückstände sein müssen.

✱ Ein Haus für die Maus

Wüstenrennmäuse und andere Nager brauchen viel Beschäftigung. Eine im Käfig aufgehängte Kokosnussschale ist ein ideales Kletterspielzeug. Entfernen Sie zunächst das Fruchtfleisch. Dann sägen Sie eine Öffnung in die Schale, feilen die scharfen Kanten rund und kochen die Schale 10 Minuten in Wasser aus. Nach dem Trocknen schrauben Sie einen Haken in die Schale, sodass die Öffnung zur Seite weist, wenn die Schale im Käfig hängt. Sie sollten sie nun so aufhängen, dass das Tier sie gut erreichen kann.

✱ Knabber, knabber, knabber

Natürlich haben Ihre Nager Spaß an teuren Knabberspielzeugen. Den können Sie ihnen aber auch kostenlos bereiten. Geben Sie ihnen einfach zusätzlich zu all den Papprollen und Kartons Klötzchen aus unbehandeltem Holz, wie z. B. Reste aus einer Schreinerwerkstatt.

Tipp BESCHÄFTIGUNG FÜR FRETTCHEN

Tischtennis- und Tennisbälle sind ein großartiges Spielzeug für die unternehmungslustigen Frettchen. Stundenlang können die pfiffigen Marderverwandten einem Ball hinterherjagen und auf diese Weise ihren Bewegungsdrang voll ausleben.

Schildkröten und weitere Reptilien

✱ Nutzen Sie Kies doppelt

Werfen Sie den groben Kies aus dem Aquarium Ihrer Wasserschildkröte beim Reinigen nicht einfach weg. Geben Sie ihn stattdessen in einen großen Eimer und spülen Sie ihn mit Wasser ab. Dabei wirbeln Sie den Kies unter mehrfachem Wasserwechsel kräftig mit der Hand durch, bis das Wasser schließlich sauber bleibt.

✱ Abwechslungsreicher Speiseplan

Es müssen nicht immer Salat und Obst sein. Bringen Sie Abwechslung auf den Speiseplan von pflanzenfressenden Reptilien und bieten Sie zur Abwechslung Kräuter, Blüten und Blattgemüse an. Nur auf Spinat und Kohlgemüse sollten Sie verzichten. Sammeln Sie während Ihres Spaziergangs auf der Wiese schmackhafte Leckereien wie Sauerampfer oder Löwenzahn. Achten Sie aber darauf, dass die Pflanzen nicht mit Insektiziden behandelt wurden. Diese Giftstoffe werden von Ihrem Tier aufgenommen.

✱ Äste für Echsen

Ihre Echse freut sich über frische Äste aus dem Garten, die Sie im Terrarium platzieren. Es dauert bestimmt nicht lange, bis sie auf den Ast klettert oder ihn als erhöhten Ruheplatz nutzt.

✱ Einfach abhängen

Echsen machen es sich gerne gemütlich. Hängen Sie ein Stück Kissenbezug oder ein Halstuch im Terrarium auf, und schon bald wird Ihr Hausreptil ganz entspannt in seiner neuen Hängematte lümmeln.

✱ Immer sauber bleiben!

Wenn Sie das Terrarium Ihres Reptils tagsüber offen lassen, legen Sie einen alten Duschvorhang oder eine Wachstischdecke vor der Öffnung aus. Auf diese Weise können Sie Sand und Kies, die Ihr schuppiger Freund bei Ausflügen aus seinem Zuhause mitbringt, einfach aufsammeln und dann die Unterlage abwaschen.

Schon gewusst?

JUNGE ODER MÄDCHEN?

Sie wollen Ihrer Wasserschildkröte einen passenden Namen geben? Die Antwort auf die Frage nach Männchen oder Weibchen ist leichter zu finden, als man glaubt. Drehen Sie Ihre Schildkröte um und betrachten Sie den Bauchpanzer, das sogenannte Plastron: Ist der Panzer konvex (nach außen gewölbt), haben Sie ein Weibchen, ist er konkav (nach innen gewölbt), ist es ein Männchen. Da die Wölbung nur schwach ausgeprägt ist, müssen Sie den Panzer auf Augenhöhe von der Seite betrachten, um die Wölbung zu erkennen.

Allerlei Wasserbewohner

* Weniger ist mehr
Einige Fischfutterdosen haben nur eine einzige große Öffnung, andere wiederum haben zahlreiche Löcher – beides sorgt dafür, dass schnell eine zu große Menge an Futter ins Aquarium fällt. Kleben Sie daher die Hälfte der Oberseite der Dose mit Abdeckband zu, um eine bessere Kontrolle über die ausgegebene Futtermenge zu bekommen.

* Putzen mit Strümpfen
Hier ist eine weitere sinnvolle Verwendung für eine alte Strumpfhose – sie lässt sich gut zur Reinigung eines Aquariums benutzen. Sobald Sie Fische, Wasser und Dekoration aus dem Becken entfernt haben, können Sie die Strumpfhose auf zwei Arten verwenden: Entweder ziehen Sie sich ein Strumpfbein als Putzhandschuh über die Hand oder Sie knüllen die Strumpfhose zusammen und verwenden sie als Schwamm. Egal, welche Methode Sie bevorzugen: Reinigen Sie Wände und Boden des Aquariums mithilfe der Strumpfhose und einer Mischung aus Essig und Wasser zu gleichen Teilen. Anschließend putzen Sie nochmals mit klarem Wasser nach.

* Neues Leben aus altem Wasser
Schütten Sie das alte Wasser aus Ihrem Aquarium nicht einfach weg. Es eignet sich hervorragend zur Aufzucht von Salinenkrebschen, dem Lieblingsfutter vieler Jungfische. Ebenso können Sie es als Dünger für Zimmer- und Gartenpflanzen verwenden. Die Nährstoffe im Wasser lassen Blütenpflanzen und Gemüse gedeihen wie kaum ein anderer Dünger. Lassen Sie sich nicht vom Geruch irritieren, der verfliegt 1 Stunde nach dem Gießen.

* Leckerchen für Einsiedler
Gönnen Sie Ihren Einsiedlerkrebsen etwas Gutes und peppen Sie ihr Futter auf, indem Sie kleine Häppchen aus folgenden Zutaten untermischen: Ananas, Apfel, Apfelmus, Banane, Blätter, Blattsalat (kein Eisbergsalat), Brokkoli, Erdbeeren, Gras, Karotten, Kokosnuss, Mango, Melonen, Papaya, Reiswaffeln, Rindenstreifen von Laubbäumen (keine Nadelbäume), Rosinen, Spinat, Trauben, ungesalzene Cracker, ungesalzene Nüsse, ungesüßte Frühstücksflocken. Aus dieser langen Liste sollten Sie problemlos etwas Geeignetes für Ihr Krebstier finden.

* Heilpflanze für Fische
Die Blätter des in den Tropen weitverbreiteten Seemandelbaums *(Terminalia catappa)* sind nicht nur dekorativ, sondern geben obendrein auch noch keimhemmende Substanzen ab. Sollten Sie also stolzer Aquarienbesitzer sein und sich ab und zu neue Fische zulegen, so schadet es nicht, sowohl in das Aquarium als auch in den Fischtransportbeutel 1 Blatt des Seemandelbaums zu legen. Keime im Wasser werden so auf natürliche Weise abgetötet. Die Blätter gibt es im Fachhandel oder im Internet.

Unsere gefiederten Freunde

✱ Verdunklungsvorhänge

Nutzen Sie ein attraktives kleines Tischtuch, einen Kissenbezug oder einen breiten Schal, um den Vogelkäfig nachts abzudecken. Bei Dunkelheit kommen die Vögel leichter zur Ruhe.

✱ Käfiginventar aus dem Garten

Schneiden Sie einen kleinen Zweig für den Käfig Ihres Nymphensittichs zurecht. Er wird begeistert darauf herumklettern und auch seinen Schnabel am Holz schärfen.

✱ Ein sauberes Haus dank Essig

Eine Mischung aus Weißweinessig und Wasser zu gleichen Teilen verwandelt eine Voliere in ein blitzsauberes Zuhause und hilft auch beim Säubern von Plastikspielzeug. Spülen Sie alles nach dem Putzen mit klarem Wasser nach und trocknen Sie es mit einem Handtuch ab.

✱ Höhle aus der Bäckerei

Legen Sie Ihrem Piepmatz eine leere, offene Brötchentüte auf den Tisch. Er wird die neue Höhle mit Freuden erkunden.

✱ Pick-Spielzeug

Hängen Sie hölzerne Garnspulen an einer Lederschnur unter dem Dach des Vogelkäfigs auf. Ihr Vogel wird viel Spaß damit haben, die Spulen anzupicken und zum Schaukeln zu bringen.

✱ Beschäftigungsprogramm für Vögel

Verleihen Sie einer kleinen Plastikflasche neues Leben, indem Sie sie mit Perlen, Knöpfen oder anderen bunten Objekten füllen und wieder zuschrauben. Ihr Vogel wird vollauf damit beschäftigt sein, herauszufinden, wie er an die bunten Dinger herankommen kann.

✱ Fantasie ist gefragt

Es ist leicht, einen Vogel zu beschäftigen. Statt für viel Geld Spielzeug im Laden zu kaufen, kann man seinen gefiederten Freund leicht mit Alltagsgegenständen unterhalten. Kleine Schachteln, ausrangierte Stofftier-Schlüsselanhänger oder Schneebesen sind schöne Spielzeuge für Vögel, die gerne an etwas zupfen. Ebenfalls beliebt sind Plastikschraubverschlüsse, Milchflaschen aus Plastik, deren Öffnungen mit der Schere ausgefranst sind, zusammengeknülltes Zeitungspapier, kleinere Papierschnipsel, Bürsten und Besen mit Naturborsten, federlose Wäscheklammern und nicht zu kleine Holzkugeln.

Gute Idee!

SCHMUCK ZUM SPIELEN

Schenken Sie Ihrem Vogel alten Modeschmuck zum Spielen. Hängen Sie ein Armband, eine Kette oder einen Ring im Käfig auf, und Ihr Piepmatz kann sich mit dem glänzenden Etwas beschäftigen. Achten Sie nur darauf, dass nichts dabei ist, was sich lösen und verschluckt werden kann. Wollen Sie ganz sichergehen, hängen Sie das Teil von außen an den Käfig, dann kann der Vogel daran picken, es aber nicht in den Käfig ziehen.

PEARL

10 Praktischer Rat für Reisende

Üblicherweise verbindet man die Ferien mit purer Entspannung, viel Spaß, vielleicht auch etwas Abenteuer – die Erwartungen sind hoch an die „schönste Zeit“ des Jahres.
Leider gibt es immer Unvorhergesehenes, da ist es vorteilhaft, gut vorbereitet zu sein: Klebeband und Plastikbeutel nehmen kaum Platz im Koffer weg und sind patente Helfer. Basteln Sie aus Klebeband einen Fliegenfänger oder versiegeln Sie damit Ihren Koffer für den Transport. Ein Regenponcho ist schnell aus einem Müllbeutel gemacht. Die gute alte Strumpfhose kann dabei helfen, Kleidung knitterfrei zu packen. Nutzen Sie die folgenden Tipps für den Fall der Fälle.

Ordnung im Koffer

✱ Niemals ohne durchsichtiges Klebeband

Reisen Sie nie ohne eine Rolle transparentes Klebeband im Koffer. Denn für folgende Gelegenheiten erweist es sich als sehr nützlich:

- Versiegeln von bereits geöffneten Shampoo- und Duschgelflaschen
- Notreparaturen an gelösten Kleidersäumen
- „Flicken" eines eingerissenen Stadtplans
- Einkleben von Postkarten und anderen Souvenirs ins Reisealbum
- Zusammenkleben von Ohrringen, Manschettenknöpfen und anderen kleinen Gegenständen, die leicht verloren gehen
- Abheben von Fusseln auf dunkler Kleidung
- Ankleben von Wegbeschreibungen ans Armaturenbrett im Auto
- Ankleben abgerissener Knöpfe an das jeweilige Kleidungsstück, damit sie nicht doch noch verloren gehen

✱ Sauber getrennt mit Versandtaschen

Die Versandtaschen aus Folie von Magazinen und Katalogen sind praktisch, um Ordnung im Koffer zu halten. Sie haben genau die richtige Größe für Schuhe und Haarbürsten. Einzeln in die Beutel verpackt, bleiben Schmutz und Haare fern von der übrigen Kleidung.

✱ Strümpfe für Edles

Es ist schon etwas schwierig, Schmuck auf der Reise sicher aufzubewahren. Kleine Teile gehen schnell in den Tiefen des Koffers verloren, und Ketten und Ohrringe verheddern sich gerne heillos ineinander. Hier helfen ausgediente Strumpfhosen. Schneiden Sie die Fußteile ab, legen Sie in jedes ein Schmuckstück und binden Sie sie mit Schnur oder Draht zu. So sind Ihre Preziosen schnell zur Hand und sicher verpackt.

✱ Faltenlos glatt

Beim Packen von Kleidung ist Rollen immer besser als Falten. Zusammengerollte Kleidung knittert weniger und braucht weniger Platz.

- **Reinigungsbeutel** – Die Reinigungen ziehen Folienbeutel zum Schutz über die Kleidung. Verhindern Sie Falten, indem Sie Kleider in diese Beutel stecken und aufrollen.
- **Strumpfbeine** – Schneiden Sie einfach die Beine einer Strumpfhose ab und schieben Sie in jedes ein gerolltes Kleidungsstück. Wenn Sie die Fußteile dranlassen, können Sie sie als Taschen für Kamera, MP3-Player und Wertsachen nutzen. Sobald ein Kleidungsstück im Bein steckt, kann nichts mehr herausfallen und im Koffer verloren gehen.

Tipp NEHMEN SIE KLAMMERN MIT

Nehmen Sie einen Beutel **Wäscheklammern** aus Kunststoff mit auf Reisen, sie brauchen nicht viel Platz und sind Gold wert. Sie können damit handgewaschene Socken und Unterwäsche aufhängen, Karten und Reisedokumente zusammenhalten und Vorhänge zusammenklammern, um Licht und je nach Lage des Zimmers neugierige Blicke abzuschirmen.

Mit stabilem Karton kann man einen Koffer praktisch einteilen.

✱ Abteile im Koffer

Hier ein Tipp vom freundlichen Schmuggler: der doppelte Kofferboden. Er trennt den Kofferinhalt sicher ab und erspart Ihnen das lästige Wühlen zwischen den Hemden nach der Zahnbürste. Schneiden Sie einfach ein stabiles Stück Karton auf die Innenmaße Ihres Koffers zu und Sie haben eine praktische Unterteilung. Legen Sie Dinge, die Sie nicht sofort benötigen, nach unten in den Koffer, decken Sie sie mit dem Karton ab und packen Sie Toilettenartikel, Kleidung und Dinge, an die Sie schnell herankommen wollen, darauf. Oder packen Sie Schuhe und schwere Gegenstände nach unten und leichtere Kleidungsstücke darauf, damit sie nicht verknittern. Schneiden Sie die Kartonstücke kleiner zu, um das Kofferinnere in Abteile einzuteilen. So lässt sich z. B. Kleidung von Handtüchern trennen, und das Gewünschte ist schnell zur Hand.

✱ Natron gegen Gerüche

Sie wissen bereits, dass Natron Ihren Kühlschrank frisch riechen lässt. Das Gleiche kann es auch in Ihrem Koffer bewirken. Sie benötigen gar nicht viel, füllen Sie einfach eine Filmdose mit Soda und bohren Sie einige kleine Löcher in den Deckel. Auch wenn ein bisschen Natron aus der Dose rieselt, richtet es keinen Schaden an. Sie können die Dose sicherheitshalber auch in eine Innentasche in Ihrem Koffer stecken. Natron bekämpft nicht nur unschöne Gerüche, Sie können damit z. B. auch die Thermoskanne reinigen. Vorsicht: Natron kann am Flughafen Verdacht erregen. Nehmen Sie es beim Check-in besser aus dem Koffer.

✱ Röhren auf Reisen

Heben Sie vor der Reise einige Toilettenpapierröhren auf und nutzen Sie sie zum intelligenten Packen. Hier 3 Möglichkeiten, wie man sie praktisch nutzen kann:

- Füllen Sie 1 oder 2 Röhren mit Socken und nutzen Sie sie als Schuhspanner, um Lederschuhe in Form zu halten.
- Wickeln Sie Halsketten und Armbänder um eine Röhre, damit sie sich nicht verheddern.
- Kleben Sie kleine Schmuckstücke mit Klebeband zum Schutz ins Innere einer Röhre.

Superstar im Haushalt

10 IDEEN FÜR PLASTIKBEUTEL

Man kann im Auto und beim Camping niemals zu viele Plastikbeutel verschiedener Größen dabeihaben:

1 Schützen Sie damit Reiseführer und Stadtpläne vor Regen und Abnutzung.

2 Verwenden Sie kleine Beutel bei Regen als Mütze oder ziehen Sie sie als Nässeschutz über die Schuhe.

3 Basteln Sie aus größeren Müllsäcken einen Regenponcho. Schneiden Sie dafür an den Längsseiten Schlitze für die Arme und oben einen für den Kopf ein.

4 Sammeln Sie in Plastiktüten und -beuteln Ihre gebrauchte Wäsche.

5 Kleine Beutel eignen sich für Wattebäusche und andere Toilettenartikel.

6 Sortieren Sie Kleinteile und Gepäckstücke in verschiedene Beutel – eine praktische Ordnungshilfe im Koffer.

7 Stecken Sie Getränkeflaschen, Duschgel, Sonnencreme und andere Dinge, die auslaufen könnten, in Plastikbeutel.

8 Mit Plastikbeuteln haben Sie im Auto oder im Bus einen Müllbeutel zur Hand.

9 Schützen Sie damit Kamera, MP3-Player und andere elektronische Geräte.

10 Halten Sie so Kreide, Malstifte und andere Spielsachen zusammen.

✱ Schlipsrolle

Eine verknitterte Krawatte kann den Geschäftstermin ruinieren, aber es gibt einen Trick, mit dem man immer knitterfreie Krawatten im Gepäck hat. Legen Sie die Krawatte glatt aus und rollen Sie sie vom schmalen Ende her auf. Schieben Sie die Rolle anschließend vorsichtig in eine Socke. Wenn Sie vergesslich sind, stecken Sie einen beschrifteten Zettel an die Socke, damit Sie gar nicht erst lange im Koffer nach Ihrer Krawatte wühlen müssen.

✱ Entknitterungsprogramm

Sie haben Ihre Kleidung sorgfältig eingepackt. Sie öffnen nun den Koffer und sehen weit und breit nur Knitterfalten und verknautschten Stoff. Hängen Sie die empfindlichsten Stücke auf einen Bügel im Bad neben die Dusche. Wenn Sie sich eine Dusche mit heißem Wasser gönnen, glättet der Wasserdampf die Falten etwas, ähnlich wie ein Dampfbügeleisen.

✱ Pack die Stullendose ein

Aber nicht mit Butterbroten, sondern mit Toilettenartikeln und anderen Behältnissen, die auslaufen könnten. So hat man Kosmetik und Toilettenartikel auch immer griffbereit.

Geschickt aufbewahrt

✱ Erinnerungen in Plastikbeuteln

Auf Reisen können Plastikbeutel unterschiedlicher Größe dabei helfen, mühelos Ordnung in Ihre Mitbringsel zu bringen: kleine Frühstücksbeutel für Quittungen und große Gefrierbeutel für Broschüren, Landkarten und andere Erinnerungsstücke, die man so mit der Zeit sammelt. Je mehr Beutel Sie haben, desto besser organisiert sind Sie. So könnten Sie unterschiedliche Beutel für verschiedene besuchte Städte, für unterschiedliche Quittungen (Restaurants, Hotels, Geschäfte) oder für jeden Tag der Reise entsprechend beschriften.

✱ Essen für unterwegs

Möchten Sie für eine kurze Reise eine Portion selbst zubereitete Babynahrung, einen kleinen Rest vom Nudelsalat vom Vorabend oder ein paar Knabbersnacks mitnehmen, können Sie die Lebensmittel in einem Margarine- oder Joghurtbecher mit Deckel transportieren. Auch für Hundefutter auf Reisen eignen sich die Plastikbecher. Bei Bedarf können Sie, nachdem der Inhalt geleert wurde, das Plastik unterwegs im Verpackungsmüll entsorgen. So nimmt Ihnen kein leerer Behälter unnötig Platz in Ihrem Rucksack weg.

✱ Groschensammlung

Werfen Sie Strumpfhosen mit Laufmasche nicht weg, sie eignen sich auf Reisen prima zur Aufbewahrung von Kleingeld. Stecken Sie all die Münzen, die Sie als Wechselgeld bekommen und die das Portemonnaie bleischwer machen, in das abgeschnittene Fußteil einer alten Strumpfhose, knüpfen Sie einen lockeren Knoten und bewahren Sie die Groschensammlung im Koffer auf. So brauchen Sie die Münzen nicht mitzuschleppen. Aus diesem kleinen, leicht erreichbaren Vorrat an Kleingeld können Sie Ihre Geldbörse immer wieder füllen.

✱ Kleine Geldbörsen

Fremde Währungen können selbst den weltläufigsten Reisenden verwirren, und es braucht meist eine ganze Weile, bis man sich mit dem fremden Geld auskennt. Machen Sie es sich einfacher, indem Sie für häufig gebrauchte Münz- und Scheinwerte einen eigenen kleinen, wiederverschließbaren Gefrierbeutel nutzen. Wenn es ans Zahlen geht, brauchen Sie nicht erst lange nach dem richtigen Betrag zu suchen.

✱ Ein Plädoyer für Kopfkissen

Welch ein schönes Gefühl, das müde Haupt im Hotel auf einen vertrauten Kopfkissenbezug sinken zu lassen. Damit fühlen Sie sich nicht nur sofort wie zu Hause, sondern der Bezug kann noch weiteren Nutzen haben:

- **Schutzbezug** – Transportieren Sie Strickwaren wie Pullover im Kopfkissenbezug, damit sie keine Fäden ziehen.
- **Wäschebeutel** – Wenn der Bezug nicht mehr so schön ist, können Sie ihn als Wäschebeutel nutzen. In einem Stoffbezug kann Kleidung nicht so leicht stocken wie in einem Plastikbeutel, und Sie können den Bezug gleich leeren und ihn mit der gebrauchten Wäsche in die Waschmaschine stecken.
- **Ersatzkissen** – Übernachten Sie im Zelt oder möchten Sie unterwegs im Auto ein kurzes Nickerchen machen, stecken Sie einfach einen Pullover oder eine Jacke in einen Kissenbezug. Das selbst gemachte Kissen ist nicht nur bequem, sondern der vertraute Geruch entspannt auf einer anstrengenden Reise.

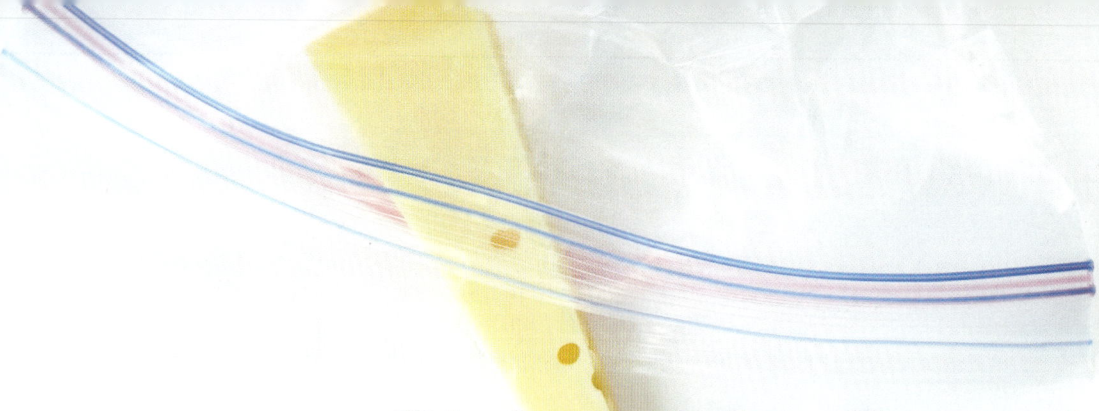

Picknick im Beutel

Eine der schönsten Arten, eine fremde Stadt bei schönem Wetter zu genießen, ist ein Picknick. Packen Sie wiederverschließbare Gefrierbeutel ein und füllen Sie sie mit Leckereien aus einer Bäckerei, Metzgerei oder einem Käsegeschäft. Dann suchen Sie sich ein schönes Plätzchen. So können Sie die Beutel bestücken:

Hartkäse
Parmesan, Emmentaler, Gouda, Gruyère und Cheddar halten sich alle gut im Beutel. Lassen Sie sich im Ausland zu lokalen Spezialitäten beraten. Sehr weichen Käse lieber im Regal lassen, da dieser einen längeren Fußweg bei warmem Wetter nicht gut übersteht.

Brot
Baguettes, Brötchen und dick geschnittenes ofenfrisches Brot sind perfekt für ein Picknick. Der Bäcker wird Ihnen vielleicht auch den Weg zum nächsten schönen Fleckchen Grün beschreiben.

Fleisch
Geräuchertes Fleisch und Geflügel, wie Pute und Räucherschinken, halten sich ungekühlt bis zu 2 Stunden frisch und schmecken einfach köstlich zu Hartkäse und Brot.

Vergessen Sie auch nicht, einen Flaschenöffner, ein kleines Messer, Servietten und eine Sitzunterlage mitzunehmen. Genießen Sie das leckere Essen an der frischen Luft anstelle eines teuren Menüs im Restaurant. Nach dem Essen nutzen Sie einfach einen der Beutel für den Abfall.

Clevere praktische Helfer

✱ Darum ist Klebeband unverzichtbar

Lesen Sie gerne im Bett und brauchen etwas mehr Licht auf Ihrem Buch? Kleben Sie einfach eine kleine Taschenlampe auf das Kopfbrett über Ihrem Kopfkissen (nicht an die Tapete!). Wollen Sie mehrfach nacheinander durch die Hotelzimmertür gehen, um Ihre Koffer ins Auto zu bringen? Damit die Tür nicht immer ins Schloss fällt und Sie jedes Mal aufschließen müssen, kleben Sie einen Klebestreifen über den Schließmechanismus. Schlafen Sie morgens gerne länger? Kleben Sie aufklaffende Vorhänge zusammen, um den Lichteinfall zu verringern.

✱ Vielseitige Röhren

Für die Pappröhren von Toilettenpapierrollen finden sich im Hotelzimmer viele Verwendungen. Nehmen Sie ein paar davon mit oder retten Sie sie im Hotel vor dem Zimmermädchen. Hier einige Verwendungsmöglichkeiten:

- Wenn das Stromkabel Ihres Laptops ständig im Weg herumliegt, legen Sie es in lockere Schlaufen und schieben Sie eine Pappröhre darüber, um es unter Kontrolle zu bringen.
- Broschüren, Faltblätter und andere Souvenirs aus Papier bekommen immer ein paar Falten ab. Rollen Sie sie vorsichtig auf und schieben Sie sie in eine Röhre. Für größere Papiere kleben Sie zwei Röhren zusammen oder nehmen Sie eine Küchenpapierröhre.

Superstar im Haushalt

9 TRICKS MIT KLEBEBAND

Wenn Sie während der Fahrt oder beim Wandern und Campen auf ein Problem stoßen, kann Klebeband die Rettung sein. Hier sind 9 Möglichkeiten, um das Wunderband zu nutzen:

1. Dichten Sie Hosenbeine rundum ab, um Zecken und Insekten abzuhalten.
2. Kleben Sie Ihre Hosenbeine eng um die Fußgelenke, damit sie nicht in die Fahrradkette geraten.
3. Verdrehen Sie das Band zu einem „Seil“, das Sie als Wäscheleine oder zum Zusammenbinden nutzen können.
4. Verdrehen Sie das Band zu Notfallschnürsenkeln.
5. Machen Sie eine Notreparatur bei einem Riss im Zelt oder einem Loch im Kanu, im Fahrradschlauch oder in der Luftmatratze.
6. Befestigen Sie damit eine Taschenlampe an der Zeltstange.
7. Versiegeln Sie eine angebrochene Tüte mit Chips, Nüssen oder anderen Snacks.
8. Fangen Sie Fliegen, indem Sie das Band in Stücke schneiden und mit der Klebefläche nach oben auslegen.
9. Verpacken Sie Souvenirs damit sicher in Zeitungspapier oder Luftpolsterfolie.

Ein Strumpf voller Bohnen dient als Kamerastativ.

- Mücken können einen den letzten Nerv kosten. Wenn sie nachts plötzlich auftauchen und Sie kein Mückenspray dabeihaben, basteln Sie sich eine Falle: Klebeband mit der Klebeschicht nach außen um eine Pappröhre wickeln, seitlich festkleben und die Röhre aufrecht auf den Nachttisch stellen.

✱ Gut gepolstert für die Fahrt

Lange Autofahrten sind eine harte Prüfung für Rücken und Sitzfleisch. Sorgen Sie daher mit Luftpolsterfolie für ein bequemes Sitzpolster. Legen Sie eine doppelte Lage Folie, mit den Blasen nach außen, auf Sitzfläche und Rückenpolster des Autositzes und sinken Sie wohlig in den weichen Thron. Wenn Sie unterwegs ein zerbrechliches Souvenir finden, dem Sie einfach nicht widerstehen können, haben Sie auch gleich eine sichere Verpackung zur Hand!

✱ Aromatherapie in 10 000 m Höhe

Wir alle wissen, wie anstrengend Flugreisen sein können, packen Sie also ein paar entspannende Aromen ein. Träufeln Sie vor der Abreise einige Tropfen Lavendel- oder Muskat-Salbei-Öl auf Wattebäusche (beide gelten in der Naturheilkunde als beruhigend). Packen Sie die Bäusche in einen kleinen, verschließbaren Gefrierbeutel und gönnen Sie sich zwischendurch eine Nasevoll Beruhigung. Sie können sich die Öle auch wie Parfüm auf die Haut tupfen, damit Sie bei der Ankunft frisch duften.

✱ Trockene Kamera

Ziehen Sie bei Regen eine Duschhaube über Ihre Kamera, sodass das Objektiv aus der Öffnung ragt. Da das Plastik sehr dünn ist, können Sie immer noch alle Knöpfe bedienen.

✱ Balance dank Bohnen

Wenn Sie ein Selbstporträt machen wollen und niemand ist zur Stelle (auch kein Stativ), ist es nicht so einfach, die richtige Position für die Kamera zu finden. Die Lösung: Kaufen Sie im Supermarkt Trockenbohnen oder Reis, füllen Sie damit den Fußteil einer Strumpfhose und knoten Sie ihn zu. Jetzt können Sie die Kamera auf dem improvisierten Stativ positionieren.

Auf die Schnelle ...

✱ Ein Loch im Schuh
Ein Loch in der Sohle ist schnell abgedichtet. Die Rückseite von Klebeband ist wasserdicht, die Notreparatur kann also den einen oder anderen Schauer überdauern. Wenn ein Schnürsenkel reißt, schneiden Sie ein Stück Band in entsprechender Länge ab und rollen es längs ganz eng zusammen. Dann fädeln Sie Ihren neuen „Senkel" ein.

✱ Ein Loch im Schlauch
Klebeband ist auch im Auto ausgesprochen praktisch. So können Sie damit z. B. einen Riss im Wasserschlauch abdichten. Das Provisorium hält allerdings mit Sicherheit nicht länger als bis zur nächsten Werkstatt.

✱ Schirmhülle
Hassen Sie es auch, einen nassen Schirm herumzuschleppen? Tragen Sie immer einen Plastikeinkaufsbeutel bei sich, in den Sie den Schirm eng einrollen und dann unbesorgt in die Tasche stecken können.

✱ Schuhe entfeuchten
Um nasse Schuhe schneller zu trocknen, stopfen Sie sie mit zusammengeknülltem Zeitungspapier aus, um die Nässe herauszuziehen. Legen Sie sie auf die Seite, wenden Sie sie hin und wieder und tauschen Sie vollgesogenes Papier aus.

✱ Frische Luft im Auto
Wenn die Luft im Auto etwas dick wird und Sie feststellen, dass die Pappbäumchen von der Tankstelle auch nicht das Gelbe vom Ei sind, füllen Sie vor Fahrtantritt einen Beutel mit Wattebäuschen, die Sie mit reinem Vanillearoma, Teebaumöl oder Eukalyptusöl aromatisieren. Legen Sie ein paar der Bäusche in den Aschenbecher oder den Getränkehalter und freuen Sie sich über den natürlichen Duft, der jedes synthetische Produkt um Längen schlägt.

✱ Robuster Reparaturfaden
Zahnseide ist zwar dünn, aber äußerst strapazierfähig. Damit lassen sich optimal kleinere Reparaturen an einem Schirm, Zelt oder Rucksack ausführen, die auch mal Regen und Wind aushalten. Größere Löcher können Sie mit Zahnseide zusammennähen. Ziehen Sie den Faden mit einer Nadel einige Male von links nach rechts, bis das Loch mit einem Flicken aus Zahnseide abgedeckt ist.

✱ Nagellack für die Kühltasche
Sie bereiten gerade in der Ferienwohnung ein Picknick vor und stellen fest, dass die Kühltasche die Autofahrt zum Urlaubsort doch nicht unbeschadet überstanden hat. Reparieren Sie kleinere Löcher mit zwei Schichten Nagellack. Er versiegelt die Hülle, sodass keine warme Luft eindringen oder Flüssigkeit auslaufen kann.

✱ Kleiner Riss in der Windschutzscheibe
Sind Sie im Urlaub mit dem Auto unterwegs, kann es passieren, dass Steinchen auf die Windschutzscheibe prallen und einen kleinen Riss verursachen. Um zu verhindern, dass der Sprung auf dem Weg zur nächsten Werkstatt größer wird, bepinseln Sie ihn auf beiden Seiten der Scheibe mit klarem Nagellack. Kurz an der Sonne trocknen und in der nächsten Werkstatt fachkundig reparieren lassen. Auch kleine Kratzer oder Schrammen auf dem Lack können Sie mit Nagellack kurzfristig versiegeln, damit sie nicht zu rosten beginnen.

Sicher und entspannt auf Reisen

✱ Ein improvisierter Geldgürtel

Eine Bauchtasche am Gürtel macht es Dieben schwerer, an Ihr Geld und andere wichtige Dokumente zu kommen. Basteln Sie sich einen Geldgürtel aus einer Strumpfhose. Stecken Sie Geld, Ausweisdokumente und andere Wertsachen in das abgeschnittene Fußteil der Strumpfhose und binden Sie sich den Strumpf um die Taille. Der selbst gemachte (und kostengünstige) Geldgürtel bleibt unter der Kleidung unsichtbar.

✱ Schuhe weisen den Weg

Wenn Sie im Hotel einchecken, nehmen Sie sich die Zeit und studieren Sie den Fluchtwegeplan an der Tür. Wenn Sie dann ins Bett gehen, stellen Sie Ihre Schuhe nahe der Tür mit den Spitzen in Richtung des Notausgangs auf. So brauchen Sie bei einem Feueralarm mitten in der Nacht nicht panisch zu überlegen, wo denn nun der Ausgang war.

✱ Koffersicherung

Wenn man heute seine Koffer auf dem Flughafen aufgibt, wird man oft gebeten, sie nicht zu verschließen, damit sie von den Sicherheitskräften leichter zu inspizieren sind. Dabei haben Sie schon die aufspringenden Schlösser vor dem geistigen Auge, wenn Sie an den mitunter „rauen Umgang" mit dem Gepäck beim Transport denken. Ersparen Sie sich die Sorgen, indem Sie die Schlösser (und nur die Schlösser) mit Klebeband überkleben. Bei einer möglichen Kontrolle muss nur das Band gelöst werden, das dann vermutlich auch wieder befestigt wird. Nehmen Sie farblich zum Koffer passendes, unauffälliges Klebeband, um nicht zusätzlich die Aufmerksamkeit von Langfingern zu erregen.

✱ Taschendieben ein Schnippchen schlagen

Eine schlichte Sicherheitsnadel kann Ihr Portemonnaie vor Langfingern schützen. Stecken Sie die Börse in eine Hosen- oder Jackentasche und verengen Sie die Öffnung mit der Sicherheitsnadel so, dass Sie Ihr Geld gerade noch so herauskramen können. Das sollte gegen Taschendiebe helfen, die jetzt nicht mehr zugreifen können, ohne dass Sie es bemerken.

✱ Wehrhaftes Portemonnaie

Als Mann werden Sie vielleicht sowohl ein Portemonnaie als auch einen Kamm bei sich tragen. Aber wussten Sie auch, dass beide zusammen Taschendieben das Handwerk legen können? Legen Sie den Kamm so ins Portemonnaie, dass die Zinken vorne herausragen. Dann wickeln Sie ein Gummiband um das Portemonnaie und durch die Zinken des Kamms. Wenn Sie beide jetzt in die Hosen- oder Jacketttasche stecken, bleiben die Zinken am Stoff hängen und sind bei einem Diebstahlversuch eine Sperre.

✱ Schutz für zu Hause

Da Einbrecher gerne ungestört arbeiten, ist Ihr Haus oder Ihre Wohnung während Ihres Urlaubs besonders gefährdet. Ein Indiz für Ihre Abwesenheit ist ein voller Briefkasten. Bitten Sie Nachbarn oder Freunde, Ihre Post abzuholen. Abonnierte Zeitungen kann man während dieser Zeit an eine andere Adresse schicken lassen oder auch an karitative Einrichtungen.

Dieben keine Chance

Einbrecher dringen in Häuser ein, aber Diebe suchen ihre Beute spontan vor Ort – z. B. in Ihrem Koffer –, ob er nun auf dem Weg zum Flieger ist oder auf der Gepäckablage im Zug liegt. Dabei hat der Dieb nicht so viel Zeit und Ruhe – vermiesen Sie ihm die Tour, indem Sie Wertsachen ungewöhnlich verstecken.

1

Eine leere Filmdose
Mit ihrer Größe und Form eignen sie sich am besten für Ringe und Ohrringe.

2

Eine Tamponbox
Legen Sie Ihre Wertsachen unten in die Box und decken Sie sie mit Tampons ab.

3

Ein Tennisball
Schneiden Sie einen Schlitz in die Naht und schieben Sie Schmuck oder Geld ins Innere.

Reisen mit Kindern

✱ Ordnung in Babys Sachen

Packen Sie einen separaten wiederverschließbaren Beutel mit dem Wichtigsten, was Ihr Kind täglich braucht: Kleidung, Ersatzkleidung und Windeln. Bei mehreren Kindern packen Sie für jedes Kind einen extra Beutel und beschriften Sie ihn. Somit brauchen Sie nicht jeden Morgen die Koffer nach dem Notwendigsten für die Kleinen zu durchwühlen.

✱ Praktische Spülmittelflaschen

Wer schon einmal mit Kindern gereist ist, weiß, dass gewisse Verschmutzungen vorprogrammiert sind. Bereiten Sie sich auf das Unvermeidliche vor, indem Sie eine leere (nicht ausgespülte) Spülmittelflasche aufheben. Füllen Sie sie vor der Abreise mit Wasser und packen Sie sie zusammen mit Küchenpapier oder ein paar Kosmetiktüchern in einen dicht schließenden Plastikbeutel. So können Sie jederzeit Gesichter, Hände, Autositze und Hotelzimmer von den Spuren der letzten Zwischenmahlzeit oder Spielaktion befreien.

✱ Mini-Schatzdose

Junge Reisende tragen ihre Schätze, z. B. Münzen oder kleine Spielzeuge, gerne in selbst gemachten Behältern bei sich. Nehmen Sie dafür eine leere Filmdose oder eine große Tablettenröhre und einen Schlüsselring mit einem Plastikkarabinerhaken. Damit befestigen Sie die Dose am Gürtel oder Rucksackgurt (diese Ringe erhält man in jedem Baumarkt oder bei Schlüsseldiensten). Helfen Sie den Kindern, zwei Löcher ins obere Ende des Behälters zu bohren und den Ring hindurchzuziehen. Anschließend verzieren Sie die Dose gemeinsam mit bunten Perlen, Bändern oder Steinchen.

✱ Spaß für kleine Navigatoren

Beschäftigen Sie Ihre kleinen Mitreisenden im Auto und vermitteln Sie ihnen nebenbei auch noch ein wenig Erdkunde: Lassen Sie sie den Weg auf einer Karte mitverfolgen. Machen Sie Farbkopien der Kartenausschnitte für jeden Reiseabschnitt und klemmen Sie sie auf ein Klemmbrett oder kleben Sie sie auf stabilen Karton. Geben Sie den Kindern wasserlösliche Buntstifte und regen Sie sie an, den Kurs mitzuzeichnen sowie Städte und Landmarken abzuhaken. Vielleicht können Sie ja bei Bedarf auch auf der Rückbank nach dem Weg fragen.

✱ Neue Bestimmung für Zwiebelnetze

Zwiebeln, Paprika, Zitronen und anderes Obst und Gemüse werden oft in Netzen verkauft. Sobald sich die Familie durch den gesunden Inhalt gegessen hat, heben Sie die Netze für den nächsten Ausflug auf. Sie eignen sich hervorragend zum Transport von Spielzeug an den Strand und an Orte, wo es sandig und schmutzig werden kann. Am Ende des Tages stecken Sie alles wieder ins Netz und spritzen es mit dem Schlauch ab. Als Alternative kann man auch einen Plastikbeutel nehmen und Löcher hineinbohren – aber nur so viele, dass der Beutel nicht reißt.

✱ Kulinarische Vorbereitung

Wollen Sie Ihre Kleinen auf die neuen Sinneseindrücke vorbereiten, die sie am Reiseziel erwarten? Veranstalten Sie ein Wohnzimmer-Picknick mit landestypischen Speisen. Während Ihre unerschrockenen Entdecker essen, haben Sie die Gelegenheit, ihnen etwas über die Geschichte, die Geografie und die Besonderheiten Ihres Ziels zu erzählen. Auf diese Weise können sie die Reise noch viel intensiver erleben und genießen.

* Sprühspaß

An einem heißen Sommertag kann eine schlichte Sprühflasche ein Segen für junge Passagiere sein. Waschen Sie einfach ein paar Reinigerflaschen gründlich aus und füllen Sie sie mit kaltem Wasser. Damit können Sie jederzeit …

- …die Kinder am Strand, auf der Wanderung oder beim Ausflug in die Stadt erfrischen.
- … die Kinder in ihre Badesachen stecken und im Park oder im Schwimmbad spielen schicken. Ein Wasserduell kann für die Kinder zum Highlight des Ausflugs werden.

* Entspannte Stille

Wollen Sie während der Autofahrt etwas Ruhe unter die aufgedrehten und zappeligen Kleinen bringen, dann schlagen Sie doch eines der folgenden Spiele vor:

- Einer denkt sich einen Satz oder ein Wort aus und spricht es ohne Stimme. Der andere muss es von den Lippen ablesen.
- Weniger leise, aber dafür pädagogisch wertvoll sind Wortspiele. Schlagen Sie ein Wort vor, und der Nächste muss daraus ein zusammengesetztes Wort bauen, der Nächste aus dem zweiten Wortteil wieder eines, z. B. Auto – Autobahn – Bahngleis usw.
- Während der Anreise bietet sich das Spiel „Ich packe meinen Koffer“ an. Ein Mitspieler beginnt mit einem Gegenstand, den er in seinen Koffer packen würde, z. B. „ Ich packe in meinen Koffer eine Zahnbürste.“ Der Nächste ergänzt den Gegenstand um einen weiteren, der Dritte zählt die vorangegangen Gegenstände auf und nimmt einen weiteren dazu usw. Das erhöht die Vorfreude auf den Urlaub und ist ein gutes Gedächtnistraining.

* Mit Kindern in die Natur

Eine Wanderung löst bei Kindern selten Begeisterungsstürme aus: langweilig, anstrengend und den ganzen Tag nur zu Fuß gehen. Erkundigen Sie sich nach Reiseführern, die speziell auf Kinder ausgerichtet sind. Dort finden Sie Tipps, damit es unterwegs nicht langweilig wird. Es gibt beispielsweise Themenwanderungen die ein bestimmtes Motto haben, z. B. einen Planetenweg, der das Planetensystem erklärt, oder eine Märchenwanderung. Dabei können die Kleinen auch noch etwas lernen.

Nehmen Sie auch einen Naturführer mit auf den Weg. So können Sie den Kindern die Pflanzen und Tiere erklären, die Ihnen unterwegs begegnen. Dadurch ist die Natur plötzlich nicht mehr langweilig, sondern voller interessanter Entdeckungen.

Gute Idee!

SCHÖNE ABLENKUNGEN

Junge Passagiere langweilen sich schnell und werden dann unruhig, wenn sie keine Unterhaltung haben. Am besten lassen Sie sie selbst etwas vorbereiten. Verzieren Sie vor der Reise zusammen mit den Kindern eine Papiertasche oder einen Schuhkarton und packen Sie Dinge hinein, mit denen sie sich auf der Fahrt beschäftigen können. Lassen Sie Ihrer Fantasie freien Lauf. Hier einige Tipps:

- Malbücher und Buntstifte
- ein leeres Notizbuch
- Aufkleber
- bunte Pfeifenreiniger
- kindersichere Scheren
- buntes Papier
- Tesafilm
- Klebestifte oder -roller

„Überleben“ in freier Natur

✱ Butter gegen Harz

Klebriges Baumharz auf der Haut ist zwar nicht wirklich gefährlich, aber lästig. Am einfachsten werden Sie es wieder los, indem Sie sich etwas Butter oder Margarine aus der Kühltasche holen, den Harzfleck damit einreiben und anschließend mit Wasser und Seife abwaschen. Diese sanfte Methode schont nicht nur die Haut, sondern mit dem Fett kann man zur Not auch Zeltplanen und andere Stoffe abdichten.

✱ Sammeln Sie alte Filmdosen

Wenn Sie noch eine analoge Kamera verwenden, heben Sie leere Filmdosen für den nächsten Wander- oder Campingurlaub auf. Diese wasserdichten Behälter mit ihren fest schließenden Deckeln eignen sich hervorragend für Streichhölzer, kleine Batterien und anderen Kleinkram. So müssen Sie nicht auf kleine Bequemlichkeiten verzichten und vermeiden, dass wichtige Utensilien nass werden. Wenn Sie bereits ausschließlich digital fotografieren, bieten sich als Alternative auch große Pillendosen an.

Gute Idee!

EIN KOMPASS AM ARM

Ein Kompass gehört in der Wildnis zur Standardausrüstung, aber man hat nicht immer einen dabei. Zum Glück kann man sich auch mit einer Armbanduhr und der Sonne behelfen. Hoffen Sie auf einen wolkenlosen Himmel und orientieren Sie sich folgendermaßen:

1. Halten Sie die Uhr so, dass der kleine Stundenzeiger auf die Sonne zeigt.
2. Halbieren Sie den Winkel, der vom Stundenzeiger und einer gedachten Linie durch 12 Uhr gebildet wird – in dieser Richtung liegt Süden.

Ein Beispiel: Um 16 Uhr liegt Süden in der Mitte zwischen der 4 und der 12, also bei 2 Uhr. Um 10 Uhr liegt Süden in der Mitte zwischen der 10 und der 12, also bei 11 Uhr.

Während der Sommerzeit fügen Sie eine Stunde hinzu. Dann richten Sie um 16 Uhr die 5 auf die Sonne aus, und der Mittelpunkt, also Süden, liegt zwischen der 2 und der 3.

✱ Camping-Windlicht

Bauen Sie sich ein Windlicht mit Campingutensilien: Wenn Sie eine große Dose mit einem Ring am Deckel öffnen, lassen Sie den Deckel an der Dose. Waschen Sie die leere Dose aus und biegen Sie den Deckel so auf, dass er senkrecht steht. Stellen Sie eine Kerze hinein und stellen Sie die Dose so, dass der Deckel den Wind abhält. Die Kerze wird ruhig brennen, der Deckel reflektiert das Licht, und es scheint heller.

Eine Bonbondose – für Angelzubehör.

✱ Hochwertige Bonbondose

Werfen Sie eine leere Bonbondose nicht einfach weg. Diese dicht schließenden Dosen eignen sich hervorragend als wetterfeste Behälter für:

- Angelhaken, -schnur und Fliegen
- Streichhölzer
- Aspirin®
- Zuckerwürfel und Süßstoffplättchen
- Sicherheitsnadeln
- Kleingeld und Schlüssel, die Sie nicht unbedingt lose in der Hosentasche tragen wollen

✱ Nicht nur für die Zähne

Reißfeste und gewachste Zahnseide ist beim Camping eine unschätzbare Hilfe im Notfall. Damit kann man:

- **Dinge aufhängen** – Zahnseide ist oft so stabil, dass man daran eine kleine Lampe, einen Rasierspiegel und andere Dinge an einen Ast hängen kann.
- **Zeltbahnen reparieren** – Zahnseide ist dünn genug, um durch ein Nadelöhr zu passen, und stabil genug, um Zeltbahnen, Rucksäcke und Planen damit zu vernähen.
- **Lebensmittel schneiden** – Halten Sie ein Stück Zahnseide stramm und schneiden Sie damit Käse, Kuchen und andere weiche Lebensmittel.

✱ Improvisierter Grillkamin

Anstatt mit Brennpaste kann man Holzkohle auch mit diesem kleinen Anzündkamin zum Glühen bringen:

Trennen Sie Deckel und Boden einer großen Konservendose ab und bohren Sie mehrere Löcher in das untere Ende sowie zwei Löcher in den oberen Rand, durch die Sie einen aufgebogenen Drahtbügel als Tragegriff fädeln. Stellen Sie die Dose in den Grill oder die Feuerstelle, legen Sie locker zusammengeknülltes Zeitungspapier hinein und schichten Sie Holzkohle darüber. Zünden Sie das Papier durch die unteren Löcher an. Die warme Luft zieht nach oben ab, und es entsteht ein Unterdruck. Durch die Löcher strömt frische, sauerstoffreichere Luft in die Dose nach, die das Feuer weiter anheizt. Sobald die Kohle glüht, können Sie den Kamin mit dem Bügelgriff entfernen – aber Vorsicht: Verwenden Sie unbedingt Handschuhe oder eine Zange, da der Draht am Bügel glühend heiß sein wird.

✱ Watteanzünder

Nichts ist frustrierender als der Versuch, ein Lagerfeuer mit feuchtem Holz in Gang zu bringen, aber hier naht Hilfe aus dem Drogeriemarkt. Ein Dutzend Wattebäusche mit Vaseline bestreichen, zu Kugeln rollen und in einem Plastikbeutel transportieren. Wenn das Feuer nicht brennen will, mehrere „Vaselinekugeln" zwischen Papierschnipsel und Reisig legen und anzünden. Dann können Sie Ihre Zutaten vorbereiten, denn Vaseline brennt lang genug, um auch das störrischste Lagerfeuerholz zu entzünden.

✱ Shampoo als Allzweckmittel

Shampoo scheint zwar Luxus beim Camping, aber es lohnt sich, eine kleine Flasche in den Rucksack zu packen. So bleiben nicht nur die Haare sauber, sondern Sie können auch:

- einen Reißverschluss schmieren
- die Hände von Harz und anderen klebrigen Dingen befreien
- es als Ersatz für Rasiercreme verwenden, wenn die Stoppeln allzu sehr kratzen.

✱ Vielseitiger Essig

Essig für die Campingküche kann zudem:

- **Mücken abwehren** – einfach etwas Essig auf die nackte Haut tupfen.
- **Fliegen und Mücken fangen** – etwas Apfelessig in eine Schale geben und auf einen Tisch oder an die Stelle, an der sich die Plagegeister sammeln, stellen.
- **Bakterien im Wasser abtöten** – einige Tropfen Apfelessig in die Wasserflasche geben, das wirkt nicht nur gegen Bakterien, sondern regt auch die Verdauung an.

✱ Dem Sand keine Chance

Nach einem schönen Tag am Strand kommt man meist mit einer Wagenladung voll Sand im Auto, den Schuhen und der Kleidung zurück ins Haus. Lassen Sie den Sand da, wo er hingehört, und nehmen Sie einen Beutel mit Babypuder mit auf den Ausflug. Wenn es Zeit für den Heimweg wird, stäuben Sie Hände, Füße und sandige Hautstellen damit ein. Wenn Sie den Puder anschließend abbürsten, nimmt er auch den lästigen Sand mit sich.

Schon gewusst?

VON DER KRAXE ZUM RUCKSACK

Bereits seit der Jungsteinzeit, ungefähr seit 3300 v. Chr., benutzen Menschen Tragegestelle aus Holz, sogenannte Kraxen, um größere Lasten auf dem Rücken zu transportieren. Auch der berühmte Ötzi trug damit zu Lebzeiten Vorräte über die Gletscher. In der Neuzeit ab dem 17. Jh. wurden die Traggeräte speziell für Soldaten weiterentwickelt, um neben den Vorräten auch Munition und Maschinenteile tragen zu können.

Im 20. Jh. entstand daraus der Rucksack mit integriertem Tragegestell und verschiedenen Zusatztaschen – zunächst für Bergsteiger und Pfadfinder interessant. Sie konnten ihre Ausrüstung verstauen und hatten die Hände frei. In den 1960er-Jahren entdeckte die Hippiebewegung die praktischen Rucksäcke (engl. = *backpack*), um in die weite Welt hinauszuziehen – meist ohne genaue Reiseroute und nur mit dem nötigsten Gepäck.

Der vielseitige Spazierstock

Ein schlichter, nützlicher Spazierstock muss nicht einmal Geld kosten. Suchen Sie sich ein nicht zu schweres Stück Holz, das gut zu greifen und nicht größer ist als Sie: z. B. einen Besenstiel, einen abgebrochenen Ast, ein Rundholz oder eine dicke Profilstange. Für mehr Eleganz schnitzen Sie sich einen bequemen Griff ins Holz und schleifen und lackieren den Stock. Hier einige Vorteile, die ein Spazierstock mit sich bringt:

Ein Stock hilft, das Gleichgewicht zu halten, wenn man beim Wandern Bäche und Unebenheiten überwinden muss.

Ein Stock mindert die Belastung für Knie, Beine, Hüfte und Rücken, wenn es bergauf geht.

Ein Stock dient als praktische Sonde zum Erkunden von Spalten, Simsen, hohem Gras und Unterholz nach möglichen Löchern und anderen unsichtbaren Gefahren.

Der Stock hilft aber nicht nur, solange Sie in Bewegung sind. Sie können sich auf ihn stützen, wenn Sie Pause machen, und den Ausblick genießen, er kann als Ersatzzeltstange dienen, eine Plane hochhalten und nicht zuletzt als Stütze einen abgestellten Rucksack am Umfallen hindern.

Komfort unter freiem Himmel

✱ Abdecken drinnen und draußen

Vielleicht haben Sie ja gerade die Wände gestrichen oder andere staubige Arbeiten im Haus verrichtet und finden nun endlich die Zeit für einen Campingtrip. Lassen Sie die Arbeit liegen, aber nehmen Sie die Abdeckplane mit, mit der Sie Boden und Möbel geschützt haben. Nehmen Sie eine, die den Maßen Ihres Zeltes entspricht, und legen Sie den Boden damit aus, um Feuchtigkeit und Schmutz abzuhalten.

Sie können auch neue Abdeckplanen (die es für wenig Geld im Baumarkt gibt) mitnehmen und als Tischdecke verwenden, denn fest installierte Campingtische sind häufig mit Harz, Teer, Vogelmist usw. bedeckt.

✱ Rettet die Plastikflasche

Bevor Sie Plastikflaschen wegwerfen, können Sie sie beim Camping nützlich weiterverwenden als:

- **Improvisierte Schale** – Schneiden Sie den Boden der Flasche auf beliebiger Höhe ab und Sie erhalten eine praktische Schale. Die Ränder mit Schleifpapier glätten.
- **Abfallbehälter für Flüssigkeiten** – Entsorgen Sie Bratfett und andere flüssige Abfälle in einer verschließbaren Plastikflasche.
- **Kühlakku** – Füllen Sie eine Flasche zu vier Fünftel mit Wasser, frieren Sie sie ein und nutzen Sie sie, um die Kühltasche kalt zu halten. Sie können auf diese Weise auch Proviant im Rucksack über lange Zeit kühlen.
- **Notfall-Latrine** – Stellen Sie Flaschen vors Zelt, damit Sie nicht in die finstere Nacht wandern müssen (das funktioniert zumindest für männliche Camper).

Gute Idee!

SAUBER BLEIBEN!

Wer so richtig in die Wildnis geht, ohne Zwischenübernachtungen mit Komfort, kann mit folgenden Tipps seinen Körper pflegen:

Mit sonnenwarmem Wasser waschen – Füllen Sie eine große Plastikflasche mit Wasser und lassen Sie sie in der Sonne stehen. Nach einigen Stunden haben Sie warmes Wasser für eine angenehme Wäsche.

Der eigene Pool – Wer es luxuriös mag, nimmt ein aufblasbares Planschbecken mit, füllt es mit Wasser vom Bach und lässt dieses von der Sonne aufwärmen. Nach einigen Stunden winkt ein wohlig warmes Bad.

Waschen mit der Eimerdusche – Durchlöchern Sie den Boden eines Plastikeimers wie ein Sieb und stellen Sie ihn in einen größeren (dichten) Eimer. Für eine „Dusche“ hängen Sie den durchlöcherten Eimer an einen Ast und gießen mit dem anderen warmes Wasser hinein. Genießen Sie so einen kurzen Moment des Komforts.

✱ Auch Plastikdosen sind prima

Nutzen Sie bei Ihrem nächsten Wander- oder Campingausflug Ihre leeren Margarine- und Joghurtbehälter. Sie erfüllen praktische Zwecke:

- **Insektenfalle** – Halten Sie Wespen und andere stechende Insekten von Ihrem Essen fern, indem Sie einen Behälter mit Wasser

Verpassen Sie Ihrem Schlafsack mit Seife eine Frischekur!

und ein wenig Zucker füllen. Bohren Sie ein Loch in den Deckel und stellen Sie diese Falle neben dem Essbereich auf. Die Wespen werden hineingelangen, aber nicht wieder heraus.

- **Futternapf** – Füllen Sie einen Behälter mit Hundekeksen, damit Sie das Futter für Ihren Vierbeiner schon zur Hand haben, wenn es Essenszeit wird. Nutzen Sie einen zweiten Behälter für Wasser.
- **Ameisenabwehr** – Füllen Sie vier Margarinebehälter mit Wasser und stellen Sie jedes Tischbein in einen davon. Die Ameisen können diesen „Burggraben" nicht überwinden und bleiben so bei Ihrem Picknick angenehmerweise außen vor.

* Frischer Schlafsack dank Seife

Schlafsäcke können mit der Zeit muffig riechen, aber Sie können sie wieder auffrischen. Legen Sie ein Stück Seife oder ein Säckchen mit Lavendel oder anderen duftenden Kräutern nach Ihrem Geschmack hinein. Tun Sie das jeden Morgen nach dem Aufstehen und verschließen Sie den Schlafsack wieder. Am Abend entfernen Sie dann den Dufterfrischer, legen ihn bis zum nächsten Tag auf die Seite und schlafen mit einem entspannenden Duft in der Nase ein.

* Pfeffer und Salz für unterwegs

Man muss nicht auf Würze im Essen verzichten, bloß, weil man im Zelt übernachtet. Füllen Sie Pfeffer, Salz und andere Gewürze in kleine Pillendosen aus Kunststoff und beschriften Sie sie mit einem wasserfesten Stift (am besten auf einem Etikett, das Sie wieder ablösen können). Da die Dosen luftdicht schließen, kann der Inhalt nicht feucht werden und verklumpen. Nehmen Sie die Verschlüsse von anderen leeren Dosen und bohren Sie kleine Löcher hinein. Am Tisch können Sie dann diese Deckel auf die Salz- und Pfefferdose setzen und mit den Streudosen nach Herzenslust würzen. Nach dem Essen bringen Sie wieder die dichten Deckel auf, um die Feuchtigkeit draußen und den würzigen Inhalt drinnen zu halten.

✱ Sanftes Luftpolster

Nehmen Sie eine 2-m-Bahn Luftpolsterfolie mit und legen Sie sie unter Ihren Schlafsack. Die Lufttaschen sind nicht nur weich, sondern halten auch warm und trocken.

✱ Improvisierte Umkleidekabine

Wenn Sie einen Hula-Hoop-Reifen, etwas Seil, einen alten Duschvorhang oder ein Tischtuch und ein paar Metallklammern haben, können Sie sich damit eine tragbare Kabine zum Umziehen, Waschen und Duschen (siehe „Waschen mit der Eimerdusche“, Seite 264) bauen. Hängen Sie den Reifen mit dem Seil an einen Ast, drapieren Sie den Duschvorhang darüber und befestigen Sie ihn mit Metall-, Wäsche- oder anderen geeigneten Klammern. Ihre Konstruktion wird vielleicht keinen Schönheitspreis gewinnen, bietet aber die willkommene Gelegenheit, ein wenig Privatsphäre zu genießen.

✱ Trocknertücher gegen Insekten

Trocknertücher zählen sicherlich nicht zur Standardausrüstung des Campers, aber Sie werden froh sein, welche mitgenommen zu haben, wenn die Mücken Ihr Zelt in Besitz nehmen. Hängen Sie einfach ein Tuch an Ihre Kleidung, um die Plagegeister fernzuhalten.

✱ Alufolie gegen Feuchtigkeit und Ruß

Packen Sie genügend Alufolie für den Campingurlaub ein. Hier drei sinnvolle Verwendungen:

- Schlagen Sie Ihre Streichhölzer in Folie ein, um sie trocken zu halten.
- Legen Sie eine Bahn Alufolie unter Ihren Schlafsack, damit keine Feuchtigkeit vom Boden her eindringen kann.
- Knüllen Sie Folie zu einem improvisierten Topfschwamm zusammen und reinigen Sie damit Grillroste, eingetrocknetes Campinggeschirr und vom offenen Feuer geschwärzte Pfannen und Töpfe.

Schon gewusst?

DAS ERSTAUNLICHE SCHWEIZER ARMEEMESSER

Man kann sich nur schwer einen Ausrüstungsgegenstand vorstellen, der nützlicher ist als ein Schweizer Armeemesser. Je nach Ausführung enthält ein solches Messer neben 2 Klingen auch noch Korkenzieher, Nagelfeile, Zange, Säge, Zahnstocher, Pinzette, Lupe und vieles andere. Neuere Modelle bieten sogar USB-Stick, Digitaluhr und Laserpointer.

Offiziell wird dieses Taschenmesser Offiziersmesser genannt, aber es gibt auch die Bezeichnung Armeemesser. Ursprünglich wurde es als Werkzeug für die Schweizer Armee angefertigt. Dort wurde das erste Armeemesser 1891 eingeführt und war noch relativ einfach gehalten: ein Taschenmesser mit Holzgriff, das eine Klinge, einen Schraubenzieher, einen Dosenöffner und eine Ahle enthielt. 1896 folgte eine verbesserte Version mit zweiter Klinge, Korkenzieher und einem Federmechanismus.

Es gibt eigentlich 2 Schweizer Armeemesser: das „Original Schweizer Offiziersmesser“ und das „Echte Schweizer Offiziersmesser“, da zwei Hersteller – Victorinox und Wenger – den geschützten Begriff „Schweizer Offiziersmesser“ verwenden dürfen. 2005 kaufte Victorinox Wenger auf und produzierte ein Jahr später ein Modell mit 85 Anbauten und 110 Funktionen. Das fast 20 cm breite „Giant Knife“ kostet um die 800 €. Für den alltäglichen Gebrauch ist dieses überdimensionale Taschenmesser allerdings nicht geeignet, sondern ist eher für Sammler interessant.

Extras für die Reiseapotheke

✱ Ballon-Therapie

Ballons machen gute Laune und sind auch gut für den Körper! Packen Sie einen stabilen, nicht aufgeblasenen Ballon in Ihre Reiseapotheke und verwenden Sie ihn als Kälte- oder Wärmekissen bei Zerrungen oder Muskelkater, indem Sie ihn entweder mit sehr kaltem oder heißem Leitungswasser füllen. Binden Sie ihn zu und legen Sie ihn auf die schmerzende Stelle. Wenn Sie einen Gefrierschrank haben, können Sie einen halb gefüllten Ballon auch als Eiskompresse nutzen.

✱ Von der Brust zum Fuß

Wenn ein Tag voller Sightseeing Ihnen schöne Erinnerungen, aber auch wunde Füße eingetragen hat, reiben Sie sie vor dem Schlafengehen mit etwas Erkältungssalbe ein. Ziehen Sie Socken über, um die Bettwäsche zu schonen. Ihre Füße werden sich am Morgen wie neu anfühlen.

✱ Insektenvorsorge

Man weiß nie, wann man ein Insektenspray braucht, aber die Sprühflaschen sind meist zu sperrig für den Rucksack. Tränken Sie vor dem Start einige Wattebäusche mit Insektenabwehrspray und legen Sie sie in einen verschließbaren Plastikbeutel. Kommen die Plagegeister, mit einem Bausch das Mittel auf die Haut tupfen.

✱ Schutz für die Zahnbürste

Haben Sie schon einmal in Ihren Kulturbeutel gegriffen und Ihre Zahnbürste voller Rasierschaum gefunden? Ein einfacher und wirksamer Schutz lässt sich schnell aus einer leeren Pillendose basteln. Schneiden Sie einen Schlitz in den Deckel und schieben Sie die Zahnbürste mit dem Kopf voraus hindurch. So sind Kopf und Borsten sicher in der Dose und bleiben auch im Kulturbeutel zuverlässig sauber.

Gute Idee!

NIEMALS OHNE

Sie haben sich vermutlich nie wirklich Gedanken über die Vielseitigkeit von Natron oder Backpulver gemacht, aber Sie sollten immer ein Päckchen im Koffer haben – Sie werden sich wundern, wie oft Sie danach greifen:

Kühlung bei Sonnenbrand – Lösen Sie 1 Esslöffel Natron in 1 Tasse Wasser, tränken Sie ein Tuch damit und legen Sie es auf die schmerzende Stelle, bis sie sich nicht mehr heiß anfühlt.

Linderung bei Bienenstichen – Tragen Sie eine Paste aus 1 Teelöffel Natron und 1 Teelöffel Wasser auf und lassen Sie sie trocknen.

Zahnpasta und Mundspülung – Tauchen Sie eine feuchte Zahnbürste in Natron und putzen Sie sich ganz normal die Zähne. Anschließend verrühren Sie 1 Teelöffel Natron mit ½ Tasse Wasser und gurgeln mit der Lösung.

Fußbad – Füllen Sie einen Behälter, z. B. einen Papierkorb oder einen großen Wischeimer, mit rund 1 l warmem Wasser, rühren Sie 1 Esslöffel Natron ein und baden Sie Ihre Füße darin, bis das Wasser kalt wird.

11 Nützliche Tipps für den Garten

Auch wenn man sich noch so sehr bemüht, Abfall zu vermeiden, landen doch immer wieder Lebensmittel im Müll. Manche Dinge, die man nicht mehr isst, können jedoch – entweder als Kompost oder unmittelbar – hervorragend als Nahrung für die Pflanzen dienen. Ihr Zuhause steckt voller natürlicher, ungiftiger Gartenhelfer, von Bananen über Seife bis hin zu Kiefernnadeln. Dadurch sparen Sie nicht nur Zeit und Geld, sondern werden auch zum Biogärtner. Gleichgültig, ob Sie einen „grünen Daumen" haben oder nicht – Sie können eigene Pflanzen anbauen, indem Sie beispielsweise Pappbecher als umweltfreundliche Anzuchttöpfchen verwenden.

Samen, Anzucht und Stecklinge

✱ Pflanzlöcher vorstechen

Verwenden Sie statt eines Pikierstabs – des länglichen Gartengeräts aus Metall oder Holz, mit dem man Pflanzlöcher sticht – einen Holzspieß oder Bleistift.

✱ Pflanzlöcher und Angießen nicht nötig

Anstatt Pflanzlöcher in die Erde der Anzuchtschale zu stechen, feuchten Sie die Erde nur an, verteilen Sie die Samen darauf und bedecken sie mit einer dünnen Erdschicht. Dann die Pflanzschale mit Klarsichtfolie abdecken (vorher Löcher in die Folie stechen, um Schimmel zu verhindern) – fertig ist das Mini-Gewächshaus. An der Folie sammelt sich Kondenswasser, tropft wieder herunter und wässert die Samen, bis sie austreiben.

✱ Selbst gemachte Pflanzenschilder

Um Ihre Anzucht zu beschriften und später die sorgfältig ausgewählten Tomatensorten nicht zu verwechseln, sammeln Sie Joghurt-, Quark- und andere weiße Kunststoffbecher. Schneiden Sie daraus breite Streifen mit einer Spitze am Ende zu und schreiben Sie darauf mit einem Permanentmarker die Pflanzennamen samt Sortennamen. Wenn Sie von Anfang an in jede Anzuchtschale ein solches Pflanzenschild stecken, wissen Sie immer, wo sich welche Pflanze befindet.

✱ Gewürzdose als Samenstreuer

Füllen Sie kleine Pflanzensamen in leere Kräuterdosen (mit runden Streulöchern) aus dem Gewürzregal. Die Samen lassen sich so gleichmäßig im Beet oder einer Pflanzreihe verteilen.

Gute Idee!

SCHÖN SAUBER HALTEN

Auf verschmutzten Gartenwerkzeugen können sich Schimmel, Pflanzenkrankheiten und Schädlinge verbreiten. Halten Sie daher insbesondere diejenigen Geräte, die Sie zum Einsetzen, Umpflanzen und generell der Vermehrung von Pflanzen verwenden, sowie Blumentöpfe und -kübel immer sauber. So vermeiden Sie Ansteckungsgefahr:

1. Schrubben Sie verwendete Gartengeräte oder Töpfe mit einem milden Spülmittel ab. Geräte, mit denen kranke Pflanzen behandelt wurden, vorher in Alkohol einlegen.
2. Füllen Sie eine große Wäschewanne mit einer Lösung aus 1 Teil Essigessenz und 9 Teilen Wasser. Tauchen Sie Geräte und Töpfe 5 Minuten vollständig in die Lösung.

Wenn Geräte, Töpfe und Kübel völlig trocken sind, können Sie sie wieder benutzen.

✱ Winzige Samen säen

Die Samen von Springkräutern, Lobelien, Karotten und einigen anderen Pflanzen sind so winzig, dass es schwer ist, sie gleichmäßig zu säen. Sie lassen sich besser verteilen und später leichter vereinzeln, wenn man sie mit gröberen Lebensmitteln, wie Grießmehl, Haferflocken, Bulgur oder getrockneten Kräutern, vermischt. Diese schaffen Platz zwischen den Mini-Samen.

Wertvolle Setzlinge mithilfe einer Kartoffel transportieren.

✱ Pappbecher als Anzuchttöpfchen

Kleine Pappbecher eignen sich hervorragend zur Anzucht von Samen. Sie sind nicht zu groß, lassen sich einfach mit einem Ablaufloch versehen und problemlos zerschneiden, wenn schließlich die Zeit gekommen ist, um den Setzling einzupflanzen. Verwenden Sie wirklich Pappbecher, keine Kunststoffbecher – der Umwelt zuliebe.

✱ Feuchtes Klima aus der Reinigung

Errichten Sie über Ihrer Anzuchtschale mithilfe der Kleiderschutzfolie aus der Reinigung ein kleines Zelt, das ein feuchtes Klima schafft; Holzspieße oder Stifte dienen als Zeltstangen. Befestigen Sie die Folie rundum mit Wäsche- oder Büroklammern an der Schale.

✱ Rosen unter Glas wurzeln lassen

Sie möchten einen Ableger Ihrer Lieblingsrose? Schneiden Sie einen 10–15 cm langen Trieb ab und setzen Sie ihn im Garten oder im Topf in gute Rosenerde. Stülpen Sie ein großes Einmachglas als „Gewächshaus“ darüber. Um Schimmel zu vermeiden, müssen Sie regelmäßig „lüften“!

✱ Kartoffeltaxi für Setzlinge

Für einen längeren Transport – beispielsweise zu Freunden in einer anderen Stadt – stecken Sie die Setzlinge in eine halbierte Kartoffel. Stechen Sie vorher mit einem Holzspieß in jede Schnittfläche mehrere 2 cm tiefe Löcher; darin bleiben die Setzlinge 3–4 Stunden feucht.

✱ Bewurzelungstee von der Weide

Legt man Weidenzweige in Wasser ein, erhält man eine Lösung des Bewurzelungshelfers Indol-3-Buttersäure (IBA). Spalten Sie 6–8 frische Weidenzweige längs. Schneiden Sie sie in 7 cm lange Stücke und weichen Sie sie 24 Stunden in einem Eimer mit 9–12 cm Wasser ein. Nutzen Sie die Lösung zum Angießen eben gesetzter Stecklinge oder stellen Sie Stecklinge über Nacht hinein.

✱ Anzuchtschale auf Rädern

Verwandeln Sie Ihren alten Bollerwagen in eine Anzuchtschale. Versehen Sie den Boden mithilfe geeigneter Holzbohrer mit Ablauflöchern. Stellen Sie nun Torftöpfe oder Torfquelltöpfe (mit Pflanzenschildern!) in den Wagen.

Bäume, Sträucher und Stauden pflegen

✱ Vorsicht, Verbrennungsgefahr!

Gießen Sie Ihre Pflanzen nie bei Sonnenschein – sie können Verbrennungen erleiden. Auch Pflanzenschutzmittel und Düngemittel dürfen nicht bei Sonnenschein aufgebracht werden.

✱ Setzlinge in der Zeitung

Wenn Ihr neuer Baumsetzling etwas dürr wirkt, umwickeln Sie das Stämmchen zum Schutz vor äußeren Umwelteinflüssen mit Zeitungspapier. Befestigen Sie dieses lose mit doppelt verknoteter Zahnseide oder mit Gartenkordel.

✱ Warme „Socken" für Rosenhochstämmchen

Hochstämme sind auf Wildunterlagen veredelte Rosensorten. Um die Veredelungsstelle kleiner Stämme im Winter zu schützen, schneiden Sie den Ärmel eines alten Sweatshirts ab. Schneiden Sie die Triebe der Rose im Spätherbst zurück und ziehen Sie den Ärmel über die Triebreste und die Veredelungsnarbe. Stopfen Sie den Ärmel zur Wärmeisolierung mit trockenem Laub, Torfmoos oder Stroh aus und binden Sie als Schutz gegen Schnee und Eis eine Plastiktüte darum. Nach Entfernen des Schutzes wird die Rose im Frühjahr umso kräftiger wachsen. Für große Stämme verwenden Sie statt des Ärmels ein Laken.

✱ Flechten: geliebt und gehasst

Flechten sind pilzartige Organismen, die auf Steinen, Mauern und Baumstämmen wachsen. Viele Gärtner mögen das romantische Flair, das Bäume und Wege dadurch erhalten. Wenn Sie Flechten weniger schätzen, werden Sie sie mit diesem einfachen Trick los: Mit einer Gartenspritze verdünnten Essigreiniger (1 Teil auf 2 Teile Wasser) daraufgeben und 2 (regenfreie) Tage lang einwirken lassen; anschließend sind die Flechten verschwunden.

✱ Gib der Rose Bananen

Die meisten Gartenliebhaber wissen, dass Bananenschalen einen guten Dünger für Tomaten, Paprika und alle anderen Nachtschattengewächse abgeben – doch auch Rosen lieben Bananen. Schneiden Sie bis zu 3 Bananenschalen

Tipp DIE SÄGE EINSEIFEN

Wenn Sie Sträucher und Bäume mit einer Säge zurechtstutzen, ziehen Sie die Zähne vorher durch ein Stück **antibakterielle Seife**. So gleitet die Säge nicht nur besser, sondern die Astwunde wird auch vor Bakterienbefall geschützt.

Unglaublich, aber wahr!

LEBENDES THERMOMETER?

Wussten Sie, dass Grillen umso schneller zirpen, je wärmer die Luft ist? Innerhalb eines gewissen Temperaturbereichs – etwa von 13 bis 30 °C – lässt sich durch Zählen der Zirplaute die Temperatur relativ genau ermitteln. Welche Formel dazu benutzt werden muss, hängt jedoch vom Standort ab.

Doch auch das Verhalten anderer Tiere kann Aufschluss über das kommende Wetter geben. Gesteigerte Aktivität bei Ameisen und ein lauteres Klopfen der Spechte deuten auf Regen hin. Und wenn im Winter die Schweine länger quieken, gilt dies als Indiz für einen herannahenden Sturm.

Für solche Phänomene gibt es natürliche Erklärungen (die nicht immer bekannt sind). So deutet es auf sonniges Wetter hin, wenn sich eine Katze verstärkt putzt. Der Grund: Bei geringer Luftfeuchtigkeit laden sich Katzenhaare elektrisch auf. Das Putzen macht das Fell leitfähiger, sodass die Ladung leichter abfließt.

klein und arbeiten Sie sie unter einem Rosenbusch in die Erde ein. Bananenschalen enthalten reichlich Phosphor und Kalium, die das Wachstum von Stöcken und Blüten fördern.

✱ Blütenzauber dank Alufolie

Legen Sie den Boden um Ihre Rosenbüsche Ende Mai/Anfang Juni mit Alufolie aus und beschweren Sie diese mit Steinen. Das reflektierte Sonnenlicht beschleunigt die Blütenbildung, egal, ob Sie Teehybriden, Floribundarosen oder Kletterrosen besitzen.

✱ Unterstützung für Azaleen

Legen Sie nach dem Rasenmähen einen Teil des Grases zum Trocknen aus und verteilen Sie es dann um Ihre Azaleen herum. Während es verrottet, gibt das Gras Stickstoff an den Boden ab und wirkt als Dünger. Viele Gärtner schwören darauf, dass diese Behandlung das Wachstum beschleunigt und die Blätter kräftiger färbt. Schichten Sie das Gras aber nicht hoch, denn dann wird es feucht-schimmelig, was den Krankheitsbefall an den Stämmen begünstigt.

✱ Cola und Tee für Gardenien

Gießt man eine Gardenie hin und wieder mit abgestandenen Cola-Resten, erhöht dies den Säuregehalt des Bodens, zudem nährt der Zucker Mikroorganismen, die den Verrottungsprozess im Boden beschleunigen.

Verteilt man um eine Gardenie Teebeutel und bedeckt sie mit Mulch, gibt der Tee beim Gießen der Pflanze Ascorbinsäure, Magnesium und Kalium an den Boden und damit an die Wurzeln ab.

✱ Gartengeräte von Pflanzensaft reinigen

Nach dem Beschneiden von Bäumen und Sträuchern sind Astscheren und Sägen meist mit Pflanzensaft verklebt. Wenn Sie mit einem sauberen Tuch Babyöl, Sonnenöl, Erdnussbutter oder Pflanzenfett auf den Geräten verteilen, werden Sie den Pflanzensaft wieder los.

✱ Astscheren fetten

Das Gelenk einer Astschere lässt sich gut mit Vaseline oder WD-40® schmieren. So bleibt die Schere beweglich, und Sie fühlen sich beim Baum- und Heckenschneiden wie ein Profi.

Einjährige, Mehrjährige und Blumenzwiebeln

✱ Folienschutz für Samen

Sie haben Blumensamen gesät, gleichmäßig verteilt und gut mit Erde bedeckt. Wussten Sie, dass Sie durch nur einen weiteren Schritt Ihre Saat vor Vögeln schützen, den Boden erwärmen und so die Keimung beschleunigen können? Es ist ganz einfach: Decken Sie das Beet mit einer Schicht Frischhaltefolie ab, beschweren Sie die Folie am Rand mit Steinen und entfernen Sie sie, sobald die ersten Samen austreiben.

✱ Salz, das Blumen lieben

Bittersalz ist eine andere Bezeichnung für Magnesiumsulfat. Setzt man es regelmäßig ein, werden die Blütenfarben kräftiger und die Pflanzen weniger anfällig für Krankheiten. Arbeiten Sie alle 3–4 Wochen 1 Teelöffel Bittersalz in die Erde um den Stamm einer einjährigen oder mehrjährigen Pflanze ein und gießen Sie sie kräftig. Oder lösen Sie 1 Teelöffel Bittersalz in 4,5 l Wasser auf, füllen Sie alle 2 Wochen ein wenig von dieser Lösung in eine Sprühflasche und sprühen Sie die Blätter der Pflanzen damit ein.

✱ Hohe Blüten stützen

Hohe Blütenstauden, wie etwa Pfingstrosen, Rittersporn oder Gladiolen, sollten gestützt werden. Normalerweise nutzt man dazu Bambusstäbe. Wenn Sie jedoch keine zur Hand haben, können Sie auch das Drahtgestell eines alten Lampenschirms benutzen. Setzen Sie den Drahtrahmen mit dem kleinen Ring unten zwischen die Jungpflanzen, wenn sie rund 15 cm hoch sind, und drücken Sie ihn etwa 1 cm tief in die Erde. Wenn die Pflanzen wachsen, binden Sie sie lose mit Bindedraht an den oberen Ring. Das Gestell wird später von den Blättern verdeckt, und die Blüten ragen aufrecht darüber hinaus.

✱ Blütenpflanzen lieben Obst

Wenn Ihre Pflanze im Topf eine hübsche Blüte hervorbringen soll, setzen Sie sie mit 1 reifenden Banane oder 3–4 reifen Äpfeln unter eine Plastikfolie aus der Reinigung. Die Früchte geben Ethylen ab, das die Blütenbildung fördert.

✱ Pflanzenstiele stützen

Sind die Stiele Ihrer Pflanzen in Gefahr abzuknicken? Sie können sie mit verschiedenen Alltagsgegenständen stützen. Für dünne Stiele nehmen Sie einen Zahnstocher oder ein Wattestäbchen, für dickere einen Strohhalm, Eisstiel oder Bleistift. Befestigen Sie die Stütze nicht zu fest mit Klebefilm am Blütenstiel.

✱ Alternative Binder

Hoch wachsende Blütenstauden und Rankgewächse, wie Löwenmäulchen, Stockrosen oder Tomaten, werden oft mit „Kordeln“ aus Feinstrumpfhosen hochgebunden. Doch auch andere Haushaltsgegenstände eignen sich, wie etwa:

- übriges und gebrauchtes Geschenkband
- Stoffstreifen aus alten Bettlaken
- Wollreste aus dem Nähkasten
- Bänder kaputter Video- und Audiokassetten
- ungenutzte Plastikschnüre von Abfallsäcken
- Zahnseide (die dickere Variante)
- Klettband

Die letzten vier sind für Tomaten allerdings weniger geeignet.

Blumen trocknen mit Katzenstreu

Zum Trocknen von Rosen, Pfingstrosen oder Mohnblüten aus dem Garten benötigen Sie lediglich granulatartige, kalkhaltige Katzenstreu, eine Mikrowelle sowie eine mikrowellengeeignete tiefe Schale.

Blüten trocknen

Pflücken Sie die Blumen, wenn sie (von Tau und Regen) ganz trocken sind, und schneiden Sie die Blütenköpfe ab. Füllen Sie die Schale mit 4–5 Bechern granulatartiger, kalkhaltiger Katzenstreu und drücken Sie für 1 oder 2 Blüten Mulden hinein. Legen Sie die Blüten in die Mulden und verteilen Sie mit dem Löffel vorsichtig noch etwas Streu darüber. Geben Sie sie bei höchster Stufe 2 Minuten in die Mikrowelle und lassen Sie sie vollständig abkühlen – der Trocknungsprozess schreitet noch fort. Schütteln Sie die Blüten schließlich ab oder entfernen Sie den Staub mit einem kleinen Pinsel.

Langstielige Blumen trocknen

Um Löwenmäulchen und andere langstielige Blumen für Trockensträuße zu trocknen, füllen Sie granulatartige, kalkhaltige Katzenstreu in einen luftdicht verschließbaren Behälter. Legen Sie die Blumen dicht nebeneinander darauf und verschließen Sie den Behälter. Nach 7–10 Tagen sollten die Blumen trocken sein und sich in einen herrlichen Strauß verwandeln lassen.

✱ Hübscher Blütenschirm

Seien Sie kreativ: Benutzen Sie einen kaputten Regenschirm als Rankhilfe für wilden Wein oder andere Kletterpflanzen. Entfernen Sie zunächst den Griff und den Stoff. Dann stecken Sie an der gewünschten Stelle ein etwa 1,5 m langes Metallrohr, in das der Schirmstock hineinpasst, rund 30 cm tief in den Boden und stellen Sie den Schirm aufgespannt hinein. Nun können Sie Prachtwinden oder andere blühende Kletterpflanzen rund um das Rohr einsetzen. In nur wenigen Wochen entsteht ein blühender Schirm, ein echter Hingucker in Ihrem Garten.

✱ Händewaschen leicht gemacht

Müssen Sie im Blumenbeet arbeiten und können partout Ihre Gartenhandschuhe nicht finden? Ein Trick hilft: Reiben Sie Ihre Fingernägel vor der Arbeit über ein Stück Seife. So lässt sich der Schmutz unter den Nägeln später viel einfacher wieder entfernen.

✱ Zwiebeln in der Tüte verrotten nicht

In braunen Papiertüten mit Sägemehl oder Torfmoos lassen sich Zwiebeln und Rhizome von Krokussen, Tulpen, Narzissen, Schwertlilien und anderen Zwiebel- und Rhizompflanzen gut überwintern. Geben Sie zunächst eine 5 cm dicke Schicht Sägemehl oder Torfmoos in die Tüte und verteilen Sie darauf die Zwiebeln einer Pflanzenart so, dass sie sich nicht berühren. Schichten Sie Füllmaterial und Zwiebeln weiter auf, bis die Tüte zu drei Vierteln voll ist. Verschließen Sie nun die Tüte mit Wäsche- oder Metallklammern und beschriften Sie sie mit den Namen der Zwiebelpflanzen.

✱ Zwiebeln hinter schützenden Wänden

Um zu verhindern, dass Nager an Ihren frisch gesetzten Zwiebeln knabbern, setzen Sie diese in breiten, flachen Kunststoffschalen oder -dosen ein. Versehen Sie Boden und Wände der Schalen mit Dränagelöchern, vergraben Sie sie bis zum oberen – offenen – Rand in der Erde und füllen Sie Erde hinein. Dann können Sie jeweils 2–3 kleine oder 1–2 große Zwiebeln hineinsetzen. Gut geeignet sind z. B. ausgemusterte Aufbewahrungsdosen aus der Küche, aber auch in der Werkstatt oder der Garage finden Sie sicher passende Behälter.

✱ Aroma aus dem Blumenkübel

Duftpelargonien (verschiedene *Pelargonium*-Kultivare, siehe Foto unten) besitzen essbare Blätter, die stark duften, wenn man daran reibt. Unter den Sorten, die in Kübeln (und in wärmeren Klimazonen im Beet) wachsen, finden sich die Duftrichtungen Rose, Zitrone, Apfel, Aprikose, Minze, Zimt, Ingwer und Muskat. Fein gehackt, können die aromatischen Pelargonienblätter süßen Speisen, wie Fruchtkompott, Plätzchen, Kuchen und eingelegtem Obst, ein feines Aroma verleihen.

Essbare Blüten

Viele Blüten aus dem Garten sind essbar und sehr dekorativ in Salaten, sommerlichen Gerichten und Desserts. Pflücken Sie sie frisch zum sofortigen Gebrauch. Achtung: Verwenden Sie nie Pflanzen, die mit Pflanzenschutzmitteln besprüht wurden. Hüten Sie sich vor giftigen Pflanzen wie Azaleen, Krokussen, Narzissen, Chrysanthemen, Hortensien, Maiglöckchen, Oleandern, Rhododendren und Gartenwicken.

Goldmelisse Die roten Blumen schmecken nach Oregano und Minze und eignen sich für Obstspeisen und grüne Salate.

Ringelblumen Die orangegoldene Ringelblume, eine Verwandte der Tagetes, erinnert im Geschmack an Safran. Bestreuen Sie Pasta und Reis mit den Blütenblättern.

Löwenzahn Zum Verzehr eignen sich nur sehr junge und ganz frisch gepflückte Löwenzahnblüten. Die nach Honig schmeckenden Blütenblätter passen gut zu Reisgerichten. Die grünen Blätter sind eine schöne Ergänzung für Salate. Im Blumenbeet gezogener Löwenzahn ist meist viel aromatischer als der wilde von der Wiese.

Wilde Stiefmütterchen Das milde Aroma dieser Veilchengewächse passt hervorragend zu Salaten und Weichkäsesorten.

Kapuzinerkresse Die Blüten schmecken süßlich-würzig und erinnern an Brunnenkresse. Die grünen Blätter verleihen Salaten eine feine Pfeffernote.

Salbeiblüten Die Blüten haben einen kräftigeren Geschmack als Salbeiblätter aus dem Streuer und passen gut zu Bohnen-, Mais- und Pilzgerichten.

Rosen Streuen Sie große Blütenblätter in den Salat, nutzen Sie kleinere als Garnitur. Aus Rosenblättern werden zudem Sirup und Gelee hergestellt.

Zucchiniblüten Gebackene Zucchiniblüten sind ursprünglich eine Spezialität aus Italien. Meist werden die Blüten zuerst in geschlagenem Eiweiß, dann in mit geriebenem Parmesan vermischtem Paniermehl gewendet und schließlich ausgebacken.

Tipps für Topfpflanzen

✱ Neue Zucht

Aus dem Kern einer Avocado lässt sich leicht eine Zimmerpflanze züchten. Säubern Sie den Kern und stechen Sie etwas oberhalb des unteren, dicken Endes rundherum (aber nicht zu tief) 3 Zahnstocher hinein. Dann füllen Sie ein Glas mit Wasser und stellen den Kern darauf, mit den Zahnstochern als Stützen, sodass das untere Samenende ins Wasser hängt. Das Wasser häufig wechseln und bei Bedarf auffüllen.

Nach einigen Wochen springt der Kern auf, und eine Wurzel und ein Trieb erscheinen. Nun können Sie den Kern einpflanzen. Stellen Sie den Topf an einen sonnigen Platz, kürzen Sie zu lange Triebe ein. Wenn Sie den Haupttrieb auf 15 cm abschneiden, wächst die Pflanze noch buschiger.

✱ Kaffeefilter hält Erde zurück

Legen Sie beim Einpflanzen unten in den Blumentopf zunächst einen Kaffeefilter, darauf einige Kiesel und erst dann die Erde. Durch den Filter läuft überschüssiges Wasser ab, doch die Erde bleibt im Topf.

✱ Behaarte und wellige Blätter säubern

Glatte Blätter von Zimmerpflanzen kann man mit einem feuchten Küchenpapier ganz einfach säubern; aber behaarte oder wellige Blätter benötigen besondere Pflege.

- **Staub abbürsten** – Die pelzig behaarten Blätter von Usambaraveilchen und ähnlichen Pflanzen reinigt man am besten mit einem Pinsel oder einem Pfeifenreiniger. Bürsten Sie vorsichtig vom Blattansatz zur Spitze.
- **Staub wegpusten** – Entstauben Sie Pflanzen mit gewellten Blättern mit dem Föhn. Stellen Sie das Gebläse auf kalt und niedrigste Stufe und föhnen Sie jedes Blatt einzeln ab.

✱ Der Handschuhtrick

Wenn Sie alte Stoffhandschuhe tragen, können Sie Zimmerpflanzen doppelt so schnell abstauben. Legen Sie jedes Blatt zwischen Daumen und Finger und ziehen Sie es vorsichtig ab – schon sind beide Seiten sauber.

✱ Eine Nummer größer, bitte!

Setzen Sie Zimmerpflanzen gleich nach dem Kauf in einen etwas größeren Topf und geben Sie ein wenig mehr Erde dazu, dann wachsen sie schneller und leben länger.

✱ Bewässerungsmessung per Stift

Zimmerpflanzen brauchen frisches Wasser, wenn die Erde trocken ist. Ob es schon so weit ist, testen Sie am besten mit einem unlackierten Bleistift – dadurch vermeiden Sie schmutzige Finger. Drücken Sie den Stift etwa 4 cm tief in die Erde und ziehen Sie ihn heraus. Kleben Erdreste am Holz, ist die Erde noch feucht. Kommt der Stift sauber aus dem Topf, sollte gegossen werden.

✱ Mit Eiswürfeln wässern

Legen Sie Eiswürfel so in den Blumentopf, dass sie die Stiele nicht berühren. Die Würfel schmelzen und sorgen für eine gleichmäßige Bewässerung.

✱ Topf im Topf

Wässern Sie Kakteen und Sukkulenten in einem Bräter oder einer großen Schale. Füllen Sie etwa 10 cm hoch Wasser ein, stellen Sie den Blumentopf mit Pflanze hinein und warten Sie, bis keine Blasen mehr aufsteigen. Lassen Sie die Pflanze gut abtropfen, bevor Sie sie zurück in den Übertopf stellen. Weitere Pflanzen, die so getaucht werden können, sind die Flamingoblume *(Anthurium)* oder der Zwergkalmus *(Acorus gramineus)*.

Kurzurlaub gefällig?

Wenn Sie für einige Tage verreisen, müssen Sie nicht Ihre Nachbarn zum Blumengießen engagieren. Die folgenden Methoden funktionieren auch.

1

Plastikflaschen-Küchenpapier-Bewässerung

3 gerollte Blatt Küchenpapier von oben in eine 2-l-Plastikflasche einführen, diese umgedreht in die Erde einer gewässerten Zimmerpflanze stecken. Einen Holzspieß danebenstecken, Flasche mit Gummibändern daran befestigen. Nun die Flasche durch einen Schlitz im Boden mit Wasser füllen, Schlitz zukleben – es tropft durchs Papier, die Pflanze bleibt rund 1 Woche feucht.

2

Gewächshaus aus Plastiktüten

Für kleine Pflanzen wie Usambaraveilchen kann eine Plastiktüte zum Gewächshaus werden. Wässern Sie die Pflanze gut und lassen Sie sie abtropfen. Geben Sie Torfmoos in die Tüte (es nimmt überschüssige Feuchtigkeit auf), setzen Sie die Pflanze darauf. Binden Sie die Tüte lose zusammen, lassen Sie eine kleine Öffnung zur Belüftung. Im indirekten Licht bleibt die Erde rund 1 Woche feucht.

3

Handtuchbewässerung

Machen Sie ein dickes Badehandtuch richtig nass und legen Sie es in die Badewanne. Stellen Sie die Zimmerpflanzen (ohne Übertopf oder Schale!) so auf das Handtuch, dass sie die Feuchtigkeit aus dem Handtuch ziehen können. Wenn Sie ganz sichergehen wollen, füllen Sie die Badewanne zusätzlich 1 cm hoch mit Wasser.

Schlaue Tricks für gesundes Gemüse

✱ Raupenrutsche

Ihre Tomatensetzlinge lassen sich ganz einfach vor Raupen schützen. Bevor Sie die Setzlinge ins Freie pflanzen, wickeln Sie einen etwa 10 cm breiten Streifen Alufolie lose um den Strunk, sodass dieser noch in die Breite wachsen kann. Setzen Sie die Pflanze so ein, dass die Folie je zur Hälfte unter und über der Erde ist. Nun können Erdraupen die Tomate nicht befallen – sie rutschen ab.

✱ Wärmflasche für Pflanzen

Kommen im späten Frühjahr doch noch einmal ungewöhnlich kalte Nächte, dann umgeben Sie Ihre empfindlichen Pflanzen mit etwas, was sich tagsüber in der Sonne aufheizt und die Wärme nachts wieder abgibt. Das können beispielsweise Steine oder beim Renovieren übrig gebliebene Terrakottafliesen sein.

✱ Mottenkugelsäckchen

Nager und Insekten hassen Mottenkugeln, daher können diese auch im Gewächshaus hilfreich sein. Hängen Sie sie am besten in kleinen Säckchen an Pflanzstäbe oder Spaliere.

Vorsicht: Die Säckchen nicht im Garten verwenden! Mottenkugeln enthalten Chemikalien (häufig Naphthalin und Dichlorbenzol), die die Erde verseuchen könnten.

✱ Melonen-Hängematte

Züchten Sie Melonen am Spalier in Ihrem Gewächshaus? Damit die Früchte nicht auf den Boden fallen, wenn sie zu groß und zu schwer werden, sollten Sie ihnen eine „Hängematte“ bauen. Schneiden Sie einfach ein Bein einer Feinstrumpfhose ab, ziehen Sie es über die Melone und binden Sie es am Spalier fest.

✱ Pfeilgerade Wurzeln

Um zu verhindern, dass Rettich, Karotten, Pastinaken und andere Wurzelgemüsesorten brechen oder krumm wachsen, nehmen Sie ein PVC-Rohr zu Hilfe, das Sie in kurze Stücke schneiden. Diese senkrecht ins Beet stecken und das Wurzelgemüse darin ziehen. Wenn Sie es im Herbst ernten, werden Sie erfreut sein, wie gerade und kräftig es ist.

✱ Zwiebeln in der Zeitung

Das ist doch mal eine Schlagzeile: Zwiebeln wachsen sehr gut auf Zeitungsmulch. Warum? Normalerweise verbreitet sich im Zwiebelbeet viel Unkraut, da das schmale Zwiebelgrün wenig Schatten wirft. Eine Schicht Zeitung sorgt für Schatten und hält Unkraut im Zaum.

Befeuchten Sie zu Beginn des Frühlings das Zwiebelbeet und breiten Sie darüber 3–4 Lagen Zeitungspapier aus, die ebenfalls einzeln feucht gemacht werden. Stechen Sie dann mit zwei Fingern in 12–15 cm Abstand Löcher durch die feuchte Papierschicht und setzen Sie die Zwiebel hinein. Drücken Sie die Erde um die Pflanzlöcher an und bedecken Sie die Zeitungsschicht mit gehäckseltem Laub und Grasschnitt. So hat Unkraut keine Chance.

✱ Luffaschwämme selbst anbauen

Der Schwammkürbis *(Luffa aegyptiaca,* häufig auch *L. cylindrica)* ist ein überaus praktisches Gewächs. Er wird normalerweise nicht zum Verzehr angebaut, sondern fast ausschließlich in getrockneter Form als hautreinigender Luffaschwamm genutzt.

Züchten Sie den Kürbis nach der Anleitung auf der Samenpackung; allerdings muss er hierzulande meist im Haus vorgezogen werden.

Sobald einer der Kürbisse leichter wird und seine Schale sich bräunt, schälen Sie ihn. Dann machen Sie ihn nass und drücken die Kerne mit

Superstar im Haushalt

8 VERWENDUNGSTIPPS FÜR FEINSTRUMPFHOSEN IM GARTEN

Zu den vielen Orten, an denen Feinstrumpfhosen eingesetzt werden können, gehören auch der Blumen- und der Gemüsegarten.

1 Häubchen aus Feinstrumpfhosen halten Vögel, Eichhörnchen und Insekten von frischen Sämlingen fern.

2 Mit einem Achterknoten aus Strumpfhosen lässt sich Wein an Stäben und Spalieren hochbinden.

3 Auch Kletterrosen kann man mit Feinstrümpfen ans Spalier binden. Nehmen Sie weiße Strümpfe für weißes Spalier und naturfarbene für unbehandeltes Holzspalier.

4 Kleine Strumpfhosensäckchen mit Menschenhaar oder Seifenschnitzeln an Rankhilfen und Spalieren halten Wühlmäuse und Füchse aus dem Gemüsegarten fern.

5 Der Gartenschlauch entrollt sich nicht mehr von selbst, wenn er mit Feinstrümpfen zusammengebunden wird.

6 Ein Strumpf, mehrfach gefaltet, über dem Ausguss der Gießkanne schützt zarte Pflanzen beim Gießen.

7 Legt man direkt über das Ablaufloch des Blumentopfs ein Stück Strumpfhose, wird die Erde nicht ausgespült.

8 Feinstrumpfsäckchen mit Tiermist wie einen „Teebeutel“ ins Gießwasser hängen.

Bauen Sie Ihren Sämlingen mit Alufolie ein „Solarium".

beiden Händen heraus. Anschließend lassen Sie ihn 2–4 Wochen auf einem Abtropfgestell trocknen (in der Nähe einer Wärmequelle geht es schneller). Nun kann der trockene Luffaschwamm quer in mehrere kleine Peelingschwämme zerteilt werden.

✱ Gemüsesolarium

Wenn Ihre Anzuchtschale auf der normalerweise sehr sonnigen Fensterbank gen Süden steht, das Wetter aber in diesem Frühjahr einfach nicht mitspielen will, bauen Sie für Ihre Gemüsesamen ein Solarium. Entfernen Sie aus einem Pappkarton eine Wand und kleiden Sie die übrigen Wände und den Boden mit Alufolie aus. Nun stellen Sie den Karton mit der offenen Seite ans Fester. Einfallendes Licht wird von der Folie reflektiert. So haben es Ihre Gemüsesetzlinge nicht nur heller, sie wachsen auch gerade, weil sie sich nicht zur Sonne neigen.

✱ Kürbisdeo

Pilzbefall bei Kürbissen lässt sich mit einem selbst gemachten Spray verhindern. Rühren Sie dafür 1 Teelöffel Natron und ½ Teelöffel Maiskeimöl in 1 l Wasser ein und füllen Sie die Lösung in eine Sprühflasche. Manche Gärtner sind zudem überzeugt, dass Sprühsahne die Farbe der Kürbisse kräftiger macht. Dazu sprühen Sie alle 3 Wochen Sahne um die Basis der Pflanzen.

✱ Knollen in Strümpfen lagern

Sie wissen nicht, wie Sie Ihre frisch geernteten Zwiebeln, Karotten, Rote Bete und Kartoffeln im Winter ordentlich lagern können? Bewahren Sie alte Feinstrumpfhosen mit Laufmaschen auf, schneiden Sie die Beine ab und benutzen Sie sie als Gemüsesäckchen. Stecken Sie Zwiebeln und andere Knollen nach Sorten getrennt hinein, beschriften Sie Gefrierbeutel-Etiketten und kleben Sie sie auf die Strumpfhosenbeutel.

Wissenswertes zu Tomaten

✱ Düngen mit Bananenschalen

Ihre Tomaten wachsen kräftiger, wenn Sie in jedes Pflanzloch zunächst 3 oder 4 Bananenschalen geben, klein geschnitten und vermischt mit trockenem Laub, Dung und Erde. Die Schalen dienen als Langzeitdünger, denn sie geben Kalium und Spurenelemente an den Boden ab. Übrigens müssen Sie die Bananen nicht alle auf einmal essen – frieren Sie die Schalen ein, bis Sie die Tomaten setzen.

✱ Alufolie als „Wurzelkühlung“

Legen Sie den Boden um die Tomaten an sehr heißen Tagen mit Alufolie aus – glänzende Seite nach oben – und beschweren Sie sie mit einigen Steinen. Die Folie reflektiert die Sonnenstrahlen und reduziert so die Bodentemperatur deutlich; dadurch bleibt die Wurzelregion der Tomaten länger feucht.

✱ Hübsche Rankhilfe

Wenn Ihre Tomaten nur bis zu einer bestimmten Höhe wachsen sollen, können Sie eine alte, bunt lackierte Leiter als hübsches, A-förmiges Spalier benutzen. Setzen Sie 7–10 cm von jedem Leiterfuß entfernt eine Tomate und binden Sie die Triebe locker an der Leiter fest. So sind die Tomaten beim Wachsen gut gestützt, und die reifenden Früchte liegen nicht auf dem Boden, wo sie faulen könnten.

✱ Bittersalz gegen Blütenfäule

Kaliummangel führt häufig zu Blütenfäule. Diese Erkrankung Ihrer Pflanzen können Sie durch eine einfache Vorbehandlung der Erde verhin-

Schon gewusst?

DIE TOMATE – OBST ODER GEMÜSE?

Auf den ersten Blick scheint die Antwort klar. Aus Tomaten werden schließlich herzhafte Beilagen, Salate und Pastasaucen zubereitet, nicht jedoch süße Kuchen oder Desserts. Bei genauerem Hinsehen fällt die Entscheidung, ob Tomaten Gemüse oder Obst sind, schon schwerer. Botanisch gesehen, gehören nämlich alle Früchte, die aus den Blüten einer Pflanze entstehen und die man roh verzehren kann – also auch Tomaten –, zum Obst! Zum Gemüse zählen dagegen die essbaren übrigen Pflanzenteile. Andererseits sind Tomaten einjährige Pflanzen, was sie – laut Lebensmitteldefinition – zu Gemüse macht. Für solche widersprüchlichen Fälle (dazu gehören auch Zucchini, Auberginen, Avocados und Hülsenfrüchte) gibt es deshalb einen eigenen Begriff – den des „Fruchtgemüses“.

Nur in den USA ist die Tomate offiziell als Gemüse klassifiziert. Der Grund: Im 19. Jh. musste eingeführtes Gemüse verzollt werden, Obst hingegen nicht. Der Beschluss des Obersten Gerichtshofs von 1893 war eine Reaktion auf die billig importierten Tomaten aus Mexiko und Kuba.

Übrigens vielleicht eine weitere Überraschung: Bei der Tomate, der Frucht eines Nachtschattengewächses, handelt es sich streng genommen (wie auch bei Zucchini, Avocado und Dattel) um eine Beere!

dern. Geben Sie in jedes Pflanzloch zunächst 90 g Bittersalz und bedecken Sie es vor dem Einsetzen der Tomaten mit etwas Erde.

Bittersalz besteht aus Magnesiumsulfat, das die Kaliumaufnahme durch die Pflanze und die Früchte unterstützt. Die Pflanze kann so auch Phosphor und Schwefel besser aufnehmen.

✱ Tomaten mit Salzwasser gießen

Gießen Sie Ihre Tomaten regelmäßig mit verdünntem Salzwasser; 10 g Meersalz auf 10 l Wasser genügen. Wie italienische Forscher herausgefunden haben, produzieren die Früchte dadurch mehr Antioxidantien, sind also gesünder für den Menschen. Zudem besitzen die reifen Tomaten einen intensiveren Geschmack.

✱ Zucker für süßere Tomaten

Wenn die ersten Tomaten rot werden, geben Sie 1 Esslöffel Zucker ins Gießwasser – besonders, wenn Sie eine Sorte haben, die Sie lecker, aber ein wenig zu säuerlich finden. (Wenn Säure und Süße bei einer Tomate in ausgewogenem Verhältnis vorhanden sind, schmeckt sie uns am besten.) Die Tomaten werden auf diese Weise nicht nur süßer, sondern auch saftiger.

✱ Dachtomaten auf Heu

Wenn Sie in einem Mietshaus wohnen und keinen Balkon haben, aber ein Flachdach oder eine Dachterrasse, können Sie Tomaten auch dort auf einem Heuballen züchten (falls die Bauweise und Ihr Vermieter es erlauben). Der Heuballen ist stickstoffreich und heizt sich in der Sonne wie ein Komposthaufen auf. Beginnen Sie schon frühzeitig im Frühjahr mit dem Wässern, damit der Erhitzungsprozess in Gang kommt.

Sobald der Heuhaufen zu reichhaltigem Kompost zerfällt (normalerweise nach 7–8 Wochen), ist er so weit abgekühlt, dass Sie Ihre Tomaten pflanzen können. Stecken Sie 2 Pflanzstäbe in den Ballen und setzen Sie je 1 Tomatensetzling daneben. Gießen Sie täglich, dann wachsen die Tomaten die gesamte Saison hindurch.

Tipp GARTENWERKZEUGE LACKIEREN

Wenn Sie Ihre kleinen Gartengeräte im Gemüsebeet schneller wiederfinden wollen, **lackieren Sie die Griffe** in bunten Farben, etwa leuchtendem Orange oder Gelb. Dann müssen Sie nach der Schaufel, die Sie unter der Kriechpflanze vergessen haben, nicht so lange suchen.

Rund ums feine Obst

✱ Aufgeharkter Kiefernmulch

Geld wächst nicht auf Bäumen, Mulch schon. Wer Heidelbeeren ziehen möchte, sollte eine Kiefer im Garten haben. Die Kiefernnadeln geben nicht nur die von Heidelbeeren so geliebte Säure an den Boden ab, sondern schützen zudem das flache Wurzelwerk. Rechen Sie die Nadeln zusammen, mischen Sie sie mit geschnittenem Gras oder Hornspänen und schichten Sie sie unter den Heidelbeeren rund 5 cm hoch auf.

✱ Glänzende Obstdieb-Abwehr

Wenn Sie Obstbäume besitzen und für sich und andere gern Apfelkuchen backen oder Marmelade und Früchte einmachen, sollten Sie die Aluschalen, in denen der Pizzadienst die Nudelgerichte liefert oder in denen Sie die Fertigkuchen im Supermarkt kaufen, nicht wegwerfen. Versehen Sie jede Schale mit einem Loch und ziehen Sie einen rund 60 cm langen Faden hindurch. Hängen Sie nun 2–3 Schalen an jeden Ast – so halten Sie lästige Obsträuber, wie Amseln und Stare, leichter fern als mit den üblichen Krähenattrappen oder mit einer Vogelscheuche.

✱ Unsichtbares Vogelschutznetz

Möchten Sie Ihre Obstbäume vor Vögeln schützen, haben aber kein Vogelschutznetz zur Hand? Verwenden Sie einige Rollen schwarzes Garn. Nehmen Sie das lose Garnende in eine Hand und werfen Sie die Spule über den Baum einem Helfer zu – Kindern macht dies besonders viel Spaß. Der Helfer wirft die Garnrolle zurück zu Ihnen und immer so weiter, bis Sie um den Baum herum sind und die Spule leer ist. Der unsichtbare Faden hält die Vögel zwar nicht sofort fern, doch wenn sie mehrfach daranstoßen, suchen sie sich ihr Obst lieber in einem anderen Baum.

Gute Idee!

DIE BEDEUTUNG VON NETZEN FÜR OBSTBÄUME

Wenn es Ihnen mit dem Obstanbau ernst ist, brauchen Sie früher oder später ein Netz, um Ihre Früchte und Beeren vor Vögeln, Eichhörnchen und anderen hungrigen Dieben zu schützen. Solche Netze bestehen in der Regel aus Nylon oder Polypropylen und sind in verschiedenen Größen und Maschenweiten in Gartencentern und Baumärkten erhältlich. Vorsicht: Um zu vermeiden, dass sich kleine Vögel in den Netzen verfangen, sollten Sie unbedingt eine Maschenweite von höchstens 25 x 25 mm wählen!

Gibt es eine Möglichkeit, ein Vogelschutznetz aus Alltagsdingen im Haushalt herzustellen? Wir kennen leider keine – außer, wenn Sie sehr viel Zeit übrig haben, um Unmengen alter Netz-T-Shirts oder gesammelter Zwiebelnetze aus dem Supermarkt zusammenzunähen.

✱ Ameisen-Klebebahn

Ameisen werden nicht an Ihren Bäumen hochklettern und am Obst naschen, wenn Sie den Stamm mit einem dieser klebrigen Materialien umwickeln:

- Klebefolie, in der Mitte zusammengeklappt (mit der Klebeschicht nach außen)
- doppelseitiges Klebeband (etwa 7 cm breit um den Ast gewickelt)
- eine Pappmanschette, eng am Stamm anliegend, an beiden Enden zusammengeklebt und mit Vaseline bestrichen

Klasse Kakteen und super Sukkulenten

Kakteen und Sukkulenten gehören zu den beliebtesten Zimmerpflanzen – sie kommen in vielen Formen vor und sind meist einfach zu pflegen.

Weicher Pinsel gegen Staub
Stauben Sie Kakteen immer vorsichtig mit einer alten weichen Zahnbürste oder einem Rasierpinsel ab. Sprühen Sie die Pflanzen im Sommer anschließend leicht mit Wasser ein.

Alkohol gegen Schädlinge
Zwei bei Kakteen und Sukkulenten häufig auftretende Schädlinge sind
1) Schmierläuse, die wie weiße, wollige Flecken aussehen, und
2) Schildläuse, die sich unter kleinen, beigebraunen Schilden verstecken. Sobald auch nur einzelne Exemplare dieser Schädlinge auftauchen, wischen Sie sie mit einem in Reinigungsalkohol (aus der Apotheke) getauchten Wattebausch ab. Bei stärkerem Befall sprühen Sie die Pflanze mit einer Lösung aus 240 ml Reinigungsalkohol, 1 Teelöffel Maiskeimöl und 1 Teelöffel Spülmittel ein.

Zeitung als „Anfasser"
Schützen Sie Ihre Finger beim Umpflanzen von Kakteen durch eine Zeitungsmanschette. Falten Sie einen Zeitungsbogen von oben nach unten zu einem Streifen, dessen Breite der halben Höhe des Kaktus entspricht. Den Streifen in der Mitte um den Kaktus wickeln und mit einer Schnur befestigen.

Entstachelungsband
Entfernen Sie sehr kleine Kakteenstacheln aus Ihren Fingern, indem Sie Klebeband fest daraufpressen und dann abreißen. Größere und hartnäckige Stacheln entfernt man in jedem Fall besser mit der Pinzette.

Mit dem Bleistift schieben
Kleine Kakteen kann man gut aus ihrem alten Topf holen, indem man das stumpfe Ende eines Bleistifts in das Entwässerungsloch drückt. Solange die Erde relativ trocken ist, sollte der Wurzelballen sich vollständig lösen.

Der perfekte englische Rasen

✱ Grasrecycling

Machen Sie es wie die Gärtner in den Parks oder auf den Golfplätzen – lassen Sie den Grasschnitt nach dem Mähen liegen. Mähen Sie aber so regelmäßig, dass Sie nie mehr als ein Drittel der Halmlänge abmähen müssen. Der Schnitt dient als Mulch, und Sie müssen weniger Grünschnitt entsorgen.

✱ Bäume im Rasen schützen

Wenn Sie einen oder mehrere Baumsetzlinge auf Ihrem Rasen züchten, wickeln Sie sie vor dem Mähen ein, damit sie nicht beschädigt werden. Umwickeln Sie dünne Stämmchen mit Luftpolsterfolie oder mehreren Schichten Zeitungspapier und befestigen Sie diese mit Klebeband. Ein altes Handtuch, das mit 2 oder 3 Sicherheitsnadeln befestigt wird, hilft auch. Alle genannten Varianten lassen sich ganz einfach anbringen und wieder abnehmen.

✱ Rasenmähermesser ölen

Durch Fett an Messer und Unterseite des Rasenmähers klebt der Grasschnitt nicht so leicht fest und verstopft den Rasenmäher. Sprühen Sie das Gerät vor Gebrauch kräftig von unten mit WD-40® ein oder verwenden Sie billiges Speiseöl, das Sie vorher in eine Sprühflasche füllen.

✱ Strumpfhosen für Benzinmäher

Ein Stück Feinstrumpfhose oder ein Trocknertuch verhindert, dass sich der Lufteinlass des Vergasers mit Grasschnitt zusetzt. Schneiden Sie den Stoff zu, legen Sie ihn über den Lufteinlass und kleben Sie ihn seitlich mit Klebeband fest.

Gute Idee!

ALTERNATIVEN ZUM RASEN

Verschiedene Bodendecker sind einfach zu pflegen und stellen eine gute Alternative zum Rasen dar. Auch sie kann man jedoch nicht einfach pflanzen und dann vergessen; sie müssen ebenfalls gewässert und gedüngt werden, wenn auch seltener als ein „englischer Rasen“. In den folgenden Fällen lohnt es sich, solche Alternativen zu erwägen:

- bei schwer zu mähenden Schrägen und schmalen Streifen
- bei Natur- bzw. Ökogärten
- wenn Sie keine Zeit haben, den Rasen immer wieder perfekt zu mähen

Es gibt viele geeignete Bodendecker. Sehr aromatisch sind Kamille und Thymian, und wo nur wenig Licht hinkommt, bekämpfen Sie Moos nicht, sondern züchten Sie es. Kriech-Wacholder (z. B. *Juniperus horizontalis „Wiltonii“*) hat liegende Zweige und dichtes Grün. Wenn es ein Naturgarten werden soll, ist eine Blumenwiese eine schöne Alternative.

✱ Einfache Rasenpflege

Ärgern Sie sich auch über kahle Stellen in Ihrem Rasen, die zustande kommen, weil sich Ihr Hund immer an der gleichen Stelle wälzt? Sorgen Sie für frisches Grün: Stechen Sie in den Boden einer leeren Konservendose entsprechend

Ein Tonikum mit Mundwasser macht Ihren Rasen grüner!

große Löcher, geben Sie etwas Grassamen hinein und bestreuen Sie die betroffenen Rasenstellen damit. Auf diese Weise wird der Samen gleichmäßig verteilt, und Ihr Rasen sieht schon bald wieder gepflegt aus.

✱ Ornamente aus Bodendeckern

Wenn Sie sich für einen pflegeleichten Bodendecker – etwa Efeu oder Spindelstrauch – statt eines Rasens entschieden haben, können Sie mit Drahtkleiderbügeln kleine Ornamente zaubern. Biegen Sie aus den Drahtbügeln beispielsweise Kreise, Herzen, Tiere oder auch die Initialen Ihrer Kinder und setzen Sie die Bügel dann in den Boden. Nun lassen Sie die Pflanzen darüberwachsen. Damit ein Ornament besser sichtbar wird, kann man auch schon mal mit der Gartenschere nachhelfen.

✱ Rasentonikum

Wünschen Sie sich einen dichteren und kräftigeren Rasen? Probieren Sie es mit einem selbst gemachten Tonikum. Geben Sie folgende Zutaten in einen Druckluftsprüher mit 12–16 l Inhalt und sprühen Sie Ihren Rasen etwa alle 3 Wochen damit ein. Fügen Sie jeweils 240 ml Spülmittel hinzu (am besten nehmen Sie biologisch abbaubares), dann verteilt sich die Lösung gleichmäßiger und haftet besser am Gras.

- **330 ml Cola (nicht light) oder Bier** – Der Zucker in den Getränken regt Mikroorganismen an, die den Boden auflockern helfen.
- **240 ml Zucker- oder Rübensirup** – Auch sein Zuckergehalt nützt dem Boden, siehe oben.
- **120 ml Mundwasser** – Der enthaltene Alkohol tötet Bakterien und Sporen ab und hält einige Schädlinge fern.

Gartenbewässerung

✱ Zahnstochertest für Beete

Genauso, wie Sie mit einem Zahnstocher prüfen können, ob der Kuchen schon gar ist, können Sie auch testen, ob Ihr Blumenbeet schon wieder Wasser braucht. Stecken Sie einen Zahnstocher so tief wie möglich in den Boden. Wenn er sauber herauskommt, ist es Zeit zum Wässern. Klebt noch Erde daran, ist der Boden noch feucht. Testen Sie dann sicherheitshalber am nächsten Tag noch einmal.

✱ Spritzschutz durch Kies

Vielleicht kennen Sie das Problem: Beim Gießen oder bei Regen spritzt oft Erde aus dem Blumenkasten auf die Fensterbank oder gegen das Fenster. Sammeln Sie einfach hübsche kleinere Steine oder Kies und verteilen Sie sie als Spritzschutz im Blumenkasten – schon bleiben Fensterbank und Fenster sauber.

✱ Ungesalzenes Kochwasser recyceln

Lebensmittel geben Nährstoffe ans Kochwasser ab, warum es also wegschütten? Lassen Sie es abkühlen und gönnen Sie Ihren Pflanzen einen gesunden Trunk. Geben Sie aber beim Kochen kein Salz ins Wasser – das schädigt die Pflanzen.

- **Eier** – Beim Kochen von Eiern gelangt Kalzium aus der Schale ins Wasser. Nutzen Sie es für Nachtschattengewächse.
- **Spinat** – Pflanzen brauchen Eisen; Spinatwasser liefert nicht nur das, sondern auch eine gesunde Dosis Kalium.

Das Kochwasser von Eiern ist reich an Kalzium und gut für den Gemüsegarten.

Gute Idee!

NIEDERSCHLAGSMESSER MARKE EIGENBAU

Eine große Plastikflasche ist zwar sicher nicht der hübscheste Niederschlagsmesser, aber dafür ist dieses „Messgerät“ preiswert und funktioniert. Man schneidet einfach das obere Ende der Flasche ab und legt es umgedreht wieder auf die Flasche, sodass es als Auffangtrichter fungiert. Dann wird der Trichter mit Klebeband befestigt.

Nun legt man die Flasche auf die Seite und setzt mit einem Permanentmarker von unten im Abstand von 0,5 cm Markierungen. Die Flasche wird an einer offenen Stelle in den Garten gestellt. So können Sie nach Regenfällen sehen, wie hoch der Wasserstand in der Flasche ist, und entscheiden, wann Sie wieder wässern müssen.

- **Nudeln** – Durch stärkehaltiges Nudelwasser lösen sich die Mineralstoffe im Boden besser. Stärke kann also für Pflanzen besser sein als für uns.
- **Kartoffeln** – Auch Kartoffelwasser ist stärkehaltig und wirkt wie Nudelwasser.

✱ Der Sickerflaschentrick

Tomaten sind nicht die einzigen Pflanzen, die viel Wasser benötigen, auch Zucchini und Rosen gehören zu den durstigen Sorten. Eine regelmäßige Wässerung ist einfacher, wenn Sie ein Wasserreservoir in den Boden versenken. Nehmen Sie dazu eine Kunststoffflasche, punktieren Sie sie rundum mit (möglichst kleinen) Löchern und setzen Sie sie zusammen mit der Pflanze ins Pflanzloch. Nach dem Feststampfen der Erde sollte der Flaschenhals mit der Erde abschließen. Füllen Sie die Flasche nun einmal pro Woche ganz auf. Das ständig heraussickernde Wasser hält die Wurzeln schön feucht.

✱ Teepolster für Farne

Wenn Sie einen Farn einsetzen möchten, legen Sie zunächst einen Teebeutel in das Pflanzloch. Er dient als Nährstoffreservoir, während sich die Pflanze an den neuen Boden gewöhnt, denn sie nimmt so etwas mehr Stickstoff auf. Eine leichte Salmiakgeistlösung (1 Teelöffel Salmiakgeist auf 1 l Wasser) verhilft Farnen ebenfalls zu etwas mehr Stickstoff.

✱ Styropor als Windschutz

Um junge Pflanzen vor Wind zu schützen, stellen Sie 2 Styroporplatten zeltförmig darüber. Sichern Sie die Platten, indem Sie Holzstäbe von unten in jede Platte und dann in die Erde stecken.

Empfindlichere Pflanzen schützt man am besten, indem man aus Styroporplatten 4 Wände um die Pflanzen stellt. Stecken Sie an jeder Ecke einen Holzstab in die Erde und fixieren Sie die Platten daran mit Klebe- oder Paketband. So können die Wände später weder auseinanderfallen noch zusammenklappen. Bei starkem Wind müssen die Platten eventuell zusätzlich gesichert werden – beispielsweise ebenfalls durch Holzstäbe, die in jede Platte und dann in die Erde gesteckt werden.

✱ Gartenschlauchdichtung

Um ein winziges Loch in Ihrem Gartenschlauch zumindest eine Zeit lang zu reparieren, stecken Sie einen Zahnstocher hinein, brechen Sie ihn bündig ab und sichern Sie ihn, indem Sie kräftiges Klebeband um den Gartenschlauch wickeln. Das Holz quillt auf und versiegelt das Loch.

Bodenverbesserung und Kompostieren

✱ Haarige Angelegenheit

Menschliche Haare zählen zu den besten Stickstofflieferanten für Ihren Kompost. 3 kg Haare enthalten 500 g Stickstoff – das entspricht dem Stickstoffertrag von 90 kg Mist. Fragen Sie doch Ihren Friseur, ob er Ihnen eine Tüte mit Haaren überlässt – gefärbte oder getönte sind aber tabu!

✱ Hilfreiche Haustiere

Verteilen Sie ein wenig Kaninchen- oder Hamsterstreu über Ihren Kompost (nicht verwenden, wenn Ihr Tier in medizinischer Behandlung ist) und heben Sie sie unter. Vorsicht: Nur biologische Streu, die Sägespäne, Stroh und Ähnliches enthält, ist für den Kompost geeignet. Katzen- und andere mineralische Streu muss zum Restmüll!

✱ Wärmebehandlung für den Boden

Welches preiswerte Mittel hilft sowohl gegen Unkrautsamen als auch gegen die meisten Pflanzenkrankheiten? Sonnenstrahlen! Graben Sie ein Beet um und wässern Sie es. Legen Sie eine Kunststofffolie darüber (etwa eine aufgeschnittene Schutzfolie aus der Reinigung) und beschweren Sie sie mit Steinen. Nach 4–6 Wochen dürfte die geballte Hitze fast jede Gefahrenquelle ausgemerzt haben.

✱ Kaffeeklatsch für Regenwürmer

Je mehr Regenwürmer sich in Ihrem Garten tummeln, desto besser ist Ihr Boden. Locken Sie die Würmer an, indem Sie Kaffeesatz in die Erde einarbeiten, denn den mögen sie.

✱ Kompost aus dem Sack

Kompostieren Sie Ihr Herbstlaub in schwarzen Laubsäcken. Geben Sie in jeden Sack Laub als Kompostierhilfe eine Schaufel Erde und eine Handvoll Dünger (mit je 10 Prozent Stickstoff, Phosphor und Kalium). Dann durchfeuchten Sie die Blätter mit dem Gartenschlauch.

Binden Sie nun die Säcke zu und stoßen Sie sie mehrfach auf den Boden, damit der Inhalt sich mischt. Lagern Sie die Laubsäcke an einem sonnigen Ort, damit sie die Sonnenwärme nutzen. Im Frühjahr ist das Laub zu reichem Kompost verrottet.

Tipp KAFFEE, TEE ODER COLA?

Wenn Ihr Kompost die reiche Komposterde, die Sie im Garten benötigen, nicht schnell genug liefert, gießen Sie **Kaffee**, **Tee** oder **Cola** (nicht light) darüber – das beschleunigt die Verrottung, weil sich dadurch die Zahl der Bakterien erhöht, die den Kompost in Komposterde verwandeln.

Pflanzen-Nahrung

✱ Dünger aus Streichhölzern

Möchten Sie Schwefel in den Boden geben, um den pH-Wert für säureliebende Pflanzen zu senken? Geben Sie die Streichhölzer aus einer Schachtel oder mehreren Briefchen in die Pflanzlöcher beispielsweise von Fleißigen Lieschen, Hortensien, Azaleen oder Gardenien.

✱ Leben aus der Asche

Laubholzasche aus dem Kamin liefert im Garten Kalium und Phosphor. Verwenden Sie aber kein in irgendeiner Form chemisch behandeltes Holz. Bringen Sie zum Düngen einige Zentimeter vom Stamm entfernt eine 1 cm dicke Schicht Asche aus und arbeiten Sie sie in den Boden ein.

Zwei Warnungen: 1) Schützen Sie die im Freien gelagerte Asche vor Regen – er wäscht die Nährstoffe aus. 2) Verwenden Sie Asche nie in der Nähe von Kartoffeln, da sie deren Befall mit Kartoffelschorf begünstigt.

✱ Nicht zu viel Kaffee für Pflanzen

Gartenpflanzen wie Azaleen, Rosen und Immergrün lieben Kaffeesatz – nicht wegen des Koffeins, sondern wegen Säure und Auflockerung, die er dem Boden bringt, und erst recht wegen Stickstoff, Phosphor und Spurenelementen.

Arbeiten Sie einmal im Monat etwa 100 g Kaffeesatz in Wurzelnähe in den Boden ein; mischen Sie ihn gründlich unter, damit sich kein Schimmel bildet. Verwenden Sie jedoch nicht mehr – auch für säureliebende Pflanzen kann der Boden durch zu häufiges Düngen übersäuern.

✱ Düngen mit Bohrer

Damit Dünger die Wurzeln von Bäumen erreicht, hilft ein Erdbohrer (nicht bei Flachwurzlern anwenden!). Sie können aber auch mit einem 20 mm dicken Holz- oder Metallpfahl 30–40 cm tiefe Löcher entlang der Kronentraufe – einer imaginären Linie unter den äußersten Blattspitzen der Baumkrone – stechen. Setzen Sie die Löcher mit etwa 60 cm Abstand und bohren Sie einen zweiten Kreis aus Löchern etwa 75 cm vom Baumstamm entfernt. Geben Sie Langzeitdünger in jedes Loch. Verschließen Sie die Löcher und wässern Sie den Boden gründlich.

✱ Sägemehl und Blätter für reifenden Dung

Frischer Dung muss reifen, damit er die Pflanzenwurzeln nicht verbrennt; das dauert jedoch seine Zeit, zumindest 6 Monate. Um das Reifen zu unterstützen, wässern Sie Ihren Misthaufen, decken Sie ihn mit einer Plane ab, damit der Regen die Nährstoffe nicht auswäscht, und wenden Sie ihn alle 10 Tage mit der Mistgabel. Um (vor allem im Sommer) den Geruch zu mindern, geben Sie Sägemehl, tote Blätter oder Holzspäne hinzu.

Gute Idee!

KOSTENLOSER DUNG

Viele Bauern und Stallbesitzer sind mehr als erleichtert, wenn Sie ihnen den Mist abnehmen, um damit (selbstverständlich erst nach dem Trocknen und Reifen) den Garten zu düngen. Und wenn Sie einen Zoo oder Tierpark in der Nähe haben, fragen Sie dort bei der Verwaltung nach, ob er Dung an Gärtner abgibt. Achtung: Verwenden Sie nie Exkremente von Haustieren als Dünger – sie könnten Spulwürmer und andere gefährliche Parasiten enthalten.

Mulch-Variationen

✱ Gratismulch

Mulch kostet normalerweise nichts, wenn man weiß, wo man suchen muss. Im eigenen Garten fallen tote Blätter und Rasenschnitt an, und vielleicht hilft Ihnen bei Bedarf auch Ihr Nachbar aus. Zudem können Sie im Wald Baumrinde und Kiefernnadeln sammeln, die auf den Boden gefallen sind.

✱ Erdbeeren mögen Sägemehl

Ein Mulch aus Sägemehl ist aus zwei Gründen gut für Erdbeeren: Er liefert ihnen die dringend benötigte Säure und hält Schnecken fern. Verteilen Sie eine 5–7 cm hohe Mulchschicht um den Stamm jeder Pflanze.

Sägemehl bekommen Sie oft kostenlos beim Schreiner, im Sägewerk oder im Baumarkt. Achten Sie aber auf das richtige Material: Staub von bestimmten Arten, wie Zeder, und von chemisch behandeltem Holz enthalten Giftstoffe, die den Gartenpflanzen schaden können.

✱ Mit Folie und Papier gegen Hitze

Eine Lage Alufolie (rechts im Bild) oder braunes Papier (mit Klarlack bestrichen) senkt die Bodentemperatur, weil beide Materialien die Sonnenstrahlen reflektieren. An sehr heißen Tagen können Sie die Wurzeln Ihrer Lieblingspflanzen kühl halten, indem Sie eine Lage Folie oder Papier um die Pflanzenbasis auslegen.

✱ Nutzbringendes Grün

Was kann man mit dem Grün von Wurzelgemüse, wie Karotten, Roter Bete oder Radieschen, im Garten anfangen? Ganz einfach: Sobald Sie das Gemüse geerntet haben, breiten Sie das Grün als Mulchschicht im Gemüsegarten zwischen den Reihen aus.

✱ Schwarzes Plastik für kleine Flächen

Wenn Sie nur ein winziges Fleckchen für Ihre Pflanzen zur Verfügung haben – beispielsweise ein 1,5 m^2 großes Beet im gepflasterten Innenhof –, dann ist es nicht nötig, schwarze Mulchfolie (die klassische Unterlage für Rindenmulche) im Gartencenter zu kaufen; schwarze Müllsäcke tun es auch. Breiten Sie diese einfach nebeneinander aus. Wenn Monate oder Jahre später das Gärtchen umgestaltet wird, können Sie die Säcke bestimmungsgemäß nutzen und Abfälle darin entsorgen.

Kampf dem Unkraut

✱ Salz in die Wunden

Salz tötet viele Sorten Unkraut, die nicht mit der Wurzel ausgerissen werden können. Legen Sie die Basis des Unkrauts mit der Harke frei und schneiden Sie es so kurz ab wie möglich. Streuen Sie Salz in die Schnittfläche, aber nicht auf den umgebenden Boden.

✱ Saubere Fugen mit Salz und Essig

Unkraut oder Gras in den Fugen von Zufahrt, Wegen oder Terrasse lässt sich mit Salz und Essig eindämmen. Mischen Sie 480 ml Essig, 45 g Salz und 2 Tropfen Spülmittel in einem Schraubglas, verschließen Sie es fest und schütteln Sie es kräftig. Achten Sie darauf, dass kein Ablaufwasser an Ihre Gartenpflanzen gerät. Vorsicht: Säureempfindliche Fugen, z. B. an Fliesen und Kacheln, vor der „Behandlung" gründlich mit Wasser durchnässen.

✱ Mit Papier und Plastik gegen Unkraut

Wuchert in einem bestimmten Bereich Ihres Gartens besonders viel Unkraut? Vielleicht können Sie es mit diesen Mulchen im Zaum halten:

- **Zeitungspapier** – Befeuchten Sie mehrere Blatt Zeitungspapier, sodass sie aneinander haften, und legen Sie sie als Matte auf die überwucherte Stelle. Bedecken Sie die Matte mit Holzspänen oder einem anderen Mulch und entfernen Sie sie, sobald das Unkraut abgestorben ist.
- **Müllsäcke** – Schneiden Sie schwarze Müllsäcke auf und breiten Sie sie über das Unkraut. Verbergen Sie die Folie mit Holzspänen oder einer anderen Tarnung und lassen Sie sie 10–14 Tage liegen. Danach sollte auch das härteste Unkraut tot sein.

Selbst gemacht!

UNKRAUTVERNICHTER

Chemische Unkrautvernichter aus dem Handel sind wirksam, doch dies gilt auch für die meisten selbst gemachten, „grüneren" Alternativen. Egal, wie Sie zu konventionellem versus biologischem Gärtnern stehen, grundsätzlich sollten Sie es immer mit weniger giftigem Unkrautvernichter versuchen, bevor Sie zur groben Chemiekeule greifen.

Essig-Unkrautwelker

Die Säure im Essig zerstört zwar nur die Blätter des Unkrauts und nicht seine Wurzeln, doch auf lange Sicht greift dieses Spray die Energiereserven der Pflanze an, sodass sie schließlich abstirbt.

480 ml Wasser
360 ml (Weißwein- oder Apfel-)Essig
120 ml Spülmittel

1. Füllen Sie alle Zutaten durch einen Trichter in eine 1-l-Sprühflasche.
2. Schütteln Sie die Mischung vor Gebrauch gründlich.
3. Sprühen Sie die Lösung direkt auf das Unkraut. Achten Sie darauf, Pflanzen und Gräser außenherum nicht zu treffen.

Schutz gegen Frost

✱ Frostschutzhaube

Um Setzlinge in schweren Pflanzkübeln zu schützen, die Sie nicht ins Haus bringen können, biegen Sie 2 Drahtkleiderbügel gerade. Formen Sie sie dann zu Bogen und stecken Sie sie über Kreuz direkt am Kübelrand in die Erde, sodass sie ein Dach über den Setzlingen bilden. Stechen Sie Löcher in eine Kleiderschutzfolie aus der Reinigung, ziehen Sie die Folie über das Gestell und sichern Sie sie mit einer locker gebundenen Schnur am Kübel. Entfernen Sie die Folie zum Gießen der Setzlinge.

✱ Doppelte Isolierung

Sie ziehen im Frühbeetkasten Setzlinge oder härten junge Pflanzen ab, da wird strenger Frost vorhergesagt? Kleiden Sie das Innere des Kastens mit Zeitungspapier oder Styropor aus – beides isoliert hervorragend gegen Kälte.

✱ Eine Zeitungsdecke

Wenn in der Wettervorhersage eine frostige Nacht angekündigt wird, überdachen Sie Setzlinge mit einer dünnen Lage Zeitungspapier, die Sie am Rand mit Steinen beschweren. Das isoliert Ihre Pflanzen gegen die Kälte, bis die Temperaturen am nächsten Tag wieder steigen.

✱ Kuschelige Körbe

In kalten Gegenden eignen sich alte Weidenkörbe hervorragend als Schutz für Pflanzen, denn sie halten den kalten Wind ab, lassen aber gleichzeitig etwas Licht herein. Sehen Sie sich nach alten, beschädigten Körben um, die Sie unbesorgt im Freien lassen können. In der Nacht können Sie als zusätzlichen Schutz schwarze Plastikfolie darüberziehen.

✱ Improvisierte Anzuchtglocken

Aus Frankreich stammt die Idee, Setzlinge mit einer Glasglocke vor Frost zu schützen. In Gartencentern findet man gelegentlich elegant geformte Glocken aus Glas oder Kunststoff, aber ein improvisiertes Modell funktioniert genauso gut. Hier einige Ideen:

- eine hohe Blumenvase, umgedreht über die Pflanze gestülpt
- ein großes Einmachglas
- eine 2-l-Plastikflasche. Schneiden Sie den Boden mit einem scharfen Messer ab und stellen Sie die Flasche über den Setzling.
- eine große, ausgediente Käseglocke

✱ Ein warmer Schein

Wenn der Frost eine große Kübelpflanze auf der Terrasse oder einen Obstbaum mit jungen Früchten bedroht, ziehen Sie Lichterketten durch die Äste, schlagen Sie die Pflanze in Abdeckfolie ein und schalten Sie die Lichter ein. So hat es die Pflanze die Nacht über warm und frostfrei.

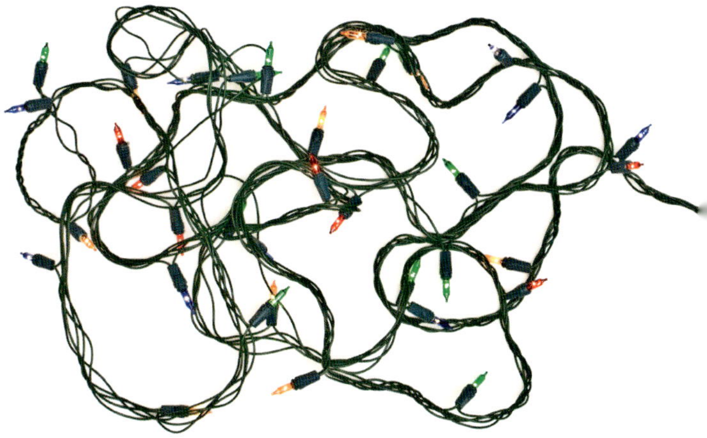

Gefiederte und pelzige Freunde und Feinde

✱ Hilfe beim Nestbau

Wenn Sie im Frühling Vögel in den Garten locken wollen (diese fressen im Sommer die Schädlinge – wenn sie nicht Ihr Obst und Gemüse ins Visier nehmen), hängen Sie etwas weiches Nistmaterial in einen Baum. Füllen Sie ein großes Zwiebelnetz mit Flusen aus dem Trockner, Haaren aus der Bürste, Stoffresten und kurzen Schnurstücken und Wollfäden. Dann beobachten Sie Ihre gefiederten Besucher beim Einzug.

✱ Vom Winde verweht ...

Ist Ihr Garten besonders stark dem Wind ausgesetzt? Dann können Sie folgenden Trick versuchen, um die Vögel vom Gemüse fernzuhalten. Schneiden Sie Müllbeutel in lange Streifen und heften Sie diese mit dem Tacker an hohe Holzstäbe. Wenn das Plastik wild im Wind flattert, vertreibt es die Vögel nicht nur durch die Bewegungen, sondern auch durch die Geräusche.

✱ Füllmaterial für die Vogelscheuche

Wenn Sie eine traditionelle Vogelscheuche im Gemüsegarten aufstellen wollen (und sei es nur aus nostalgischen Gründen), schauen Sie sich zunächst im Schrank und im Vorratskeller nach Füllmaterial um. Alles Weiche und Formbare ist geeignet; verpacken Sie es aber in Plastikbeuteln, damit es trocken bleibt. Sie können alte Kissen, Lappen, zusammengeknülltes Zeitungspapier, Luftpolsterfolie, Styroporchips, Duschvorhänge oder Staubtücher verwenden, außerdem natürlich Heu, Stroh und trockene Blätter.

✱ Schutz durch Knoblauch

Ein Ring aus Knoblauchpflanzen um ein Blumen- oder Gemüsebeet hält Eichhörnchen und andere pelzige Mitesser ab, Wühl-, Spitz- und Feldmäuse eingeschlossen. Setzen Sie die „müffelnden Wächter“ gegen hungrige Eindringlinge im Abstand von etwa 15 cm.

Vögel lieben weiches Nistmaterial – helfen Sie beim Nestbau!

✱ Dem Maulwurf ein Schnippchen schlagen

Vertreiben Sie den Maulwurf aus Ihrem Garten, indem Sie durch einen der Eingänge in seinen Bau eine Knoblauchknolle werfen oder eine Mischung aus 1 Teil Buttermilch und 2 Teilen Molke hineinschütten.

✱ Ölige Argumente

Tränken Sie Lappen, Küchenpapier und Gesichtsreinigungstücher in Erdnuss- oder Olivenöl und stopfen Sie sie in die Maulwurfslöcher. Das Öl wird schnell ranzig, und der Gestank treibt die Wühler aus ihren Gängen.

Ein geruchsneutrales Mittel sind Windräder im Garten. Maulwürfe mögen das ständige Klackern nicht und suchen sich einen ruhigeren Ort.

✱ Schmetterlinge, Eichhörnchen und Co.

Das Schöne am eigenen Garten sind nicht nur die Pflanzen – mit wenig Aufwand locken Sie verschiedene gefiederte und bepelzte Tiere an.

Schmetterlinge mögen einen vielfältigen Garten mit bunten Blüten und nektarreichen Kräutern wie Rosmarin, Thymian, Lavendel.

Igel ziehen sich im Herbst in Ihren Garten für den Winterschlaf zurück, wenn Sie zusammengerechtes Laub nicht entsorgen, sondern in einer stillen Ecke aufhäufen.

Über den Besuch von Eichhörnchen können Sie sich freuen, wenn Sie ein Futterhäuschen aufstellen und Haselnüsse, Erdnüsse und Mandeln (mit Schale!) hineinlegen. Noch besser ist es, wenn Sie einen Haselnussstrauch besitzen.

✱ Kaninchenschreck

Haben Sie im Gemüsegarten Ihres Wochenendhäuschens Probleme mit lästigen Kaninchen? Streuen Sie getrocknete rote Chiliflocken oder Knoblauchgranulat um die Pflanzen aus. Auch Haare von Menschen, Hunden oder Katzen sowie Seifenstücke mit starkem Aroma und Zitronenschalen halten die Nager fern.

Erfolgreich gegen lästige Insekten

✱ Apfelwickler täuschen

Die Maden des Apfelwicklers, einer Nachtfalterart, ernähren sich von Äpfeln und Birnen. Damit die Nachtfalter keine Eier in die Früchte legen, täuschen Sie sie mit einzelnen falschen Äpfeln im Obstbaum – roten Weihnachtsbaumkugeln. Fädeln Sie eine 30 cm lange Schnur durch den Aufhänger jeder Kugel und knoten Sie sie doppelt oder dreifach zu. Sprühen Sie die „Äpfel“ rundum mit klebrigem Insektenspray ein und hängen Sie 3 oder 4 Stück davon in die Äste eines Baumes. Die Falter werden die Kugeln anfliegen und daran kleben bleiben.

✱ Wespen in Flaschen

Wespen folgen dem Geruch von Zucker, deshalb funktioniert diese Falle. Schneiden Sie ein etwa 7 cm langes Stück vom oberen Ende einer Plastikflasche ab und legen Sie es beiseite. Bohren Sie zwei gegenüberliegende Löcher in das obere Ende der Flasche, fädeln Sie eine 45–60 cm lange Schnur hindurch und verknoten Sie die Enden dreifach. Setzen Sie dann das Halsende umgedreht wieder in die Flasche, sodass ein Trichter entsteht, und dichten Sie es rundum mit Klebeband ab.

Geben Sie nun eine Lösung aus 1 Teil Zucker und 4 Teilen Wasser in die Falle und hängen Sie sie an einen Ast, um den besonders viele Wespen schwärmen. Beim Versuch, an das Zuckerwasser zu gelangen, ertrinken die Wespen oder sind in der Flasche gefangen.

✱ Natürliche Abwehr

Wir alle lieben Kräuter und Gewürze, aber für die meisten Schädlinge sind sie entweder ungenießbar oder sogar tödlich. Streuen Sie eines der folgenden Gewürze um Ihre Pflanzen, und Sie haben Ruhe vor lästigen „Mitessern“:

- Zimtpulver
- Nelkenpulver
- Cayennepfeffer
- schwarzen Pfeffer
- Chilipulver

Tipp INSEKTEN ABSAUGEN

Setzen Sie Ihren **Akku-Tischstaubsauger** gegen Schädlinge ein. Saugen Sie damit Ober- und Unterseite der Blätter Ihrer Pflanzen gründlich ab, um Spinnmilben, Flohkäfer, Blattläuse und andere Insekten loszuwerden. Sie können auch den normalen Staubsauger mit Aufsatz und auf niedriger Stufe verwenden.

- scharfes Currypulver
- Knoblauchgranulat
- getrockneten Zitronenthymian
- getrocknete Lorbeerblätter, zerbröselt

✱ Aspirin gegen Blattläuse

Der Wirkstoff von Aspirin®, die Acetylsalicylsäure, wird von Pflanzen als natürlicher Insektenschutz produziert und kann auch für Gärtner hilfreich sein. Experimente haben gezeigt, dass Pflanzen, die mit einer schwachen Aspirin-Wasser-Lösung gewässert wurden, nicht nur Blattläuse und andere saugende Insekten abschreckten, sondern auch kräftiger wuchsen.

Füllen Sie einen Eimer mit 20 l Wasser und lösen Sie 3 Aspirintabletten unter Rühren darin auf. Gießen Sie die Pflanzen ganz normal mit der Lösung oder füllen Sie diese in eine Sprühflasche und besprühen Sie Blätter und Stiele von allen Seiten. Anschließend gießen Sie alle 2 Wochen mit dem Aspirinwasser.

✱ Insekten in die Mottenkiste

Wenn Weiße Fliegen, Schmierfliegen und andere Schädlinge Ihre Zimmerpflanzen angreifen, vernichten Sie sie mit Mottenkugeln.

Stellen Sie die befallene Pflanze samt Topf, Übertopf und Untersetzer in einen mit Löchern perforierten Plastikbeutel. Gießen Sie die Pflanze und geben Sie 5 oder 6 Mottenkugeln in den Beutel. Nun verschließen Sie den Beutel und stellen ihn an einen hellen Platz, jedoch nicht ins direkte Sonnenlicht. Lassen Sie die Pflanze 1 Woche lang so stehen, bevor Sie sie wieder auspacken und an ihren angestammten Platz zurückstellen. Wiederholen Sie die Behandlung nach Bedarf mehrmals.

✱ Ablenkung mit warmen Farben

Malen Sie Tetrapaks von Milch oder Säften leuchtend rot, orange oder gelb an, überziehen Sie sie mit einem klebenden Insektenspray und

Selbst gemacht!

GEGEN SCHÄDLINGE

Befreien Sie Garten- und Zimmerpflanzen mit diesem Knoblauchspray von Blattläusen, Weißen Fliegen und anderen Schädlingen. Wenn Sie keine Sprühflasche haben, verwenden Sie eine gründlich ausgewaschene Flasche eines Reinigungssprays. Achten Sie darauf, dass Sie beide Seiten der Blätter gründlich einsprühen.

Knoblauch-Insektenspray

Verwenden Sie für dieses Spray ausschließlich Spülmittel (kein Waschmittel oder Spülmaschinenreiniger) und lagern Sie es wie ein Insektizid: in einer verschlossenen und deutlich beschrifteten Flasche in einem kindersicheren Schrank.

10 Knoblauchzehen, ungeschält
1 EL Pflanzenöl
750 ml heißes Wasser
1 TL Spülmittel

1 Die Knoblauchzehen mitsamt der Schale im Mixer pürieren

2 Die Mischung durch ein feines Sieb in ein 1-l-Schraubglas seihen. Öl, Wasser und Spülmittel hinzugeben, das Glas fest verschließen und zum Mischen sanft schütteln. Die Mischung in eine Sprühflasche füllen.

3 Die Pflanzen alle 3 Tage einsprühen, um auch schlüpfende Insekten zu erwischen. Nach Regen oder bei Neubefall wiederholen.

verteilen Sie sie mit 4 m Abstand voneinander im Garten. Fliegende Insekten werden sie sofort ansteuern und daran kleben bleiben.

Um Blattläuse loszuwerden, verzichten Sie auf das Klebespray und füllen Sie einfach einen gelben Behälter zu drei Vierteln mit Wasser. Die kleinen Schädlinge werden direkt in ihr wässriges Grab streben.

✱ Kröten als Hilfskräfte

Kröten lieben Insekten. Wenn es in Ihrer Nähe solche Warzentiere gibt, locken Sie doch welche in Ihren Garten. Stellen Sie ein oder zwei zerbrochene Blumentöpfe an eine schattige Stelle und versenken Sie eine mit Wasser und Steinen gefüllte Schale im Boden. Ein weiterer Vorteil: Kröten sind deutlich leiser als Frösche.

✱ Mittel gegen Spinnmilben

Wenn Ihre Pflanzen von Spinnmilben befallen sind, handeln Sie schnell. Besprühen Sie die Pflanzen mit Wasser und stülpen Sie eine Plastiktüte darüber. In der feuchtwarmen Luft sterben die Schädlinge ab.

Ein weiteres Mittel ist ein konzentrierter Brennnesselsud. Zerkleinern Sie dafür Brennnesselblätter und gießen Sie sie mit kochendem Wasser auf. Dann das Ganze über Nacht ziehen lassen und die Pflanzen regelmäßig mit dem Sud einsprühen oder gießen.

✱ Ohrwürmer im Blumentopf

Ohrwürmer fressen Blattläuse, sind also eigentlich Nützlinge. Stehen jedoch keine Blattläuse zur Verfügung, müssen oft Clematis, Chrysanthemen, Dahlien oder Gladiolen dran glauben. Was tun? Füllen Sie Holzwolle oder Stroh in einen Tontopf und stellen Sie den Topf mit der Öffnung nach unten auf einem Stab in der Nähe der Pflanze auf. Die Ohrwürmer kriechen hinein und können „umgesiedelt“ werden.

Gute Idee!

3 MITTEL GEGEN SCHNECKEN

Die „Garten-Gourmets“, die wir als Schnecken kennen, stehen besonders auf Dahlien, Geranien, Funkien, Lupinen, Ringelblumen, Zinnien und fast alle Blumen- und Gemüsesetzlinge. Zum Glück kann man ihnen aber den Appetit verderben. Verwenden Sie dazu:

Bier Vergraben Sie flache Behälter (z. B. solche mit Schraubdeckel), sodass der Rand bündig mit dem Boden abschließt, und füllen Sie sie mit Bier. Schnecken lieben die Hefe im Bier und ertrinken.

Asche Streuen Sie Holzasche entlang der Pflanzreihen aus. Ebenso wie Salz lässt auch Asche die Haut der Schnecken austrocknen.

Zitrusschalen Legen Sie die Schalen Ihrer Frühstücksgrapefruit mit der Außenseite nach oben in den Garten. Die Schnecken ziehen sich darunter zurück und können so leichter aufgesammelt werden. Ebenso gut wirken Orangen- und Zitronenhälften.

✱ Schutztücher

Schützen Sie sich bei der Gartenarbeit vor Mückenangriffen, indem Sie Trocknertücher – oder wahlweise Tücher, auf die Sie Weichspüler getupft haben – an Ihrer Kleidung befestigen. Heften Sie eines an Ihre Hemdtasche, ziehen Sie eines durch eine Gürtelschlaufe und stecken Sie ein drittes unter den Rand Ihrer Mütze. Sobald die Mücken den Geruch der Tücher in die Nase bekommen, ergreifen sie die Flucht.

Kampf den Raupen und Pilzkrankheiten

✱ Zwiebelsaft gegen Raupen

Sprühen Sie von Raupen bedrohten Kohl und anderes Gemüse mit Zwiebelsaft ein, um die Schädlinge in die Flucht zu schlagen. Schälen Sie 2 Zwiebeln, reiben Sie sie in eine Schüssel und geben Sie 4 l Wasser hinzu. Lassen Sie die Mischung über Nacht ziehen und seihen Sie sie dann in eine Sprühflasche ab. Vermutlich müssen Sie die Blätter zweimal besprühen, um die Schädlinge wirksam abzuschrecken.

✱ Blechdosenarmee

Um Erdraupen und andere kriechende Schädlinge von Ihren neu gepflanzten Setzlingen fernzuhalten, bauen Sie Schutzzäune aus Konservendosen. Schneiden Sie dazu jeweils Deckel und Boden einer Dose ab und setzen Sie sie über den Setzling. Drehen Sie sie so lange hin und her, bis sie 5 cm tief im Boden steckt, dann ist Ihr Pflänzchen rundum geschützt.

✱ Natron gegen Pilze

Schützen Sie Ihre Obstbäume, Gemüsepflanzen, Gardenien und Rosen mit einer Natronlösung vor Mehltau, Sternrußtau und anderen Pilzerkrankungen. Mischen Sie in einer großen Sprühflasche 1 Teelöffel Natron, 1 Teelöffel Spülmittel und 1 l warmes Wasser. Schütteln Sie die Mischung gut und besprühen Sie Blätter und Stiele rundum, um Pilzbefall keine Chance zu geben.

✱ Tomaten gegen Sternrußtau

Rosen, die neben Tomaten wachsen, werden seltener von Sternrußtau befallen. Stellen Sie ein Fungizid aus reichlich Tomatenblättern her, die Sie im Mixer mit etwas Wasser zu ungefähr 500 ml dünnem Brei pürieren. Mischen Sie den Brei mit 1,5 l Wasser und 2 Esslöffel Stärkepulver. Versehen Sie das Fungizid mit einem Warnhinweis, lagern Sie es im Kühlschrank und besprühen Sie die Rosen einmal pro Woche damit.

Die Freuden der eigenen Terrasse

✱ Saubere Töpfe

Desinfizieren Sie Töpfe und Kübel, bevor Sie neue Pflanzen hineinsetzen, damit diese nicht von überlebenden Krankheitserregern früherer Pflanzen infiziert werden.

Verschließen Sie zunächst die Abflusslöcher der Gefäße mit Ton oder Knete. Dann entfernen Sie Schmutz, Wurzelreste und verbrauchte Erde mit einer Wurzelbürste und viel heißem Wasser – die Hitze tötet die Bakterien ab. Bei sehr hartnäckigem Schmutz die Töpfe und Kübel zuerst in heißem Wasser einweichen, dem Sie einen guten Schuss Essigessenz beigegeben haben. Spülen Sie schließlich die Töpfe mit frischem Wasser aus und lassen Sie sie an der Luft trocknen.

✱ Ein warmes Kamelienmäntelchen

Kamelien in Kübeln sind wegen ihrer flachen Wurzeln besonders kälteempfindlich. Bei Frost müssen sie in einen kühlen Raum (optimal sind unter 12 °C) gebracht werden.

In Gegenden mit milden Wintern ohne Frost können Sie den Kamelientopf auch dick in Luftpolsterfolie oder mehrere Lagen Zeitungspapier einwickeln und die Verpackung mit Klebeband fixieren.

✱ Lockere Erde mit Styroporflocken

Füllen Sie das untere Viertel Ihrer Pflanzkübel statt mit Kieseln und Tonscherben mit Styroporflocken, wie sie in Transportverpackungen verwendet werden. Dadurch ist nicht nur der Kübel leichter, Sie benötigen auch weniger Pflanzerde. Diese wird durch die Styroporflocken aufgelockert, sodass sich das Gießwasser besser verteilt.

Selbst gemacht!

OHNE MOOS NIX LOS!

Soll Ihre neue Terrasse aussehen, als wäre sie schon altehrwürdig? Dann rühren Sie einen Anstrich für Ziegel- und Steinmauern sowie Pflanzkübel an. Zunächst müssen Sie aber Moos als Grundstoff sammeln gehen. Wenn Sie nicht selbst welches im Garten haben, gehen Sie am besten in den Wald oder fragen Sie Ihren Nachbarn.

Do-it-yourself-Moos

Ein Pürierstab ist ideal zur Herstellung dieser Mischung, aber wenn Sie keinen besitzen, genügen auch ein Schneebesen und reichlich Muskelschmalz.

200–300 g Laubmoos
300 ml Bier
½ TL Zucker

1 Das Moos in einen Eimer geben.

2 Bier und Zucker hinzufügen und alles zu einer glatten Masse pürieren.

3 Die Mischung mit einem Pinsel etwa 5 mm dick dort auf Kübel und Mauern auftragen, wo sie „bemoost“ sein sollen. Das Moos sollte nach 4–7 Tagen erscheinen.

Styroporflocken im Blumentopf lockern die Erde auf.

✱ Plastikregenmäntel für Gartenmöbel
Droht starker Regen, und Sie haben nicht genug Platz im Haus, um Ihre Gartenmöbel hineinzubringen? Dann decken Sie diese mit Plastikfolien aus der Reinigung ab.

✱ Essig und Natron gegen Rost
Haben Metalltisch und -stühle auf Ihrer betonierten Terrasse Rostflecken hinterlassen? Gießen Sie puren Haushaltsessig auf die Flecken und streuen Sie etwas Natron darauf (an einer unauffälligen Stelle ausprobieren!). Etwa 10 Minuten einwirken lassen, mit einem saugfähigen Tuch aufwischen. Ältere Rostflecken mehrfach behandeln.

✱ Körbe zu Ampeln
Suchen Sie nach einer Verwendung für den Weidenkorb, der schon seit Jahren herumliegt? Graben Sie 4 oder 5 Pflanzen aus Ihrem Blumenbeet aus und pflanzen Sie sie in den Korb – schon haben Sie eine Blumenampel für die Terrasse. Zunächst sollten Sie aber den Korb mit Klarlack wetterfest machen und mit einem Müllsack auskleiden, den Sie vorher mit Dränagelöchern versehen haben. Schließlich den Korb an einen Haken hängen – fertig.

✱ Keine Luft für Mücken
Damit Mücken und andere Insekten nicht im Vogelbad oder der Regentonne brüten, geben Sie einige Tropfen Pflanzenöl zum Wasser. Das Öl bildet einen Film, der verhindert, dass die Larven durch die Wasseroberfläche Luft bekommen. Erneuern Sie das Öl im Sommer wöchentlich.

✱ Kräuter gegen Mücken
Geben Sie einige Poleiminze- oder Berufkrautblätter in heißes Wasser, lassen Sie sie 4–6 Minuten ziehen und seihen Sie die Mischung in eine Sprühflasche ab. Oder lassen Sie 8–10 geschälte Knoblauchzehen etwa 1 Stunde in 500 ml Pflanzenöl köcheln. Seihen Sie die abgekühlte Flüssigkeit in eine Sprühflasche ab. Besprühen Sie Ihre Pflanzen, um Mücken abzuhalten.

Mit Wodkaresten wird die Windschutzscheibe sauber.

12 Reparatur und Pflege für Auto und Rad

Früher standen die Männer jeden Samstag in der Einfahrt und kümmerten sich liebevoll um ihr Auto. Aufgrund neuer Gesetze und für eine saubere Umwelt ist zwar die Autowäsche nicht mehr überall erlaubt, doch die Autopflege muss trotzdem nicht zu kurz kommen.
Sparen Sie sich teure Pflegemittel, es gibt einfache Alternativen: Nutzen Sie Erdnussbutter für die Autoreinigung oder säubern Sie mit einem Schuss Wodka die Windschutzscheibe! Erfahren Sie, wie Sie Ihre Reifen in Form halten und welche Babypflegemittel Ihre Scheiben streifenfrei sauber machen. Ein Softdrink kann äußerst praktisch Flecken entfernen. Mit diesen Tipps läuft alles wie geschmiert.

Strahlender Glanz für die Karosserie

✱ Natron als Autoreiniger

Mischen Sie Ihr eigenes Konzentrat als Basis für die nächsten Autowäschen. Geben Sie 45 g Natron in eine 4-l-Flasche und fügen Sie 60 ml Spülmittel dazu. Füllen Sie die Flasche dann mit Wasser auf. Schrauben Sie die Flasche zu, schütteln Sie die Lösung kräftig und lagern Sie sie bis zur nächsten Wäsche. Vor Gebrauch nochmals kräftig schütteln. 240 ml des Konzentrats mit 8 l warmem Wasser in einem Eimer mischen – fertig ist die Waschlotion fürs Auto.

Beachten Sie, dass die Autowäsche auf der Straße und in freier Natur verboten ist, da Ölrückstände in den Boden gelangen könnten. Nutzen Sie für die eigene Autowäsche Selbstwaschanlagen mit Ölabscheider.

✱ Glanz durch Haarspülung

Waschen Sie Ihr Auto mit einer Haarspülung, die Lanolin (Wollwachs) enthält. Sie werden erstaunt sein, wie frisch gewachst Ihr Wagen aussieht und wie gut der Regen abperlt.

✱ Autowachs für Felgen

Haben Sie nur noch einen kleinen Rest Autowachs übrig, der bestimmt nicht mehr für den ganzen Wagen ausreicht? Nehmen Sie das Wachs und reinigen Sie damit Ihre Felgen. Das verleiht Glanz und verhindert, dass sich Schmutz hartnäckig festsetzen kann.

✱ Guter Durchblick

Mischen Sie 60 ml Salmiakgeist mit 1 l Wasser, füllen Sie die Mischung in eine Plastikflasche mit dichtem Verschluss und verstauen Sie sie als Scheibenreiniger im Wagen. Wenn die Scheiben schmutzig werden, waschen Sie sie mit einem Schwamm und der Lösung und reiben Sie die Scheiben mit einem weichen Tuch oder Küchenpapier trocken.

✱ Saubere Scheibenwischer

Wenn die Scheibenwischer verschmutzt sind, ziehen sie Streifen, statt die Scheiben zu wischen. Lösen Sie 60 ml Salmiakgeist in 1 l kaltem Wasser, heben Sie die Scheibenwischer vorsichtig an und wischen Sie sie von beiden Seiten mit einem in der Lösung getränkten Tuch ab. Anschließend trocknen Sie sie mit einem sauberen Tuch und klappen sie vorsichtig wieder in ihre ursprüngliche Position zurück.

✱ Erfrischende Scheibenreinigung

Nach längerem trockenem Wetter kann die schmutzige Windschutzscheibe sich bei leichtem Regen zu einem klebrigen Katastrophengebiet entwickeln. Werden Sie hartnäckige Flecken und Streifen los, indem Sie mit einem mit Cola getränkten Tuch über die Scheibe wischen. Die Kohlensäure der Cola wird den hartnäckigen Schmutz lösen. Waschen Sie jedoch die Scheibe hinterher gründlich mit Wasser nach, damit die Cola-Reste nicht noch mehr Staub und Schmutz anziehen.

✱ Glänzende Scheinwerfer

Sicherheit durch gute Sicht ist ganz einfach zu erreichen. Sprühen Sie Glasreiniger auf die Scheinwerfer und reiben Sie sie mit einer alten Strumpfhose kräftig ab.

* Blitzreinigung

Sind Sie bereits länger im Auto unterwegs und haben langsam keinen Durchblick mehr, da die Windschutzscheibe viel Schmutz abbekommen hat? Bis zur nächsten Tankstelle ist es noch ein ganzes Stück. Fahren Sie doch einfach bis zum nächsten Parkplatz und reiben Sie die Scheibe mit Babyfeuchttüchern aus Ihrem Handschuhfach sauber. Das verschafft kurzfristig freie Sicht auf die Straße.

* Wodka bei der Arbeit

Wenn Sie Ihre Scheibenwaschanlage auffüllen müssen, sehen Sie doch mal in der Hausbar nach. Vielleicht steht dort noch die Flasche Wodka, die Sie zu Ihrem Geburtstag geschenkt bekommen haben, obwohl Sie Wodka gar nicht mögen? Mischen Sie in einer dicht verschließbaren 4-l-Flasche 750 ml Wodka, 1 l Wasser und 2 Teelöffel Spülmittel. Schrauben Sie die Flasche zu und schütteln Sie sie kräftig. Füllen Sie den Behälter der Scheibenwaschanlage damit auf.

Selbst gemacht!

NACHFÜLLVORRAT FÜR DIE SCHEIBENWASCHANLAGE

Unter der Motorhaube verbirgt sich auch die Scheibenwaschanlage, deren Vorratsbehälter gelegentlich aufgefüllt werden muss. Warum aber teure Mittel kaufen, wenn man sie selber machen kann? Mit diesem Rezept wird die Scheibe genauso sauber, und Sie sparen ein paar Cent.

Windschutzscheibenwunder

Der Alkohol in der Mischung sorgt dafür, dass die auf die Scheibe gesprühte Flüssigkeit schneller trocknet – und verhindert im Winter das Einfrieren des Wischwassers.

1 EL Spülmittel
720 ml Ethanol (Spiritus)
2,5 l Wasser

1. Das Spülmittel in eine saubere, dicht verschließbare 4-l-Flasche geben.
2. Zunächst den Spiritus und dann das Wasser zugeben. Die Flasche fest verschließen und gründlich schütteln.
3. Den Wasserbehälter der Scheibenwaschanlage mit der Flüssigkeit auffüllen. Den Rest für später aufheben oder die Fenster im Haus damit putzen.

Glänzendes Chrom

✱ Chrom vom Wachs befreien

Beim Polieren des Lacks des geliebten Autos kann es schon mal vorkommen, dass Wachs auf Chromteile wie Stoßstange oder Kühlerrost gerät, die sich schwer entfernen lassen. WD-40® kann helfen. Sprühen Sie ein wenig des Multifunktionsöls auf das getrocknete Wachs. Danach einfach mit einem sauberen Tuch abreiben.

✱ Wachs mit Salmiakgeist lösen

Wachs kann den Glanz und damit den strahlenden Effekt von Chromteilen völlig ruinieren. Befeuchten Sie ein sauberes Tuch mit Salmiakgeist und reiben Sie das Wachs ab. Ihre Chromteile werden wieder im schönsten Glanz erstrahlen.

✱ Öl für Chrom

Wenn Ihnen der Glanz Ihrer Chromteile noch nicht gefällt, sprühen Sie etwas Babyöl auf ein Blatt Küchenpapier und polieren Sie das Metall damit. Jetzt sollte es glänzen wie Sterlingsilber.

✱ Feinster Chromglanz

Wenn die Chromteile am Auto strahlen sollen, diese mit einem sauberen Tuch und ein wenig Nagellackentferner vorsichtig abreiben. Damit lassen sich auch gut Teerflecken entfernen. Achten Sie darauf, dass der Nagellackentferner nicht auf den Lack kommt. Das darin enthaltene Lösungsmittel kann den Lack angreifen und beschädigen.

Gute Idee!

DAMIT DAS CHROM IN DER SONNE BLITZT …

… feuchten Sie ein weiches Tuch mit Essigessenz an und reiben Sie die Chromteile damit ab. Testen Sie jedoch diese und die zwei folgenden Methoden vorher an einer unauffälligen Stelle, um böse Überraschungen möglichst zu verhindern.

- Feuchten Sie ein Stück Polierwolle (Grad 0000) oder ein weiches Tuch an und geben Sie etwas Zahnpasta (kein Gel) darauf. Reiben Sie damit die Chromteile in kreisenden Bewegungen abschnittsweise ab. Anschließend gründlich mit klarem Wasser abwaschen und mit einem sauberen, weichen Tuch trocken reiben.
- Reiben Sie die Chromteile mit einem in Apfelessig getränkten weichen Tuch gründlich ab. Dann mit einem frischen Tuch abtrocknen und mit Babyöl polieren.

✱ Gummiteile mit Erdnussbutter reinigen

Gelangt beim Polieren ein wenig weißes Wachs auf schwarze Gummiisolierungen, reiben Sie sie mit Erdnussbutter ein, dann werden sie wieder wunderbar schwarz.

Wenn es klebrig haftet …

✱ Klebrige Insekten

Wenn man im Sommer immer mit klebrigen Insektenresten auf Windschutzscheibe und Kühlerhaube zu kämpfen hat, kann man nach der nächsten Autowäsche vorsorgen. Reiben Sie die Front des Wagens mit Pflanzen- oder Babyöl ein. So bleiben weniger Insekten haften, und der Rest lässt sich einfacher abwaschen.

✱ Gemüsenetz zum Schrubben

Wenn Sie einen hartnäckigen Insektenrest von Ihrer Windschutzscheibe entfernen wollen, geben Sie ein wenig Spülmittel auf den Fleck und reiben Sie ihn mit einem Gemüsenetz ab (in dem z. B. Zwiebeln angeboten werden). Das Netz ist rau genug, um den klebrigen Fleck zu entfernen, aber nicht so rau, dass es die Scheibe zerkratzt. Reiben Sie die Stelle hinterher mit einem sauberen Tuch sorgfältig ab.

✱ Nussige Waschhilfe

Gegen schwer entfernbare Insektenreste auf der Windschutzscheibe oder Stoßstange hilft auch Erdnussbutter. Die Stellen damit einreiben und das Fett eine Zeit lang einziehen lassen. Dann mit einem sauberen Tuch und ein wenig Seifenwasser abwaschen.

✱ So bleibt die Antenne sauber

Ist die Antenne verschmutzt und lässt sich nicht mehr einfahren: Reiben Sie die voll ausgefahrene Antenne gründlich mit Wachspapier ab. Nach dieser Behandlung sollte sie wieder so mühelos ein- und ausfahrbar sein wie der Zug einer Posaune.

Gute Idee!

DAS WUNDERMITTEL GEGEN AUFKLEBERRESTE

Anfangs sieht ein Aufkleber gut aus und mag auch lustig sein, aber mit der Zeit franst er aus, wird matt – und lässt sich nur schwer entfernen. Glücklicherweise haben wir mehrere gute Lösungsmittel für dieses Problem im Küchenschrank. Reiben Sie den Aufkleber mit einem der folgenden Mittel ein und lassen Sie es 3–4 Minuten einwirken. Dann kratzen Sie ihn vorsichtig mit dem Rand eines alten Teigschabers oder Eiskratzers aus Plastik ab.

- Aufkleber mit Nagellackentferner einreiben
- Eine Schicht Fettcreme auftragen
- Aufkleber mit Zitrusreiniger tränken
- Mit Mayonnaise einreiben

✱ Harzige Weihnachtserinnerung

Harz, das der Weihnachtsbaum beim Transport auf dem Autodach hinterlassen hat, ist hartnäckig. Seife und Wasser sind meist wirkungslos. Träufeln Sie ein paar Tropfen Reinigungsalkohol auf den Fleck und reiben Sie ihn mit der Fingerspitze ein. Dann mit einem mit dem Alkohol befeuchteten, sauberen Tuch nachreiben und trocknen lassen.

Mit Eiswürfeln lässt sich Harz abfrieren.

✱ Mit Eiswürfeln Harz „abfrieren"

Eine andere Methode, um klebriges Harz loszuwerden, ist Einfrieren. 1 Minute die klebrige Stelle mit einem Eiswürfel anfrieren. Sobald das Harz fest wird, können Sie es einfach von der Oberfläche ablösen.

✱ Aufkleber mit Öl entfernen

Um Aufkleber von der Windschutzscheibe zu lösen, kann man sie auch mit Pflanzenöl oder WD-40® einsprühen. Eine Weile einwirken lassen, dann mit einem Plastikschaber abkratzen. Sollten immer noch Reste kleben bleiben, kurz mit dem Föhn erhitzen und erneut abkratzen.

✱ Lästige Teerflecken

Teer, der am Auto klebt, ist schwer zu entfernen. Aber mit diesen Methoden können Sie den Kampf gegen das klebrige schwarze Zeug schnell gewinnen. Waschen und trocknen Sie bei allen Methoden die Stellen hinterher.

- Fleck mit Fleckenentferner für Kleidung einsprühen und 10–15 Minuten einwirken lassen. Anschließend gründlich mit einem sauberen Tuch abreiben.
- Tuch in Leinöl tauchen und Teerfleck damit betupfen. Nach 10 Minuten Einweichzeit sollte der Teer weich werden und kann mit einem weiteren sauberen, in Leinöl getränkten Tuch abgewischt werden.
- Teer mit etwas Butter, Erdnussbutter oder Margarine einreiben, 10 Minuten einwirken lassen und den Fleck mit einem weichen Tuch abreiben. Mögliche Fettflecken sind nach der nächsten Autowäsche schnell verschwunden – anders als hartnäckiger Teer.
- Fleck mit WD-40® einsprühen und 5 Minuten einwirken lassen. Dann den Teer mit einem weichen Tuch abreiben.
- Sauberes Tuch mit einer Tasse Cola (nicht abgestanden) tränken und damit den Teer vom Auto reiben.

Dellen und Kratzer entfernen

✱ Neuer Glanz für alten Lack

Wenn Ihr Wagen alt und der Lack stumpf ist, können Sie den Lack mit einem feinen Scheuer- bzw. Schleifpulver (z. B. einem feinen Badreiniger) aufpolieren. Besprühen Sie das Pulver mit etwas Waser und reiben Sie es leicht in den Auto-Waschhandschuh oder in ein sauberes Tuch (testen Sie das Scheuermittel zunächst an einer unauffälligen Stelle). Anschließend den Wagen gründlich abwaschen und wachsen.

✱ Weißmacher für Kratzer

Wenn Sie ein weißes Auto haben, können Sie Kratzer vorübergehend mit Tipp-Ex® abdecken. Hat Ihr Wagen eine andere Farbe, können Sie zur vorübergehenden Schnellreparatur z. B. Nagellack in der entsprechenden Farbe nutzen.

✱ Kratzer ausbürsten

Ein Mittel aus der Zahnhygiene lässt so manchen kleinen Kratzer auf Nimmerwiedersehen verschwinden. Geben Sie ein wenig Zahncreme (kein Gel) auf eine alte Zahnbürste und arbeiten Sie sie in den Kratzer ein. Polieren Sie die Stelle mit einem weichen Tuch nach.

✱ Auf die sanfte Art

Anstatt einer teuren, aufwendigen Reparatur in Ihrer Werkstatt, versuchen Sie es mal mit einer „sanften“ Reparatur. Es gibt viele Ausbeultechniker, sogenannte „Beulendoktoren“ oder „Dellenspezialisten“, die Dellen mit Kunststoffstiften „herausmassieren“ und Kratzer ohne Lackieren entfernen können. Das spart Geld und oft zusätzliche Warte- und Reparaturzeit.

✱ Dellen mit Unterdruck beseitigen

Wenn Ihre Karosserie eine Delle hat, die Oberfläche aber sonst unbeschädigt ist, können Sie versuchen, die Delle mit Unterdruck herauszuziehen. Nehmen Sie einen Abflusspümpel (oder etwas Ähnliches mit großem Saugnapf) und platzieren Sie ihn über der Delle. Drücken Sie die Luft heraus, sodass der Saugnapf sich am Metall festsaugt. Ziehen Sie vorsichtig, aber kräftig. Mit etwas Glück hören Sie ein „Plopp“, und der Unterdruck hat die Delle gelöst.

So kann der Winter ruhig kommen

✱ Radkappen-Schaufel für Notfälle

Wenn Sie in Schnee, Eis oder Matsch festsitzen und keine Schaufel zur Hand haben, nehmen Sie eine Radkappe ab und schaufeln Sie den Wagen damit frei.

✱ Damit es im Winter nicht klemmt

Reiben Sie die Gummidichtungen an Türen und Kofferraum mit etwas WD-40®, Pflanzenöl oder anderen ölhaltigen Pflegemitteln ein, damit sie im Winter nicht zufrieren. Das Öl verhindert, dass sich Wasser an den Dichtungen festsetzt, das später gefrieren könnte. Zur Sicherheit den Türenteiser immer in der Tasche tragen, nicht im Auto lassen!

✱ Wasserschutz für Türschlösser

Kleben Sie einen Streifen Klebeband über Ihr Türschloss, wenn Sie im Winter durch die Waschstraße fahren. So gelangt kein Wasser ins Schloss, das später gefrieren könnte. Denken Sie nach dem Verlassen der Waschstraße daran, das Klebeband wieder zu entfernen.

✱ Enteisung mit Strohhalm

Wenn das Türschloss Ihres Wagens vereist ist, geben Sie nicht einfach auf. Versuchen Sie zunächst, Ihren warmen Atem mit einem Strohhalm direkt in das Schloss zu pusten. Oder formen Sie mit den Händen eine Kuppel über dem Schloss und pusten Sie durch einen schmalen Spalt auf das Schloss.

✱ Immer ein heißes Eisen im Feuer

Gegen vereiste Türschlösser kann man vorbeugen, indem man im Winter regelmäßig etwas Pflanzenöl ins Schloss gibt. Doch vor allem bei älteren Wagenmodellen passiert es häufiger, dass das Schloss vereist. Hat Ihr Autoschlüssel keine empfindliche Zentralverriegelung oder Funkteile eingebaut, halten Sie ihn mit einem Handschuh und erhitzen ihn mit einem Feuerzeug. Stecken Sie den Schlüssel dann ins Schloss. Nach einigen Sekunden sollte das heiße Metall das Eis geschmolzen haben. Sind Sie in der Nähe eines Stromanschlusses, können Sie versuchen, das Türschloss mit einem Haartrockner zu enteisen.

Tipp STARTHILFE MIT HAARTROCKNER

Wenn Ihr Wagen an einem kalten Wintermorgen mal nicht anspringen will, nehmen Sie ein Verlängerungskabel, schließen Sie den **Haartrockner** daran an und richten Sie den warmen Luftstrahl eine Zeit lang auf den Vergaser. Das funktioniert gut bei älteren Autos, bei heutigen Modellen gibt es oft keine Möglichkeit, an den Vergaser heranzukommen.

Gute Idee!

EIS UND MATSCH IM GRIFF

Lieben Sie es, wenn der Schnee Ihre Umgebung in eine wunderbare Winterlandschaft verwandelt? Aber wahrscheinlich mögen Sie den ganzen Matsch, der von den Autoreifen hochgeschleudert wird, nicht unbedingt.

Der Salzmatsch ist nicht nur unschön, sondern kann auch Blechteile, Lack und die Technik angreifen und Schäden verursachen. Deshalb ist auch im Winter regelmäßige Autowäsche in der Waschstraße zu empfehlen. Auch Eis an den Radläufen und am Kotflügel kann sich in die Radaufhängung oder ins Blech fressen und diese beschädigen. Deshalb Eis regelmäßig entfernen.

Schnee sollte auch vom Auto gefegt werden, jedoch nicht vollständig. Lassen Sie eine dünne Schneeschicht auf dem Lack. Denn Schmutzpartikel im Schnee können beim Abfegen Kratzer hinterlassen. Der Restschnee taut dann während der Fahrt ab.

✱ Weihnachtsbaum sicher transportiert

Wenn der Weihnachtsbaum abgeholt werden soll, müssen Sie ihn transportieren können, ohne dass der Wagen zerkratzt wird. Legen Sie dazu eine alte Decke über den Dachgepäckträger, die den Lack vor Kratzern und Harz schützt. Dann binden Sie den Baum mit Gurten sicher fest. Sollten Sie ein paar Zweige oder ein kleines Bäumchen für den Vorgarten auch noch unterbringen wollen, binden Sie diese einfach mit einer verdrillten alten Strumpfhose fest. Strumpfhosen sind reißfest genug, aber auch weich, dass sie nichts zerkratzen – somit als zusätzliche Befestigung ideal.

✱ Eisfreie Wischerblätter

Damit die Scheibenwischer im Winter nicht festfrieren und funktionsuntüchtig werden, tränken Sie einen weichen Lappen mit Reinigungsalkohol und reiben Sie die Wischerblätter damit ab.

✱ Zwiebelkur für die Windschutzscheibe

Um das lästige Abkratzen der Scheiben zu vermeiden, halbieren Sie eine Zwiebel und reiben Sie die Scheiben Ihres Wagens mit den Schnittflächen ein. So bildet sich kein Eis auf dem Glas.

✱ Duschmatte als Frostschutz

Eine weitere Maßnahme, damit die Windschutzscheibe nicht zufriert: Mit einer billigen Badewannen- oder Duschmatte abdecken und mit den Scheibenwischern beschweren. So frieren auch diese nicht an. Bei windigem Wetter an den Ecken der Matte weiche Schnüre befestigen und die freien Enden in die Autotür klemmen.

✱ Joghurt-Eiskratzer

Verwenden Sie einen leeren Joghurtbecher als Eiskratzer. Kratzen Sie mit dem Becherrand. Schnee und Eis landen dann von selbst im Becher und können einfach ausgekippt werden.

✱ Ab in die Tüte

Hüllen Sie Ihre Außenspiegel in kalten Nächten in Plastiktüten, die Sie mit Wäscheklammern befestigen. Wenn Sie die Tüten am nächsten Morgen entfernen, sollten die Spiegel eisfrei sein.

✱ Bloß keinen Dampf ablassen

Wenn Ihre Windschutzscheibe im Winter immer wieder beschlägt, kann das gefährlich werden. So bekommen Sie beschlagene Scheiben klar:

- Wischen Sie die Windschutzscheibe von innen mit einem Wischtuch aus Vlies ab.
- Geben Sie etwas Haarshampoo auf ein weiches Tuch und reiben Sie die Scheibe damit innen ab.

Blick unter die Motorhaube

✱ Ein sportlicher Stromschutz

Wenn Sie an Ihrem Auto basteln und die Batteriekabel lösen müssen, darf das Minuskabel nicht mit der Karosserie oder Einbauten in Kontakt kommen. Das kann einen Kurzschluss auslösen. Das Kabel lässt sich aber einfach schützen, wenn Sie einen aufgeschlitzten Tennisball über sein Ende stülpen.

✱ Korrosion verhindern

Oftmals sind die Pole der Batterie so korrodiert, dass es schwer ist, das Starthilfekabel anzuschließen. Das lässt sich aber einfach verhindern. Reiben Sie die Pole hin und wieder mit einer speziellen Kupferpaste oder Polfett ein, das beugt der Korrosion vor. Alternativ können Sie auch Vaseline nehmen. Achten Sie jedoch darauf, nur säurefreie Mittel zu verwenden.

✱ Natron als Korrosionskiller

Wenn die Pole Ihrer Batterie nicht sauber sind, werden sie korrodieren. Um die Pole zu reinigen, bauen Sie die Batterie aus oder gehen Sie zumindest sicher, dass sie nicht mehr angeschlossen ist. Rühren Sie 1 Esslöffel Natron in 240 ml Wasser, träufeln die Lösung über die Pole und lassen sie 4–5 Minuten einziehen. Säubern Sie die Pole hinterher mit Wasser. Gründlich abtrocknen und einfetten.

✱ Cola für die Mutter

Wenn Sie etwas abschrauben müssen, um beispielsweise an den Blinker zu kommen, und die Schrauben und Muttern bewegen sich nicht, geben Sie ein wenig Cola darüber oder lösen Sie sie mit einem Spritzer WD-40®. Lassen Sie das Mittel je 2–3 Minuten einwirken, dann sollten sich die Schraubverbindungen lösen lassen. Der Trick funktioniert auch bei vielen anderen festsitzenden Schrauben. Einzelstücke können Sie zudem in ein Cola-Bad legen.

✱ Leckortung mit Puder

Wenn Ihr Motor Öl verliert, aber Sie das Leck nicht finden können, reinigen Sie den Motor zunächst. Sprühen Sie ihn dann mit einem Silikonspray oder WD-40® ein und bestäuben Sie Seiten und Boden mit etwas Fuß- oder Körperpuder. Das Leck wird sich bald zeigen.

✱ Gut gekaut, ist halb gedichtet

Wenn der Schlauch Ihrer Heizung während der Fahrt plötzlich leckt, können Sie ihn mit Kaugummi abdichten. Kauen Sie einen Kaugummi weich, kleben Sie ihn über das Loch und befestigen Sie ihn mit Klebeband. So kommen Sie gut geheizt bis zur nächsten Werkstatt. Lassen Sie den Defekt aber möglichst schnell beheben.

✱ Erste Hilfe für den Keilriemen

Wenn Ihr Keilriemen trocken wird und quietscht, fetten Sie ihn mit ein wenig Vaseline ein. Betupfen Sie dafür bei abgestelltem Motor die Innenseite des Riemens mit Vaseline. Dann starten Sie den Motor und lassen Sie ihn ein paar Minuten im Leerlauf laufen. Die Vaseline verhindert, dass der Riemen rissig wird oder rutscht, was dann Quietschen zur Folge hat.

✱ Praktische Werkzeugverlängerung

Die Griffe mancher Ratschen- oder Schraubenschlüssel sind so kurz, dass sie sich nur schwer bewegen lassen. Schieben Sie ein kurzes Metallrohr über den Ratschengriff. So erhalten Sie eine größere Hebelwirkung, und das Werkzeug lässt sich besser bedienen.

✱ Günstige Reparatur gesucht?

Gerade bei den heutigen Neuwagen ist es oft schwer, Reparaturen selbst durchzuführen. Denn die Elektronik und der Motor sind komplizierter als bei älteren Wagen und teilweise gar nicht mehr zugänglich.

Eine günstige Werkstatt zu finden ist oft genauso schwer. Ein Preisvergleich lohnt sich auf jeden Fall. Lassen Sie sich bei größeren Reparaturen mehrere Angebote machen. Wenn Sie in der Stadt wohnen, ziehen Sie auch Betriebe außerhalb in Betracht. Eine längere Anfahrt kostet zwar Zeit, spart aber viel Geld, da die freien Werkstätten auf dem Land niedrigere Fixkosten wie Miete usw. haben und so günstigere Preise anbieten können. Zudem kann die Reparatur auch schneller gehen, da die Betriebe oft nicht so überlaufen sind. Fragen Sie Freunde und Bekannte oder recherchieren Sie selbst im Internet.

Gute Idee!

GEGEN SCHMIERIGE HÄNDE

In jedem Haushalt gibt es verschiedenste einfache Mittel, mit denen man verschmierte, ölige Hände sauber bekommt.

- Hände vor dem Waschen mit Salz abreiben. Das hilft gegen unangenehme Gerüche, wie den von Benzin.
- Etwas Olivenöl oder Pflanzenöl (etwa 1 Esslöffel reicht aus) in die Handflächen geben und reiben. Das löst Schmiermittel ab. Dann Hände mit Küchenpapier abreiben und anschließend gründlich waschen.
- Etwas Fleckenentferner in die Handfläche geben und reiben, bis Schaum entsteht. Hände abwaschen, mit Küchenpapier abreiben und mit Seife gründlich waschen.
- Eine Mischung aus 210 g Margarine, 40 g Stärkemehl und 40 g Seifenpulver herstellen. Hände mit einem Teil der Mischung einreiben und hinterher unter fließendem Wasser gründlich abwaschen.
- Hände anfeuchten und leicht mit Natron bestäuben. Dann wie gewohnt mit Wasser und Seife waschen.
- Hände mit etwas Zucker und flüssiger Handseife einreiben und dann gründlich abwaschen.
- Um fettigen Schmutz unter den Fingernägeln zu lösen, Natron auf eine feuchte Nagelbürste streuen und die Nägel von allen Seiten schrubben. Wenn das nicht hilft, Hände ca. 10 Minuten in Zitronensaft einweichen und noch einmal mit Natron und Bürste schrubben.

Rad- und Reifenpflege

Räder halten alles am Laufen –
damit halten Sie die Ihres Wagens gut in Schuss.

Weiß dank Backofenspray

Zum Auffrischen von Weißwandreifen sprühen Sie sie mit Backofenspray ein und spritzen sie dann gründlich ab. So werden sie wieder weiß.

Glanz dank Backofenspray

Entfernen Sie Bremsstaub, Schmutz und Schmierflecken auf Radkappen aus Aluminium mit Backofenspray. Sprühen Sie den Reiniger auf, lassen Sie ihn 1 Minute einwirken und waschen Sie ihn dann mit dem Gartenschlauch ab. Verwenden Sie das Spray auf keinen Fall auf lackierten Kappen, da es den Lack angreifen kann.

Radmuttern prüfen

Es gibt eine einfache Methode, um zu prüfen, ob alle Radmuttern noch fest sitzen: Versehen Sie jede Mutter mit einem Farblacktupfer und setzen Sie einen zweiten Tupfer direkt daneben auf die Felge. Überprüfen Sie die Tupfer von Zeit zu Zeit, wenn sie nicht mehr nebeneinanderliegen, hat sich die Mutter gelöst. Ziehen Sie dann alle Muttern wieder fest an.

1-Euro-Reifencheck

Überprüfen Sie die Profiltiefe Ihrer Reifen mit einer 1-Euro-Münze, die Sie ins Profil stecken. Wenn der goldene Rand nicht zu sehen ist, ist das Profil in Ordnung. Ansonsten sollten Sie die Reifen vom Fachmann überprüfen lassen.

Brause für Radkappen

Wenn Sie eine störrische Radkappe haben, öffnen Sie eine Flasche Cola, halten Sie den Daumen auf die Öffnung und schütteln Sie die Flasche. Dann sprühen Sie Cola rundum auf die Kappe. 2–3 Minuten einwirken lassen, dann sollte sich die Kappe leicht ablösen.

Sauberer Innenraum

✱ Zwei Pulver gegen Gerüche

Wirken Sie schlechten Gerüchen entgegen, indem Sie den Innenraum Ihres Autos, also Polster und Teppiche (nicht die Bedienelemente), mit Natron einstäuben und das Pulver mit einer weichen Bürste einarbeiten. Verschließen Sie den Wagen für 1 Stunde und saugen Sie den Innenraum dann gründlich aus. Damit sich der frische Geruch hält, stellen Sie eine kleine, offene Dose mit frisch gemahlenem Kaffee an eine Stelle, wo sie nicht umgestoßen werden kann. Der Kaffee nimmt alle unangenehmen Gerüche auf, die ins Fahrzeuginnere kommen.

✱ Für Raucher und Nichtraucher

Nutzen Sie die Aschenbecher in Ihrem Auto, indem Sie jeden etwa 2 cm hoch mit Natron füllen. Wenn Sie rauchen, verhindert das Natron, dass die Kippen nach dem Ausdrücken weiterglimmen und stinken. Wenn Sie nicht rauchen, absorbiert das Natron unangenehme Gerüche.

✱ Sanftes für die Armaturen

Wenn schmutzige Hände und übergeschwappte Getränke Ihre Armaturenablage klebrig gemacht haben, reinigen Sie sie mit Babytüchern und polieren Sie sie anschließend mit Babyöl.

✱ Essig gegen Mief

Um den Geruch des Inhalts reisekranker Kindermägen zu beseitigen, wischen Sie Ihre waschbaren Sitzbezüge mit einer Mischung aus Weißweinessig und Wasser zu gleichen Teilen ab. Dann stellen Sie eine Schale mit Essig unter die Sitze und lassen sie über Nacht im Auto stehen. Am nächsten Morgen das Essigschälchen entfernen und die Bezüge mit einem feuchten Tuch noch mal nachwischen.

Gute Idee!

POLSTERPFLEGE

Sie können mit Hausmitteln Ihre eigene Autopolsterpflege herstellen. Hier sind 2 Rezepte – für Kunststoffbezüge und für Leder.

Kunststoffauffrischer – Mischen Sie 60 ml Flüssigseife mit 45 g Natron und 500 ml warmem Wasser. Tauchen Sie ein sauberes Tuch in die Lösung, reinigen Sie damit die Sitze und Verkleidungen und wischen Sie mit klarem Wasser nach. Hartnäckige Flecken reiben Sie mit einer Paste aus Natron und Wasser ein, die Sie mindestens 1 Stunde einwirken lassen. Anschließend den gesamten Bereich mit dem Reiniger und klarem Wasser abwaschen.

Lederauffrischer – Mischen Sie 120 ml Reinigungsalkohol mit 120 ml Weißweinessig und 360 ml Wasser. Tauchen Sie ein weiches, sauberes Tuch in die Lösung. Reinigen Sie damit die Sitze und polieren Sie sie anschließend trocken. Damit das Leder nicht austrocknet oder gar reißt, reiben Sie es gelegentlich dünn mit etwas Babyöl ein.

✱ Klebehalterungen

Legen Sie sich eine Rolle Klebeband ins Handschuhfach. Sie könnten es dafür gebrauchen:

- Befestigen Sie die Fernsteuerung für das Garagentor an der Sonnenblende auf der Fahrerseite. So ist sie griffbereit, fällt Ihnen aber nicht während der Fahrt in den Schoß.
- Kleben Sie einen Stift ans Armaturenbrett. Auf diese Weise rollt er nicht im Auto herum, ist aber bei Bedarf zur Hand.

Schon gewusst?

DIE ERSTEN AUTOFAHRTEN

Bei der ersten Autofahrt über eine größere Strecke saß kein Mann am Steuer, sondern eine Frau: Bertha Benz, die Frau des Automobilpioniers Carl Benz. Im August 1888 fuhr sie ohne Wissen ihres Mannes mit ihren beiden Söhnen 106 km von Mannheim nach Pforzheim und wieder zurück. Damit wollte sie beweisen, dass Autofahren nicht so gefährlich war, wie der Großteil der Bevölkerung zu dieser Zeit angenommen hatte, und kurbelte so das Geschäft ihres Mannes an.

Damals gab es noch keine Tankstellen, Bertha Benz musste jedoch auf ihrer Langstreckenfahrt neuen Treibstoff besorgen. Kurzerhand ging sie in Wiesloch bei Heidelberg in die Stadt-Apotheke und kaufte dort das notwendige Ligroin. Denn nur Apotheken durften Benzin und ähnliche Treibstoffe verkaufen. So war die erste „Tankstelle" eine Apotheke.

Und die ersten Straßen? Eine Reihe von Straßenbau-Pionieren wie Thomas Telford Anfang des 19. Jh. und John McAdam in den 1820er-Jahren hatten die Straßenoberflächen bereits deutlich verbessert. Doch erst 1838 wurde mit dem Jungfernstieg die erste asphaltierte Straße in Deutschland eröffnet.

1868 wurde die erste mit Gas betriebene Ampel der Welt nahe dem Parliament Square in London installiert, die Rot für „Stopp" und Grün für „Vorsicht" zeigte. Das System mit drei Farben wurde erst 1926 eingeführt. Mit der zunehmenden Geschwindigkeit der Autos wurden auch Geschwindigkeitsbeschränkungen eingeführt, in Deutschland zunächst durch die einzelnen Länder. Ab 1934 wurden sie aufgehoben, 1939 wegen der vielen Unfälle aber wieder eingeführt.

- Befestigen Sie auf vollen Supermarktparkplätzen einen weißen Zettel oder einen hellen Stoffstreifen an der Antenne, sodass Sie Ihr Auto schon aus der Entfernung gut erkennen können.

* Wunderreiniger für Autoteppiche

So vorsichtig man auch ist, irgendwann hat man wahrscheinlich den einen oder anderen schmierigen Fleck auf dem Teppich. Das muss aber keine Katastrophe sein. Mischen Sie Salz und Natron zu gleichen Teilen und bestreuen Sie den Fleck mit der Mischung. Arbeiten Sie das Pulver mit einer weichen Bürste ein und lassen Sie es 4–5 Stunden einwirken. Saugen Sie es wieder ab, und der Fleck ist weg.

* Tennisball hält Türen offen

Sie fahren für ein Picknick mit der Familie raus ins Grüne und haben sich ein schönes Plätzchen an einem Hang ausgesucht. Damit beim Ein- und Ausladen nicht ständig die Autotür zufällt oder der Wind sie zubläst und Sie oder die Kinder die Hand dazwischenbekommen, klemmen Sie einen Tennisball zwischen Tür und Schloss. Sie können auch andere Gegenstände verwenden, z. B. ein mit einem Handtuch umwickeltes kleines Holzstück.

* Kühle Hände im Sommer

An einem heißen Sommertag kann es vorkommen, dass man in der prallen Sonne parken muss. Kleben Sie über die obere Hälfte des Lenkrads einen 30 cm langen Streifen aus einer Papiertüte. Wenn Sie weiterfahren wollen, sollte das Lenkrad kühl genug sein, und Sie verbrennen sich nicht die Hände.

Praktisch für unterwegs

✱ Alles an seinem Platz

Bedienungsanleitung, Fahrzeugbrief und die Wartungsunterlagen sollten möglichst an einem Fleck und damit schnell zur Hand sein. Wenn Ihre Unterlagen im Handschuhfach regelmäßig wild durcheinandergeraten, verstauen Sie sie einfach in einem verschließbaren Gefrierbeutel.

✱ Platz für die Groschen

Sammeln Sie Kleingeld in einer Film- oder Pillendose und verstauen Sie sie griffbereit im Handschuhfach Ihres Autos. Auf diese Weise haben Sie immer Münzen für Parkuhren und Getränkeautomaten zur Hand und müssen nicht erst auf die langwierige Suche nach einer Wechselmöglichkeit für große Geldscheine gehen.

✱ Müllbeutel für alle Fälle

Legen Sie ein paar große Mülleimerbeutel für alle Fälle in den Kofferraum. Sie wissen nie, wann Sie einen Spontankauf oder auch einen schmutzigen Gegenstand verpacken müssen, der sonst die Polster verunreinigen würde. So ein Beutel schützt auch Ihre Kleidung, wenn unterwegs etwas auf Fahrer- oder Beifahrersitz tropft. Ziehen Sie dann einfach einen Beutel über den Sitz. Die Beutel schützen auch die Polster und den Bodenbelag, wenn Kinder und Haustiere vom Spielen im Park ins Auto stürmen.

✱ Von der Akte zur Zange

Wenn Sie einen alten Aktenkoffer haben, gönnen Sie ihm ein zweites Leben, indem Sie alles notwendige Autowerkzeug darin sammeln und in den Kofferraum legen. Wenn Sie dann mal den Reifen wechseln oder den Motor reparieren müssen, haben Sie alles griffbereit und geordnet an einem Fleck.

Gute Idee!

ALTE TASCHE NEU GENUTZT

Wenn Sie zu den Frauen gehören, die sich nicht von alten Handtaschen trennen können, legen Sie sich eine von den größeren Modellen mit vielen Taschen und Unterteilungen als Notfalltasche in den Kofferraum. Verstauen Sie darin eine Flasche Motoröl, eine Dose WD-40®, einen Schraubenschlüssel, eine Flasche Wasser und weitere nützliche Dinge. Sie können die Abteilungen sogar beschriften, um das Benötigte schneller finden zu können.

✱ Mini-Schaufel für den Notfall

Wenn Sie im Winter durch schneereiche Gegenden fahren müssen, nehmen Sie eine Schaufel mit, um den Wagen notfalls freischaufeln zu können. Nehmen Sie aber keine sperrige Gartenschaufel, sondern besser eine kleine, stabile Kinderschaufel, die meist besser funktioniert, als man glaubt, und außerdem wenig Platz im Kofferraum einnimmt.

✱ Ordnung für Flaschen

Basteln Sie sich eine praktische Aufbewahrung für all die Flaschen, die Sie im Auto benötigen, wie z. B. Motoröl und Scheibenreiniger. Nehmen Sie einen Getränkekorb oder einen stabilen Weinflaschenkarton und verstärken Sie den Boden gegebenenfalls mit Klebeband. Auf diese Weise bleiben Flaschen und Dosen an einem Ort und rollen nicht frei im Kofferraum herum.

Ein Korb hinter dem Sitz schafft Ordnung!

✱ Sammelkorb

Sammeln sich immer mehr Dinge in Ihrem Auto an? Damit der Überblick bleibt, stellen Sie einen kleinen Plastikkorb hinter den Fahrersitz. Dieser kann all die Magazine, DVDs, Putzutensilien, Kataloge, Karten und anderen Kleinkram aufnehmen, der sich so anhäuft. So ist alles an einer Stelle, und der Korb kann einfach bei Bedarf aus dem Auto genommen werden. Wenn Sie mal jemanden mitnehmen wollen, müssen Sie nicht mehr hektisch Platz schaffen. Zudem erspart es Ihnen die Ausrede, dass Sie „das eigentlich schon längst mal aufräumen wollten".

✱ Ausnahmsweise: mehr Gewicht!

Wenn Sie einen Geländewagen oder ein Auto ohne Allradantrieb haben, können Sie etwas Schweres in den Kofferraum legen, um auf vereisten Straßen nicht so stark ins Schleudern zu kommen. Wenn Sie nicht gerade viel Gepäck oder schweres Werkzeug im Auto transportieren, können Sie stabile Strumpfhosen mit Ziegelsteinen füllen und über der Hinterachse in den Kofferraum legen. Die Strumpfhose verhindert, dass die Ziegel lautstark hin und her rutschen und den Kofferraum verschmutzen.

✱ Fahrradtransport

Wer Fahrräder mit in den Urlaub nehmen möchte, kann einen Dach- oder Heckklappenträger verwenden. Ist auf dem Dach bereits eine Vorrichtung vorhanden, ist ein Dachträger gut zu montieren. Auf einem Heckträger sind die Räder einfacher zu befestigen und halten oft besser, er ist aber nicht für jedes Auto geeignet.

Tipps für größere Fahrzeuge

✱ Teppich für die Ladung

Legen Sie die Ladefläche Ihres Geländewagens mit einem alten Teppichbodenrest aus, um zu verhindern, dass die Ladung lautstark hin und her rutscht und beschädigt wird. Der Teppich macht die Fahrt schonender für die Ladung und Ihre Ohren.

✱ Trennstangen

Wenn Sie umziehen und einen Transporter gemietet haben, kann es praktisch sein, den Laderaum flexibel zu unterteilen. Hierfür eignen sich Teleskop-Duschvorhangstangen, die Sie an strategischen Punkten zwischen die Ladebordwände klemmen. Diese halten die Ladung an Ort und Stelle und sorgen dafür, dass sie während des Transports nicht beschädigt wird.

✱ Stauraum im Familienauto

Manchmal kann man nur staunen, wie viel Krimskrams sich in einem größeren Auto ansammelt, das regelmäßig eine große Familie transportiert. Sorgen Sie mit einem Wäschekorb für Ordnung, den Sie an einer zentralen Stelle festklemmen. Bringen Sie Ihren jungen Passagieren bei, ihre Spielsachen und Bücher dort zu sammeln, wenn sie sie gerade nicht brauchen.

✱ Stahlwolle gegen Mäuse im Wohnwagen

Die Öffnungen für Kabel- und Schlauchanschlüsse in der Karosserie von Wohnmobilen und -wagen sind eine offene Einladung für Mäuse und anderes Kleingetier. Um nicht ganz so gastfreundlich zu wirken, umwickeln Sie die Kabel und Schläuche vor dem Anschließen mit Stahlwolle und achten darauf, dass die Wolle die Öffnungen rundum dicht verschließt. Das sollte ungebetene Gäste draußen halten.

✱ Reisewäsche für Wohnmobile

Wenn Sie viel mit Wohnmobil oder -wagen unterwegs sind, ist zwischendrin mal eine Wäsche notwendig. Doch um sich den Platz für Autoshampoo usw. zu sparen, mischen Sie sich Ihre eigene Waschlösung. Geben Sie 80 ml Weichspüler in eine 5-l-Flasche und füllen Sie sie mit Wasser auf. Verschließen Sie die Flasche und schütteln Sie sie gründlich. Wenn Sie Ihr Fahrzeug waschen wollen, füllen Sie den Reiniger in eine Sprühflasche und sprühen Sie das Fahrzeug in 1-m-Abständen ein. Lassen Sie das Mittel rund 10 Sekunden einwirken und wischen Sie es dann mit Küchenpapier oder einem Fensterleder trocken. Diese Mischung hilft auch bei Wasserknappheit, da sie wesentlich weniger Wasser verbraucht als eine normale Autowäsche. Damit waschen dürfen Sie Ihren Wagen jedoch der Umwelt zuliebe nur an ausgewiesenen Waschplätzen mit Ölabscheider.

✱ Nischen nutzen

Sehen Sie sich in Ihrem Wohnwagen um: Gibt es vielleicht die ein oder andere freie Ecke oder einen Spalt zwischen 2 Schränkchen? Nutzen Sie kleine Zwischenräume für eine kurze „Garderobenstange“, an der ein Bademantel oder die Regenjacke Platz haben. Besorgen Sie sich einfach eine kurze Holzstange und 2 Halter, schon ist der Platz sinnvoll genutzt.

Sauberkeit für Garage und Auffahrt

✱ Keine Kratzer dank Teppich

Wenn Ihre Garage sehr eng ist und Sie beim Ein- und Aussteigen immer mit der Tür an die Wand stoßen, polstern Sie die Wand an dieser Stelle mit einem Teppichrest. Das dämpft den Schlag und verhindert Kratzer und Beulen am Lack.

✱ Anleihe aus der Schifffahrt

Wenn Sie so weit in Ihre Garage fahren müssen, dass Sie beinahe an die Wand stoßen, hängen Sie einen alten Reifen in Höhe der Stoßstange auf. Wenn Sie jetzt zu weit rollen, fängt der weiche „Fender" den Stoß auf und schützt Stoßstange und Wand.

✱ Bis hierher, nicht weiter!

Wenn Sie Eigentümer der Garage sind und immer mit einem bestimmten Wagen dort parken, können Sie eine stabile Einparkhilfe installieren: Parken Sie den Wagen korrekt ein und markieren Sie die Position der Vorderräder (wenn Sie vorwärts einparken). Dann montieren Sie mit Dübeln und Schrauben einen Holzbalken (ca. 4 x 8 cm im Querschnitt, Länge wie Spurbreite des Wagens) auf dem Boden, sodass Sie beim Einfahren mit den Reifen dagegenrollen.

✱ Arbeitshocker und Werkzeugablage

Wenn Sie im unteren Bereich des Autos arbeiten, kann es schwierig sein, die ganze Zeit in der Hocke zu sitzen oder zu knien – müssen Sie auch nicht. Bauen Sie sich aus einer stabilen Kunststoff- oder Holzkiste ein praktisches Hilfsmittel. Montieren Sie unter zwei gegenüberliegenden Seiten je 1 stabile Holzlatte und schrauben Sie Rollen an die Enden. Jetzt können Sie Ihr Werkzeug in die Kiste legen und bei der Arbeit darauf sitzen – wenn die Kiste einen stabilen Deckel hat. Ansonsten legen Sie eine passende Holzplatte darauf.

✱ Rutschhilfe

Sie brauchen kein spezielles Rollbrett zu kaufen, wenn Sie unter dem Auto arbeiten müssen. Legen Sie ein 1,2 x 1,5 m großes Stück Linoleum mit der glatten Seite nach oben auf den Garagenboden oder in die Auffahrt und parken Sie das Auto darüber. Lassen Sie ein Ende unter dem Wagen herausragen. Legen Sie sich auf den Rücken und rutschen Sie auf dem Linoleum mühelos unter das Fahrzeug.

✱ Weg mit dem Fleck

Viele Garagen werden durch unansehnliche und gefährlich rutschige Öl- oder Schmiermittelflecken verunstaltet. Verhindern Sie diese Flecken, indem Sie bei Arbeiten den Boden mit Zeitungspapier oder Kartonstücken auslegen. Wenn Ihr Auto nur wenig Öl verliert, legen Sie eine Papiertragetasche oder einen aufgeklappten flachen Schuhkarton unter das Leck.

✱ Zeitungspapier gegen Staub

Bevor Sie eine besonders staubige Ecke Ihrer Garage ausfegen, zerreißen Sie ein paar alte Zeitungen, feuchten Sie die Schnipsel mit warmem Wasser an und verteilen Sie sie auf der staubigen Fläche. Das feuchte Papier fängt den Staub auf und verhindert, dass er beim weiteren Fegen wieder aufsteigt.

Ölflecken beseitigen

Es gibt eine Reihe von Maßnahmen, um Garage und Auffahrt von unschönen Ölflecken zu befreien. Entsorgt werden dürfen Altöl und damit verunreinigte Materialien nicht im Hausmüll, sondern nur im Sondermüll.

Zeitungspapier
Mehrere Lagen Zeitungspapier über den Ölfleck breiten, gut mit Wasser einweichen und beschweren. Wenn das Papier trocken ist, entfernen – der Fleck sollte mit ihm verschwinden.

Stärkemehl
Stärkemehl und Natron zu gleichen Teilen mischen und den Fleck damit bestreuen. Das Pulver 1–2 Stunden einwirken lassen, damit es den Fleck aufsaugt. Anschließend wegfegen oder aufsaugen.

Cola
Auf frische Ölflecken Cola gießen, einige Stunden einwirken lassen, mit dem Schlauch abspritzen.

Natron
Hartnäckige Ölflecken mit Natron bestreuen und 3–4 Stunden einwirken lassen. Dann mit warmem Wasser und einer harten Bürste abschrubben.

Fleckenentferner
Den Fleck mit einem Fleckenentferner für Kleidung behandeln. Etwa 10 Minuten einwirken lassen, dann mit Waschpulver bestreuen und mit einem Schrubber oder einer harten Bürste kräftig abschrubben. Mit dem Gartenschlauch nachspülen.

Sägemehl, Katzenstreu und Sand
Den Fleck mit Sand, Katzenstreu oder Sägemehl bestreuen und 4–5 Stunden einwirken lassen. Dann auffegen.

Farbverdünner
Bei wirklich hartnäckigen Flecken Farbverdünner über Fleck und Umgebung gießen, Natron oder Katzenstreu daraufstreuen und alles über Nacht mit Zeitungspapier abdecken. Am Morgen Papier entfernen und Streu samt Öl auffegen.

Für Zweiradfahrer

✱ Glanz dank Möbelpolitur

Sie haben Ihr Fahrrad gründlich geputzt, jetzt bringen Sie es auf Hochglanz. Statt stundenlangem Wachsen von Rohren, Knicken und unzugänglichen Stellen mit teurem Flüssig- oder Hartwachs, sprühen Sie Ihr Rad mit einer wachshaltigen Möbelpolitur ein. Die haben Sie vermutlich sowieso im Haus.

✱ Mit Salz und Zitronensaft gegen Rost

Salz kann Metall rosten lassen, es kann aber auch Rost entfernen. Wenn Rostpickel an Lenkerstange und Felgen auftreten, bekämpfen Sie sie mit diesem Hausmittel: 60 g Salz in einem kleinen Schraubglas mit 2 Esslöffeln Zitronensaft zu einer Paste mischen. Paste mit einem trockenen Tuch auf die befallene Stelle auftragen und einmassieren. Die Stelle gründlich abwaschen und abtrocknen. Dann können Sie sich am neu gewonnenen Glanz erfreuen!

✱ Gepflegte Kette

Der am schwierigsten zu reinigende Teil des Fahrrads ist die Kette. Drehen Sie das Fahrrad um, sodass es auf Lenker und Sattel steht, und sprühen Sie etwas WD-40® oder ein ähnliches Schmieröl auf ein weiches, sauberes Tuch. Reiben Sie die Kette Stück für Stück damit ab, drehen Sie die Pedale dabei immer ein wenig weiter.

Sobald die Kette sauber ist, heben Sie sie von Kettenblatt und Ritzel (den beiden Zahnrädern, auf die die Kette gespannt ist) und entfernen den dort zwischen den Zähnen festsitzenden Schmutz mit einem Schraubenzieher oder vorsichtig mit einem stumpfen Messer. Polieren Sie die Zwischenräume anschließend mit einem sauberen Tuch nach und ziehen Sie die Kette wieder auf.

Gute Idee!

EIGENTUMSNACHWEIS

Fahrräder sind begehrtes Diebesgut und werden gern mal mitgenommen – selbst die in den Rahmen gestanzte Seriennummer schützt nicht und ist schnell weggefeilt. Damit Sie Ihr Fahrrad identifizieren können, sollten Sie es jemals wiedersehen, rollen Sie eine Visitenkarte um einen Bleistift, schrauben Sie den Sattel ab und schieben Sie sie in das Sattelrohr. Kein Dieb wird vorher auf die Idee kommen, dort nachzusehen. Der „neue" Besitzer Ihres Fahrrads wird große Augen machen, wenn Sie den Sattel abschrauben und beweisen, dass das Rad Ihnen gehört.

✱ Spray für Fahrkomfort

Damit die Kette Ihres Fahrrads geschmiert bleibt, geben Sie gelegentlich WD-40® oder ein ähnliches Mittel darauf und wischen mit einem weichen Tuch nach. Man kann damit auch in die Zugschläuche sprühen, um Feuchtigkeit herauszudrücken, und auf die Sattelfedern, damit sie nicht quietschen. Durch Einsprühen des Rahmens setzt sich weniger Staub darauf ab.

✱ Notreparatur mit Papier

Wenn ein scharfer Stein oder eine Scherbe Ihren Reifen erwischt hat, können Sie zwar den Schlauch flicken, aber er wird durch den Riss im Mantel herausquellen, sobald Sie losfahren. Das können Sie verhindern, indem Sie ein Stück festes Papier (es geht auch ein kleiner Geldschein) mindestens in 4 Lagen falten und zwischen Schlauch und Loch im Mantel schieben. Diese Notreparatur hält allerdings wirklich nur für eine kurze Fahrt nach Hause oder bis zur nächsten Fahrradwerkstatt.

✱ Das richtige Schloss

Im Handel gibt es eine große Auswahl an Fahrradschlössern. Große, schwere Kabelschlösser sehen sicher aus, sind jedoch mit einem Bolzenschneider schnell zu knacken. Sicherer sind sogenannte Panzerkabelschlösser, die lassen sich nicht so leicht durchschneiden. Am sichersten sind Bügelschlösser, allerdings sind diese auch am teuersten. Aber bei einem hochwertigen Fahrrad lohnt sich diese Investition.

Achten Sie darauf, das Rad an einen fest verankerten Gegenstand anzuschließen, z. B. einen Fahrradständer oder Laternenpfahl. Das verhindert, dass das Rad einfach weggetragen wird. Kaufen Sie ein langes Schloss, dann können Sie zusätzlich das Vorderrad anschließen, damit es nicht abmontiert werden kann.

✱ Babypuder für Motorradsitze

Wenn Sie sich als Motorradfahrer gerne in Leder hüllen, streuen Sie den Sattel vor Fahrtantritt mit etwas Babypuder ein. Das feine Pulver erleichtert das Hin- und Herrutschen auf dem Sattel und sorgt so für eine entspanntere Fahrt.

✱ Waschüberzüge

Wenn das Motorrad mal wieder eine Reinigung braucht, müssen Sie beim Abspritzen mit dem Schlauch darauf achten, dass Sie Kabel und Schalter nicht fluten. Am besten schützt man sie mit Plastikfolie. Heben Sie Versandtaschen von Magazinen und Katalogen auf und ziehen Sie sie vor der Wäsche über die Griffe. Das Zündschloss schützen Sie mit einem Stück Klebeband.

✱ Klare Sicht mit Spülmittel

Damit Ihr Helmvisier nicht bei voller Fahrt beschlägt, verreiben Sie mit dem Finger 1 Tropfen Spülmittel auf der Innenseite, bis nichts mehr davon zu sehen ist. Dann genießen Sie die Ausfahrt mit freier Sicht auf die Straße.

Bewahren Sie klare Sicht mit Spülmittel auf dem Visier!

13 Handfestes für Heimwerker

Wer selbst renoviert oder gebaut hat, kann auf das Ergebnis stolz sein und spart zudem Geld. Auf den folgenden Seiten zeigen wir Ihnen, wie Sie auch ohne große handwerkliche Begabung durch den Einsatz einfacher Haushaltsgegenstände schnell, sicher und effektiv arbeiten können – egal, ob Sie ein Scharnier befestigen, Bohrlöcher in einer Wand füllen, den Abfluss reinigen oder eine quietschende Tür mithilfe von Rasierschaum zum Schweigen bringen.
Für Chemikalien zeigen wir ungiftige Alternativen auf. Wir raten aber dennoch ausdrücklich, bei der Arbeit Handschuhe und eine Schutzbrille zu tragen sowie – falls nötig – weitere Schutzmaßnahmen zu ergreifen.

Fantastische Fenster

✱ Oberflächliche Kratzer verschwinden lassen

Geben Sie etwas Zahncreme auf ein sauberes Baumwolltuch und polieren Sie Kratzer im Kunststoff-Fensterrahmen 1–2 Minuten kräftig. Wischen Sie die Stelle mit einem feuchten Tuch ab, und die Kratzer sollten verschwunden sein.

Verwenden Sie nur reinweiße Zahncreme, kein Gel und keine gestreifte Creme. Sie können aber Zahnweiß oder Zahnpulver verwenden – diese enthalten mehr Schmirgelstoffe.

✱ Risse in Einfachverglasungen stoppen

Tritt in einem einfach verglasten Fenster ein Riss auf, können Sie ihn eine Zeit lang stoppen. Behandeln Sie den Riss von beiden Seiten über die volle Länge mit Nagellack. Der Lack versiegelt den Riss vorübergehend und verhindert, dass er länger wird.

✱ Fensterkitt aus Kaugummi

Hat sich bei Ihnen zu Hause eine Fensterscheibe im Rahmen gelockert, und Sie befürchten, dass die Scheibe herausfällt und zerbricht, bevor die Handwerker da sind? Sie können das Glas provisorisch befestigen, indem Sie ein oder zwei Stücke frisch gekauten Kaugummi zwischen Glas und Rahmen drücken.

✱ Notfalldichtung für zugige Fenster

Zugige Fenster können die Heizkosten empfindlich erhöhen, denn durch sie geht kostbare Wärme verloren. Was also tun an einem kalten Winterabend nach Geschäftsschluss, wenn Sie keine Schaumstoff- oder Gummi-Profildichtungen mehr im Haus haben? Orten Sie zunächst die undichte Stelle am Fenster. Dann nehmen Sie ein Küchenpapier, falten an der Unterkante einen 25 mm breiten Streifen um und falten immer weiter, bis Sie einen dicken Papierstreifen haben. Drücken Sie den Streifen in die zugige Stelle und versiegeln Sie ihn mit Paketband.

✱ Abnehmbare Doppelverglasung

Sie können Wärmeverlust bei alten, nur einfach verglasten Fenstern auch stark reduzieren, indem Sie von innen eine durchsichtige Kunststoffplatte vor die Scheibe setzen. Lassen Sie im Baumarkt eine Platte aus Plexiglas oder anderem transparentem Kunststoff auf die entsprechende Größe zuschneiden. Dann versehen Sie die Fensterscheibe rundum mit einem aufklebbaren Magnetband und kleben den entsprechenden Metallstreifen auf die zugeschnittene Kunststoffscheibe (denken Sie daran, vorher die Schutzfolie von der Scheibe zu entfernen). So können Sie Ihre „abnehmbare Doppelverglasung“ im Sommer wieder entfernen, wenn Sie sie nicht benötigen.

✱ Lose Ecken bei alten Holzfenstern

Gibt es in Ihrer Wohnung ein altes, einfach verglastes Fenster mit Holzrahmen, das schräg hängt, weil sich die Holzverbindung in einer der Ecken gelöst hat? Mit einem L-förmigen Eckverbinder, der nur ein paar Cent kostet, können Sie eine Notreparatur vornehmen, bis Ihr Glaser Zeit hat, sich um das Fenster zu kümmern.

Bringen Sie den Rahmen bei geschlossenem Fenster mit einem untergeschobenen Keil (oder zweien) wieder in die korrekte Lage. Dann schrauben Sie den Eckverbinder mit versenkten Schrauben auf die lose Rahmenecke. Versiegeln Sie den Eckverbinder mit Vorstrich- und Decklack, damit er nicht rostet.

Mit Folie versiegeln

Normale Frischhaltefolie hilft gegen Wärmeverlust an einfach verglasten Fenstern. Sie hält zwar höchstens 1 Jahr, lässt sich aber schnell, einfach und preiswert ersetzen.

1

Reinigen Sie den Fensterrahmen gründlich mit Wasser und Spülmittel von Fettresten und reiben Sie ihn trocken.

2

Bekleben Sie den Rahmen rundum mit Doppelklebeband. Drücken Sie die Frischhaltefolie oben am Klebeband glatt.

3

Rollen Sie die Folie ab, drücken Sie sie rechts und links gegen die Klebestreifen und spannen Sie sie straff. Schließen Sie am unteren Querbalken ab; schneiden Sie überschüssige Folie ab.

4

Föhnen Sie die Folie mit dem Haartrockner auf niedrigster Stufe. Letzte Falten sollten sich so straff ziehen.

Raffinierte Tipps für Ihre Türen

✱ Grafit für Schlösser

Öl kann in Schlössern mehr Schaden anrichten, als Ihnen lieb ist. Das beste Schmiermittel für den Schließmechanismus eines Schlosses ist Grafit, das Material, aus dem Bleistiftminen hergestellt werden. Reiben Sie einen gespitzten, weichen Bleistift (B oder HB) wiederholt über Ihren Schlüssel und schieben Sie ihn mehrfach ins Schloss. Wenn Sie das Schloss zweimal im Jahr auf diese Weise „behandeln", bleibt es wunderbar gängig.

✱ Wenn der Schlüssel im Schloss bricht

Es passiert immer wieder: Schlüssel werden alt und krumm und brechen im Schloss ab. Bevor Sie den Schlüsseldienst rufen, versuchen Sie, das Problem selbst zu beheben. Leihen Sie sich bei den Nachbarn eine Pinzette und einen Sekundenkleber. Können Sie das abgebrochene Stück mit der Pinzette greifen und herausziehen? Falls nicht, starten Sie den zweiten Versuch: Geben Sie einen kleinen Tropfen Sekundenkleber auf die Bruchstelle des Schlüsselteils, der sich noch am Schlüsselbund befindet. Nun setzen Sie sie exakt auf die Bruchstelle des Teils im Schloss und drücken Sie 40–60 Sekunden lang kräftig dagegen. Versuchen Sie jetzt vorsichtig, den Schlüssel herauszuziehen.

✱ Leuchtendes Türschloss

Stehen Sie öfter im Dunkeln vor dem Kellereingang oder der Garage und tasten nach dem Türschloss? So sorgen Sie für Erleuchtung: Malen Sie mit phosphoreszierender Farbe einen Kreis um Ihre Außenschlösser. Wenn Sie dies auch auf der Innenseite der Außentüren (mit Schlössern, Ketten und Verschlussbolzen) machen, lassen sich die Türen im Notfall, etwa bei einem Stromausfall, auch schneller von innen öffnen.

✱ Alles fest im Griff

Wenn die Türklinke wackelt, ist meist der Stift oder die Inbusschraube am Schaft der Klinke locker, mit denen sie am Drückerdorn befestigt

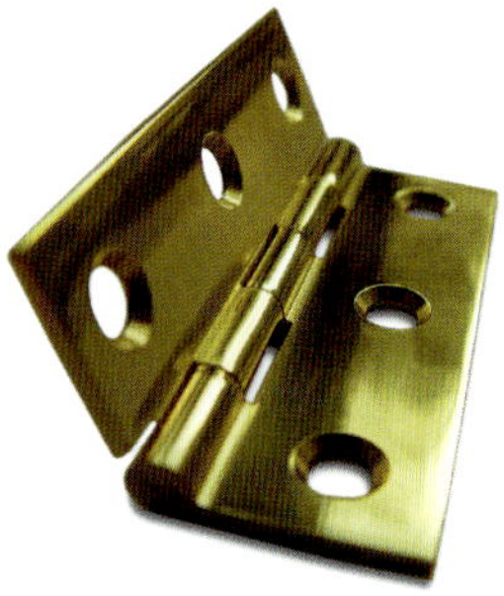

Tipp ANHALTENDES QUIETSCHEN

Wenn ein frisch geöltes Türscharnier immer noch herzhaft quietscht, sind meist Rost, Schmutz, alte Farbe oder andere Rückstände schuld. Dann tauscht man am besten die alten Scharniere gegen **neue Scharniere** aus. Unterfüttern Sie die Tür mit Zeitschriften und bitten Sie einen Helfer, die Tür festzuhalten. So können Sie die Scharniere austauschen, ohne die Tür komplett aus dem Rahmen heben zu müssen.

wird. Damit sich Stift oder Schraube nicht im Lauf der Zeit lockern, fixieren Sie sie nach dem Festziehen mit einem Tropfen Nagellack.

✱ Scharniere zum Schweigen bringen

Geben Sie auf ein quietschendes Scharnier ein paar Tropfen Babyöl. Wenn Sie keines zur Hand haben, helfen auch WD-40®, Pflanzenöl, Vaseline oder sogar etwas Rasierschaum gegen das unschöne Geräusch.

✱ Schraube locker?

Wenn Türen schleifen oder sich schlecht öffnen oder schließen lassen, ist oft ein loses Scharnier schuld. Versuchen Sie also zunächst, die Scharnierschrauben wieder festzuziehen.

Greift eine der Schrauben nicht, ist das Schraubloch ausgedreht. Unterfüttern Sie die Tür mit Zeitschriften, lösen Sie die Scharnierschrauben, um das Scharnier abheben zu können, und füllen Sie das ausgedrehte Loch mit in Holzleim getauchten Zahnstochern oder Streichhölzern. Diese dürfen aber nicht über das Loch hinausstehen. Kürzen Sie überstehende Stifte mit einem Teppichmesser. Wenn der Leim abgebunden hat, schrauben Sie das Scharnier wieder an.

✱ Rostige Schrauben lösen

Träufeln Sie einige Esslöffel sprudelndes Mineralwasser auf eine rostige Schraube. Durch die Kohlensäure sollte sie sich lösen.

✱ Wenn Türen verklemmt sind

Schleift eine Tür über den Boden, weil sich etwas darunter verfangen hat, versuchen Sie es mit diesem Trick: Kleben Sie ein Stück Sandpapier an der schleifenden Stelle rundum am Boden fest und führen Sie die Tür darüber hin und her, bis sie wieder frei schwingt.

Klemmt die Tür (etwa wegen zu viel Farbe oder weil das Holz aufgequollen ist) im Türrahmen, sollten Sie die erhabenen Stellen der Tür abhobeln oder abschleifen und die Tür anschließend wieder streichen.

Unglaublich, aber wahr!

UND SIE DACHTEN, SIE HÄTTEN EINE ALTE TÜR?

Weltweit gibt es vielleicht noch ältere Türen – doch als älteste Tür Englands stellte sich vor einigen Jahren der Eingang zu einem Archivraum der Londoner Westminster Abbey heraus.

Die Analyse der Ringstruktur des Holzes ergab, dass der Baum, aus dem die Tür gefertigt ist, zwischen 1032 und 1064 gefällt wurde. Damit ist sie zudem die einzige aus angelsächsischer Zeit erhaltene Tür Englands und stammt offenbar bereits aus der ursprünglichen Abtei, die unter Eduard dem Bekenner erbaut wurde.

Manche Experten vermuten, dass die 2 m hohe und 1,4 m breite Tür wegen ihrer Größe und ihrer Verkleidung auf beiden Seiten auch in angelsächsischer Zeit schon etwas Besonderes war und dass sie vielleicht den Zugang zum Kapitelsaal Eduards bildete.

Professor Warwick Rodwell, archäologischer Berater der Westminster Abbey, schreibt dem verstorbenen Holzexperten Cecil Hewett das Verdienst zu, das Projekt der Altersdatierung der Tür angestoßen zu haben. Als Hewett die Tür in den 1970er-Jahren zum ersten Mal sah, habe er schon vermutet, dass sie „sehr alt“ sei. Nun hat sich herausgestellt, dass sie in der Tat *sehr* alt ist!

Wände und Decken

✱ Kleine Fehler übertünchen

Wer jemals auf der Schreibmaschine geschrieben hat, erinnert sich bestimmt noch, wie hilfreich ein Fläschchen Tipp-Ex® zur Fehlerbeseitigung sein kann. Ebenso gut eignet es sich aber auch, um kleine Fehler und Flecken an weißen Wänden, Decken und Zierleisten zu überdecken. Tupfen Sie einfach ein wenig Tipp-Ex® auf die beschädigte Stelle, und sie ist verschwunden. Bei glänzenden Untergründen überziehen Sie das Tipp-Ex® hinterher mit einer dünnen Schicht klarem Nagellack.

✱ Dekoputz ausbessern

Wenn Sie ein Stück Decke oder Wand ausbessern, das mit Dekoputz versehen ist, lohnt es sich, das Muster so gut wie möglich nachzuahmen. Ziehen Sie das ausgebesserte Stück Putz erst glatt ab und imitieren Sie das Muster der Wand oder der Decke im noch feuchten Putz z. B. mithilfe eines Schwamms, eines Kamms oder eines Scheuerschwamms aus Stahlwolle.

✱ Kleine Risse abdecken

Sie müssen Ihre Decke wegen einiger kleiner Risse nicht gleich neu verputzen. Rühren Sie stattdessen eine Spachtelmasse aus Natron und Holzleim zu gleichen Teilen an und füllen Sie die Risse damit. Das ist einfacher und geht schneller als eine vollständige Renovierung, funktioniert allerdings nur bei weißen Decken.

✱ Tapetenkleister abwischen

Eine alte Tapete zu entfernen ist schon langwierig, und alter Tapetenkleister kann zur echten Herausforderung werden. Verwenden Sie dazu einen Fensterwischer. Geben Sie 240 ml Essig in einen Eimer mit sehr heißem Wasser (das löst auch den hartnäckigsten Kleister) und tragen Sie die Lösung zunächst mit der Schwammseite des Fensterwischers auf. Dann drehen Sie diesen um und verwenden Sie die Gummilippe, um den Kleister abzuziehen. Reinigen Sie die Gummilippe mehrmals mit einem feuchten Tuch.

✱ Nagellöcher füllen

Wenn Sie keine Füllmasse mehr im Haus haben, müssen Sie nicht gleich zum Baumarkt fahren. Mit ein wenig weißer Zahncreme kann man ein Dübelloch ebenfalls verfüllen. Kleine Löcher in Gipskarton lassen sich auch gut mit einer Mischung aus Natron und Holzleim zu gleichen Teilen füllen. Oder Sie mischen 2 Esslöffel Salz und 2 Esslöffel Speisestärke mit ein wenig Wasser zu einem festen „Kitt“.

✱ Große Löcher reparieren

Manche Menschen meinen, ein Loch in einer Gipskartonwand sei kaum zu flicken, wenn dahinter kein Wandträger liegt – Irrtum! Alles, was man dazu benötigt, sind 2 schmale Holz-

Finden Sie Wandträger mit dem Elektrorasierer.

leisten in ausreichender Länge. Sie werden jeweils mit einem Loch versehen, durch das man eine Kordel zieht. Damit wird verhindert, dass die Leisten hinter der Wand verschwinden. Dann steckt man die Latten durch das Loch, hält sie mit der Kordel fest, klebt sie von hinten an den Gipskarton und befestigt sie von vorne mit durchgebohrten Schrauben. Nun hat man 2 Trägerstreben und kann das Loch mit einem passenden Stück Gipskarton füllen, an den Streben anschrauben und verspachteln.

* Trägerstreben ausfindig machen

Wenn Sie keinen Metallsucher für die Streben Ihrer Trockenbauwand haben, verwenden Sie einen elektrischen Rasierapparat. Schalten Sie den Rasierer ein und halten Sie ihn flach gegen die Wand. Bewegen Sie ihn langsam hin und her und achten Sie auf sein Brummen. Wird der Ton höher, haben Sie einen Träger gefunden.

* Schrauben sichern

Eine Schraube, die ohne Dübel in der Wand steckt, kann mit der Zeit locker werden. Ist kein Dübel zur Hand, nehmen Sie 2 Stück Bindedraht in der Länge der Schraube, rollen Sie ihn mit den Fingern zusammen, drücken Sie ihn in das Loch und setzen Sie die Schraube wieder ein. Ist das Loch sehr ausgeschlagen, verwenden Sie statt des Drahts Stahlwolle, kleine Stücke Karton oder Watte und tauchen Sie diese in Holzleim. Der Leim muss mindestens 24 Stunden trocknen, bevor Sie die Schraube belasten können.

* Deckenflecken – nein danke!

Lästige Flecken an der geweißelten Decke können Sie mit einer Lösung aus Wasser und Chlorbleiche zu gleichen Teilen entfernen. Setzen Sie eine Schutzbrille auf, tauchen Sie einen langstieligen Schwammwischer in die Lauge und schrubben Sie die Decke, bis die Flecken weg sind.

Tapeten schnell und sicher entfernen

Um Tapeten zu entfernen, müssen Sie weder spezielle Dampf-Tapetenlöser mieten noch die chemische Keule ansetzen. Die folgenden beiden Lösungen sind einfach, umweltfreundlich und zudem sehr preiswert.

1

In einer Sprühflasche zwei Drittel heißes Wasser und ein Drittel Weichspüler gut vermischen. Einen Streifen Tapete einsprühen, bis er durchfeuchtet ist, und die Lösung 15–30 Minuten einwirken lassen. Dann die Tapete abziehen oder mit dem Spachtel abschaben. Die Sprühflasche im heißen Wasserbad warm halten.

2

Mit einem Pumpsprüher für den Garten oder einer Farbrolle eine Lösung aus Essig und heißem Wasser zu gleichen Teilen auf die Tapete auftragen, bis sie durchfeuchtet ist, und 10 Minuten einwirken lassen. Bei größeren Flächen mit geöffnetem Fenster arbeiten – Essig ist zwar ungiftig, riecht aber intensiv.

Böden ausbessern

✱ Kratzer in Bodendielen
Leichte Kratzer in Holzböden lassen sich oft mit Schuhcreme kaschieren. Suchen Sie nach Schuhcreme, deren Farbe der des Holzbodens entspricht. Tragen Sie die Creme mit einem weichen Tuch auf, lassen Sie sie trocknen und polieren Sie sie dann mit einem feuchten Tuch auf.

✱ PVC-Fliesen austauschen
Wenn eine PVC-Fliese beschädigt ist, decken Sie sie mit einem Tuch ab und fahren Sie dann mit einem Bügeleisen auf mittlerer Stufe in gleichmäßigen Bewegungen und etwas Druck darüber. Die Wärme löst nach einiger Zeit den Klebstoff, sodass Sie die Fliese mit einem Spachtel anheben können. Alternativ können Sie zum Erhitzen einen Haartrockner verwenden.

✱ Teppichfliesen
Bleiben Ihre Teppichfliesen nicht liegen, sondern rutschen und stellen sich an den Ecken auf? Dann kleben Sie sie mit Teppichklebeband fest. Sie müssen nicht alle Fliesen festkleben, sondern nur die strategisch wichtigen. Diese halten dann die restlichen Fliesen an Ort und Stelle. Übrig gebliebenes Teppichklebeband können Sie für viele andere Dinge nutzen.

✱ Strapazierter Teppich
Viele Berberteppiche haben unschön herausgezogene Fäden. Ziehen Sie die Fäden von der Rückseite wieder in Position und fixieren Sie sie mit Latexklebstoff. Sehr lange Fäden können vorher mit der Schere etwas eingekürzt werden. Schlaufen sollten Sie mit einem Zahnstocher anheben, damit sie keinen Klebstoff abbekommen.

✱ Leichte Brandstellen im Teppich
Um leichte Brandstellen oder -flecken zu reparieren, heben Sie den Teppichflor mit einer Pinzette an und schneiden Sie dann die versengten Spitzen mit einem scharfen Messer, einer Rasierklinge oder einem Teppichmesser ab. Kürzen Sie aber so wenig wie möglich ein, damit keine Delle im Teppich bleibt. Je höher und dichter der Flor, desto unauffälliger ist diese Reparatur.

✱ Klebstoffreste gefrieren
Teppichkleber ist von Werkzeugen meist kaum zu entfernen. Legen Sie die Geräte in einem Gefrierbeutel über Nacht in die Kühltruhe. Am nächsten Tag ist der Klebstoff gefroren und kann mit Hammer oder Meißel entfernt werden. Tragen Sie dabei auf jeden Fall eine Schutzbrille, um Ihre Augen vor Splittern zu schützen!

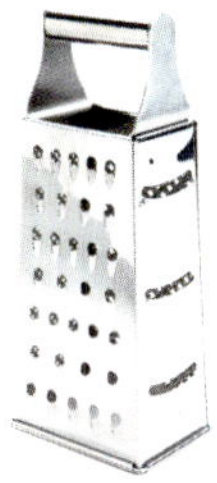

Tipp GERIEBENER ERSATZ
Wenn Ihr PVC-Boden einen Riss hat, nehmen Sie einen Verlegungsrest und reiben Sie ihn mit der **Käsereibe** fein. Entfernen Sie grobe Stücke, mischen Sie die Späne mit klarem Nagellack und füllen Sie damit den Riss.

Für das optimale Raumklima sorgen

✱ Omas duftender Luftfeuchtigkeitstipp

Im Winter können Sie die Luftfeuchtigkeit in Ihrer Wohnung ganz einfach erhöhen: Stellen Sie einen Topf mit heißem Wasser auf die Heizung. Vergessen Sie nur nicht, gelegentlich Wasser nachzufüllen, da dieses durch die Heizungswärme natürlich schneller verdunstet. Wenn Sie einige Gewürznelken, etwas Orangenschale und 1–2 Zimtstangen mit ins Wasser geben, riecht es in der Wohnung schön winterlich.

✱ Mit Räucherstäbchen gegen Zugluft

Wenn es mal wieder unerklärlich zieht und Sie wissen möchten, wo sich die undichte Stelle befindet, warten Sie auf einen windigen Tag und entzünden Sie dann ein Räucherstäbchen. Nun beginnen Sie die Suche an dem Fester oder der Tür, die dem Zug am nächsten liegt. Führen Sie das Stäbchen langsam um das Fenster herum. Steigt der Rauch nicht gerade auf, sondern wird zur Seite verweht, haben Sie das „Leck" gefunden. Kontrollieren Sie auf diese Weise auch alle anderen Fenster und Außentüren.

✱ Selbst gemachter Zugluftstopper

Wenn es unter Ihrer Tür durchzieht, ist das nicht nur unangenehm, sondern erhöht auch die Heizkosten. Können Sie die Dichtungen der Tür nicht sofort erneuern, dann schneiden Sie das Bein einer alten Strumpfhose oder den Ärmel eines alten Hemdes ab, füllen Sie die Stoffröhre mit Sand, Reis oder Schaumstoff, den Sie mit ein paar kleinen Steinen beschweren, und nähen Sie die offenen Enden zu. Legen Sie die Rolle hinter die zugige Tür. Damit keiner über die „Zugluftwurst" stolpert, können Sie den Stoff vorher in einer grellen Farbe einfärben.

Gute Idee!

NIE MEHR KALTE RÄUME

Im Wohnzimmer ist es warm, aber der Rest des Hauses ist eisig kalt? Sie haben einen Kamin im Wohnzimmer angeschafft, wo auch Ihr Raumthermostat hängt? Ganz klar: Der Thermostat befindet die Raumluft (im Wohnzimmer) für ausreichend warm und drosselt die Heizung fürs ganze Haus. Sie sollten den Installateur bitten, den Thermostat woanders zu platzieren.

✱ Oben kalt, unten warm

Wenn Ihre Heizkörper nicht mehr gleichmäßig durchheizen, kann es daran liegen, dass das System Luft gezogen hat. Dann muss die Luft aus den Heizkörpern. Drehen Sie zunächst alle Heizkörper ein paar Minuten lang auf höchste Stufe. Dann nehmen Sie einen Putzlappen, einen Pappbecher und einen Entlüftungsschlüssel und beginnen (bei mehreren Geschossen von oben), die Heizkörper zu entlüften. Setzen Sie den Entlüftungsschlüssel auf das Ventil, halten Sie den Pappbecher darunter und drehen Sie das Ventil vorsichtig auf. Zuerst entweicht zischend die Luft, dann spritzt Wasser nach. Sobald es in einem feinen Strom herausläuft, drehen Sie das Ventil wieder fest zu. Wischen Sie heruntergelaufenes Wasser mit dem Tuch ab. Zuletzt müssen Sie prüfen, ob der Wasserdruck im Heizkreislauf noch ausreicht oder ob Sie Wasser nachfüllen müssen.

✱ Heißes Wasser

Wer für das Badewasser einen eigenen elektrisch beheizten Warmwasserspeicher besitzt, vergisst gern, dass solche Geräte auch ausgeschaltet werden können und dass sie mehrere Stufen haben. Dabei lässt sich enorm viel Energie sparen. Stellen Sie das Gerät nur dann auf eine hohe Stufe, wenn Sie tatsächlich duschen oder baden möchten. Während der übrigen Zeit reicht die energiesparende Einstellung „E“, die nur nachheizt, wenn das Wasser im Gerät eine bestimmte Temperatur unterschreitet.

Ist man ein paar Tage lang nicht zu Hause, sollte der Warmwasserspeicher vollständig abgeschaltet oder vom Strom getrennt werden.

✱ Ventilator reinigen

In einem Abluftventilator können sich auch bei seltenem Gebrauch Staub und Schmutz im Lüftungsgitter und auf den Lamellen ansammeln. Dies vermindert jedoch die Leistung des Ventilators und belastet den Motor.

Zum Reinigen des Ventilators – das sollten Sie mindestens einmal im Jahr tun – ziehen Sie zunächst den Netzstecker und öffnen das Gehäuse. Saugen Sie mit dem Bürstenaufsatz des Staubsaugers den Staub ab. Mischen Sie nun 60 ml Salmiakgeist, ¼ Teelöffel Spülmittel und 5 l warmes Wasser. Geben Sie die Lösung auf einen Schwamm oder ein Tuch und reinigen Sie damit die Lamellen und das Gitter des Gehäuses. Lassen Sie alle Teile gründlich trocknen, bevor Sie den Ventilator wieder zusammensetzen und in Betrieb nehmen.

Superstar im Haushalt

9 PRAKTISCHE EINSÄTZE VON NAGELLACK

1 Setzen Sie mit farbigem Nagellack im Inneren Ihres Eimers gut sichtbare Eichmarken für 250 ml, 500 ml, 1 l, 2 l etc.

2 Füllen Sie leichte Schrammen in Holzböden oder Möbeln mit dem Nagellack.

3 Färben Sie eingestanzte Informationen auf Werkzeugen mit farbigem Nagellack, um sie besser lesbar zu machen.

4 Tauchen Sie Schrauben von Schubladen- und Türknöpfen und -griffen vor dem Anschrauben in den Nagellack. Das verhindert, dass sie sich lösen.

5 Versiegeln Sie Messinggriffe mit klarem Nagellack, damit sie nicht anlaufen.

6 Betupfen Sie die Tasten der Fernbedienung oder das Schlüsselloch der Außentür mit phosphoreszierendem Nagellack. So sind sie im Dunkeln einfacher zu finden.

7 Die Köpfe von Nägeln oder Schrauben, aber auch Abdeckungen rosten nicht, wenn man sie mit klarem Nagellack überzieht.

8 Füllen Sie Kratzer auf Metalloberflächen mit Nagellack. So entsteht kein Rost.

9 Versiegeln Sie den unteren Rand von Sprühdosen (wie Rasierschaum) mit klarem Nagellack. So hinterlassen die Dosen beim Abstellen keinen Rost.

Munteres Aufmöbeln

✱ Wenn Sonne schadet

Durch direktes Sonnenlicht kann die Oberfläche von Holzmöbeln stumpf werden. Mit etwas Vaseline lässt sich der alte Glanz wiederherstellen. Reiben Sie die Vaseline mit einem weichen Tuch ins Holz, bis die Oberfläche Glanz annimmt. Überschüssige Vaseline entfernen und das Holz mit einem sauberen Tuch polieren.

✱ Tee gegen Schmierfilm

Wenn sich ein Schmierfilm auf den Möbeln gebildet hat, geben Sie 2 Beutel schwarzen Tee in 1 l kochendes Wasser und lassen Sie es abkühlen. Tauchen Sie ein weiches Tuch in die Lösung, wringen Sie es aus und testen Sie es an einer unauffälligen Stelle. Reiben Sie das Möbel dann stückweise mit der Lösung ab. Tauchen Sie das Tuch immer wieder hinein und wringen Sie es aus. Fahren Sie fort, bis alle alte Politur entfernt ist. Dann lassen Sie das Möbelstück trocknen, polieren es mit einem weichen Tuch auf und freuen sich am neuen Glanz.

✱ Mit Dampf gegen Dellen

Kleine, flache Dellen im Holz lassen sich häufig mit einem warmen, feuchten Tuch und einem Dampfbügeleisen entfernen. Falten Sie das Tuch auf die Stelle und drücken Sie mit dem Vorderteil des Bügeleisens mehrere Sekunden darauf. Quillt die Delle noch nicht auf, wiederholen Sie den Vorgang. Dämpfen Sie nicht zu stark. Das Holz benötigt nur genug Feuchtigkeit, damit es wieder aufquillt und die Delle verschwindet.

✱ Wenn das Furnier sich hebt

Wenn sich Furnier wölbt oder wenn sich Kanten lösen, legen Sie ein warmes, feuchtes Tuch darüber und drücken das Furnier mit dem warmen Bügeleisen mehrere Sekunden an. Sobald das Furnier wieder glatt ist, rollen Sie es mit dem Nudelholz fest und fixieren es mit Klebstoff.

✱ Klemmende Schubladen

Holzschubladen verziehen sich aus den verschiedensten Gründen. Meist bleiben sie stecken, weil das Holz (wenn auch nicht sichtbar) durch zu viel Feuchtigkeit aufgequollen ist. Um es wieder auf seine Originalgröße zurückzuschrumpfen, stellen Sie den Haartrockner auf handwarme Stufe und richten ihn auf die Gleitschienen und die Schublade selbst. Nach einigen Minuten sollte sie wieder leichtgängig sein. In schwierigeren Fällen reiben Sie Seitenwände, untere Kanten und Gleitschienen mit Lippenbalsam, einem Stück Seife, Paraffin oder Bienenwachs ein.

✱ Metallgleitschienen gängig machen

Durch Rost und Schmutz können Schubladen auf Metallgleitschienen schwergängig werden. Wenn man sie hin und wieder mit Vaseline einreibt oder mit WD-40® oder einem ähnlichen Mittel einsprüht, bleiben sie leichtgängig und rostfrei.

✱ Schutz für Messing

Wenn Ihre schönen Messingknäufe und -griffe den Glanz nicht verlieren sollen, überziehen Sie sie mit einer Schicht klarem Nagellack oder Klarlack. Damit sind die Metallteile jahrelang vor „Angriffen" durch Schmutz, Hautfett und Schweiß geschützt.

✱ Bringen Sie Zug in Ihre Stühle

Je häufiger ein Korbstuhl benutzt wird, desto stärker hängt sein Geflecht durch. Um den Sitz wieder zu straffen, tränken Sie zwei Küchentücher in heißem Wasser und wringen sie so heiß wie

Wasserringe wegzaubern

Ein nasses Glas oder eine dampfende Platte auf den Holztisch gestellt – und ein unschöner Wasserring wird Sie ein Leben lang daran erinnern, dass Sie keinen Untersetzer verwendet haben. Frische Ringe lassen sich meist mit einem Haartrockner auf niedriger Stufe entfernen; alte Ringe müssen dagegen stärker bearbeitet werden. Hier fünf altbewährte Tricks, die Sie jedoch auf unbehandeltem Holz zuerst an einer unauffälligen Stelle testen sollten:

Zigarettenasche und Mayonnaise
Mischen Sie für dunkles, behandeltes Holz wenig Zigarettenasche mit 1 Teelöffel Mayonnaise. Ein raues Tuch in die Mischung tippen, den Ring damit bearbeiten, das Holz aufpolieren.

Maiskeimöl und Salz
Mischen Sie Maiskeimöl mit Salz (1:1), reiben Sie es in den Ring. Mit einem sauberen Tuch nachpolieren.

Zahncreme und Natron
Mischen Sie weiße Zahncreme und Natron zu gleichen Teilen, tragen Sie die Paste mit einem Tuch auf. Reiben Sie sie in Richtung des Faserverlaufs des Holzes ein, wischen Sie sie ab. Mit Zitronenöl nachpolieren.

Zitronenöl und Salz
Tropfen Sie etwas Zitronenöl auf ein Tuch und tupfen Sie es dann in ½ Teelöffel Salz. Reiben Sie vorsichtig über den Ring. Wenn er heller wird, wiederholen Sie die Prozedur, aber mit Essig statt mit Zitronenöl. (Achtung: Nicht auf Schellack verwenden!)

Autowachs
Tragen Sie mit dem Finger ein wenig Autowachs auf den Wasserring auf und lassen Sie ihn über Nacht trocknen. Anschließend mit einem weichen Lappen nachpolieren.

möglich gründlich aus. Dann stellen Sie den Stuhl auf den Kopf und legen die heißen Tücher etwa 30 Minuten lang von unten auf den Sitz. Entfernen Sie die Tücher, lassen Sie den Stuhl in der bestehenden Position an der Luft trocknen und geben Sie dem Geflecht mindestens 12 Stunden Zeit, um sich wieder zusammenzuziehen.

✱ Wenn die Möbel wackeln

Etwas Holzleim genügt meist, wenn ein Stuhlbein oder eine Querstrebe nicht mehr fest sitzt. Ist die Verbindung aber zu locker, sind andere Tricks nötig. Eine einfache Reparaturmethode ist dann die Verbreiterung des Zapfens (des schmaleren Endes einer Verbindung, das in einen passenden Schlitz eingeführt wird): Leimen Sie den Zapfen ein, umwickeln Sie ihn mit Garn oder kleben Sie ein schmales Holzstück an (es muss einheitlich dick sein, damit die Verbindung hält). Sitzen Garn oder Holz fest, leimen Sie den Zapfen wieder im Schlitz fest.

✱ Richtig verleimen

Meist reicht es zwar schon aus, die Verbindungen an Möbeln neu zu verleimen, aber neuer Leim hält nicht auf altem Leim. Daher muss der alte zunächst entfernt werden. Dies gelingt mit einer kleinen Doppel-Drahtbürste (wie man sie zum Reinigen von Batteriepolen und -klemmen verwendet). Die Rundbürste reinigt hervorragend Schlitze und Löcher, die konische Flachbürste eignet sich für Zapfen und Dübel.

✱ Brandflecken abdecken

Auch wenn man es kaum glauben mag: Brandflecken auf Möbeln kommen sehr häufig vor. Ist ein Möbelstück nur an der Oberfläche versengt, können Sie den Fleck mit einer Paste aus feiner Asche (aus dem Kamin oder von einer Zigarette) und Zitronensaft im Verhältnis 2:1 abschleifen. Anschließend wischen Sie die Stelle sauber und polieren und wachsen sie.

Gute Idee!

KLEBRIGE ANGELEGENHEIT

Es ist schon erstaunlich, was alles auf einer Tischplatte kleben bleiben kann. So unterschiedlich diese Dinge auch sein mögen, eines haben sie gemeinsam: Man sollte keines davon einfach abreißen, denn das könnte die Tischplatte beschädigen. Folgen Sie lieber diesen praktischen Tipps:

- Ein Stück Papier, das unter einem nassen oder heißen Gegenstand gelegen hat, klebt sehr fest. Ziehen Sie zunächst vorsichtig so viel Papier wie möglich ab, dann betupfen Sie den Rest mit einem in Olivenöl getränkten Tuch. Das Öl mehrere Minuten einweichen lassen, dann den Rest mit einem trockenen Tuch abwischen.
- Wenn eines Ihrer Kinder den Tisch mit Briefmarken oder Aufklebern „dekoriert“ hat, reiben Sie diese dick mit Vaseline ein und warten Sie 2–4 Stunden. Dann kratzen Sie sie vorsichtig mit einem Plastikeiskratzer oder Teigschaber ab. Falls nötig, wiederholen und anschließend aufpolieren.
- Klebt ein angelutschtes Bonbon oder Ähnliches auf dem Tisch, schaben Sie so viel wie möglich davon ab und sprühen Sie auf den Rest ein wenig Babyöl. Nach einigen Minuten sollte auch dieser Rest entfernbar sein. Anschließend polieren Sie die Stelle. Babyöl hilft übrigens auch bei Kaugummi, klebenden Gläsern und Kerzenwachs.
- Getrockneter Klebstoff ist schwer zu entfernen, lässt sich jedoch oft mit einer Fettcreme, mit Erdnussbutter oder Pflanzenöl anweichen.

Hilfe gegen Kratzer

✱ Schnelle Hilfe für zerkratztes Holz

Jeden Moment können die Gäste kommen, da sehen Sie frische Kratzer an der dunklen Schrankwand! Was tun? Mischen Sie in einer Tasse 1 Teelöffel Instantkaffee und 1 Esslöffel Pflanzenöl. Tupfen Sie die Mischung mit einem Wattebausch auf (nicht auf wertvolle Antiquitäten oder Schellackpolituren!).

✱ Kratzer auf Leder kaschieren

Unschöne Kratzer im Leder können Sie mit einem Permanentmarker in ähnlicher Farbe leicht kaschieren. Testen Sie zunächst an einer unauffälligen Stelle, ob die Farbe passt. Fahren Sie den Kratzer dann vorsichtig und langsam ab. Am besten eignen sich Stifte mit mittlerer und feiner Strichstärke. Extrafeine Stifte können den Kratzer vertiefen, und dicke übermalen zu viel Leder am Rand.

✱ Alle Möglichkeiten nutzen

Heutzutage, in den Zeiten des Internets, sind viele Mittel, die bisher nur für Fachleute erhältlich waren, auch für normale Verbraucher zugänglich. Zum Ausbessern kleiner Kratzer (und zum Füllen von Rissen und Löchern) testen Sie die folgenden:

- Burnishing Cream (oberflächliche Kratzer)
- Wachsfüllerstangen (und Schellack-Füllstifte)
- Retuschierstifte
- Reparaturstifte

Alle sind in verschiedenen Holztönen erhältlich.

✱ Homöopathische Kratzerbehandlung

Die meisten Kratzer lassen sich reparieren, ohne dass ein Besuch im Baumarkt nötig ist. Schließlich geht es oftmals nur darum, den Kratzer abzudecken oder die bloßgelegten Holzfasern zu

Selbst gemacht!

JUNGBRUNNEN FÜR LEDER

Durch Hitze, Sonnenlicht und tägliche Beanspruchung werden Ledermöbel rissig und stumpf. Regelmäßiges Säubern, Ölen und Polieren wirkt dem Austrocknen entgegen und verhindert, dass sich Risse bilden.

Belebende Lederlotion

Wenn Sie Ihrem Glattleder seinen ursprünglichen Glanz zurückgeben möchten, reiben Sie es mit Olivenöl ein und lassen Sie es über Nacht einwirken.

250 ml Wasser
250 ml Weißweinessig
1 Teelöffel Salmiakgeist
125–250 ml Olivenöl
Möbelpflege (auf Wachsbasis)

1 Wasser, Essig und Salmiakgeist in einer großen Schüssel mischen. Das Olivenöl in eine kleine Schüssel geben.

2 Einen Schwamm in die Wasser-Essig-Lösung tauchen, auswringen und ein Stück Leder damit anfeuchten.

3 Olivenöl mit den Fingerspitzen, einem Tuch oder einem Wattebausch ins feuchte Leder einmassieren. Über Nacht einwirken lassen.

4 Das Leder am nächsten Tag mit Möbelpflege behandeln. Mit einem weichen Tuch aufpolieren.

behandeln. Es wird Sie überraschen, wie viele der Dinge, die Sie sowieso im Haushalt haben, sich dafür einsetzen lassen.

- Kaschieren Sie Kratzer mit farblich passender Schuhcreme, aufgelöstem Wachsmalstift oder Permanentmarker.
- Nehmen Sie den frisch geknackten Kern einer Paranuss, Walnuss oder Pekannuss und reiben Sie damit mehrfach über den Kratzer. Dann massieren Sie das Nussöl mit dem Daumen in das Holz.
- Haben Sie keinen Nussknacker zur Hand? Dann massieren Sie ein wenig Erdnussbutter oder Mayonnaise in das Holz ein. Entfernen Sie Reste nach ungefähr 30 Minuten mit einem feuchten Tuch.
- Alternativ können Sie ein wenig Babyöl verwenden oder 1 Esslöffel Oliven- oder Pflanzenöl mit 1 Esslöffel Zitronensaft mischen. Tragen Sie das gewünschte Mittel mit einem weichen Tuch auf und polieren Sie nach 30–45 Minuten nach.
- Decken Sie Kratzer mit reichlich Vaseline ab und lassen Sie diese 24 Stunden lang einwirken. Den Rest entfernen Sie mit einem weichen Tuch.

* Feinste Kratzer wachsen

Hochglanzlacke bekommen häufig winzige Oberflächenkratzer, wenn man Gegenstände darüberschiebt. Diese haarfeinen Kratzer können häufig mit Autowachs wegpoliert werden, das feine Schleifmittel enthält. Testen Sie das Wachs zunächst an einer unauffälligen Stelle, um sicherzustellen, dass es dem Lack nicht schadet. Nun das Wachs mit einem weichen Tuch an der betreffenden Stelle auftragen und diese mit kreisenden Bewegungen polieren.

Tipps für Holzarbeiten

✱ Hausgemachter Holzfüller

Wenn Sie mit einem besonderen Holz arbeiten, heben Sie beim Schleifen das feine Sägemehl auf. Mischen Sie eine Handvoll Sägemehl mit so viel Holzleim, dass eine dicke Paste entsteht, und füllen Sie damit Kratzer auf. Lassen Sie die Füllmasse trocknen und schleifen Sie dann leicht nach. Achtung: Stellen, die mit Füllern auf Leimbasis gefüllt werden, nehmen Farben oder Beizen nicht so gut an wie massives Holz.

✱ Instant-Holzkitt

Wenn Sie für die Notreparatur eines preiswerten Möbelstücks schnell Holzkitt benötigen, mischen Sie einen einfachen Allzweckkitt so lange mit Instant-Kaffeepulver, bis der gewünschte Braunton erreicht ist. Füllen Sie den Kratzer und wischen Sie mit einem feuchten Tuch nach.

✱ Mini-Spachtel

Haben Sie noch ein altes Plektrum vom Gitarrespielen übrig? Es ist preiswert und sehr hilfreich beim Verfüllen kleiner Kratzer und Risse.

✱ Holzfüller weich machen

Holzkitt aus Zellulose auf Acetonbasis trocknet schnell. Ist er in der Dose schon etwas fester, können Sie ihn durch etwas Aceton-Nagellackentferner wieder lösen. Rühren Sie nach und nach nur wenig ein, bis der Kitt die richtige Konsistenz hat; sonst wird er zu flüssig. Achtung: Ist Kitt einmal hart, kann er nicht mehr gelöst werden.

✱ Essig gegen Leim

Sie müssen nicht verzweifeln, wenn ein harter Tropfen Holzleim auf Ihrer Werkbank klebt. Geben Sie etwas Essig auf ein Tuch und legen Sie dieses so auf den Leimtropfen, dass der Essig einwirken kann. Nach 4–6 Stunden lässt sich der Klebstoff leicht lösen.

Mit Essig kann man auch alte verleimte Verbindungen oder den Restleim am Boden der Flasche lösen. Geben Sie dazu einige Tropfen

Gute Idee!

VERSCHIEDENE OBERFLÄCHENBEHANDLUNGEN

Möchten Sie ein Möbelstück umarbeiten, wissen aber nicht, womit die Oberfläche behandelt ist? Mit diesem Test finden Sie heraus, welches Lösungsmittel Sie verwenden müssen. (Achtung: Immer an unauffälliger Stelle testen!)

1. Geben Sie etwas Brennspiritus auf ein Tuch und reiben Sie kräftig. Färbt sich das Tuch, handelt es sich um eine Schellackpolitur.
2. Bleibt die Oberfläche davon unberührt, tragen Sie ein oder zwei Schichten Terpentinersatz auf. Löst sich das Finish dadurch, war es Wachs oder Öl.
3. Es hat sich nichts getan? Dann testen Sie vorsichtig mit Nitro-Universalverdünnung. Löst sich die oberste Schicht, ist es ein Nitrozelluloselack.
4. Können alle drei Lösungsmittel nichts ausrichten, dann handelt es sich um einen Polyurethanlack, der mit Beize behandelt werden muss.

Essig in die Flasche und lassen Sie sie 1 Stunde stehen. Anschließend schütteln Sie die Flasche und gießen den Essig aus. Wiederholen Sie den Vorgang bei Bedarf.

✱ Der letzte Strohhalm für Leim

Halten Sie immer einen Strohhalm bereit, wenn Sie mit Holz arbeiten. Tritt aus einer Verbindung beispielsweise überschüssiger Leim aus, knicken Sie den Strohhalm in der Mitte um und kratzen Sie mit der Kante, die sich im Falz ergibt, den Leim ab.

✱ Beize statt Kuchenglasur

Wenn Sie ein Möbelstück abbeizen wollen, nehmen Sie einen alten Teigschaber oder Pfannenwender aus Metall. Mit ihm lässt sich das gelöste Oberflächenmittel gut abschaben. Halten Sie ihr Küchenwerkzeug an der Klinge fest und schaben Sie mit dem Rücken die Beize ab.

✱ Beize besser auftragen

Werfen Sie Ihre Feinstrumpfhosen nicht weg, nur weil sie Laufmaschen haben – sie eignen sich noch hervorragend zum Beizen. Eine aufgerollte Strumpfhose oder eine Socke sind praktische Alternativen zum Tuch – sie tropfen kaum und hinterlassen keine Fasern.

Eine Farbrolle eignet sich auch gut zum Auftragen von Beize. Schneiden Sie eine 22-cm-Rolle in 3 gleiche Teile. Die Rolle kann mehr Beize aufnehmen und verteilt sie gleichmäßiger als jeder Pinsel oder Lappen, gleichgültig, ob sie von Hand geführt wird oder auf einen Teleskopstiel montiert ist.

✱ Abbeizmittel am Tropfen hindern

Wenn Sie einen Stuhl oder Tisch abbeizen, stellen Sie die Beine in leere, ausgewaschene Konservendosen. Auf diese Weise wird hinablaufendes Abbeizmittel darin aufgefangen. So bleibt nicht nur der Boden sauber, man kann außerdem das aufgefangene Abbeizmittel ein zweites Mal verwenden.

✱ Hirnholz versiegeln

Wenn Sie bei Ihrer nächsten Holzarbeit ein wenig sparen möchten, versiegeln Sie das Hirnholz nicht mit speziellem Hirnholzversiegler, sondern verwenden Sie stattdessen Babyöl – es wirkt genauso gut wie Versiegler aus dem Heimwerkerbedarf. Es verhindert, dass das Hirnholz zu viel Farbstoff aufsaugt, und sorgt so für einen gleichmäßigen Farbauftrag.

Rostlöser

In der Werkstatt ...

Entfernen Sie Rost von Messern, Schraubenziehern und anderen Werkzeugen, indem Sie sie mit einer in Salz getauchten, **rohen Kartoffelhälfte** abreiben.

Entrosten Sie Werkzeuge und Maschinen mit einem in **Terpentinersatz** getauchten Stahlwollschwamm.

Tauchen Sie ein Tuch in eine Paste aus 4 Esslöffeln **Salz** und 2 Esslöffeln **Zitronensaft** und entfernen Sie damit Rostflecken von Chrom und anderen Metallen.

Reiben Sie Maulschlüssel, Sägeblätter, Schraubenzieher, Scheren und Zangen mit einer dünnen Schicht **WD-40®** oder **Vaseline** ein, um sie bei längerer Lagerung vor Rost zu schützen.

Reiben Sie Ihr Werkzeug mit **Haarpflegespülung** ab, um Rost zu verhindern.

Einige Beutel **Trockenmittel** (Silica-Gel, wie es beispielsweise in Schuhkartons zur Verhinderung von Feuchtigkeit verwendet wird) verhindern Rost im Werkzeugkasten. Sie können auch einige Stücke **Kreide** oder **Holzkohle** in Ihrer Werkstatt an die Stelle legen, wo Sie das Werkzeug aufbewahren.

Im Haus ...

Betupfen Sie Rost auf Edelstahl mit **Feuerzeugbenzin**. Dann mit einem feuchten Schwamm mit etwas Scheuerpulver abreiben. Zuletzt gründlich abspülen.

Stellen Sie ein rostiges Messer über Nacht in ein Glas mit **Cola** – so wird es den Rost los.

Reiben Sie Rostflecken auf Porzellan mit **Zahncreme** ein (am besten mit einer alten Zahnbürste).

Mit einer Mischung aus **Salz** und **Waschbenzin** lässt sich fast jeder Rostfleck entfernen.

Entfernen Sie Rostflecken von Metallmöbeln auf den Platten im Innenhof oder der Terrasse, indem Sie die Flecken anfeuchten und dann mit **Zitrus-Getränkepulver** (Zitrone oder Orange) bestreuen.

Versiegeln Sie Kerben an einer Metalloberfläche mit klarem **Nagellack**, damit sie nicht rosten.

Polieren Sie Rostringe von Blechdosen auf Oberflächen in Bad und Küche mit **Autopolitur** weg.

Legen Sie in gusseisernes Kochgeschirr einen **Kaffeefilter**. Er nimmt Feuchtigkeit auf und verhindert Rost.

Schlaue Küchentipps

✱ Mittel gegen Brandflecken

Bearbeiten Sie Brandflecken oder versengte Stellen auf der furnierten Arbeitsfläche nicht mit Scheuerpulver, das greift die Oberfläche an. Ist der Brandfleck nur oberflächlich, polieren Sie ihn mit Autopolitur oder einer Mischung aus Zahncreme und Natron auf.

✱ Dellen schnell ausbessern

Dellen auf fast allen Küchenoberflächen, egal, ob Holz, Glas oder auch manche Fliesen, lassen sich mit klarem Nagellack überdecken, solange die Farbe nicht angegriffen ist. Tragen Sie mehrere dünne Schichten Nagellack auf und lassen Sie jede Schicht trocknen. Dann glätten Sie den Lack mit ultrafeinem Schleifpapier und polieren mit einem weichen Tuch nach.

✱ Rettung für rostige Spülkörbe

Wenn der Korb Ihrer Spülmaschine rostet, hilft meist ein PVC-Schlauch aus dem Baumarkt. Ein Schlauch mit 3 mm Innendurchmesser sollte passen. Schneiden Sie den Schlauch in 6 mm breite Stücke, schlitzen Sie ihn auf und drücken Sie ihn auf das Drahtgestell.

✱ Wenn die Lade klemmt

Die meisten Küchenschubladen laufen auf einem Schienensystem mit Rollen. Die Korpusschienen sind im Küchenschrank montiert, und die Schublade wird in den beweglichen Teil eingehängt. Das System kann sich mit Staub und Schmutz zusetzen, wodurch die Rollen stecken bleiben und die Schublade klemmt. Dies können Sie verhindern, wenn Sie die Schienen ein- bis zweimal im Jahr mit WD-40® einsprühen.

Schon gewusst?

DIE MUTTER DER SPÜLMASCHINE

Menschen auf der ganzen Welt können Josephine Garis Cochrane aus Shelbyville im US-Staat Illinois dankbar sein: 1886 erfand die Dame der feinen Gesellschaft die erste automatische Geschirrspülmaschine, damit ihre Bediensteten beim Abwasch nicht mehr so viel ihres wertvollen Porzellans zerbrachen.

Der Erfindergeist lag anscheinend in der Familie. Josephine Cochranes Großvater mütterlicherseits, John Fitch, erhielt im Jahr 1791 ein Patent für ein Dampfschiff (der „Vater“ der Dampfschifffahrt, Robert Fulton, baute sein erstes Dampfschiff erst 9 Jahre nach dem Tod von Fitch im Jahr 1798).

Zu einer Zeit, als Frauen im Handel eigentlich nichts verloren hatten, wurde Josephine Cochranes Geschirrspülautomat auf der Weltausstellung 1893 in Chicago zum Erfolg und gehörte danach in vielen Hotels und Restaurants zur Grundausstattung.

Es dauerte nicht lange, bis Cochranes Erfindung weltweit zahlreiche Nachahmer fand. Die Crescent Washing Machine Company produzierte noch lange nach dem Tod der Erfinderin 1913 Spülmaschinen nach ihrem Entwurf. Zunächst wurde die Geschirrspülmaschine jedoch nur gewerblich genutzt. Erst in den 1950er-Jahren fand sie den Weg in europäische Privathaushalte – dabei hatte die deutsche Firma Miele schon 1929 den ersten elektrischen Geschirrspüler Europas gebaut.

Prüfen Sie die Dichtung des Kühlschranks mit einem Geldschein.

* Ballast in die Tiefkühle

Tiefkühltruhen arbeiten meist erst effizient, wenn sie zu zwei Dritteln befüllt sind. Fehlt Ihnen dazu Tiefkühlware, dann legen Sie einige zu zwei Dritteln mit Wasser gefüllte Plastikflaschen mit hinein. Wenn Sie den Platz anderweitig benötigen, nehmen Sie sie einfach wieder heraus.

* Reparieren statt austauschen

Haben Sie schon einmal ein Ersatzteil für ein Küchengerät bestellt und sind über den Preis erschrocken? Viele Probleme lassen sich auch für wenige Cent beheben. Der gebrochene Türgriff einer Mikrowelle oder der Sprüharm einer Spülmaschine lassen sich meist mit Zweikomponentenkleber reparieren. Ein kleiner Riss in der Kühlschrankdichtung ist schnell mit Silikon verfüllt, und kleine Schäden an den Türeinsätzen kleben Sie mit Gaffer-Tape. Nur was Sie nicht reparieren können, müssen Sie ersetzen.

* Ist Ihr Kühlschrank noch ganz dicht?

Wenn Ihr Kühlschrank schon älter als 5 Jahre ist, sollten Sie einmal im Jahr die Gummidichtung der Tür überprüfen. Am einfachsten geht das, indem Sie ein Stück Papier – z. B. einen Geldschein – zur Hälfte in der Tür einklemmen und dann daran ziehen. Das Papier sollte fest sitzen. Klemmen Sie es an mehreren Stellen der Tür ein. Lässt es sich leicht herausziehen, muss die Dichtung repariert oder ersetzt werden.

* Keine knallenden Türen

Wenn die Türen Ihrer Küchenschränke sehr kräftig schließen und auf den Rahmen „knallen“, kleben Sie oben und unten Kunststoffstopper an den Rand. Die preiswerten Stopper sind im Baumarkt erhältlich. Eine Heimwerkerlösung sind kleine runde Pflaster. Wenn die Wundauflage nicht dick genug ist, können Sie sie mit etwas Mull oder Watte „aufpolstern“.

Clever klempnern

✱ Kein Pümpel? Kein Problem!

Verwenden Sie stattdessen einfach einen hohlen Gummi- oder Tennisball. Spannen Sie den Ball in einen Schraubstock und schneiden Sie ihn mit einem Teppichmesser oder einer Pucksäge in der Mitte durch. Um die Verstopfung im Rohr zu lösen, legen Sie den halben Ball mit der Wölbung nach oben über den Ausguss und drücken ihn mit der Hand nach unten.

✱ Losen Griff befestigen

Sitzt der Griff des WC-Pümpels nicht fest, fällt es schwer, damit Rohre von Verstopfungen zu befreien. Zudem kann es gefährlich sein, wenn der Griff plötzlich herausrutscht oder abbricht. Löst sich der Griff aus der Saugglocke, legen Sie eine Schlauchschelle um den Gummiansatz des Griffes und ziehen sie fest an. So kann sich der Griff nicht mehr lösen.

✱ Untertasse als Stöpsel

Wenn Sie Kleinteile im Waschbecken reinigen möchten, aber den Stöpsel nicht finden, legen Sie einfach eine Untertasse umgedreht über den Abfluss. So verhindern Sie, dass Sie hinterher den Siphon auseinandernehmen müssen, nur weil etwas im Abfluss verschwunden ist.

✱ Wasser marsch

Sie haben alles versucht, aber der Wasserhahn lässt sich einfach nicht aufdrehen? Verschnaufen Sie und kühlen Sie sich mit ein paar Schlucken Mineralwasser (mit Kohlensäure) ab. Dann gießen Sie den Rest über den Wasserhahn. Lassen Sie die Kohlensäure 5–10 Minuten einwirken, sodass sich Rost und Korrosion lösen. Nun sollten einige leichte Schläge mit dem Gummihammer genügen, damit das Wasser wieder fließt.

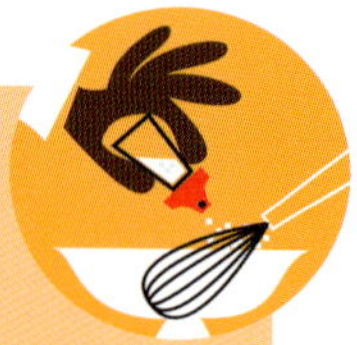

Selbst gemacht!

ROHRREINIGER

Auch wenn Sie Ihre Töpfe und Pfannen vor dem Spülen ausleeren, sammeln sich Reste im Abflussrohr. Ebenso bleiben Reste von Shampoos und anderen Produkten im Abfluss der Dusche stecken. Verwenden Sie diese kraftvolle, ungiftige Mischung zweimal im Monat in Bad und Küche, um Ihre Abflüsse frei zu halten.

Super-Fettlöser

Dieses Pulver ist durch die chemische Reaktion zwischen dem basischen Natron und dem sauren Weinstein so kraftvoll. Vorsicht: Beim Zugießen des Wassers, das die Reaktion anschiebt, kann es spritzen; außerdem wird Kohlendioxid frei. Drehen Sie daher am besten den Kopf weg, um nicht zu viel davon einzuatmen.

180 g Natron
180 g Salz
45 g Weinstein
240 ml kochendes Wasser

1. Natron, Salz und Weinstein in ein sauberes Schraubglas geben, fest verschließen und durch Schütteln gründlich mischen.
2. 60 ml der Mischung in den Abfluss geben, 240 ml kochendes Wasser nachgießen.
3. Warten, bis die Blasenbildung aufhört, dann 3–4 Minuten lang mit kaltem Wasser nachspülen.

Tauen Sie ein eingefrorenes Wasserrohr mit dem Föhn auf.

✱ Gefrorene Rohre föhnen

Wenn eine Wasserleitung in einem kalten Winter einfriert, schließen Sie den Hauptwasserhahn und öffnen Sie den nächstgelegenen Wasserhahn. Dann tauen Sie das Rohr, am Wasserhahn beginnend, mit dem auf mittlere Stufe eingestellten Haartrockner auf. Bewegen Sie den Föhn ständig, damit kein Rohrstück überhitzt, es könnte sonst reißen. Lassen Sie das Rohr nach dem Tauen mit Isoliermaterial umhüllen, damit es nicht wieder zufriert.

✱ Notfallreparatur für die Wasserleitung

Wenn Sie ein kleines Leck in der Wasserleitung provisorisch verschließen wollen, nehmen Sie ein Stück alten Gartenschlauch, schlitzen Sie es an einer Seite auf, drücken Sie es auf das Rohr, umkleben Sie es stramm mit wasserfestem Klebeband und ziehen Sie es mit 3 Schlauchschellen (je eine am Ende und eine in der Mitte) fest.

✱ Wassersperre

Wie frustrierend: Sie versuchen, das Wasser am Haupthahn abzusperren, aber er bewegt sich nicht. Geben Sie ein wenig WD-40® daran und/oder behandeln Sie den Hahn mit etwas Wärme, dann sollte er sich lösen lassen.

Denken Sie in Zukunft daran, den Haupthahn regelmäßig zu betätigen und ihn nach dem vollen Öffnen wieder um eine Vierteldrehung zu schließen. So bleibt er immer beweglich.

✱ Schutz vor der Rohrzange

Haben Sie auch schon mit der Rohrzange hässliche Kratzer auf Rohren und anderen Teilen aus Chrom verursacht? Schneiden Sie zwei Stücke Silikonschlauch zu und stecken Sie sie über die beiden Backen der Rohrzange. Alternativ können Sie das Rohr mit einem Stück Leder – etwa einem alten Gürtel – umwickeln, bevor Sie es mit der Rohrzange greifen.

Neuer Glanz im Bad

✱ Verkratzte Flächen reparieren

Kratzer in der Acryloberfläche der Badewanne können Sie mit Metallpolitur beseitigen, die Sie mit einem weichen Tuch und kreisförmigen Bewegungen einpolieren. Der Schleifeffekt der Politur lässt die meisten oberflächlichen Kratzer verschwinden. Tiefe Kratzer und Kerben feuchten Sie mit etwas Wasser an und schleifen sie vor dem Polieren mit einem sehr feinen Nass-Schleifpapier an.

Kratzer auf Emailflächen können Sie mit einigen dünnen Schichten Reparaturlack (aus dem Baumarkt) reparieren. Säubern Sie die beschädigte Stelle zunächst mit etwas Reinigungsalkohol auf einem Wattebausch und schleifen Sie sie dann mit feinem Nass-Schleifpapier leicht an. Lassen Sie den Spiritus vollständig verfliegen, bevor Sie die Stelle lackieren.

✱ Erst füllen, dann versiegeln

Füllen Sie die Badewanne mit Wasser, bevor Sie sie rundum mit Silikon abdichten. Das zusätzliche Gewicht vergrößert den Spalt zwischen Wanne und Wand – so fällt die Versiegelung breiter aus und reißt später nicht so schnell.

✱ Intelligent Wasser sparen

Manche Menschen legen Ziegel in den Toilettenspülkasten, um die Wassermenge pro Spülung zu verhindern. Das ist gut für die Umwelt, aber schlecht für die Toilette, da abgesplitterte Ziegelstücke in den Spülmechanismus geraten können. Nehmen Sie besser mit Sand oder Wasser gefüllte Plastikflaschen. Vorsicht: Entfernen Sie alle Etiketten und achten Sie darauf, dass die Flaschen fest verschlossen sind.

Gute Idee!

LECK IN DER TOILETTENSPÜLUNG?

Eine permanent laufende Spülung deutet auf ein Problem hin, das Sie nicht ignorieren sollten. Abgesehen davon, dass es störend ist, wird dadurch auch unnötig Wasser und Geld verbraucht.

Öffnen Sie den Spülkasten und achten Sie darauf, dass der Wasserstand nicht zu hoch ist. Biegen Sie den Schwimmarm vorsichtig herunter oder drehen Sie die Einstellschraube mit einem Schraubendreher gegen den Uhrzeigersinn. Wenn dies das Problem nicht behebt, geben Sie 1–2 Teelöffel Lebensmittelfarbe ins Wasser und ziehen Sie 1–2 Stunden lang nicht die Spülung.

- Taucht die Farbe im Wasser in der Schüssel auf, ist das Ventil undicht. Rufen Sie den Installateur, um es austauschen zu lassen.
- Wenn sich Wasser außerhalb der Schüssel sammelt, überprüfen Sie, ob das Spülrohr zwischen Kasten und Schüssel dicht angeschlossen ist (ein lose oder falsch montiertes Rohr kann Wasser gegen den Deckel spritzen). Sitzt das Rohr dicht, ist das Problem im Kasten zu suchen.

Hauswirtschaftsräume, Keller und Garage

✱ Sicherer Strom

Egal, ob sich Ihr Sicherungskasten in der Wohnung, im Treppenhaus, im Keller oder in der Garage befindet, die Sicherungen sollten immer eindeutig beschriftet sein. Dies lassen Sie am besten den Elektriker bei der Installation machen. So wissen Sie auf Anhieb, welcher Stromkreis vom Kurzschluss betroffen ist und welchen Sie ausschalten müssen, wenn Sie an der Verkabelung arbeiten möchten.

Normalerweise hat eine Wohnung oder ein Haus mehrere Stromkreise. Besonders deutlich sollten die beiden Stromkreise gekennzeichnet sein, die den Elektroherd und den Durchlauferhitzer versorgen. Hier fließt nämlich Dreiphasenwechselstrom (Starkstrom), daher ist besondere Vorsicht geboten. Wichtig ist auch der Fehlerstromschutzschalter (FI-Schalter), der in Neubauten seit 1984 für Feuchträume oder seit 2009 für alle Steckdosen-Stromkreise gesetzlich vorgeschrieben ist.

Eine einfache Methode, festzustellen, welche Sicherung welchen Stromkreis absichert, besteht darin, ein Radio an eine Steckdose anzuschließen und es einzuschalten. Drehen Sie das Radio so laut, dass Sie es am Sicherungskasten hören können, und schalten Sie die Sicherungen nacheinander aus, bis Stille einkehrt.

✱ Kratzer in Waschmaschine und Trockner

Gürtelschnallen, Reißverschlüsse und Klammern können die Trommel von Waschmaschinen und Wäschetrocknern verkratzen – ideale Angriffsstellen für Rost. Warten Sie nicht mit der Reparatur, Sie werden es sonst bereuen. Reinigen Sie den verkratzten Bereich zunächst mit Reinigungsalkohol. Wenn er verflogen ist (nach wenigen Sekunden), tragen Sie eine dünne Schicht klaren Nagellack oder Reparaturlack fürs Auto auf den Kratzer auf.

✱ Wo ist der Haken?

Wenn Sie immer wieder kleine Risse und gezogene Fäden in Ihrer Wäsche haben, ist vermutlich eine scharfe oder spitze Stelle in der Waschtrommel schuld. Fahren Sie mit einer alten Strumpfhose über das Innere der Trommel, um festzustellen, wo sie sich festhakt. Dann schleifen Sie den Grat mit sehr feinem Schleifpapier wieder glatt.

✱ Aktion sauberer Boden

Betonböden in Garagen können sehr staubig sein, was Lackierarbeiten zu einem Albtraum macht. Es lohnt sich, in einen Bodenanstrich zu investieren – er sieht nicht nur gut aus, sondern bindet auch den Beton und vereinfacht das Ausfegen erheblich.

✱ Balanceakt

Müssen Sie auch Ihren Wischmopp, Schrubber und Besen mehrmals ausbalancieren, wenn Sie sie umgedreht aufrecht an die Wand lehnen möchten? Schneiden Sie einige Finger von einem alten Gummihandschuh ab und ziehen Sie einen über jedes Stielende. Der Gummi verhindert, dass der Stiel abrutscht und Ihr Besen, Schrubber oder Wischmopp umfällt.

✱ Schimmel beseitigen

Da Kellerräume oft schlecht belüftet sind, entwickelt sich selbst in den trockensten Ecken manchmal Schimmel. Ziehen Sie Gummihandschuhe und eine Einweg-Atemschutzmaske an und kratzen oder schrubben Sie den gröbsten Schimmel ab. Anschließend bearbeiten Sie die Fläche mit einem Schwamm, den Sie in eine Lösung aus Wasser, Desinfektionsmittel und Natron getaucht haben. Tupfen Sie die Wand mit einem Tuch trocken und lassen Sie sie mithilfe eines Ventilators vollständig austrocknen.

✱ Katzenstreu gegen muffige Gerüche

Ein muffiger Keller muss nicht sein. Nachdem Sie die Ursache für den Schimmel beseitigt haben, bekämpfen Sie den Geruch, indem Sie 2 Teile Katzenstreu in einem großen Eimer mit 1 Teil Natron mischen. Füllen Sie mehrere große leere und saubere Konservendosen mit der Streu und verteilen Sie sie im Keller. Sitzt die Feuchtigkeit in den oberen Ecken der Räume? Dann füllen Sie einige alte Kopfkissenbezüge mit Streu und hängen Sie sie in der Nähe der feuchten Bereiche auf. Erneuern Sie die Streu bei Bedarf nach einer Weile.

✱ Hängende Isolierung

Haben Sie eine Garage mit Flachdach und frei liegenden Dachträgern? Sie können Ihr Dach ganz einfach von unten gegen die Kälte isolieren. Kaufen Sie einige Rollen Dämmstoff und einige Rollen Gartennetz. Drücken Sie das Isoliermaterial zwischen die Dachträger und tackern Sie das Netz straff darunter an die Unterseite der Balken.

Außenreparaturen

✱ Mehr Grip auf Glas

Wenn Sie eine große Glasscheibe transportieren müssen und einen sicheren Griff haben wollen, schneiden Sie 2 Stücke Gartenschlauch zu (oder 4 Stücke für zwei „Träger"). Schneiden Sie die Schlauchstücke an einer Seite auf und schieben Sie sie über Ober- und Unterkante des Glases. Transportieren Sie große Scheiben niemals bei windigem Wetter.

✱ Schutz für Schlösser

Schützen Sie Vorhängeschlösser im Winter mit Plastik-Frühstücksbeuteln. Der Kunststoff hält Rost ab und verhindert Beschädigungen durch wiederholt gefrierende und wieder auftauende Feuchtigkeit.

Bonus-Tipp: Ist ein Schloss eingefroren, können Sie es normalerweise wieder auftauen, indem Sie den Schlüssel einige Sekunden über einer Streichholz- oder Feuerzeugflamme erhitzen und ihn dann ins Schloss schieben.

✱ Limonade gegen Rost

Wenn unschöne, orangerote Rostflecken Ihren Balkon oder Ihre Terrasse verunstalten, können Sie sie mit der in Zitronen-, Limetten- oder Orangenlimonadepulver enthaltenen Zitronensäure entfernen. Feuchten Sie den Fleck mit Wasser an und bestreuen Sie ihn dann mit dem Pulver. Decken Sie den Fleck mit Frischhaltefolie ab, damit die Feuchtigkeit nicht verdunstet, und beschweren Sie die Folie. Entfernen Sie nach etwa 30 Minuten die Folie, schrubben Sie die Stelle mit einer harten Bürste ab und spülen Sie mit Wasser nach. Bei hartnäckigen Flecken müssen Sie den Vorgang wiederholen.

Gute Idee!

WINTERSTRATEGIE

Sie sollten Ihre Hausfassade jeden Herbst einer „Inspektion" unterziehen und nötige Reparaturen gleich durchführen. Andernfalls werden im Frühjahr alle Probleme unter Garantie deutlich größer – und teurer zu beheben – sein!

- Beginnen Sie oben, indem Sie das Dach mit dem Fernglas auf verrutschte oder fehlende Dachpfannen oder Dachziegel, lose Abdeckbleche an Kaminen und beschädigte Kamine untersuchen.
- Überprüfen Sie Traufrinnen und Fallrohre bei Regen auf Blockaden und Lecks.
- Überprüfen Sie Flachdächer von oben und von unten auf Beschädigungen und Wasserflecken.
- Untersuchen Sie den Schutzanstrich von Holzelementen auf Beschädigungen und auf beginnende Feuchtigkeitsschäden im Holz. Achten Sie darauf, dass keine Spalten zwischen Mauerwerk und Fenster- oder Türrahmen entstanden sind, die Feuchtigkeit ins Haus lassen.
- Reinigen Sie alle Balkon- und Terrassenböden, damit sie im Winter nicht rutschig und damit gefährlich werden.

Seien Sie gründlich bei Ihrer Begehung und lassen Sie sich im Zweifelsfall von einem qualifizierten Handwerker unterstützen.

Neues Leben für den Gartenschlauch

Werfen Sie alte, undichte Gartenschläuche nicht weg. Bohren Sie lieber weitere kleine Löcher hinein, klemmen Sie ein Ende ab – und Sie haben einen prima Sickerschlauch. Aber auch wenn Sie so etwas nicht brauchen, kann ein alter Schlauch recht praktisch sein.

Schneiden Sie ein Schlauchstück auf einer Seite auf und nutzen Sie es als Schutz für Sägeblätter.

Schneiden Sie ein Stück Schlauch ab, das etwas länger als die Breite des Rechens (der Zinken) ist, längs einen Schlitz hineinschneiden, der die tatsächliche Breite des Rechens hat. Auf die Zinken stecken, mit dem Rechen Pfützen auf Balkon und Terrasse wegschieben.

Umkleiden Sie ein ausfransendes Seilende, um weitere Schäden zu verhindern.

Tackern Sie kleine, diagonal aufgeschnittene Schlauchstücke als Kabelhalter an die Dachbalken Ihrer Garage.

Schneiden Sie zwei kurze Schlauchstücke in der Mitte auf und schieben Sie sie über die Schultern eines Schaufelblatts, um bequemer drauftreten zu können (s. Spaten im Foto links).

Schieben Sie ein Schlauchstück als Tragegriff über den Bügel eines Eimers.

✱ Dachreparaturen

Wenn Ihre Dachziegel oder -schindeln beschädigt sind, müssen sie so schnell wie möglich ausgetauscht werden; andernfalls kann bei Regen Wasser in den Dachstuhl eindringen und teuren Schaden anrichten. Um die Zeit zu überbrücken, bis der Dachdecker kommt, können Sie ein Stück Pappe in einer Plastiktüte unter die Ziegel schieben. Oder Sie schneiden eine Sperrholzplatte auf die benötigte Größe zurecht und umwickeln sie mit Klebeband. Befestigen Sie nun diese „Ersatzschindel“ ebenfalls mit Klebeband an ihrem Platz.

✱ Fassade flicken

Ein Riss in der Fassadenverkleidung sollte sofort repariert werden. Achten Sie darauf, dass der Bereich um den Riss vollkommen trocken ist, und decken Sie ihn dann mit Isolierbandstreifen ab. Glätten Sie die Flickstelle mit der Hand oder einer Teigrolle. Der Flicken sollte einen Sommer lang halten.

✱ Dichte Traufrinne

Wenn Ihre Regenrinne ein Loch oder einen Riss hat, tragen Sie großzügig Silikondichtung auf das Leck auf und decken Sie es mit stabiler Alufolie ab. Wiederholen Sie den Vorgang und schließen Sie mit einer dicken Silikonschicht ab.

✱ Traufenreiniger

Das nächste Mal, wenn Sie Laub aus der Traufrinne räumen müssen, machen Sie sich die Arbeit leichter, indem Sie sich einen Reiniger aus einer stabilen leeren Plastikflasche mit Griff basteln (etwa einer Weichspülerflasche). Legen Sie sich die Flasche mit dem Griff nach oben zurecht und schneiden Sie den Boden mit einem Hobbymesser so ab, dass die Oberseite etwas kürzer ist. Lassen Sie den Verschluss auf der Flasche, so haben Sie eine praktische Schaufel, mit der Sie in jede Ecke der Rinne gelangen sollten.

✱ Schnelle Ziegelreparatur

Um einen losen Ziegel in der Gartenmauer oder der Eingangstreppe wieder sicher einzusetzen, müssen Sie nicht extra mit einer Ladung Mörtel hantieren. Rühren Sie einfach einen Zweikomponentenkleber an, bestreichen Sie die Seiten des losen Ziegels und setzen Sie ihn wieder ein. Lassen Sie den Kleber 24 Stunden lang aushärten, dann dichten Sie alle Fugen mit Silikondichtung ab.

Achtung: Dieser Tipp gilt nicht für Mauerziegel in Hauswänden!

✱ Künstlich gealterter Mörtel

Wenn Ihnen neue Mörtelfugen in einer alten Mauer nicht gefallen, können Sie sie ganz leicht älter aussehen lassen: Betupfen Sie den feuchten Mörtel mit einem feuchten Teebeutel eines Schwarztees; eventuell müssen Sie etwas experimentieren, bis Sie den richtigen Farbton haben.

✱ Selbst gemachte Trittplatten

Haben Sie von Arbeiten am Haus noch etwas Zement übrig? Machen Sie sich doch ein paar Wegplatten selbst. Nutzen Sie die abnehmbaren runden Deckel von Mülleimern nach amerikanischem Vorbild als Formen. Streichen Sie die Deckel mit einer dünnen Schicht Öl aus, damit der Zement nicht anhaftet. Sie können die Platten verzieren, indem Sie beispielsweise mithilfe von Blättern Muster in den feuchten Zement drücken oder ritzen.

✱ Heu als Frostschutz für frischen Zement

Jeder Heimwerker, der im Freien arbeitet, hat vermutlich schon einmal frischen Zement gegossen, als überraschend Nachtfrost auftrat. Um Probleme und Frust zu vermeiden, decken Sie den Bereich vor dem Gießen mit Heu ab. Decken Sie dann den gegossenen und geglätteten Zement mit Abdeckfolie und anschließend wieder mit Heu ab.

Tipps für Werkzeuge

✱ Schleifen mit einer Streichholzschachtel

Sie können die stumpfe Schneide eines Bastelmessers wieder schärfen, indem Sie einige Male mit der Anreißfläche einer Streichholzschachtel oder einer Sandblatt-Nagelfeile darüberfahren. Schleifen Sie immer beide Seiten der Schneide.

✱ Hamstern Sie Teppichreste

So praktisch Teppichreste bei der Reparatur von Rissen und Brandlöchern im dazugehörigen Teppichboden sein mögen – in der Werkstatt sind sie manchmal sogar noch nützlicher. Man kann damit

- die Innenseiten des Werkzeugkastens auskleiden, um das Werkzeug beim Transport zu schonen,
- die Werkbank bekleben, um empfindliche Möbeloberflächen zu schonen,
- mehrere Reste in einen engen Hängeschrank tackern und so gepolsterte Werkzeugablagen schaffen,
- einzelne Reste auf einen Holzklotz kleben, um damit Kontaktkleber gleichmäßig dünn auf eine Fläche aufzutragen.

✱ Griffkomfort

Die Griffe von Hämmern, Zangen, Schraubenziehern und anderen Werkzeugen liegen besser und sicherer in der Hand, wenn Sie sie mit Klebeband oder einem flachen Schaumstoff-Abdichtband umwickeln.

✱ Fingerschutz

Um die Finger beim Einschlagen sehr kleiner Nägel vor dem Hammerkopf zu schützen, halten Sie die Nägel statt mit den Fingerspitzen mit einem Taschenkamm aufrecht.

✱ Holzschutz

Klauenhämmer sind sehr praktisch zum Herausziehen von Nägeln, aber sie beschädigen beim Hebeln auch schnell das Holz. Schieben Sie ein dickes Stück Pappe unter den Hammerkopf, um unschöne Dellen zu vermeiden.

✱ Schutz vor dem Hammer

Schützen Sie Holz vor schlecht gezielten Hammerschlägen, indem Sie den Deckel eines kleinen Kunststoffbehälters mit einem Loch für den Nagelkopf versehen und ihn über den Nagel schieben, bevor Sie diesen einschlagen. Damit dünnes Holz nicht reißt, stauchen Sie die Nägel etwas mit dem Hammer, bevor Sie sie einschlagen: Setzen Sie den Nagel umgekehrt auf eine Metallfläche und schlagen Sie einmal leicht auf die Spitze.

✱ Zange als Taschenlampenhalterung

Gleichzeitig zu arbeiten und eine Taschenlampe zu halten ist eine zirkusreife Leistung. Sie müssen aber niemanden als Taschenlampenhalter engagieren. Klemmen Sie die Lampe einfach zwischen die Backen einer geeigneten Zange, legen Sie diese auf eine ebene Fläche und richten Sie die Taschenlampe auf Ihre Arbeit aus. Halten Sie die Zangengriffe mit einem Gummiband zusammen, damit die Lampe nicht verrutscht.

✱ Kohlensäure gegen Rost

Lösen Sie eine festgerostete Schraubenmutter oder Schraube, indem Sie sie mit einem in Essig oder sprudelndem Mineralwasser getränkten Tuch umwickeln. Die Kohlensäure im Mineralwasser können Sie übrigens auch anderweitig nutzen: Sie löst nämlich ebenso erfolgreich verrostete Vorhänge- und Schrankschlösser.

Abdichten und Kleben

✱ Kälteschutz

Halten Sie Ihre Dichtmasse an knackig kalten Tagen geschmeidig, indem Sie die Kartuschen oder Tuben 30–45 Minuten vor Gebrauch in eine Wärmekompresse aus der Apotheke einpacken. Halten Sie die Kartuschen warm, indem Sie sie in Frischhaltefolie einschlagen, bevor Sie sie in die Presse einlegen.

✱ Saubere Finger

Formen Sie Silikonfugen im Bad nicht mit den Fingern, wenn Sie nicht eine ganze Zeit lang Silikon am Finger haben wollen. Benutzen Sie lieber einen Eisstiel oder den Griff eines Plastiklöffels. Beide haben abgerundete, glatte Kanten und sind leicht zu halten.

✱ Sicher in jeden Winkel

An Fugen, die abgedichtet werden müssen, aber in engen Winkeln liegen, gelangt man mit der Silikonspritze oft nur schwer. Die geeignete Verlängerung haben Sie aber vielleicht in der Küchenschublade: einen Strohhalm. Schieben Sie den Strohhalm – oder eine andere passende Plastikröhre – in die Spitze der Kartusche und sichern Sie ihn mit Gaffer-Tape.

✱ Mischhilfe

Alte Marmeladenglasdeckel sind ideal zum Anrühren von Zweikomponentenkleber. Der erhöhte Rand verhindert ein Kleckern auf den Tisch, und der begrenzte Platz verhindert, dass Sie zu viel Kleber anrühren.

✱ Beutel-Mischung

Wenn Sie nach einer einfachen und sauberen Lösung zum Anmischen von Zweikomponentenkleber suchen, benutzen Sie einen Frühstücksbeutel aus Plastik. Drücken Sie die benötigte Menge Kleber hinein und verschließen Sie den Beutel fest. Kneten Sie die Komponenten mit den Fingern zusammen (die Mischung erwärmt sich leicht). Stechen Sie mit einer Nadel ein oder mehrere Löcher in den Beutel und drücken Sie den Kleber sanft heraus.

✱ Wo es nicht kleben soll

Kleber sollte sich leicht und ohne Kraft aus der Tube drücken lassen. Tupfen Sie immer vor dem Verschließen der Tube etwas Vaseline in den Deckel oder auf die Spitze der Tülle. Das verhindert, dass der Kleber dort aushärtet, und erspart Ihnen viel Verdruss.

Tipp TUBENMÄNTELCHEN

Erleichtern Sie sich die Arbeit, indem Sie Silikonkartuschen mit **Gaffer-Tape** umwickeln. Dadurch sitzen die Kartuschen besser in der Presse und platzen nicht so schnell auf, wenn Sie mit etwas Druck arbeiten.

Klemmen und Schleifen

✱ Klemmen aus dem Kofferraum

Wenn Sie ein altes Starthilfekabel herumliegen haben, schneiden Sie die Klemmen ab und benutzen Sie sie in der Werkstatt als Klemmen für Objekte bis zu 40 mm Stärke.

Sie können auch Schlauchschellen aus dem Auto einsetzen, um ein gebrochenes Tisch- oder Stuhlbein zu schienen, während der Leim aushärtet. Legen Sie aber ein Stück Stoff zwischen Schelle und Holz, um Kerben zu vermeiden.

✱ Flexibler Druck

Unregelmäßig geformte, zerbrechliche Teile lassen sich kaum miteinander verspannen, wenn man sie wieder zusammenleimen möchte. Füllen Sie stattdessen einen kleinen Plastikbeutel mit Sand – er schmiegt sich an die Teile an und übt genügend Druck auf sie aus.

✱ Mehr Schleifkraft

Verstärken Sie die Rückseite von Schleifbändern und Schleifpapierblättern mit Reparaturband. Das Band verhindert, dass das Papier reißt und die Bänder sich zu sehr dehnen. Notieren Sie die Körnungsangabe auf der Papierrückseite mit Permanentmarker auf dem Klebeband.

✱ Schleifformen

Um kleine Flächen in Ecken und Winkeln abzuschleifen, sollte man Sandpapier zuschneiden. Als Schablone und/oder „Halterung“ (Sandpapier wie an einem Schleifklotz befestigen!) eignen sich:

- eine Schachtel für Spielkarten
- Bleistifte und Radiergummis
- ein Stück Gartenschlauch
- Küchenschwämme
- ein Holzklotz, der an einen Schrubberstiel montiert ist (für Wände und Decken)

Schon gewusst?

KLEINE SCHLEIFPAPIERKUNDE

Erstmals ist die Benutzung von Schleifpapier im China des 13. Jh. dokumentiert; dort klebten Handwerker zerstoßene Muschelschalen, Samen und Sand mit Naturkautschuk auf Pergament. Allerdings verwendeten die meisten Tischler und Schreiner bis ins 19. Jh. hinein in der Regel getrocknete Haihaut, um ihre Werkstücke glatt zu schleifen.

Im 19. Jh. wurde die Fischhaut allmählich durch „Glaspapier“ ersetzt, das aus von Hand auf Papier geklebten Glassplittern bestand. Die kommerzielle Herstellung von Glaspapier begann 1833 in London, wo der ehemalige Klavierbauerlehrling John Oakey eine Methode der industriellen Fertigung erfand. Ein Jahr später erwarb Isaac Fisher jr. aus Springfield in den USA vier Patente für die Beschichtung und Produktion von „Sandpapier“.

Richtig populär wurde das Sandpapier 1921, als die Firma 3M das erste wasserfeste Schleifpapier der Welt namens „Wetordry“ einführte, nachdem man das Patent einem heute vergessenen Erfinder abgekauft hatte. Das zunächst für die Neulackierung von Autos verwendete Produkt gibt es heute noch – ein gutes Beispiel für das Motto „Solange etwas funktioniert, ändere nichts daran“.

Sichere Leiterbenutzung

✱ Halt an der Spitze

Ärgerlich: Man steht auf der Leiter, und Nagel, Schraube oder ein Werkzeug fallen – womöglich sogar mehrmals – auf den Boden. Dieses Problem lässt sich jedoch lösen. Kleben Sie einen Magnetbandstreifen auf die oberste Sprosse und „befestigen" Sie dort alle Schrauben, Nägel und kleinen Werkzeuge. Für schwereres Werkzeug können Sie eine Segeltuchtasche oben an die Leiter hängen.

✱ Sicherer Tritt

Wickeln Sie einen alten, dicken Teppichrest um die unterste Leitersprosse, damit Sie sich vor dem Aufstieg die Schuhsohlen abputzen können. Wenn Sie von der Leiter steigen, zeigt er Ihnen zudem, dass Sie die unterste Sprosse erreicht haben. Befestigen Sie den Teppichrest mit Gaffer-Tape und tauschen Sie ihn von Zeit zu Zeit gegen einen frischen, sauberen aus.

✱ Spurloser Aufstieg

Polstern Sie die oberen Enden der Leiter mit einem Paar alter Socken, mit alten Handschuhen oder zusammengedrehten T-Shirts. Auf diese Weise vermeiden Sie Druckspuren an Innen- und Außenwänden.

✱ Rutschfester Stand

Wenn Ihre Leiter auf einem PVC-Boden oder einem anderen glatten Fußboden zum Einsatz kommt, stellen Sie sie in ein Paar alte Gummistiefel – so kann sie nicht wegrutschen.

Nützlicher Rat für den Notfall

Wenn Sie sich die Hand an heißem Bratfett verbrannt haben, sind sich die Ratgeber (wie auch dieses Buch) einig, dass Sie zum nächsten Wasserhahn eilen und 15 Minuten lang kaltes Wasser über die Verbrennung laufen lassen sollen. Aber was ist mit all den anderen kleinen Missgeschicken des Alltags? Denen, die noch keine echten Notfälle sind, die aber trotzdem schnelle Hilfe erfordern? Ameisen und Mäuse, die den Küchenschrank übernehmen, ein Make-up-Fleck auf der weißen Seidenbluse, ein Windelausschlag, der Ihr Baby quält – für all diese kleinen Herausforderungen gibt es Hausmittel und Tipps in den vorangehenden Kapiteln dieses Buches. In diesem letzten Kapitel finden Sie die wichtigsten davon sowie einige neue Ratschläge, um häufige Probleme zu lösen.

Nutzen Sie den reichen Fundus an bekannten Hausmitteln, generationenalten Erfahrungen und den Erfindungsreichtum ganz normaler Menschen, die außerordentliche Lösungen für die Probleme des Alltags gefunden haben.

Wehwehchen

✱ Der Hals tut weh

Stellen Sie aus Zutaten wie Honig, Salz oder Pfefferminztee ein wirksames Gurgelkonzentrat her (*Gurgellösungen gegen Halsschmerzen* S. 155).

✱ Sie haben einen Schnupfen oder eine Allergie, und Ihre Nase ist verstopft

Knoblauchzehe schälen und halbieren und kurz auf die Zunge legen oder an einer Schnur um den Hals hängen. Die Dämpfe lösen den Schleim.

Einen tiefen Teller oder einen Inhalator mit kochend heißem Wasser füllen und 60 ml Essig oder einige Tropfen ätherische Öle wie Eukalyptus dazugeben und inhalieren.

✱ Der Kopf dröhnt

Machen Sie sich ein Fußbad aus heißem Wasser und Senfpulver, um den Kopfschmerz loszuwerden (*Fußbad gegen Kopfschmerzen* S. 161).

Binden Sie sich ein Halstuch, einen Schlips oder Ähnliches fest auf Stirnhöhe um den Kopf, das mindert den Blutfluss (*Stirnband gegen Kopfschmerzen* S. 161).

✱ Eine Grippe droht

Trinken Sie täglich 1 Tasse Holundertee oder 1 Glas Wasser mit 20–30 Tropfen Holundertinktur (*Holunder gegen Erkältung* S. 156).

✱ Sie haben bohrenden Zahnschmerz oder eine Zahnfleischinfektion

In 1 Glas warmem Wasser etwa 2–3 Teelöffel Speisesalz auflösen und damit den Mund spülen (*Salzwasserspülung gegen Zahnschmerzen* S. 163).

Beißen Sie, wenn der Zahnarzt noch nicht geöffnet hat, in

der Zwischenzeit auf einen mit einigen Tropfen Nelkenöl getränkten Wattebausch.

Mischen Sie eine schmerzlindernde Mundspülung aus 180 ml Wasser, ¼ Teelöffel Salz und 6–8 Tropfen Nelkenöl (*Erste Hilfe mit Nelkenöl* S. 163).

✱ Müde Augen erfrischen

Legen Sie 2 feuchte, aber abgekühlte Teebeutel – am besten eignet sich grüner Tee – etwa 15 Minuten auf Ihre Augen (*Tea for two …* S. 162).

✱ Sie haben Herpes, der schrecklich aussieht

Die Stelle mehrmals täglich mit einem sauberen Wattestäbchen mit etwas Joghurt oder Essig betupfen.

✱ Rückenschmerzen von der Gartenarbeit

Klemmen Sie eine kalte, ungeöffnete Getränkedose zwischen eine Wand und die schmerzende Stelle Ihres Rückens und bewegen Sie sich hin und her, um den Muskel zu massieren (*Dosenmassage* S. 164).

✱ Sie wachen nachts mit Beinkrämpfen auf

Stellen Sie sich auf einen kalten Fußboden. Das verlangsamt den Blutfluss und entspannt die verkrampften, schmerzenden Muskeln (*Linderung bei Wadenkrämpfen* S. 164).

✱ Sie haben sich an heißer Pizza die Zunge verbrannt

Einen Teelöffel Honig auf der Zunge zergehen lassen.

✱ Verstopfung – auf die altmodische Art behandeln

1–2 Teelöffel Rizinusöl erleichtert binnen 8 Stunden (*Omas Verstopfungskur* S. 166).

✱ Durchfall hält Sie auf Trab

Aufguss aus den getrockneten Blättern oder den Beeren von Brombeere oder Heidelbeere trinken (*Beeren gegen Durchfall* S. 166).

1 ganze Zitrone mit 1 Prise Salz pürieren, zwei- bis dreimal täglich 1 Teelöffel nehmen.

✱ Verdorbener Magen

Da hilft ein Aufguss aus Engelwurz, Anis, Kreuzkümmel, Kamille, Fenchelsamen, Zimt, Pfefferminze, Ingwer, Majoran oder Oregano (*Magenberuhiger* S. 165).

Gute Idee!

NUR NICHT KRATZEN!

Juckende Haut kann einen in den Wahnsinn treiben. Aber Kratzen verursacht Infektionen und Narbenbildung. Versuchen Sie es mit einem der folgenden Linderungsmittel:

Mücken- und andere Insektenstiche – Tränken Sie ein sauberes Tuch in Weißwein- oder Apfelessig oder in medizinischem Alkohol und betupfen Sie die Stiche. Brustsalbe direkt auf den Stich (aber niemals auf eine offene oder blutende Wunde) aufgetragen, lindert ebenfalls Juckreiz.

Fußpilz – Baden Sie den betroffenen Fuß in einem Salzwasserbad (*Salzbad* S. 170). Bestäuben Sie Füße, Socken und Schuhe mit Backpulver, um die infizierten Stellen auszutrocknen. Gegen stärkeren Juckreiz rühren Sie eine Salbe aus 1 Teelöffel Natron und ½ Teelöffel Wasser an. Zwischen den Zehen auftragen und ca. 15 Minuten einwirken lassen. Drei- oder viermal täglich mit unverdünntem Apfelessig spülen lindert das Jucken.

Sonnenbrand – Mischen Sie 1 Teil Milchpulver mit 2 Teilen Wasser und 2 Prisen Salz und betupfen Sie damit die Haut, oder mit grünem Tee (*Grüner Tee lindert Sonnenbrand* S. 171).

✱ Schluckauf hört nicht auf

Etwas Zucker im Mund hin und her bewegen, das reguliert den Atemrhythmus (*Zucker gegen Schluckauf* S. 180).

✱ Schnelle Hilfe bei kleinen Schnitten

Eine größeres Stück einer geschälten Knoblauchzehe etwa 10 Minuten, nie länger als 20 Minuten, auf den gesäuberten Schnitt drücken. Das desinfiziert die Wunde (*Schnittwunden mit Knoblauch behandeln* S. 171).

✱ Blaue Flecken an Armen und Beinen

Pressen Sie sofort eine Zwiebel 15 Minuten lang auf den Fleck, um eine Verfärbung zu verhindern (*Zwiebel gegen blaue Flecken* S. 171).

Eine Bananenschale mit der Innenseite auf den blauen Fleck legen und verbinden.

Für 1 Stunde eine mit Apfelessig getränkte Mullkompresse auflegen.

✱ Entzündeten Abszess beruhigen

Legen Sie einen feuchten Teebeutel auf den Abszess und binden Sie ihn über Nacht mit einem Verband fest.

✱ Ein Bienenstich verdirbt den Ausflug

Ziehen Sie den Stachel vorsichtig mit einer Pinzette heraus. Tragen Sie etwas Essig auf die Einstichstelle auf oder reiben Sie sie mit einer rohen Zwiebelhälfte ein (*Bienenstichmittel mit Doppelwirkung* S. 171).

✱ Einschlafhilfen

Eine Tasse frisch aufgebrühter Kamillenblütentee oder ein warmes Bad helfen, um ins Land der Träume zu gelangen (*Gönnen Sie sich ein Bad*, *Gute-Nacht-Tee* S. 177).

✱ Ihr Säugling hat einen Hitzeausschlag

Geben Sie pro 4 l lauwarmes Badewasser 2 Teelöffel Backpulver hinzu, um den Ausschlag zu lindern. Am besten die Haut zusätzlich an der Luft trocknen lassen (*Backpulverbad gegen Hitzepickel* S. 179).

✱ Ihr Baby hat plötzlich Windelausschlag

Tragen Sie bei Kindern über 12 Monaten Honig auf, das entzieht der Haut Feuchtigkeit (*Beruhigendes bei Windelausschlag* S. 178).

Beschleunigen Sie die Heilung, indem Sie Feuchtigkeit mit Vaseline oder gerösteter Stärke von Babys Po abhalten.

Tragen Sie fein gemahlene Bockshornkleesamen auf (*Würziger Babypudersatz* S. 178).

1 Esslöffel Salz mit 1 l kochendem Wasser verrühren und die Lösung auf Zimmertemperatur abkühlen lassen. Reiben Sie den Po des Kindes damit ab und tupfen Sie ihn dann sanft trocken. Tragen Sie eine Zinkoxidlotion als Feuchtigkeitsabwehr und Desinfektion auf (*Vorbeugen mit Salz und Zink* S. 178).

✱ Schnitt- oder Schürfwunde behandeln

Reinigen Sie die Wunde mit sanften Reinigungstüchern, wenn Sie kein Wasser zur Verfügung haben.

Träufeln Sie Zitronensaft, Mundspülung, Essig oder eine hochprozentige Spirituose, wie Gin oder Wodka, direkt auf die Wunde und halten Sie eine Serviette etwa 1–2 Minuten fest darauf gedrückt, um die Blutung zu stillen.

✱ Der Milchzahn Ihres Kindes ist gerade ausgefallen, und die Wunde blutet stark

Drücken Sie einen abgekühlten gebrauchten Teebeutel aus und drücken Sie den Beutel fest in die Zahnlücke. Halten Sie ihn 1–2 Minuten fest und wiederholen Sie den Vorgang, bis die Blutung aufhört.

✱ Sie haben sich eine Blase gelaufen

Schneiden Sie ein Aloe-Blatt auf und löffeln Sie das Gel heraus. Tragen Sie es auf die Blase auf und verbinden Sie sie. Verband täglich wechseln (*Aloe gegen Blasen* S. 174).

Hilfe im Alltag

✱ Ein Wasserrohr leckt

Sie können eine Notabdichtung aus einem alten Gartenschlauch oder einem Stück Gummischlauch anfertigen, das dicker als die Leitung ist (*Notfallreparatur für Wasserleitung* S. 349).

✱ Die Wasserleitungen in Ihrem Wochenendhaus sind eingefroren

Schließen Sie den Hauptwasserhahn und wärmen Sie die Leitung mit heißer Föhnluft, bis sie auftaut (*Gefrorene Rohre föhnen* S. 349).

✱ Die Außenhähne sind nicht verpackt, und Frost droht

Schließen Sie alle Zulaufventile und lassen Sie die Außenleitungen leer laufen. Packen Sie Wasserhähne und frei liegende Leitungen dick mit Zeitungspapier ein, um sie gegen die

Gute Idee!

10 TIPPS BEI STYLINGPANNEN

Das Aussehen und Auftreten sind wichtig, und das bedeutet auch, dass man wissen muss, was man im Fall eines Malheurs tun kann.

1. **Zu viel Parfüm** – Wenn Sie es versehentlich mit dem Parfüm übertrieben haben, tupfen Sie parfümierte Hautstellen mit etwas Wodka ab (*Hilfe gegen Duftwolken* S. 188).
2. **Kein Lippenstift** – Beim Wechsel der Handtasche haben Sie den Lippenstift vergessen. Nehmen Sie stattdessen den braunen Eyeliner (*Notfall-Lippenstift* S. 188).
3. **Kein Schaumfestiger** – Ihr Haarschaum ist aufgebraucht. Verrühren Sie etwas Rasierschaum mit 1 Tropfen Reinigungsalkohol und bringen Sie damit Volumen ins Haar (*Schaumfestiger leer?* S. 189).
4. **Farbe im Haar** – Beim Streichen der Zimmerdecke ist Farbe in die Haare getropft. Massieren Sie die Flecken mit Olivenöl heraus.
5. **Chlorverfärbung** – Der Sprung ins Schwimmbecken hat Ihre blondierten Haare grün werden lassen. Massieren Sie Ketchup oder unverdünnten Tomatensaft ins Haar. Haare mit einer Duschhaube abdecken und nach 10–15 Minuten ausspülen.
6. **Blutflecken** – Sie haben sich geschnitten, und Blut tropft auf die Hose. Weichen Sie den Fleck über Nacht in einem kohlensäurehaltigen Softdrink ein und waschen Sie die Hose dann wie gewohnt (*Cola gegen Blutflecken* S. 198).
7. **Schokoladenflecken** – Ihr Dreijähriger wischt sich die Schokoladenfinger am T-Shirt ab. Waschen Sie den Fleck sofort mit warmem Seifenwasser aus.
8. **Lippenstiftflecken** – Sie haben Lippenstift am Hemd oder der Bluse. Nehmen Sie das Innere einer Scheibe Weiß- oder Toastbrot und kneten Sie es zu einer Kugel. Tupfen Sie den Fleck damit weg. Waschen Sie wie gewohnt (*Lippenstift-Fleckentferner Nr. 2: Brot* S. 197).
9. **Brandflecken** – Ihr weißes Hemd ist angesengt. Betupfen Sie den Fleck vor der Wäsche mit einem in 3%igem Wasserstoffperoxid getränkten Tuch (*Brandflecken beseitigen* S. 199).
10. **Festsitzender Ring** – Sie haben den Ring einer Freundin anprobiert, und jetzt sitzt er fest. Tragen Sie großzügig Mayonnaise auf Ring und Finger auf, bis der Ring abgeht (*Festsitzende Ringe abziehen* S. 204).

Kälte zu isolieren, und befestigen Sie darauf Plastikbeutel mit Klebeband.

✱ Der Schlüssel ist im Schloss abgebrochen

Versuchen Sie, den Rest mit einer Pinzette oder Spitzzange aus dem Schloss zu ziehen.

Fügen Sie die Schlüsselteile mit Sekundenkleber wieder zusammen (*Wenn der Schlüssel im Schloss bricht* S. 330).

✱ Ein Kind hat die Wand mit Wachsmalstiften verziert

Den Fleck leicht mit einem Trocknertuch abreiben. Danach kräftig mit einem sauberen Radiergummi abreiben.

Mit etwas Rasierschaum und einer weichen Zahn- oder Nagelbürste schrubben.

Die Wachsmalfarbe mit dem Föhn aufweichen und mit einem mit Babyöl getränkten Tuch entfernen (*Kinderkunst von Wänden entfernen* S. 72).

Mit feuchtem, in Natron getauchtem Tuch oder weißer Zahnpasta (kein Gel) abreiben.

Wachsmalstiftflecken auf der Tapete vorsichtig und in nur einer Richtung mit einem Stahltopfschwamm abreiben.

✱ Die Wand wurde mit Bleistift oder Tinte bemalt

Reiben Sie die Striche mit einer Scheibe Roggenbrot ab (*Roggenbrot gegen Bleistiftkunst* S. 48).

Tintenstriche mit einem sauberen Tuch oder Schwamm mit Weißweinessig wegtupfen.

✱ Tisch mit Wasserflecken

Weiße Zahnpasta (kein Gel) und Natron zu gleichen Teilen mischen und leicht in Holzfaserrichtung einreiben (*Wasserränder und -flecken* S. 77).

Den Wasserring sanft mit feiner, in Zitronenöl getauchter Stahlwolle ausreiben.

✱ Sie haben Gäste zum Abendessen, und der Junior hat den Tisch verkratzt

Mischen Sie eine zähflüssige Paste aus 2–3 Esslöffeln Instantkaffee und Wasser und tragen sie auf (*Schnelle Hilfe für zerkratztes Holz* S. 341; *Homöopathische Kratzerbehandlung* S. 341).

✱ Kratzer auf Trinkgläsern

Mit Zahncreme (kein Gel) lassen sich Kratzer aus dem Glas herauspolieren. Kleinere Bruchstellen können Sie mit einer Saphirfeile glätten. Kristallgläser jedoch nur vorsichtig mit Rasierpinsel reinigen.

Gute Idee!

HILFE FÜR HAUSTIERE

Mit Katze, Hund und anderen Haustieren hat man ganz eigene Probleme, z. B. folgende:

Ihr Hund hat juckende Ohren: Mischen Sie 1 Teil Weißweinessig mit 1 Teil Wasser und tränken Sie darin einen Wattebausch. Wischen Sie damit die Ohren Ihres Hundes aus, ohne in den Gehörgang zu dringen (*Essig zur Ohrsäuberung* S. 228).

In der Hundehütte sind Flöhe: Waschen Sie Innenwände, Hundebett und alle Kissen in einer starken Salzlösung. Wiederholen Sie die Behandlung zur Vorbeugung alle paar Wochen.

Die Katze hat ein klebriges Fell: Mischen Sie 1 Teelöffel mildes Shampoo oder Spülmittel mit 60–120 ml warmem Wasser. Massieren Sie die Mischung ins verklebte Fell und kämmen Sie es mit einer Drahtbürste aus (*Fellreiniger* S. 236).

Hunde- und Katzenhaare sind auf dem Sofa: Wickeln Sie sich Klebeband mit der klebrigen Seite nach außen um die Hand und tupfen Sie die Haare vom Sofa. Auch mit einem Gummihandschuh lassen sich Haare zusammenstreichen und dann entfernen (*Weg mit den Tierhaaren* S. 238).

✱ Eine PVC- oder Korkfliese beginnt sich zu lösen

Decken Sie die Fliese mit Alufolie oder einem Tuch ab und erhitzen Sie mit dem heißen Bügeleisen den Kleber. Beschweren Sie sie mit Büchern oder Ähnlichem, bis der Kleber anzieht. (*PVC-Fliesen austauschen* S. 335)

✱ Eine kostbare Truhe hat mehrere tiefe Kratzer

Rühren Sie sich einen Kitt aus der entsprechenden Menge Instantkaffee und 2 Esslöffeln Allzweckkitt an, bis Sie den gewünschten Farbton erhalten (*Instant-Holzkitt* S. 343).

✱ Die Spüle ist verstopft, und Sie haben keinen Pümpel

Verwenden Sie einen halbierten Tennisball oder kleinen Gummiball als Ersatz (*Kein Pümpel? Kein Problem!* S. 348).

Folgende Mittel in den Abfluss geben, 10–15 Minuten warten und dann mit kochend heißem Wasser nachspülen:

180 g Natron und 240 ml heißer Weißweinessig.

2 Alka-Seltzer-Tabletten oder 3 Gebissreiniger-Tabletten, danach 240 ml Essig.

180 g Salz, 180 g Natron und 120 ml Weißweinessig.

✱ Die Waschmaschine rappelt

Leuchten Sie mit einer Taschenlampe unter die laufende Maschine, wahrscheinlich steht einer der Füße nicht fest auf dem Boden. Hat der Fuß ein Drehgewinde, drehen Sie ihn etwas weiter heraus, damit die Maschine wieder gerade steht. Geht das bei Ihren Maschinenfüßen nicht, legen Sie einen Teppichrest unter den „schwebenden" Fuß.

✱ Ein Wasserglas ist auf dem Boden zersplittert

Sammeln Sie zunächst alle großen Scherben mit Handschuhen auf. Dann wenden Sie eine der folgenden Methoden an:

Tupfen Sie den Boden mit nassem Zeitungspapier ab, um winzige Splitter aufzunehmen.

Tupfen Sie winzige Glassplitter mit einer Brotscheibe oder mit einem Stück zusammengeknüllten Klebeband auf. (*Glassplitter mit Brot aufsammeln* S. 82)

✱ Ameisen schwärmen in der Küche aus

Zucker – Basteln Sie eine einfache Ameisenfalle, indem Sie 2–3 Teelöffel Zucker in 240 ml Wasser auflösen. Einige Blätter Küchenpapier oder Schwammtücher darin tränken und über Nacht auslegen. Am nächsten Morgen fegen Sie Fallen und Ameisen einfach in den Mülleimer (*Ameisen mit Zucker locken* S. 90).

Weißweinessig – Besprühen Sie Fensterbretter, Türschwellen, Arbeitsplatten, Schränke und andere Flächen mit einer Mischung aus gleichen Teilen Essig und Wasser (*Ameisen vertreiben mit Essig* S. 90).

Cayennepfeffer und Zimt – Bestreuen Sie die Lieblingssammelplätze der Ameisen mit diesen Gewürzen (*Gewürze gegen Ameisen* S. 51).

Zitronensaft – Gießen Sie außerhalb Ihres Hauses Zitronensaft auf Türschwellen, Fensterbretter, Spalten und alle Löcher, durch die die Ameisen eindringen können. Verstreuen Sie Zitronenschalen – oder auch zermahlene Kreide, Salz, Talkumpuder, Weinstein oder Nelkenöl – rund um sämtliche Eingänge.

Vaseline – Bestreichen Sie die Ränder der Futternäpfe Ihrer Haustiere mit Vaseline, um Ameisen fernzuhalten.

✱ Schnell improvisierter Fliegenfänger

Haben Sie keine Fliegenfalle zur Hand, nehmen Sie einige Stücke Klebeband. Legen Sie sie im Zimmer aus oder hängen Sie ein längeres Stück von der Decke.

✱ Mückenabwehr

Als Insektenabwehrmittel kann man die Haut mit etwas Essig betupfen.

Auch ein Schälchen mit etwas Apfelessig hält vor allem im Haus lästige Fruchtfliegen und Mücken fern.

Auf der Straße

✱ An einem kalten Morgen springt Ihr altes Auto nicht an
Nehmen Sie ein Verlängerungskabel, schließen Sie den Haartrockner daran an und richten Sie den warmen Luftstrahl eine Zeit lang auf den Vergaser (*Starthilfe mit Haartrockner* S. 312).

✱ Sie haben beim Zurücksetzen gegen einen Lampenmast Ihr Hecklicht beschädigt
Wenn die Birnen noch leuchten, überkleben Sie die Lampe mit rotem oder gelbem Klebeband. Überprüfen Sie, ob das Licht gut zu sehen ist, dann direkt zur nächsten Werkstatt.

✱ Ihre Räder drehen auf gefrorenem Boden durch
Legen Sie einen großen Rest eines alten Teppichs oder einen Stapel Zeitungspapier (2–3 Lagen sollten reichen) direkt vor das Rad.

✱ Ihre Räder stecken in Schnee oder Schlamm fest
Erleichtern Sie sich das Schaufeln, indem Sie das Schaufelblatt mit WD-40® einsprühen.

Die Motortemperaturanzeige geht in den roten Bereich
Lassen Sie den Motor abkühlen und sehen Sie dann nach, ob ein Wasserschlauch gerissen ist. Dichten Sie ihn für die Fahrt zur nächsten Werkstatt notdürftig mit einem Stück stabilem Panzerklebeband ab und gießen Sie etwas Wasser oder Mineralwasser nach, wenn die Temperatur vollständig abgesunken ist.

✱ Der Heizungsschlauch hat ein Loch
Wollen Sie auf die Heizung am ersten kalten Wintermorgen nicht verzichten, dichten Sie das Loch kurzfristig mit Kaugummi ab und kleben Sie etwas Klebeband darüber.

✱ Abkühlung notwendig
Damit sich das Lenkrad im Sommer nicht aufheizt, kleben Sie einen Streifen Papiertüte darauf (*Kühle Hände im Sommer* S. 318).

✱ Mantel abdichten
Hat der Mantel bei einer Fahrradpanne einen Riss abbekommen, könnte der Schlauch herausquellen und platzen. Falten Sie ein Stück Papier in 4 Lagen und schieben Sie es zwischen Schlauch und Loch.

Dank
Autoren und Verlag möchten den folgenden Menschen und Organisationen für ihre großzügige Unterstützung mit Rat und Tat danken: American Society of Travel Agents; Arizona Cooperative Extension, Mojave County; Larry Buchwald; Jim Buie; Andrew R. Byers; Trevor Cole; Vicki Coombs; Pat Courtney; Marilyn Dale; Marianne Dervish; Polly DuBose; Carolyn Jackson; Dan Janssen; Pamela Johnson; Marilyn und Gene Kalet; Barbara Kaye; Madelon Konopka; John J. Ligon; Dr. Sandra McCurdy; Marty Malone; Men's Garden Club of America; Montana State University Extension Service, Park County; North Carolina Cooperative Extension, Henderson County; Maurice Ogutu; Oregon State University Extension Service, Lane County; Penn State Cooperative Extension, Indiana County; Mary Kay Pleyer; Bob Pollock; Angela Ponce; Julia Pryor; Jack Reagor; Linda Renslow; Derek Scasta; Barbara Scott; Aliza Schiff; Hannah Schiff; Mary Skinner; Martha A. Smith; Jim Sorrenti; John Teague; Texas AgriLIFE Extension Service (Texas A & M System), Navarro County; Diane Turner; Sara Beth Warne; Sean Whalen; University of Illinois Extension, Countryside Extension Center; University of Nebraska Extension-Lincoln, Lancaster County; University of Tennessee Extension, Bedford County.

Register

A

B

G

H

I

L

M

Q

R

S

T

Anmerkungen für den Leser

Das vorliegende Buch ist sorgfältig erarbeitet worden. Dennoch erfolgen alle Angaben ohne Gewähr. Weder Autoren noch Verlag übernehmen eine Haftung für eventuelle Nachteile oder Schäden, die aus den im Buch enthaltenen praktischen Hinweisen resultieren.
Bevor Sie deshalb Tipps oder Anregungen übernehmen, die sich auf Angaben in diesem Buch stützen, sollten Sie die betreffenden Anweisungen eingehend studieren und sicherstellen, dass Sie auch alles richtig verstanden haben. Beachten Sie alle Warnungen und Ermahnungen zur Vorsicht. Testen Sie jede ungewöhnliche Reparatur- oder Reinigungsmethode, bevor Sie das Verfahren großflächig, an auffallenden Stellen oder einem wertvollen Gegenstand anwenden.

Bildnachweis

Alle Bildrechte bei Reader's Digest außer auf den Seiten: 5 iStockphoto.com/floortje; iStockphoto.com/Mark Fairey; 22 M. iStockphoto.com/Camilla Wisbauer; u. r. iStockphoto.com/Chris Elwell; 23 ShutterStock, Inc/Norman Chan; 43 M. r. ShutterStock, Inc/Jason Aron; 57 iStockphoto.com/David Clark; 61 M. r. iStockphoto.com/Mark Fairey; 80 r. iStockphoto.com/Klaudia Steiner; 142 r. iStockphoto.com/Robyn Mackenzie; 162 iStockphoto.com/ William Mahar; 165 iStockphoto.com/Bergpuma; 177 r. ShutterStock, Inc/Jason Aron; 188 u. l. ShutterStock, Inc/Jason Aron; 215 r. iStockphoto.com/design56; 220 r. iStockphoto.com/Ashok Rodrigues; 236 r. iStockphoto.com/Matthew Cole; 250 M. ShutterStock, Inc/Jason Aron; 253 iStockphoto.com/Paul Tessier; 276 iStockphoto.com/Elena Elisseeva; 295 iStockphoto.com/Winston Davidian; 308 u. l. iStockphoto.com/Marc Dietrich; 330 iStockphoto.com/Evrim Sen; 337 r. iStockphoto.com/Spiderstock